天津市文史研究馆馆员著述系列

绿波集

顾道馨著述选粹

顾道馨 著

天津出版传媒集团

天津古籍出版社

图书在版编目（CIP）数据

绿波集：顾道馨著述选粹 / 顾道馨著. — 天津：天津古籍出版社，2013.6
（天津市文史研究馆馆员著述系列）
ISBN 978-7-5528-0141-5

Ⅰ.①绿… Ⅱ.①顾… Ⅲ.①博物馆-历史-天津市-文集 Ⅳ.①G269.272.1

中国版本图书馆CIP数据核字（2013）第096831号

绿波集— 顾道馨著述选粹

顾道馨/著

出版人/张玮

*

天津古籍出版社出版

（天津市西康路35号 邮编300051）

http://www.tjabc.net

三河市国源印刷厂印刷

全国新华书店发行

开本 880×1230 毫米 1/32 印张 14.875 字数 350 千字
2013 年 8 月第 1 版 2013 年 8 月第 1 次印刷
ISBN 978-7-5528-0141-5

定 价：36.00元

编委会名单

主　编：刘志永
副主编：陈　雍（常务）　马　竞　南炳文　王宝贵
编　委：（以姓氏笔画为序）
　　　　马　竞　王宝贵　王振德　刘志永
　　　　阮克敏　张春生　张铁良　陈　雍
　　　　罗澍伟　南炳文　钱　钢　崔　锦
　　　　韩嘉祥　甄光俊

目录

序 …… 郭子昇 001

辑一　津俗谈丛

乾嘉以来的津门风尚 …… 003
天津民俗概说 …… 020
天津汉俗大观 …… 041
津城岁时纪胜 …… 096
年货摊·年画摊 …… 129
天津的"年例儿" …… 135
天津的消夏习俗 …… 138
旧时津城秋日生活 …… 147
旧时天津饮食行业 …… 153
天津的生育习俗 …… 187
天津的养花习俗 …… 200
天津民间"忌讳"十二则 …… 206

辑二　风俗考议

在中国民间文艺研究会天津分会成立大会上的发言 …… 213
谈民俗学，兼论史志中民俗篇章的写法 …… 215
努力加强天津史研究、陈列工作（《天津市历史博物馆馆刊》
　创刊词）…… 218

风物——历史文化的实证 221
阐发乡土文化几点希望 223
《中国北方俚曲俗情》序 226
国民性问题和天津居民群体性格 230
中式建筑艺术装饰谈 237
我国的求子习俗 242
剃头令与剃头挑子 247
汉族年俗的演进 250
源于满语的天津方言词汇 253
古俗"泰山石敢当"信仰的由来 263
《消逝的职业》序 266
对旧方志中风俗篇章的几点议论 269
"妈祖狂欢节"刍议 282
对《南开区志·厢卫风俗》的议论 284
试论传统年画的文化性质和功能 287

辑二 乡史稽沉

华鼎元及《津门征献诗》...... 293
天津人反侵略的心声——爱国文人华长卿诗文 295
王又朴的经世致用之学 298
樊彬的珍本《畿辅碑目》...... 300
沈兆沄和《篷窗随录》...... 302
梅成栋和《吟斋笔存》...... 303
查氏一门著作宏富 305
记游诗名家金玉冈 307
诗才如青莲的张霔 309
忧患诗人杨光仪 311

记载八国联军暴行的书 313
继承家学的梅宝璐 315
龚望藏《欲起竹间楼文集》抄本 317
爱国教育家严修及其遗著 319
赵元礼晚年著书 321
王守恂和《政俗沿革记》 323
方志学家高凌雯 325
诗文有新意的张克家 327
华世奎生平和诗集 329
徐士銮和《敬乡笔述》 331
辛亥名人刘大同 333
乡里文献刻书家——金钺 335
杨承烈及其《开方粹》 337
清季贫民教育家李金海 339
姚承恩及其《朗山诗草》 341
卞白眉的气节 343
民间口语与陆公堤 346
运河采风记 348
历博收藏的三份慰安妇文献 350
海河与大直沽 355
天津文庙为何无正门 358

附录一
"南市地区变迁史展览"计划提纲 361
"近代天津民俗展览"提纲草稿 388
附录二
鱼行祖师张邋遢 438
天津神医王十二 440

关于皇姑庵的传说 443

胡御玑乡祠题壁 447

李黑姑的冤案 449

一件褥套——某竹货铺发家的传说 451

著作编年 454

后记 461

序

我与顾道馨先生是20世纪80年代初期相识的。

1979年9月首都博物馆第三次开始筹备。受到钟敬文、顾颉刚等七教授《建立民俗学及有关研究机构的倡议书》的启发，又因北京是几代帝都，各民族聚集之地，风俗习惯互相渗透，且受宫廷文化的影响，故民俗资源极为丰厚，民俗事象更是丰富多彩，博物馆举办有关民俗方面的展览一定受欢迎，首都博物馆决定开展此工作。但当时缺乏这方面的经验。后了解到早在1963年，天津历史博物馆就曾举办过此类展览，而且受到各界的好评，而这个展览是顾道馨先生主持设计的。为筹备本馆民俗展览，领导便派我去天津向顾先生请教。我年长顾先生几岁，但他的鸿儒硕学反令我钦佩。顾先生也视我为学界知己，每每相逢，交谈甚欢。从此，我和他便成了好朋友。与顾先生交往，不仅我个人受益匪浅，对首博学习研究民俗学，特别是搜集民俗资料、征集民俗文物，帮助也不小。可以说，顾先生是我民俗学启蒙老师之一。

顾道馨先生，天津市人，1927年8月生。幼承家学，喜爱阅读有关地方掌故、民间传说的读物。读初中时即入当时北方著名的旧学传习组织天津崇化学会国学讲习班，随地方耆旧硕学研习经史古文。据知，当时的主讲人有王襄、郑菊如、郭霭春、俞品三等先生，都是20世纪30年代国学热时主持京津讲坛的经史名家。就读南开大学历史系期间，顾先生师从郑天挺、谢国桢、雷海宗等教授，致力于明清两代社会史、文化史的研究，成绩优异。1953年，南开大学历史系本科毕业后，他分配到天津市历史博物馆工作。1988年退休后，接受单位返聘，勤勤恳恳，任劳任怨，一直工作到2000年逝世前不久。

天津历史博物馆是1952年重组后成立的。当时正值百废待举，旧博物馆遗留的馆藏文物远远不能满足新形势下博物馆的需要。征集文物充实馆藏，成为当务之急。顾道馨先生当时负责"天津历史"组的工作。在领导的支持下，他带领有关人员，花大力气收购图书，搜集资料，征集文物。更可贵的是，他搜集、征集到的资料、文物，有大量的民俗资料和相当数量的高品位的民俗文物。在20世纪搜集民俗资料，征集民俗文物，是要冒相当大风险的，因为那时民俗是被作为封建迷信对待的。

在新中国成立初期那些年，各博物馆的陈列、展览，内容大都呆板、枯燥，又受物质条件的限制，陈列形式也较落后，而且长期得不到更新，观众普遍不多，死气沉沉，天津历史博物馆也不例外。出于扭转这不景气局面的思考，顾道馨先生在主持其他展览，参加山东省馆建馆工作的同时，发挥自身专长，独辟蹊径，大胆地提出要举办以民俗为内容的展览。这是要冒更大风险的。当时，这想法不仅得到本馆领导的首肯，也获得了王振铎、傅振伦、王守中诸先生的大力支持。于是，顾先生从故宫博物院、中国历史博物馆、首都博物馆筹备处和本馆馆藏中，挑选了一批反映传统风俗习惯的美术作品，于1963年秋主持举办了"明清风俗画"展览。这个展览比较形象、真实地介绍了封建社会各行各业的生活情境，尽管规模不大，却使观众耳目一新。展厅设在现水上公园，当时距市中心较远，但观众还是闻风而至，络绎不绝。展览的布置安排、文字说明等，也为京津史学界、文化界众多方家所肯定。据我所知，这是新中国成立以后，全国第一个以汉族民俗为内容的展览。只可惜在此前后，顾先生经历了"反右"下放农村，"文革"下放工作……

打倒"四人帮"后,政治宽松,博物馆事业也有了较大发展,陈列、展览内容也趋于多样化。1979年落实政策,顾道馨先生由工厂回到博物馆,参加了"天津地方古代史"陈列工作,并主持为中学历史教学服务的"中国古代简史"展览工作。此时,馆里根据他的特长,以他为首,开展了颇具地方特色又丰富多彩的近代天津民俗的系统深入的调查研究,在此基础上,于1985年举办了"近代天津民俗展览"。该展览文物与景观相结合,展出的文物极具代表性,形象、真实地反映了历史面貌,对诸多民俗事象的原委做了阐释。展览的说明文字深入浅出,简洁明了,又颇具文化内涵。展出以后,他继续深入开展调查研究和征集文物,先后四次调整、充实展览内容,改进、提高展览陈列艺术和设备,使之日臻完美,既为众多老年观众钟爱,也吸引一些中青年来参观,同时还受到各地同行的关注。我就和首都博物馆的部分同志参观过两次,还陪同中国民俗学创始人之一的钟敬文教授和他的第一代研究生张紫晨教授以及北京师范大学中文系、中国民俗学会的部分同志,于1987年4月前来参观,观后还开了一个座谈会,也受到好评。

顾道馨先生可称为天津民俗文物、民俗陈列与民俗学研究工作的奠基人与开拓者,不仅工作出色,还通过工作培养了王社、王昆江等一批年轻人,使他们的业务水平得到了提高,加强了博物馆的整体业务力量。据知,他还指导多名后学完成了个人专著,甚至为他们拉纲设目,提供参考资料、罗列书目,并花费精力帮助审稿、弥补疏漏……总之,不论是谁,只要找到他,他都会尽最大的力量予以帮助。我就是受益者之一。当时天津民俗博物馆的负责人尚洁女士曾亲口对我讲:顾先生帮她解决了工作和写作上的不少难题,很怀念顾先生……凡与顾先生交往过的人,对他渊博的知识、宽厚的性格都很钦佩,都愿意和他交朋友。

他在博物馆界和民俗学界有一定影响。1983年,在中国民俗学会成立大会上当选为理事，后任荣誉理事。1994年，在中国民俗学会民俗博物馆专业委员会成立大会上又当选为理事。他还是天津市民俗学会副会长，天津市文物鉴定委员会委员。在民俗学会和民俗博物馆专业委员会历届学术会议上，他提供的论文水平都较高，他的发言精辟，深得与会者赞许。

顾道馨先生是全国博物馆系统先进工作者。1986年初国家文物局在北京召开全国文博系统先进集体、先进工作者表彰大会。我没有参加这个会，只向有关人士了解过，事隔多年，到底没弄清这次会议的具体时间和活动情况。只知道大会结束后，顾先生和一同与会的江苏南通博物苑的穆烜先生找到我，说他们二位在会上向国家文物局提了一个建议，希望国家文物局召开一个全国博物馆民俗工作者学术交流会，国家文物局接受了他们二位的建议，因而让我经常到国家文物局了解情况，并设法促进一下，使会议能尽快召开。我与国家文物局庄敏副局长住得比较近，也比较熟悉，不时找他询问此事。国家文物局对这一建议很重视，决定于1987年暑期召开此会。

1987年8月14日至19日，会议在成都四川大学召开，由国家文物局庄敏副局长和博物馆处胡骏处长主持。与会者能想起来的有中国历史博物馆史树青先生和他一个学生、南京博物院的魏彩萍女士，苏州民俗博物馆馆长金煦，陕西省文物局王世昌先生，陕西渭南市群众艺术馆范源远先生，首都博物馆是我和李澄二人，天津是顾先生和南开区文化办公室高志明主任。与会四十余人，其他人的姓名想不起来了。

这次大会没有要求先提交论文，不过从发言看，大家还是做了充分准备的，十分踊跃。14日、15日两天，主要是分别介绍情况及工作上存在的问题，特别是难题。16日、17日两天，主要是对大家提出的问题进行分析研究，寻求解决的办法。会上统一了认识，主要集中在以下两点：一、各地的风俗习惯差异很大,举办以民俗为内容的展览,能突出地方特点,当地广大观众,尤其是老年人感到亲切,会受欢迎,外来参观者也可满足入乡问俗的需求。二、在当前社会大变革之际,当务之急,要大力搜集民俗资料,征集民俗文物,为加强民俗学研究、举办民俗展览创造条件。17日下午,胡骏处长做了总结发言,庄敏副局长也发了言。顾先生两次在会上的发言,由于既有成功的经验,也有失败的教训,言之有物,因而受到重视。

顾先生在馆里学术职称是副研究馆员,以他对社会学、民俗学的造诣,工作能力和工作成绩,评定为正研究馆员,绝对当之无愧。但他淡于名利,不计较个人物失,泰然处之,充分展现了宽厚坦荡的胸怀。退休前后,他被南开大学历史系聘为客座教授,为博物馆专业学生讲授民俗学概论。在他上课时,教室爆满,其他系的学生也来听讲,一时成为学校最受欢迎的选修课之一。

在退休后,他还参加了列入市政府重点项目的天津近代人物蜡像馆的筹建。从筹备、论证、设计展览内容和形式,到正式开馆,前后近一年的时间。顾先生以年近七旬的高龄,始终与年轻同志工作在一起、外出在一起,更起到主心骨和表率的作用。据当时具体主持这项工作的家璘同志说,他们在讨论制定每尊人物蜡像造型时,多用"精神矍铄"一词,并说当时顾先生的状态,更是精神矍铄。

他先后出版《天津简志·风俗篇》、《中国宫廷礼俗》、《天津古文化街》等专著(后两种与人合著)。在中央和省、市报刊上,发表有关民俗学、博物馆学等论文和文章五十多篇。他是上海辞书出版社的大型工具书《中国风俗辞典》的编委和撰稿人,《中国民族民俗文物辞典》的撰稿人,《中华风俗小百科》副主编和主要统稿人,《中国城市汉俗大观·天津篇》的主持人。

1990年,他被天津市人民政府聘为天津市文史研究馆馆员,享受终身荣誉。

顾道馨先生不仅工作上成绩卓著，齐家也有方。家中人口不多，妻贤子孝。儿子隽珩，天津医科大学毕业，硕士学位，主任医师。儿媳贤淑、勤勉，不断进取，就读于南开大学，获博士学位。孙辈也敏而好学，乖巧灵慧。一家人和睦相处，其乐融融，遗憾的是他早走了一步，令人惋惜。

欣闻天津文史研究馆将顾先生著述结集，计划出版，承顾先生之子隽珩在天津博物馆李家璘、王昆江陪同下专程来京，请以作序，甚感荣幸。我与道馨相识二十多年，自认对他很了解，但提笔介绍他既平凡又不平凡的一生时，才知道我知道得太少了。又以年老，记忆力衰退，不但很多往事记不清了，甚至很多字都不会写了，深感愧疚！深致歉意。此文权作对我亦师亦友的道馨先生的深切怀念吧。

郭子昇
时年九十有一
2010年初春

一　津俗谈丛

乾嘉以来的津门风尚

天津地方在金、元以前是海隅僻壤。金置直沽寨，元建海津镇，派兵戍守，都是着眼于军事。明初设卫建城也仍然是出于军事目的。从地形看，天津至山海关沿海一线是关内外唯一的平原孔道。清人入关后，天津作为内地与辽东的交通枢纽，地位日益重要。天津自明代即得河漕和长芦盐之利，经济实力日趋发展。清初六七十年间，社会经济得以恢复，其时天津已具商业都市的新面貌。雍正朝时，短短几年间，天津由卫改散州，再改直隶州，最后置府，由军事区划改为行政区域，而且政治建制一再提高级别，反映了天津地方政治、经济地位不断上升的事实。

乾隆、嘉庆两朝是清王朝由鼎盛走向衰弱的转捩时期。此一时期天津都市经济的表面繁荣进一步扩大。相应的，城市生活习俗也有新的演进，并表现出明显的地方特征。这些习俗对后来的城市生活、群众心理的影响是深刻的，有些至今仍在人们生活中起作用。

乾嘉时期是天津都市有建制以来第一次经济、文化发展高潮，研究当时的一些民间习俗，可以帮助我们认识此时期天津城市经济实质和社会意识，从中探索到某些风俗的传承轨迹，也可为今日建设社会主义文明、移风易俗提供有益的参考。

这一时期风情习俗见于前人诗文颇多。除县志有断烂记载外，尚有学人汪槐塘篡《津门杂事诗》，蒋秋吟《沽河杂咏》，塾师杨无怪《天津论》、《皇会论》，寄寓文人崔旭《津门百咏》竹枝词，樊彬《津门小令》等。虽诗词韵语居多，对风物、风尚、习俗遍有题咏，皆著者所见所闻、亲身经历，堪称信史，可据以研究。

笔者从幼年即喜爱逸闻掌故，几十年来积累了一些地方风土人情的口碑材料。这里结合《津门百咏》的描述，介绍乾嘉以来天津地方的一些风尚。

吃馆子

翠釜明姜海味稠，呫嗟可办列珍馐。
烹调最说天津好，邀客且登通庆楼。①

天津菜肴脱于山东菜系，以爆、烧、扒、熘、蒸见长，讲究色、味、火候。主料除肉、禽外，多用天津特产海鲜。春夏有对虾、海蟹、黄花鱼、比目鱼；秋有紫蟹；冬有银鱼、铁雀。都是肥美、实惠的名菜。

首先是商人为了联络感情、洽谈生意，经常在饭庄宴请外地来津采买的"老客儿"，俗称"上馆子"。有的大商号在饭庄有固定雅座，洽谈批发生意的客商来店，先由店内同仁陪同去用饭，旨酒佳肴招待一番。此外，达官富人宴饮之风，也促成普通人好上馆子的风习。上馆子，无酒不成席，饮酒必划拳。而划拳要嗓音洪亮，透出精神，否则最易招致大家捉弄，输拳喝酒，甚至大醉出丑，留为众人话柄。如系某人具柬请客，饭账即由某人给付。如系临时动议或途中邂逅，相邀入饭庄的，饭后临行时往往群起抢付饭金，吵吵嚷嚷一大阵。谁发誓赌咒的话凶，态度最坚

---

① 崔旭：《津门百咏·酒馆》。

决，堂倌就收谁的钱。不抢付饭账会被人耻笑为穷鬼，不够光彩。当然，这次别人请了你，寻找机会你得回请那人，礼尚往来的原则牵着人们向挥霍的路上走。财力足、好交游的人甚至当场定下日期还席，当然还是原班客人。从此套上绳索，欲罢不能。

许多哥儿义气的行事也往往是在酒筵前、吃喝中订定的。同生死、共患难的诺言笼络了自命仗义的人，从此置家庭于不顾，为朋友两肋插刀。如果是混混儿①、秧子②鬼混，席散后：

出门来，满面红光，一口槟榔，东倒西歪街上晃。又把侯家后③上，进入双翠堂，点烟灯，躺在炕，女班先唱两个曲，后问爷点什么样。④

吃喝，对混混儿来说，可能是目的之一，对秧子来说，却是必不可少的手段。于是，饭庄就成了他们每日不可或离之地，黑社会人物的进进出出也使饭庄成为是非之地。

上馆子还有一种习俗流传至今，就是"添菜"。彼时风尚，在饭庄遇到相识之人在另桌吃饭，必先客套一番，然后定一两盘对方桌上未曾点的好菜肴让堂倌送去，并说明是张三爷给李四爷添的菜。这样做既显示自己好结交的热情，又给朋友增添了光彩，密切了已有的关系，还能结识新朋友，一举数得。对方往往也添菜，并亲自来谢。两桌互相添菜，饭庄增加了生意，堂倌又

---

① 旧时天津方言，名词，专指独霸一方的流氓头目。
② 旧时天津方言，名词，指纨绔子弟。今犹有"少爷秧子"一词。
③ 天津地名，在北门外，南运河南岸，今旧街道不存，此名泛指原地段。
④ 引自杨无怪《天津论》。此文风格一如子弟书。全文见张焘辑《津门杂记》。

多得小费。故此,堂倌对客人间的关系特别留意,遇有相识者不同桌,即互为通报,从而促成客人添菜。添菜之习至今在津仍很流行。二三友人在饭馆小酌,遇有熟人进来,如系一人,先在者必邀入席共餐。后来者如系多人,就不便相让了。这时,往往是后来者在自己点菜的同时为朋友桌添菜,受者也添菜答谢。

从文献和老人口述中可以清楚看到,乾嘉时期天津社会的繁华热闹,饭庄、妓院起了不小的推波助澜作用。"尽有闲人聚酒楼"①,肉山酒海,欢声笑语,确是一片社会繁荣、家给户足的盛世景象。然而也正是这繁华的背后隐藏着社会危机、有害观念和种种陋俗。近二百年之后的今日,已是社会主义社会,正全力建设两个文明,但是,划拳、会账、讲哥们儿义气、添菜、庸俗地运用礼尚往来原则等陋习在劳动人民中仍颇有市场,对此抱欣羡态度、身体力行的人为数不少,认为不如此就无以谈交友之道,就都是虚情假意。因此,揭示封建旧俗的实质,推进社会主义新民俗的建设,是要下大力气的。除努力发展文化教育事业,全面提高人民文化水平外,积极开展各项民俗研究,并在此基础上做好宣传教育工作,也是刻不容缓的任务。

买洋货

乾嘉时期天津已是北方的大都市,生活上颇得风气之先。在某些人心目中,附近村镇的手工业品已太土气,穿的用的得是南

---

① 引自梅成栋:《津门百咏·题辞》。全诗为"阿谁名赠小扬州,无赖风光泥此游。烟月一城长抱水,笙歌四季不知愁。几多大贾营华第,尽有闲人聚酒楼。靡丽日增贫日甚,狂澜未见肯回头",对乾嘉时期天津都市社会风尚作了有力刻画。

货、洋货才显得出富贵气象。正是：

> 百宝都从海舶来，玻璃大镜比门排。
> 和兰琐伏西番锦，怪怪奇奇洋货街。①
> 居奇无货不苏杭，三倍虾蟆价更昂。
> 莫怪门中开内局，从来大贾要深藏。②

无疑，只有洋货、南物畅销，才会出现专门店铺丛聚的洋货街和南货内局的批发商。洋货街有两处：一在北门外，开辟较早；一在东门外，年代略晚，街道亦短。南货内局集中在北门外一带各街，如针市街、竹竿巷、锅店街、归贾胡同等处。譬如"恒泰昌"南货局，它是道光年间开设的，高墙深院大罩棚，虽无雕梁画栋之美，梁架门窗均是深红漆，抱柱悬挂金字木刻楹联，十分雄壮。这家内局店就横跨在针市街、竹竿巷之间。

同行店铺聚集一条街道，采取向心型经营。这是封建都市商业的一大特点，说明它是从专业集市发展而成。这样做，一是信息灵通，二是便于主顾就近对比选择。一句话，便于招徕，便于竞争。

乾嘉时期，玻璃和玻璃镜刚从外国传入不久，宫廷和贵族也视同珍玩，民间是难以见到的。在同时代的文学名著《红楼梦》中，刘姥姥在怡红院穿衣镜前把自身照影误认为亲家真人的描写，证明玻璃大镜在民间是罕见之物。这些罕见之物在天津洋货街上竟至"比门排"，可见当时繁华景况，同时，它也透露给我

---

① 崔旭：《津门百咏·洋货街》。"和兰"即荷兰。"琐伏"，阿拉伯人生产的一种毛织品的音译，后泛指外国产的各种毛织物。
② 崔旭：《津门百咏·南货局》。"虾蟆"指蟾酥。

们洋货店铺之多、营业规模之大等信息。洋货店还经营荷兰人贩运来的毛呢和英国人运来的印度、中亚的丝织物,富有之家争相购买,影响所及,求新奇、讲排场、比奢华成为社会风气。天津民间曾有"吃好的、穿好的、用好的是落的",以及"吃穿讲究,一世不白来"等旧话,正反映了这种社会心理和社会风气。好买新奇物品的人被誉为"会买东西"。笔者犹记四十余年前听叔祖母谈,在她幼年时,也就是咸丰、同治年间,天津的中小商人都有几件毛料长袍和呢绒风帽,毛料以巴黎哔叽最时兴。

南货、洋货对人们有吸引力,商人们就以此标榜,从事一种类似今日百货店的"洋广杂货"行业,专门发售化妆品、日用百货、精细漆器、竹器小件、刺绣等。流风所被,大约直到1956年公私合营前,天津中小百货店门前、招牌上都有一句"本号专门发售洋广杂货"的定型文字。据熟悉该行业情况的老人说,最初确是贩卖闽广货和从南方进口的洋货,辛亥革命前夕,一方面是洋货倾销,一方面民生凋敝,销售困难,且多闽广仿制品,广货中又杂有江浙产品,至此,"洋广杂货"一语已属空话,成为商业民俗的遗迹。"洋广杂货"一语的彻底绝迹是新中国成立后我国轻纺工业长足发展时的事,它标志着崇信外国工业品已成过去。

庭院养花

我国人民自古就喜欢种树养花,积久成俗,早已融入生活。天津人更好养花,其风清初已盛。康熙年间,城西北南运河北岸

大觉庵①门前广种芍药,到乾嘉时:

> 大觉庵前艳彩霞,千畦锦绣属僧家。
> 游人漫说丰台好,佛地春开芍药花。②

大觉庵芍药成为郊外一景,不让丰台独美于前。后来庙废,名花零落,花圃匠人挟养花绝技分香火地经营花厂。

> 火窖花开种种奇,买栽瓷半插军持。
> 金迷纸醉耽清赏,稼穑艰难恐未知。③

他们经营盆花、散枝、散朵,大部分是暖窖货。盆花依季节,春卖芍药,夏卖石榴,秋卖菊花,冬卖迎春、腊梅。散枝主要是夏天的晚香玉。散朵有南茉莉和白兰花,以细铜丝穿缀,供妇女鬓边插戴。六七月间还卖红凤仙花,妇女买后合以白矾末捣烂成泥,用它染指甲。

卖花人每早进城售卖。盆花、散朵卖法不同。卖散朵花的人挎精细、整洁小提盒,花用含水的净细白布衬盖,走街串巷,叫卖声清脆悠长,与卖早点的那种简单含混的一字腔截然两样。卖时轻拿轻放,最忌手摸花朵,没人买立即盖上衬布。卖盆花的平日用挑子挑,花盛时车与挑子同时进城。挑子可串小巷,车子停在大街繁华处,一边卖,一边接济挑子。晚香玉散枝都是傍晚

---

① 大觉庵原本为清初尼庵名,地在城西北南运河北岸,距城五六里,后庙废,遂用为当地村名,村今仍用此名。
② 崔旭:《津门百咏·大觉庵》。
③ 崔旭:《津门百咏·花厂》。

卖，斜放在长圆形挎篮内，叫卖声悠扬，走过时清香撩人，很快就卖光。

过年时，人家好在屋内摆设迎春、腊梅、水仙、万年青等盆花，以增添春意。除水仙须单买外，其余盆花可买可租。租花，腊月二十八九送到家，正月填仓节后取回。花钱不多，既点缀了节日，又不需自己精心护持，而且没有平时买花须有空闲地方放置的问题。何况迎春、腊梅两种花除花农外，很难把它们养活、养好。故此，过年时租花的多于买花的。

至于人家养花，确有许多讲求。木本花主要是养石榴花、石榴树、夹竹桃几种。养石榴花、石榴树，一图它"五月榴花红似火"，艳丽火爆，二图它"榴开百子"，象征人丁兴旺，儿孙满堂。别种花可以不养，此花一定要有。富有之家更要配套，"天棚、鱼缸、石榴树"三者俱全，是夏日的典型排场。夹竹桃花期长，人多乐于养，但要开红花的，忌开白花的，枝干讲究三杈九顶，也就是要勤加剪修，保证两层九顶的规格。这两种花如要主干粗、树顶圆大，就要栽在特制的大木桶中。木桶绿色红竹箍，摆在庭院十分耀眼。

石榴树要年年剪枝打杈，以防长疯，最忌高与房齐。一种妈妈例儿说石榴树齐房败家运，当然这是迷信的解释。实际是树过于高大不便搬运，再者，冬日窖内或屋内也容不下。特别是天津中等以上人家庭院讲究方砖墁地，夏日还要搭天棚，树大栽在院内就破坏了前面说过的两种排场，因此树忌长疯。另一个原因是树木高大易招鸦雀、蚊虫，而乌鸦粪落在人身上被认为是晦气，偶尔落个夜猫子更是糟心。谚云"夜猫子进宅，无事不来"，一定要大喊大叫地诅咒，同时砖石、竿棍俱上，把它赶飞，甚至还要烧香祈禳，以消灾免祸。既有这些麻烦，种不如不种，故此，旧时天津宅院都不种树，桶栽树也不会任它长高大。

室内陈设的万年青,油绿油绿的大叶子冬夏常青,十分喜人。它象征人永不老,家业永不衰败,故中等以上人家多养此花。摆万年青要瓦盆外套瓷花盆。为支撑大叶直立,花盆四周要插精致的红漆木架,红绿相间,火爆耀眼。要经常用清洁的湿布轻轻擦去或用喷壶冲洗叶上灰尘。

其他草本花如西番莲、死不了、凤仙花等,开花多、花期长、颜色浓艳,草茉莉还稍带清香,都为多数人所喜爱。特别是由于可以自家栽种,所以比较普及,一般人家夏日院内都摆上几盆。有的人家在石榴树、夹竹桃前搭起分层的砖台,高高下下堆放成花山。晚饭后暑气稍歇,淡香时来,一家人围坐花前,品茶乘凉,谈论古今,闲话牛女,也别有一种生活情趣。

种树、养花美化环境,美化生活,陶冶性情,是热爱生活的表现,是好的社会文化传统。天津人养花的许多讲求和禁忌,都有社会的、文化的根源,反映着地方社会生活和社会心理的一些问题,是一个有趣的民俗研究课题。

说书场和弦子书

从历史情况看,我国许多城市如北京、上海、苏州、杭州、西安、成都等,居民都有坐茶馆的习俗。不论年齿,少长咸集,一壶香片茶,坐上半天,可以读书,可以听旁人闲谈,也可以友人小聚、闲话家常,更可以借此一席地做买卖谈交易、商定事项,茶馆已和社会生活联结一起,须臾不可或离。

无可否认,茶馆的出现是以小农经济稳定发展、都市繁荣为前提的。茶客则以文人居多,这些人有悠闲时间。上述城市除上海外,都是我国古代各地区经济、文化、政治中心,在这里,茶馆早期当主要是为府县僚佐和读书人服务,此后随着社会的演

变,茶馆功能有了变化,譬如增添了说书、弹唱等娱乐项目,服务面扩大。天津都市茶馆则不同:

> 清凉茶肆瀹汤初,座上盲翁讲法如。
> 一自梨园夸弟子,三弦冷落说唐书。①

弦子书演员按时演出,茶客是来听说唱的,喝茶吃瓜子、崩豆儿、萝卜,是闲中又闲的消遣。双目失明的说书人一边弹着弦子一边说说唱唱,听书人有粮船、盐船的船工,斗店、盐坨的搬运工(当时称为"脚行"),盐店、粮店、杂货行的小同仁,是些自食其力的劳动者、小商人,很少有以文为生的读书人。在当时的社会条件下,劳动者、小商人情趣不会太高,他们用热烈火爆、有刺激性的东西消闲解闷,驱遣劳乏。杂剧太文,几种地方戏还没有兴起,只有弦子书适合胃口,听些《水浒传》、《三国演义》、《今古奇观》等大书目。逐日接续演唱,听上瘾,得天天去茶馆,这也是茶馆主人设法赚钱的一种主意。据说,真有人把钱都化在喝茶听书上,无法给老家的妻子儿女捎钱。老人们说当时已有小段子,且有荤素之分,荤段子都有色情的描绘,是茶馆和弦子书演员的又一赚钱之道。乾嘉时期天津茶馆情况大致如此,和前述各城市迥然不同,它与当时天津社会经济文化的发展状况是契合的。

诗中提及梨园兴起,弦子书逐渐被淘汰,这"梨园"恐怕指的是二黄戏。乾嘉时花部盛行,引出多种地方戏。乾隆末年徽班进京,西皮二黄很快传入天津。它曲调高亢爽朗、节奏鲜明、唱词通俗,且戏文当场了结,较成本弦子书在时间上便利观众,故

---

① 崔旭:《津门百咏·茶馆》。

有更大的吸引力。费时费钱的弦子书自此没落，茶馆生意也受影响，一部分倒闭，一部分改为说书场，即后来的杂耍园子。弦子书艺人有的改作伴奏，一部分人怀抱三弦，手持马竿，走街串巷入户说唱，收入没有了保障。唯一的希望是居民有喜庆事，为招待亲朋而请"瞎子"说唱助兴。这样，收入将比平日高出几倍，是弦子书艺人的好生意。这种情况都是先期约定，及至正日，艺人穿戴整洁早早来到，也贺喜也坐席，有专人招待。上下午唱两段时间，由主家或亲朋点段子，应景的戏文多，忌死伤不吉利的内容，《武松杀嫂》的段子有人点也不能说。弹唱时特别卖力气，显精神，这样说唱一两天，加上吃喝和客人给的"酒钱"，可顶平日十天八天的收入。

说书人以色情描写标榜，招徕听众，在天津可能是自乾嘉时期开始盛行的。这时天津都市商业兴盛，从事手工业、船运、装卸等的劳动者和商人丛聚，茶馆说书业兴盛，为了竞争可以不择手段，何况听众中确有不少是长期出门在外的单身汉，他们精神苦闷，寻求寄托，说书人为迎合这种情况，于是出现荤书唱。弦子书艺人创荤书唱，得逞于一时，后来茶馆萧条，艺人走街卖唱时，居民们就存有戒心了。特别从咸丰年间有说书假瞎子（当时说书艺人绝大多数是双目失明者，津俗背地称作"说书瞎子"。如被他们听到这么称呼，除破口大骂外，还抡探路马竿一阵乱打，打到谁是谁，故当面只称"说书先生"。偶有不失明而操此业者，紧闭双目，装作失明。人家对失明人进入内宅，顾忌少些，这对说书艺人来说，意味着多些生意）拐骗妇女的传闻之后，平日家无男子时就忌招说书人入宅，即便有男人在家，招瞎子入户弹唱，也往往招致邻里非议。这样，弦子书艺人的生意日少，到20世纪40年代收音机大普及后，弦子书基本绝迹，盲人少了一条谋生之路。所幸者没有几年，新中国成立，国家对盲人的关怀照顾十分周全，盲人境况胜往昔千百倍。

买水和挑水行业

运水担夫压赤肩，独轮车子也争先。
石头路滑城门外，长似黄梅雨后天。①

　　天津城四周河道、洼淀虽多，但城内无水源，居民用水成为严重问题。唯一办法是从北门外的南运河和东门外的海河取水。离河近的人家自己去河边挑水，富有人家可派佣工去河边担，也有的几家共雇一人专门挑水。北门离河最近，但北门里人家要挑一担水也需很长时间，而且得水不多，离河远的人家更伤脑筋。后来有人从受雇挑水这一情况得到启示，自备扁担、水筲，从河边担水到城中去卖，这样就出现了"挑水的"这一种新行业，同时还形成了一套与用水有关的习俗，为群众所遵循。直至新中国成立后人民政府在全市建成自来水供水系统后，挑水行业和相关的用水习俗才渐行消失。

　　一担水挑到城内可卖三至五文不等，和其他商品相比是够昂贵的，故有"挑水的看大河——净是钱"的歇后语。但"一担水一往返，既累又不赚钱"（天津歇后语），有的挑水人又想出了用车拉水的办法，减少了往返次数，增加了收入，供水情况也比以前有较大的改善，遂沿用了百数十年。

　　水车是一双轮小平板车，上装一长方形木箱。木箱前部上有约一尺见方的孔，后部靠近底边正中处开一小圆孔，有的还装上一截竹管，这是出水口，不用时用木塞堵住。五十多年前笔者见

---

① 崔旭：《津门百咏·水车》。

到的水车木箱长约四尺，宽约二尺，高二尺余，容积不足零点六立方米，装水一千一二百斤，约合二十担；车用小驴驾辕。也有用人力拉的，车箱要小些，盛水自然也少些。

几个挑水人合资在河坡下架设一坡形跳板，俗称"水梯子"。从河中取水时扁担横在后肩，人蹲在水梯子的最前端，一左一右两只筲抛入水中，人用力站起，两筲即装满，动作十分利落。向水箱倒水时人须站在一矮木凳上，从上面方孔倒进。当时城内土道多，石条道也不平整，车行时颠动厉害，灌水口虽有盖子，仍不时向外溅水，放水孔也漏水。因此，水梯子附近的沿河道路，东门、北门城内外的一大段路面，春夏秋三季整日泥水汪汪，故有"长似黄梅雨后天"之叹。冬日沿途则都是冰凌，日积月累，高出平地好多，最易滑倒人。挑水的当然更艰苦，所以冬天水价高于春夏秋。大致是离河较近处每两三担增加一文，远处增加得更多。为了便于收费，挑水的备有一种有个人标记的竹牌子，一挑水一个竹牌，将冬日用水预售给用户。譬如三文半一挑，用户花七十文买二十枚竹牌子，就可陆续换他二十挑水。这有价竹牌的使用，最初是为了解决冬日水价有零额的问题，后来夏秋也用，变为拉住主顾的工具，你买了他的竹牌总不好再买别人的水。再后来发展到卖开水的水铺和杂货小铺都自己做牌子，这时发售竹牌子就有向顾主筹集小额本金的意义了。竹牌子发售得滥了，一户人家往往买有三四处的牌子，取用时要注意不能拿错，小铺收牌时更要反复看，生恐收了别家铺子的牌。

居民用水难，一是水供应不及，二是水价贵，三是饮用水的净化十分麻烦，不能放心大胆用，但这只能自家设法克服，别无他策。挑水人难，主要是日日紧张劳累，不得喘息。于是他们想方设法寻找借口，向用户多要报酬。最初是三大节要"节礼"，冬天下雪日要"酒钱"，正月初二"进财进水"自然是加码另算的，后来发展到下雨天也要酒钱。如遇顾主家有红白喜寿事①，用水须保证供给的，酒钱要比雨雪天增加几十倍，还得招待三餐。如果是大户人家办事，挑水人全力以赴，除把缸水供足外，门前还停放一车备用水，随时待命。遇到这种情况，他们就把别的主顾临时让给同行一两天，因为集中力量供水就可以从大户人家那里得一笔相当多的道喜钱、酒钱和从丰的水钱，还有三餐美食。让主顾是挑水行业的互助行为，这次我让给你，你有事让给我，不能违背。

除互助外，挑水的还有许多行规。大致包括：

一、新迁来的住户最初找到谁给挑水，就为谁的主顾，别的挑水人不能去抢主顾。

二、住户如想退掉原挑水人张三，改换李四，李四不能应承。用户得罪张三，有被"罢挑"的风险。这一规定既避免了行内的争夺，也加强了他们和主顾对话的分量。

三、张三如一时不能经营，除找自己人代替外，也可以把主顾分别让给李四等几个人。张三一旦恢复营业，原有主顾仍全部归张三。让主顾是无偿的、彼此互利的。

四、如不再经营，主顾可以兑出，接收人要花一笔钱，多少则以平时劳务收益来定，具体情况（譬如一户可作价多少）他们是忌讳外传的。代替也罢，出让、出兑也罢，都由原挑水人引领新挑水人逐户认门，并向主顾说些托付照顾的客气话。

五、"轻载让重载"，这本是中国人世代相传的让路原则，他

---

① 天津方言，指四种礼俗。红：婚嫁礼；白：丧礼；喜：包括多种喜庆事，如生育、就职、店铺开张、房屋落成、工匠出师、学生入学以及旧时中举、升官、买房产地亩书写文契等；寿：诞辰日，特指长辈生日。

们也遵循这一原则,空车和满载车途中相遇,要让满载水车先过去,空车再走,概括说,就是进城车先走,出城的后行。如果是同方向行进,要依先后顺序,后车不能争先超越。如前面车确有情况不能快速前进,应该退让,请后面的车过去。在这问题上行规是合乎情理的,但具体情况复杂,各有说辞,而行规又难于作出硬性规定,故而往往易犯口舌。

挑水人对行规是不愿详谈的,供奉什么神也不愿提到。也有传说天津天后宫供的"挑水哥哥"就是挑水行业的祖师神的。

城区各处从业人员的籍贯各有不同。西市、北门一带多是山东人。据七七事变前给笔者家中挑水的季老头说,挑水的山东人多是运河沿线的人。他是东昌府人,他家四代在津挑水(他本人是第三代),已近八十年。他祖父年轻时给人帮工,后来兑的主顾。他还说同县的一家人已挑水一百多年,当初也是兑的主顾。这么说来,挑水行业在津兴起,约略相当于乾嘉后期或更早一些。

河水有泥沙,特别是夏天的"麦黄水"①,泥沙量更大,水色深于红砖,必须沉淀、澄清。为了加快沉淀,人们想出一个办法:把一根三尺多长的粗竹竿的下部几个竹节各开一方孔,并在四围钻些细孔,从各方孔放入白矾小块或末,将竿插进水缸,沿一个方向用力搅动,漩涡中心水色见清即可停止。原理是白矾溶化黏附泥沙加速下沉。此竹竿俗称搅水竿子或白矾竿子。由于搅水和妇女缠足的需要,家家都有白矾分别放在厨房和卧室,而街头巷尾的杂货小铺也都卖白矾。

去除泥沙,除搅水澄清外,还有几项工作要做。因大家都这

---

① 每年雨季黄河水下泻,挟带泥沙进入大运河,从临清北流入天津,水呈红褐色,因其早汛约在麦熟时节,在津地故有"麦黄水"之称。

样操作，显然也已成为习俗。首先是要备有二三口缸，放在一处做过滤之用。第一缸沉淀后倒入第二缸，第二缸沉淀后倒入第三缸。平时这样就可以了，但夏天泥沙多，第三缸也要搅。这一系列沉淀工作叫做"倒缸"。空出的缸清除泥底叫"刷缸"。最后一缸水虽清亮，仍有一薄层泥底，夏日缸壁还挂有黏液状物，每隔十天八天也要刷洗一次。讲卫生的人家，这是一项很忙人的工作，搅了倒，倒了刷。冬天时间隔得长一些，夏天用水多，每隔两三天就要忙一阵的。笔者幼年曾干过这些活计，故熟悉其中艰苦情状。

水车也沉积泥沙。夏天每日清晨第一挑水用来冲刷水箱。老水箱木质朽坏，挂泥沙多，隔几天要用一种小竹扫帚刷一次。春秋泥沙少，得省事就省事了。冬天结冰，无法刷洗，更省事了，但增添了一件费力的活儿，即每天清早要凿去冻在车上的冰凌，用炭笼嘘开已冻实的放水口。

由于有买水吃的，也有自家人或派佣人挑水吃的，就产生了一种情况：自己人到河边取水，希望去一次能多挑回些水，愿意用大水筲；挑水的为使一车水多卖些钱，使用一种又矮又小的筲。故天津水筲铺卖的筲有两种规格：住家用筲和水车用筲。水会和其他生意用筲都是这种水车筲。据说三四十年前到河北大街或西门外买木筲时，铺伙要问做什么用，如说住家用，他就给拿大筲。他们卖给挑水人的筲除了是小号的，每只筲口还都悬一薄而长的竹片或木片，是对卖水人的格外优待。据说挑水走动时，有木片浮在水面，水虽晃动，但不会溢出。

水车卖水在当时勉强解决了城内外居民用水。后来有了自来水（当时天津称为"机器水"），情况逐渐改变。这过程约有五六十年。先是自来水通向主干马路，出现了专卖凉水的水铺。但自来水价高，沏茶做饭用它，仍挑河水洗衣、浇花，挑水人分上下午或分日送自来水、河水。40年前自来水价下降，住户普遍用自来水，从此搅水竿子没用了，倒缸、刷缸习俗消失了。大约三十年前，供水管道通向大街小巷，成立了居民水站（凉水水铺也改成水站），住户按人计口交费用水，水车没用了，挑水人转业了。近几年，自来水管直接入户，再不用到街头巷口的水站提水了。供水的条件变了，用水的习俗也变了。

以上民俗事象，纯属小风尚，无关宏旨，难登大雅。唯几十年间陆续得诸故老之口，多是他们亲身见闻，参之笔者点滴经见，有的尚有参考价值。故此冒昧奉献于学者方家之前，敬希指正。如稍有用场，则笔者不胜欣慰。

原载《民俗调查与研究》河北人民出版社 1988 年 10 月

天津民俗概说

民俗风尚是历史的产物,它反映人们的思想感情和生活状况,且对人们的行为具有一定的规范作用。天津民俗的形成、演化,与天津城市的发展进程,社会生活和文化心态的进化密切相关,具有明显的地方特征。

本章记述以市区范围汉族风俗为主,现行区划内,或尚有其他民风,均略而不记。

服饰习俗

汉族本有自己民族的传统服饰,清政权建立后,民族融合加速,传统汉族服饰吸收了满族服饰的样式、结构和艺术特点,出现巨大变化。天津地方居民以汉族为主体,民间服饰相随变革。大体而言,除男人长袍、马褂及女人裤裙外,基本上是可身的"短打儿"。

男人服饰

辛亥革命前男装以长袍为主,体力劳动者为了便于操作,则穿上袄下裤的短打儿。辛亥革命后,多数人一仍其旧,只是学生、教师及公司、洋行、机关职员中的新派人物穿西服或中山装。布质袍褂、袄裤的颜色,春秋冬以蓝、黑为主,夏则为白、灰。节日及礼仪活动则穿绸质长袍,外罩马褂,唯劳动者袍褂仍以布质为主。无论质地如何，马褂颜色均须深于长袍，否则会被认为人性轻浮。长袍的绝迹是 1956 年私营工商业社会主义改造以后的事，从那时起人们常年身着蓝、黑、灰色的中山装。60 年代又有绿色的军便服流行民间。80 年代初，青年及知识分子兴穿西服。

辛亥革命前，男人剃发留辫，一如满人服制。辛亥革命后，劳动者剃光头，学生出身的人留分头或背头，还有短发的学式头。后三种发式流行至今。

男人帽子　辛亥革命前，大部分人戴六瓣合缝的瓜皮帽，地方土语称作"帽翅儿"。冬日，老年人在瓜皮帽外罩"观音兜"以御风寒；中年商人则戴"将军盔"或无顶的"帽套"（或称"套帽"）。这几种御寒棉帽在二三十年代逐渐为"恭禧帽"所代替。瓜皮帽和恭禧帽流行到 40 年代中。体力劳动者、小贩冬日戴"毡帽头儿"。知识分子及职员等春秋季戴一种叫做"美国帽"的四周有宽沿的细毡礼帽；夏日戴欧式软木胎硬沿凉帽，俗称"面斗儿帽"；冬日戴欧式中缝皮帽。这些欧式帽子，以盛锡福帽庄的产品最为有名，这几类帽子连同毡帽头儿在 1949 年以后为"列宁帽"取代。列宁帽在津流行时间不长，很快为圆顶"干部帽"所代替。"文化大革命"期间兴戴绿军帽，80 年代又流行"鸭舌帽"。

男人鞋袜　辛亥革命前到 20 年代，中老年穿"两道脸"纳底布面或缎面鞋，后来又时兴长脸圆口布鞋；青年商人穿短脸圆口或短脸尖口布鞋。20 年代后期，这种短脸鞋又有了礼服呢面或缎面和皮底的新款式。除皮底鞋外，各种鞋都可以由妇女自做，称作"家做鞋"。皮底者也可由家中妇女做好鞋帮，送绱鞋作坊圈缝皮底。家庭富裕的青年人，特别是学生、职员穿三接头皮鞋。40 年代始兴胶底鞋，因其轻便、耐磨，学生、工人乐于穿，五六十年代大兴一时。皮鞋的普及是60年代中期以后的事。

体力劳动者多穿两道脸纳帮洒鞋，30年代后兴轮胎底洒鞋。洒鞋的特点是：脸长，抱脚，经磨耐用。

30年代前，冬日，绝大多数人穿家做布底布面"骆驼鞍"棉鞋；站柜台商人穿"大云儿"棉靴头儿，老年人穿轻便型大云儿，这两种大云儿都有布面和缎面之分；街头小贩穿草鞋或"毡窝儿"。棉鞋除骆驼鞍外的其余款式，从40年代穿者渐少，五六十年代在津基本绝迹。至于皮暖靴，是40年代兴起的，流行至今。50年代以前，天津城市普通居民夏日从无穿凉鞋之俗，只是僧、道、尼穿一种灰或黑色的、两帮有半圆孔的布底凉鞋。40年代末，知识界及机关职员中始有穿网眼皮凉鞋的。60年代塑料凉鞋大兴，经济、方便而人多乐用。80年代男塑料凉鞋渐衰，呈被皮凉鞋代替之势。

辛亥革命以前人们都穿家做纳底布袜。大多数人还要在穿布袜前，用方布把脚包裹紧，从而造成足趾重叠等后天畸形。20年代前后，部分中青年人及学生开始穿机织线袜。30年代线袜普及。线袜易磨破，家庭主妇因而要学一种补袜子的女红针黹，还要预备大小不等的木制袜楦。60年代尼龙袜兴起，并逐渐代替线袜，补袜活计随线袜的消失而消失。

妇女服饰

清代中晚期，民间女服基本是肥大的袄、裤，平时不束裙。但样式和缝制技巧变化多而快，讲求花色及镶滚花边、刺绣等。五四运动以后一段时间兴大襟、"元宝裰"、肥袖短袄，配以黑绸长裙、高筒袜、偏扣布鞋，即所谓新女性的"学派儿"装束。30年代旗袍盛行，并开始注意身形曲线，而衣袖的长短肥瘦、领子的高矮、衣摆的式样、衣襟的开法等，在40年代演化最为迅速。

新中国成立后,列宁服、女制服代替了旗袍。60年代初,旗袍彻底绝迹。进入80年代,又开始有人穿着。

辛亥革命前女性盛行缠足,穿布袜、木底小靴子。辛亥革命后提倡天足,已缠足的尽行"放脚",遂流行一种鞋尖窄的"放足鞋"。这些鞋一般都是妇女自做自绱,如果是缎面绣、皮底的,则需要由匠人绱,名曰"坤造皮底"。而老美华鞋店以制卖各种放足鞋驰名华北。30年代以后,上层妇女及女艺人中时兴高跟鞋。新中国成立后,绣花鞋、高跟鞋被淘汰。一段时间,女职工、女学生穿布底偏扣鞋。60年代平跟女皮鞋盛行。夏日有各色塑料凉鞋,配以矮腰尼龙袜,稍稍点缀着女性美。70年代中期以后风气宽松,女皮鞋讲求款式、颜色的多样化。70年代末、80年代初,高跟女皮鞋在销声匿迹30年后重新出现,且较彼时尤为盛行,青年妇女普遍穿用,随之重兴的还有高筒丝袜。

发式是女性的重要表征,历来十分讲究。清光绪中叶前,已婚妇女梳"卫头";姑娘前留短刘海儿,后编长辫子。清末少妇梳堕马髻,继之有盘髻、元宝髻等多种样式,天津民间统称之为"盘头"。辛亥革命以后剪发之风渐兴。30年代,不单女学生,少妇留短发的风气大兴。40年代烫发在民间迅速普及,"文化大革命"期间被取缔,80年代初悄悄恢复,继之迅速复兴。

饮馔习俗

饮食民俗和一个地区的物产资源、生产水平、社会文化以及生活方式紧密相关。天津濒临渤海,接壤平原,背靠京畿,面向海外,腹地物产丰富,水陆交通便捷,经济文化发达,故饮食丰富多彩而富于地方特点。

就主食而言,因为产麦区所包围,居民向以面食为主,兼食玉米等杂粮，也喜米饭。副食菜肴有荤素之分，荤菜即所谓鸡鸭鱼肉。鸡鸭类除家禽外，还包括野鸭、大雁等飞禽；肉则指猪、牛、羊肉；鱼包括虾、蟹，有河海之分，河鱼以鲤鱼（俗称"拐子"）、鲫鱼、白鱼、刀鱼、鲢子鱼为主，黑鱼多在宴席上做熘鱼片，鲇鱼则是个别人喜欢吃；海产鱼、虾、蟹则依照鱼汛陆续上市；清明前后有对虾、海蟹，继之而来的是黄花鱼（即石首鱼），伏天吃比目鱼。天津人以吃海鲜为享受，致有"当当吃海货，不算不会过"的俗谚。蛋以鸡蛋为主，鸭蛋盐渍后煮熟食用。素菜肴则以豆腐、面筋、香干儿、素帽儿（由豆粉制作的素炸货）为主，名曰"素货儿"，以石头门坎真素园的制品最有名。

　　至于副食蔬菜，50年代以前，春秋吃菠菜、韭菜；夏秋有茄子、黄瓜、辣椒、土豆、苤蓝、芹菜、豆角以及西葫、倭瓜、冬瓜等；冬则以大白菜（特指绿麻叶菜）为主。二三十年代，番茄、卷心菜传入天津，先主要由租界区外侨及南方人食用，四五十年代在旧城区一带出售，且当时以生吃为主，后来才用以做熟菜。油菜、菜花、紫菜头是60年代以后逐渐上到旧城区居民餐桌的。

　　包饺子、捞面、贴饽饽熬鱼是天津人最喜吃的家常便饭。饺子有各种菜馅，可煎（俗称"贴"）、可煮（俗称"下"），其中三鲜馅味道最为鲜美。捞面，简单的有麻酱面、炸酱面，复杂的配有多样炒菜的则称"四个碟面"。天津盛产河海鱼鲜，熬鱼粘卷子或贴饽饽乃是驰名外地的特有家常饭。

　　喜庆寿诞之日饭菜配置，习久成俗。午饭必为捞面，炒四种或八种荤菜肴拌面佐餐，必有一种糊状的"卤儿"及"菜码儿"（菠菜、白菜、土豆、藕分别切丝，与绿豆芽菜、青豆、粉皮等清煮后，加黄瓜丝拼盘而成），红绿黄白相间，十分悦目。四个碟面的配餐法在各地捞面中是独树一帜的。晚饭必为丰满实惠的鸡鸭鱼肉和稻米饭，而最后的芫荽汤，一股清香确有解腻醒酒的功效。

天津筵席本不列入菜系，但兼有京系、鲁系之长，且注意肥鲜、嫩熟，讲求色、香、火候，故被认为独具风味。而"八大碗"全席以实惠经吃为人所称道，成为享誉地方的亚菜系。八大碗套数来源于满汉全席中的"八大件"肥菜中的北系菜。蒸鸡、蒸鸭、扒肘子、扒海参、红烧鲤鱼、扣肉、红烧牛肉、蟹肉羹、烹对虾等二十余种菜肴中，任何八种即可成席。这种套数配菜经济实惠，不需翻桌，适于多次组桌，招待众多宾客，故为喜庆宴会所乐用。做八大碗全席的饭庄，多属"天津馆儿"和专应人家喜庆宴席的"酒席处"。此外，民间尚有"四扒"肥菜套数一种，常用的菜肴即扒肘子、扒鸡、扒鸭、扒海参，是较八大碗更简便、实惠的菜肴。旧时，城市平民家庭遇有喜庆事请"落忙的"（指专为他人帮短工的人）协助，即可自制。从50年代起，这两种配菜套数逐渐打破，今日已很少有人沿用了。

旧时，富有的大家族，老家长夫妻单独一桌进餐；儿子、儿媳和孩子在自己住处进餐。中下层人家，除老家长夫妇与已、未婚儿子同桌进餐外，其他人男女分桌聚餐。餐桌座次平日家居不甚讲求，以媳女侍奉方便为要；如夫妻同桌，以男为尊，以对门的位置为上，上座的左位次之，右位又次之，依次而降。旧时待客宴席用方桌（八仙桌），每桌坐七人，空一座位为上菜处。如在正房，以背北面南为尊，东次之，西又次之，南最卑。

清末民初，赁货铺出租活腿大圆桌面，座次习俗为之一改。主人让客尊位，客人之间则互让，必说"四面为上"，尊卑观念已行淡化。

天津小吃类型繁多。油炸类的锅箅儿、糖皮儿、三角儿、卷圈儿、麻花；炉造类的芝麻烧饼、油酥烧饼、麻酱烧饼、硬面饽饽、枣锅饼、糖大料瓣；糕饵类的麻团凉果、盆糕、炸糕、切糕、驴打滚；汤羹类的面茶、锅巴菜、茶汤、杏仁茶、羊肉粥、羊爆肚、炸绿豆丸子汤；甜蒸食类的蜂糕、糖糕、杨村糕干；杂造类的煎饼果子、炸臭豆腐干、煎焖子，还有季节性特强的夏秋之际的炸蚂蚱、炸鱼和冬季的烤山芋、煮山芋等，各具特色。这些驰名久远的小吃大部分应归功于天津回民多年来的创造。近三十年间，出于各种原因，有的失传，有的变异，大多趋于简略。

饮料方面，传统的只是茶、酒两大类。天津人好饮茶的习俗可追溯至脚行休息时喝大碗茶，积久成俗，有相当数量的体力劳动者、商人有喝早茶和饭后茶的习惯，而且待客必以茶，否则会被认为不热诚。

往昔，民间平日饮酒都是到烧锅买散装的高粱烧酒，此种酒俗称"白干"，以大直沽的二锅头最有名。个别大烧锅还生产玫瑰露酒，这是早年仅有的一种甜酒。抗日战争前，天津生产的坛装五加皮酒，是人们极为珍视的一种药酒。50年代公私合营时，大小烧锅并入国营酒厂，散装酒渐少。70年代各地酒涌入天津，本地散装酒绝迹，大直沽二锅头也不再为人看重。

此外，天津的小食品也颇具特色：糖果类的杨柳青老虎肉，城区的麻酱糖、药糖、烊化的薄荷凉糖、芝麻皮糖；硬果类的七十二样酥崩豆、天津豆、老虎豆；果糕类的蜜饯红果、青果糕、江米果藕、青丝玫瑰喇嘛糕；果汁类的酸梅汤、果藕柿饼子汤等，这些小食品从抗日战争时期起逐渐失传，流传至今仅数种而已。

四五十年前，卖小吃、小食品的小贩走街串巷。早晨将各种小吃作为早点兜售，下午三四点钟以后以贩卖小食品为主，兼有小吃摊、挑的功能；晚间七点钟以后，药糖、酥崩豆、崩豆萝卜等和夜宵小吃的叫卖声不绝于耳，直至午夜。

住宅格局及居住习俗

居住民俗是人们物质生活的重要内容，它反映了时代的生产技术水平、物质条件及历史文化传统。旧时天津城区及附近的民居，以砖（或以坯代砖）木结构的平房四合院、三合院为主体，并有相当数量的"桶子院"。从近代开始，建筑规模、形制不受定制约束，只要财力允许，尽可以僭越身份把房舍院落盖得富丽堂皇些。这反映了工商业者对封建等级观念的淡漠，甚至蔑视。

四合院的格局，门楼（分虎坐门楼、八字门楼两种）和影壁是导引性的建筑，往往十分讲究；二道门或过道门楼，可根据院落面积及财力选择采用。三合院，辛亥革命以前有门楼、影壁；进入民国以后，多取花墙砌大门及门墩的形式，个别的有门楼但无门房和影壁。这两种格局的房屋结构，讲究"四梁八柱"成"联三间"形式（面阔超长的可用"明三暗五"形式）。顶用木椽子铺木板，上面排砖垫土，抹灰压实，讲究者全顶挂瓦，稍次者在两侧靠近山墙处挂瓦几道，余处铺灰作图案，称为"棋盘顶"。两种顶的房檐均排瓦件，俗称"滴水檐"。因用四梁八柱，墙壁不承重，为节约用砖，前檐墙在窗台以上用木板装修，外面或油或漆（讲究之家多用枣红漆），里面一般糊粉笺纸。清咸丰、同治年间，玻璃输入渐多，窗户由百眼窗格改为下层装"三块瓦"玻璃，上层装可开启的"步步紧"花格横窗楞扇。直到20世纪20年代，用煤烧砖技术普及，砖价降低后，前檐墙才改为统用砖砌。在这之后，新建房屋的窗户多用横上亮、四扇门式。

四合、三合式庭院必用方砖墁地，不留黄土地，不能种大树（多进住宅的过厅夹道院除外），以便暑天搭天棚。

辛亥革命前，城区简陋的桶子院，花墙大门，迎门立"插屏子",以隔绝内外。如砖墙灰顶往往用梁架；如坯墙多为无梁柱的硬山搁檩结构；也有的用梁柱结构，除临街墙及前檐窗台以下用砖砌外，其余各处均用苇把抹灰墙。离城区稍远的附郭村，多盖土坯外抹草泥墙的房子，苇把代替椽子和木板做顶，上抹厚厚草泥。两山及后檐墙用苇梢或高粱秸作贴附层，称作"裖山"，以防雨水冲刷墙面。

住房以坐北面南的房舍为"正房"，东西两侧为"厢房"。如系自建自住，则北房住老家长，晚辈儿孙长东幼西住两厢，住房分配体现着家庭成员间的尊卑长幼关系。南房因终年不进阳光，一般作客厅、书房或储藏间。

联三间住房，中间为"堂屋"，两侧称"里间屋"，一般是卧室，故在前檐窗台以下砌砖（或坯）炕，与堂屋灶台相通。秋冬季节在屋内灶台做饭，烟火从炕内烟道通过，炕面升温，可维持一定时间，接近灶台一端的"炕头儿"最温暖，腰腿有疾患的人就睡在这里；冬日来客也让坐在这里取暖，由此形成待客（特别是女客）必让炕上坐的习俗，以表示热诚。

炕的长短、宽窄没有定制，随房间大小而定。一般是长向与里间屋的面阔相等，横向略小于进深的一半，故谚云"一间屋子半间炕"。但炕高有定制，俗谚"七行锅台八行炕"即炕高砌砖八级，再加木炕沿，坐下后，两脚刚好离地。

炕的睡法（指夜间睡眠），一律头在炕沿这一边，不能头顶前檐墙；如只一二人也可顺炕而卧，但两人头朝一向，很少有"睡通腿"的。一般头向炕沿而睡时，男人睡在炕头，靠近屋门，有守卫之意；妇女靠炕边睡卧，便于迟眠早起侍奉公婆，操持家务。

开埠前到20世纪20年代初，大部分封建官僚及富商在城内或近城繁华地区建筑宅第。纵向连接的，以进深院落层次多为荣；横向连接的以两侧跨院多为富。有的还起造花园，至今"×家花园"的地名还有多处。这些宅第、花园都是中国传统建筑。辛亥革命后，下野的官僚、军阀以及买办等，多在英、法、德、意租界区内兴建欧式楼房或花园洋房。20年代开始，中外私人经营的房地产公司，在市区各地建筑统一形式的平房或公寓式楼房，出租牟利。50年代，公寓住宅楼逐渐向旧城区发展。70年代末加快民居建设以来，住宅楼已遍及全市，劳动人民的居住条件有了很大改善。新建房外貌虽仍为公寓，但内部已为单元结构，邻里之间较为生疏，昔日平房院杂居时守望相助的邻里关系有所淡漠。

婚嫁礼俗

20世纪30年代以前，民间流行的是旧式婚礼习俗。男女双方素不相识者多，媒人介绍后，双方设法从侧面打听情况，大致了解后，由家长做主议婚。议婚过程中要请星相士批两人的"生辰八字"，称"合婚"。订婚时，男方向女方致送聘礼，两家互换"龙凤大帖"，曰"换帖"。男方向女方商量聘娶日期，提出月份后，要问："上半月好？下半月好？"这叫"取庚"，意在避开女当事人的经期；新娘经期中迎娶，称作"尿轿"，为习俗所忌。男方办事曰"娶媳妇"，女方为"聘闺女"。两方的沟通只仗媒人往返传递信息。60年代兴起迎娶时双方在院门两旁贴大红喜字，男方写双喜，女方写单喜，以别娶聘。

旧时娶聘的重大礼仪活动分在四日内完成。第一天，男方在搭盖了天棚的宅院内陈设娶亲花轿、仪仗，名为"亮轿"，同时在中午及晚间设宴招待亲朋贺喜人。午饭后，尽早用大抬盒向女方送去"催妆礼"，女方收下礼品后随即开始用抬桌向男方运送妆奁，叫做"过嫁妆"。第二天清晨，由大傧随花轿、仪仗、鼓乐到女方住地迎娶，新娘穿戴花衫子、响铃裙、凤冠后上轿。花轿到门，要闭门稍候，名为"闭闭性"。下轿时要迈过火盆；进入屋内，交拜天地，饮交杯盏，坐帐，一如各地风俗。吃女方送来的半生不熟的"子孙扁食"，问："生不生？"必答："生、生！"以兆生儿育女。此后，新娘盘坐炕头子孙灯旁，亲友可进新房"看新人"，但须有人把门，逐人问明生肖，不许星相士算定的某几种生肖的人进入新房，叫"忌人"。晚间亲朋闹新房后，要请丈夫健在、有儿有女的"全合人"妇女为新婚夫妇铺被褥，且须口念吉庆语，这一仪式名曰"焐被"，也就是天津地方化的撒帐礼。第三天，新娘继续在炕头盘坐。上午娘家弟弟提头油一瓶，由一老年妇女陪同，来男家看望，名为"送油"，实际是由老年妇女借机向新娘了解初夜情况，新娘如已破身，即可向男方家长商量回门日期及相关事宜，一般是"回四"。第四天，也即新娘进门的第三天，新娘不再坐在炕上，此曰"下地"。梳洗后，夫妻盛装向全家及亲戚中的长辈行叩见礼，并接受晚辈叩贺，长辈们要给新娘见面礼，新娘要给晚辈见面礼，全部活动称作"分大小"。这之后，新娘须向公婆及女性长辈恭送亲手制女红物什，以示自己擅长针黹、操持家务的能长。至此，婚礼的重大仪式告一段落。

20年代，"文明结婚"传入民间，办法是在饭店租用礼堂，举行婚礼仪式并宴请双方亲朋，在一天内完成。婚礼时仿西洋方式，新娘穿白色拖地婚礼服，新郎着燕尾服，一双新人由主婚人主持，行礼如仪，最后互换戒指。仪式完成，新娘坐饰有鲜花的"彩车"（最初是西洋马车，后来为汽车）到新婚住地。车前有军乐队演奏"结婚进行曲"，俗称"洋鼓洋号"。40年代中，因旧式婚礼开销大，除非女方反对，多数人家皆采用此种仪式。

新中国成立后,旧式婚礼很快绝迹,新式婚礼也改在男家或工作单位举行,新房布置、妆奁、仪礼一切俭朴从事,风气为之一新。但自60年代末以来,在一部分市民中大操大办之风复兴,传统习俗、禁忌中的一些糟粕也沉滓泛起。

岁时节日习俗

岁时节日民俗是内容宽泛、涵盖面较广的社会文化现象。有的源于农村,有的起于宗教,有的目的在社交游乐。随着历史的演进,不同起源和功能的习俗日趋综合,传递不同时代的风尚,表现出文化的兼容性。天津地方的岁时节日习俗无例外地体现了这些特征。

中国历法从辛亥革命后通常是阴历、阳历并行的。阳历在行政公务方面使用,民间则沿用阴历。农民因农时等问题必须重视节令,尤其需要阴历。新中国成立后,随着工厂、商店国营化进程以及文化教育事业的进步,在工商业发达的城市中沿用阴历的习惯逐渐改变,但法定庆典节日外(因是制度性活动,一般不列民俗范畴),岁时节日仍按阴历而行,沿用至今。

天津地方,特别是城市区域流行的岁时节日,绝大多数是属于汉族的在近两千年间不断丰富且在各地普遍庆祝的全国性节日。由于城市经济活动不受农时直接制约,人们对于岁时的注意已大为淡化。不过,节日活动、节日消费对于城市经济是有利的,让人们不得不重视。天津人心目中节日重于岁时就是出于这种原因。

天津流行的岁时节日及人们活动方式大致如下:

正月初一 俗称"大年初一"。50年前,城区居民此日皆家居自娱,无外出拜年者,晚间早眠。

正月初二　天微明，家主盥洗后敬财神。旧日城区无自来水时，挑水人于清晨给用户送去水一担，并竖一把柴火于门前，谓"进财"（柴谐音）、"进水"。大多数人家于此日请"全合人"开市；全合人入屋，口念吉利语，预祝一年顺遂。从此日起大约至灯节前后，亲友往来拜年，互相给小孩"压岁钱"。

正月初三　晚间烙羊肉馅小合子（饺子的一种，圆形）供财神。自初一至初三，食俗曰："初一饺子（素馅）、初二面（捞面）、初三合子往家转（赚）。"

正月初五　俗称"破五"，黄昏时放鞭炮，晚饭包饺子，以驱邪秽，包小人。

正月初六　门市商店开市营业。商店及住家支发初一至初五数日间应付的零钱。特别是进财、进水钱。

立春　食紫萝卜，谓"咬春"。此俗在七八十年前逐渐消失。

正月十四至十六日　灯节。十五是正日，亦称"元宵节"。十四日先期蒸发面"刺猬老鼠"，十五日供于神前及屋门荷叶墩上，上午头均向外，下午人静时使转向里，以示驮回财宝之意。十五日晚饭前煮汤圆（俗称"元宵"）供神佛、祖先。各商号于十五日张灯结彩，作鼓乐，放烟火。一时游人如云，四乡农民也有赶车入市到北门外、估衣街、宫南北大街观灯者。住家小儿女多提灯游唱于里巷间。40年代以后，节日只剩正月十五一天，悬灯彩、放烟火大减。50年代中期更绝迹，只以元宵美食点缀节日了。

正月十六　近亲妇女彼此往来，名曰"遛百病"，意谓此日出门闲散，百病皆无。出嫁女儿也多归省、拜年。50年代始，职业妇女趁春节假日回娘家看望父母，后来渐渐形成正月初二回娘家的特有习俗。

正月二十五　津俗称为"填仓"。二十四日晚，以石灰粉在庭院和屋内地上画囤形,中间放米一包叫"粮囤",放钱一包叫"钱囤"。是晚须早早睡眠,夜间有响声,不得惊动,说是"老鼠娶亲"。二十五日必吃米饭、鱼汤,富有之家兼食清蒸咸鲙鱼(即压锅鲙鱼)。此日妇女不动针黹。"打囤"之俗今已失传。

二月初二　津俗谓"龙抬头"。此日吃烙饼、煎焖子、炒鸡蛋、炒绿豆芽(或拌黄豆芽)。妇女不动针黹,怕针刺龙目。此日又为土地神生日,土地庙均有香火。

二月十九　津俗以此日为观音大士生日,奉祀观音各庙均建醮,香火颇盛。如有风谓之观音暴,远航船只非过此日不开行。此日习俗四五十年代前已鲜为人知。

清明节　津俗清明前后各十天内祭扫祖墓,称"前十后十"。供香烛祭品于坟前,焚纸箔后,取土培坟叫做"添坟"。今已逐渐演化为民族性祭祀节日。

三月二十三　海神天后生日。20世纪20年代以前,东门外天后宫三月间香火极盛,四乡农民进香求子者络绎不绝。清代皇会即在此时举办。二十三日为出会高潮。

四月初八　天津府、县城隍庙相邻,每年四月初一至初十为庙会会期,进香还愿者极众。初八日演戏,晚间出"鬼会",到西门外白骨塔地方祭"赦孤"。

此两处庙会40年代中期后即消失,且城隍庙亦不复存。

五月初一至初五　端午节,津俗称"五月节",初五为正日。住家自初一插艾枝于门两旁;悬朱砂神判符篆于门楣。儿童穿黄色衣裤,襟上挂老虎坠。20年代前有涂雄黄于小儿头囟、耳孔和臀部者。节日食品为江米小枣粽子,亲友以此互赠;也有自制黄米粽子者。

夏至　津俗本不重岁时,所以然者,缘于"夏至三庚便数伏"俗谚,为计算暑天何时开始。商号及商人家庭此日吃捞面,谚云"冬至馄饨夏至面"。

立秋 此日食香瓜,名曰"咬秋",以为可免腹泻。今仍有此俗,但凡瓜皆可,西瓜有后来居上之势。

七月初七乞巧节。初六晚间女子以碗水曝月下,初七晨各投绣花针浮水面,觇其影,以卜女红之巧拙。40年代行之渐少,今已绝迹。

七月十五 中元节,俗称"鬼节"。家家祀祖供扁食,晚间焚纸箔。也有午饭后去茔地焚化纸钱者,傍晚始归,名曰"下洼烧纸"。佛寺于此日作"盂兰会",昼夜唪经,并扎制纸法船,晚间焚之,超渡孤魂往生乐土之意。也有于河、坑乘船唪经者,且遍放小荷花灯,以渡溺死冤魂,红男绿女往观者联袂于道。40年代此俗骤失。

津地有"七月十五定旱涝,八月十五定收成"的农谚。

八月十五 中秋节,津俗称"八月节"。昼间在神佛像前供月饼、鲜果;晚间在庭院对月设几案,供月亮祃子、月饼、瓜果,先由主妇焚香跪拜,媳女依次而拜。祭毕、神祃随黄钱焚化,曰"圆月"。圆月习俗只限妇女,有谚云:"男不圆月,女不祭灶。"中秋节日食俗为月饼,亲友间互赠。有大至径尺者,为供佛用。居家自烙者叫"家常月饼"。

九月初九 重阳节。黎明时登高远望,登高处为所有城楼、鼓楼、玉皇阁及几处过街阁。40年代只有鼓楼及宫北张仙阁。节日食品为黏糕、切糕、蜂糕等糕类(以糕谐高)。

道教庙宇从初一至初九作"九皇会",于大殿前积束香成塔形,高可逾丈,曰"攒斗"。逐日晚间唪经。初八晚将香斗从上部点燃,道士顶礼环拜,曰"拜斗"。一说攒斗、拜斗为庙外信奉北斗星君者的活动,组织称"斗社"。拜斗等仪式须斋戒后着道冠、道服进行,故被误认为道士,实则与道士没有关系。40

年代末，此俗骤失。

九月十七　津俗以九月十七日为财神生日。商号及商人家庭皆于此日以香烛、供品致敬，悬彩张灯，鞭炮齐鸣，俨如年三十，故五六十年前，津门有"九月十七小除夕"之说。

立冬　津俗于此日食倭瓜馅饺子，以为可免去一切多年的慢性病。50年代此俗已无传。

十月初一　津俗于十月初一以蜡花纸裁剪、糊制衣服，加上纸箔装入"封筒"，为祖先记名，焚化于家门外，虔诚者到茔墓焚化，俗称"送寒衣"。此日住家均食饺子。50年代以来遵行者日少，但至今未绝迹。

冬至　津人重视冬至，盖因自此"数九"，天气渐寒。"九九消寒图"之俗，实为冬日八十一天的简单气象记录。此日食馄饨，也有吃连汤扁食者。

腊月初八　津俗称此日为"腊八儿"。清晨以各种米豆、干果、小枣熬粥，加白糖、桂花、青丝、瓜条等小料，名"腊八粥"。除供佛外，亲友互赠。富有之家并向贫苦邻人和乞丐施舍，称为"结缘"。此日除食粥外，还包素饺子，供佛后食用。50年代后只自家食粥而已。民间还多于此日用醋泡大蒜，名"腊八醋"，待春节时食用，今仍有此俗。

腊月二十三　俗称"小年"，津俗于是日晚由家长祭灶。供品为糖瓜、黏糕、草料和清水一碗（后两种供品为灶王所骑马匹食用者）。叩祭后，随纸锞将当年灶王神祃焚化，是谓灶君上天述职；除夕夜另换新神祃供奉之，是谓灶君回宫。商号也于此日由经理祭灶，唯神祃为独座灶王，无灶王奶奶。

腊月三十　津俗称"大年三十"（小建二十九亦然）。住家及商号经多日准备，处处整洁，对联、吊钱儿、灯彩焕然一新。居家均于神佛、祖先影像前供香烛、供品。外出人口均须返家，晚饭合家吃"团圆饺子"。饭后焚香烛敬神。灯火通明彻夜不熄，多数人娱乐不眠，曰"守岁"。夜十二时为"全神下界"之时，鸣放鞭炮。晚辈向长辈拜年，长辈给小儿女压岁钱。自饭后焚香敬神起，外姓妇女不得进入家门，是谓"忌人"，直至正月开市后，方能解禁。天微明煮素馅扁食上供，焚香叩拜，将供奉的全神祃焚化，俗称"发大纸"。此时鞭炮声声，烟云缭绕，历时不散。街头糖果、蜜饯红果、糖堆儿和"大发财源糕干"的叫卖声忽远忽近，一夜不停。

旧时商号以五月节、中秋节、过年三大节为结账期，而过年最为关键。催欠人除夕夜提灯讨账，虽天明不熄灯，仍继续催讨；欠债人如真无力偿还，即避而不见，直至天大亮，街上行人渐多，已是新的一年，双方即或相见也不谈账款之事了。

民间组织

民俗学中的民间组织一般是指人们基于信仰、职业技术、技艺爱好、社会公益等结合成的群体组织。天津各类民间组织约略有：

脚行　这一类组织是在漕运、盐运的装卸搬运脚夫间逐渐形成的，带有封建把头垄断性质，已有二百多年历史。脚行组织分地段把持一方，有各级头目，层层控制、剥削，逐日计股分账。彼此争地盘，经常械斗，发生死伤，危及社会安宁。脚行组织成员往往身兼多种组织角色，是天津社会一支活动力强的队伍，功过互见。新中国成立后恶霸把头被镇压，各地段组织解散，安置从业人员多数转入国有运输、储运公司，成为搬运工人。

火会和水局　从清康熙年间武廷豫创立同善救火会始，火会、水会逐渐遍及城乡各地，盛时约五六十处。火会备有唧筒式压水机，水会备有矮梁水筲负责为压水机供水。成员多是会局所在地附近的脚行人夫、小贩等，遇有火灾，放下营生，义务扑救。会局活动从原则到形式都富于浓厚民俗色彩，为保护人民的生命财产做出了一定贡献，充分体现了天津人急公好义的精神，但多数组织后为劣绅、脚行所把持，人称"吃会儿的"。新中国成立后，市区遍设消防分区及工厂单位义务消防组织，会局自动消失。当时郊区仍有火会存在，但设备也已更新。

杠子房　民间锻炼身体、学习武功的群众组织，天津方言称"杠子房儿"。由成员集资置办墩子、石锁、枪剑、鞭棍等器械。因一般都设有类似今日单杠、吊环的杠子、皮条等固定设备，故作此名。视成员兴趣及教头的特长，可演练武术、举重、皮条、杠子、沙口袋子等项。一般是傍晚演练，群众围观，练到精彩处，鼓掌叫好，给小社区增添了活跃气氛。其拜师仪式、演练规则等颇具民俗色彩。60年代后绝迹。

票房　天津地方方言作"票儿房儿"。是民间学习中国器乐演奏，特别是学习昆腔、京剧唱念做的群众组织。成员称"票友儿"，以富家子弟居多。他们集资聘请"说戏的"讲解指导，学到一定程度，往往自己出资租用场地作公开演唱，曰"玩儿票"。如由玩儿票转成职业演员，称为"下海"。从清末到三四十年代，天津票友有许多人下海成为著名戏剧表演艺术家。新中国成立后这种组织自然消失，代之而起的是工会组织中的类似活动。

乐舞老会　老会是民间节庆日自娱娱人的乐舞表演组织。会名一般由地名加乐舞名称组成，如"西园法鼓老会"、"姜家井捷兽会"等。为昭示各自组织的悠久传统，多数自称老会。开埠前后城乡约有百余会，是为鼎盛时期。参加演练者多为居住在附近的体力劳动者及富家子弟，他们除自己集资外，也向社区绅商募集，以措办道具、服饰。年节巡行表演称作"出会"，事先用整张黄纸书写会名、出会日期、巡行路线，遍贴城乡路口。出会途中向著名店铺、绅商富户递送会名帖，随后在门前表演，以示尊崇之意，称作"拜会"，受拜之家必以茶水及数十斤茶叶、糕点相酬慰。收受的茶叶、糕点，最后由参加出会者俵分。此类老会历来为民间所欢迎。抗日战争期间，老会数量锐减，40年代以后归于沉寂，然而80年代以来又见复兴。

攒钱会　民间小额贷款互助组织形式。由遇到婚丧大事的人出头，在亲朋中招集自愿者几人或十几人，按定额逐月集资。除倡议人即会头首先用款外，余人按急缓或拈阄定先后，分月使用。这一互助形式在民间，特别是中下层社会较为流行，俗称"打个会儿"。攒钱会的优越性一是无息使用贷款，二是积少成多，集中款项可以办需要一定费用的事，三是——最主要的——使贫困者通过互助免受高利贷的盘剥。40年代因物价飞涨，无法保值，后期收回本金的人损失太大，而失去了吸引力，自行消失。

理门　理门是一种流传于山东、河北、辽宁、北京、天津等地的民间亚宗教组织。清康熙年间传入天津，经乾嘉发展到清末、民初，较他地尤盛。活动场所曰"公所"。天津最早的公所在今红桥区西大湾街西南，称"老公所"，为向城乡各地发展根据地。为强调老公所的渊源，理门内部有"东根西派"之说。各公所主持人曰"老师傅"。成员皆禁烟酒，不知者让以烟酒，则以"有门槛儿"拒之。有咒语一句，曰"五字真言"，虽夫妻不得相告，谚曰"法不传六耳"。每年阴历四月初八、九月初九、腊月初八聚资为餐，称"摆斋"。民间青壮年有酗酒、吸烟甚至吸毒者，家中老人及亲友往往劝其参加理门，以戒除不良嗜好。理门的实质是以道德戒律推行宽松的宗教性社会控制。抗日战争期间，活动受影响，日见衰落，新中国成立后自然消失。

社会风尚

社会风尚是经济、政治、文化、道德等状况的综合反映,是广大社会成员精神风貌的总体表现。它具有稳定性和功能性,渗透于社会生活的各个领域,以强大的舆论和社会习惯势力的形式,左右人们的言行。这里就其影响久远者,择要简述:

重商心理 20世纪20年代以前,天津人崇尚商业,看重商人。表现为广大的中等以下人家,在男孩子小时即向之灌输长大"学买卖"的思想:进私塾读书认字是为了写账;学珠算是为从商做准备;学杂字是为掌握诸多商品的名称、写法;学尺牍也是着重商业书信的格式、套语。对行为举止,一切按封建商业的道德规范进行培养。及至男孩长大谋求职业时,首先是设法进商号学生意;此路不通,退而求其次,去学手艺(各种生产技术)。对于商人致富的认识,总的来说,是"将本图利",即赚的是光明磊落的钱。商号同仁年终多分馈送,被认为是有出息、能养家,日后会有发迹。此种重商心理是天津城市社会生活现实的反映,反之又推动着天津城市商业的发展。20年代以后,随着现代工业的输入和教育的发展,崇尚商业、看重商人的社会观念逐渐淡化。

热心公益 急公好义、济困扶弱是天津城市生活的理想人格模式。从传统看,天津人勇于举办公益事业,认为这是办"善举",而做善事是会有"好报"的。办善举,富人有钱出钱,普通人尽力而为,贫穷人有力出力,尽自己的一份心意。清代,天津几处书院都是富商捐助的,众多的义学也由绅商资助。至于寄生会、牛痘局、施馍会、救生会,各处的水局、火会,以及施舍棉衣、冬粮、棺木之举,开办粥厂、暖厂,都是在有钱出钱、有力出力的原则下，由大家赞助办成的。"捐启"送到面前，人们总会慷慨地写上自己的姓名和认捐款额，甚至不写真名，而填上"无名氏"，以示捐资不为出名。至于三伏天在住家附近为过往脚夫、小贩施舍茶水、绿豆汤的事，就更多了，还有抬埋孤寡死者、饿殍、浮尸的，虽可从会中得到少量初助，毕竟难以用金钱来衡量。特别是救火活动，只要集合出发的梆子、锣打响，会员们都会撂下手中活计，随队前往火场奋力扑救。在义利矛盾面前，天津人一向选择前者，履行仗义而为的道德信条，体现着崇高的人格风范。

维新观念　17世纪末叶以来，城市商业经济的发展，培养了天津人对多元文化的综合吸收能力及面对社会演进的调适能力。在这种能力推动之下，天津城市各方面的发展程度始终居于周围地区之上。这种能力也使天津人对新事物，特别是物质文化性的事物具有较大兴趣，这也成为一种社会风尚。

漕运、闽粤货物北来以及商业交往，使天津人了解各地物产、风土人情，开阔了眼界。19世纪中叶以后，西方物质文明传入天津，最初是羡慕，进而便是学习模仿。各阶层居民基于不同层面，表现出不同程度的追求物质文明的复杂社会心理，这演变为在文化上进取求新的精神风貌，这在清末民初的封闭性社会中，至为难能可贵。这一风尚的深入发展，不断推动着天津城市社会文化的进步。

原载《天津简志》天津人民出版社1991年11月

天津汉俗大观

第一章 生产习俗

天津没有沃壤腴田，故旧时经商者多，以贾趋利。因之，从清初以来经济便十分活跃。漕运、长芦盐的发展，对天津经济的繁荣起了十分重要的作用。此外，手工业作坊和商业店铺的经营也颇为兴盛。

由于河运为天津经济动脉，因此，商业区多沿南运河及海河两岸展开。旧北门外到东门外沿河一线属于商业、手工业集中地带。以三岔河口为中心，斗店、南货行在它的西边，娘娘宫和盐坨地在它的东侧。专业商店集中的街道相继出现，肉市口、菜市口、竹竿巷、估衣街、锅店街、洋货街，共约十余处。各地在津的会馆等也大都分布在周围。繁华的经济活动对当地民俗产生了一定影响。世俗以商人为尊贵，以耍人儿为能，以挥霍为荣，以生产技术为贱。

一 天津的工匠

工匠是在生产过程中逐渐分离出来的专门从事某项手艺的劳动者。各地因地理环境、物产及传承的不同而形成了不同的技艺。天津的工匠以瓦匠、木匠居多。

拜师礼　瓦匠、木匠，多为下层贫民所从事。传承技术，方法略同。拜师时，首先要有熟人介绍，待师傅同意后，便择吉日举行拜师礼。是日，师、徒及介绍人，穿戴整齐，在堂屋供上鲁班祖师牌位，上香，徒弟先向祖师叩头，再给师傅之父母叩头，继而向师傅行礼，最后，给师兄弟行拱手礼。拜师后，徒弟搬来师傅家与师兄一室同眠，一般不能私自回家，只有在重大节日和祖师爷诞日，才能在早晨或晚上匆匆回家一次，与家人团聚。

新来的学徒，每日晨要给师傅、师兄及师傅子女倒马桶，端洗脸水，扫地，晚上铺床，待全店人入睡后方能休息。学徒期一般为三年。第一年打杂。第二年跟师作业，打下手，此时可观摩师傅及师兄操作，谓之偷艺。第三年师傅才适情给以指点，并向外人承认徒弟。

出师礼　徒弟学满三年，还要无偿为师傅做工三年，届满，方可出师。出师仪式与拜师相同，之后，可留在师傅处工作，拿工钱。但是，徒弟们大都愿意离开师傅而另谋他途。此时，由徒弟办备酒席宴请师傅，饭菜多为四个碟的捞面，之后，正式出师。以后，逢年过节时要带礼物去拜见师傅。

二　天津的染织业

天津临近冀、鲁等盛产棉花之地，且开埠后成为棉花集散地，故天津染织业以棉织染色为主，并逐渐形成本行业的习俗惯制。

棉织业　旧时，天津纺织先用秫秸秆（最顶端细而光滑的那一段）将棉花压成一个中空的棉筒，然后用织车（手摇纺车）慢慢地将棉筒抽成细线，以脚踏织布机织线成布。纺织方法较为简单，一般不需拜师学艺。

染色　天津染色为古老行业，技术远近闻名。所用染料及方法有三，即石染、矿染、植物染等。操作时，先将染锅烧开，加入适量染料，用木棒搅匀，待水沸腾时，将布匹入锅，染好后，取出，放凉，拽干。拽干的方法是，将一根粗木桩埋下端于地，上端凿有孔洞，将布一端穿入洞孔，再用力拽，以挤出布中水分。一般家庭生产规模小，或不具备生产规模，为使染后的衣、物平整，多在自备的捶布石上捶打，再挂出晾干。至此，染色告成。这种染过的布又称标布（民国初年出现进口花布，称为花洋标，由东北进口的俄国花布，称为俄国标）。因此，清末的布铺称作标布店，门前吊挂字号，专售各地各色标布。

三 天津的商业

清末天津一般商号组织制度及名称：卖货手（分大、小同事、学生意者三等），走街的（一般为大同事），账房先生，外柜（货栈、大同事、学生意的伙友）；以上四种之上系掌柜，再上为东家。东家即资方，掌柜为经理，卖货手即售货员，走街的负责对外联系、购进货物、结账等，账房先生即会计，亦兼管总务，伙计为杂务工。货栈和门市不在一处的设外柜，负责货栈。学生意的在门市只吃饭不拿月钱白干三年，白天应付门市干杂活，早晚为掌柜、大同事、账房先生等铺床叠被倒夜壶，若中途不被辞退，三年期满谓之"学出来了"，即可升为小同事，进入商人行列。学生意的必须住在店内，谓之"上宿"，若回家，只能在停业后、睡觉前的两三个钟头。如果本店业务不能继续扩大，那些和东家、掌柜的无特殊关系的小同事，很难升为大同事，只有被别店掌柜看中，离开本店，才有迁升可能；而大同事也只有接受新东家委托（俗称领东）时，才有机会当上掌柜。旧时，在天津商界有"忌三爷"的习俗，即禁止东家的少爷、舅爷、姑爷在店内供职。

幌子 旧时，天津的商业店铺，门外大都挂有招牌，形象生动，一目了然。如鞋店门外两边各挂一串带有鞋子的招牌，以示顾客。因此，樊彬《津门小令》云："津门好，水陆好生涯，挂蠹文犀洋货局，天吴紫风估衣街，金粉认招牌。"天津酒幌子多为布制，易坏，春节停业，年后开市时如换新幌，多书"开市大吉"字样。幌子又名望子，始于何时已不可考，《韩非子》中已有"宋人有沽酒者，悬帜甚高"的记载。唐宋时广泛使用，孟元老《东京梦华录·中秋》载："至午未间，家家无酒，拽下望子。"总之，历代店铺都挂布望子，也间有木制的。

　　酱园幌子　在天津，油盐柴米茶有专店出售，而酱醋系酱园出售的主要商品。酱园幌子为木制扁平葫芦形状，上刻"伏酱"、"陈醋"字样。"伏"、"陈"两字，意在强调自己商品的高质量。

　　钱铺幌　20世纪30年代以前，天津钱铺流行制钱幌子。钱铺是使用银两和制钱时代，以经营零整互兑赚取佣金和差额的小型钱业铺面。以制钱模型为幌子，极易识别。

　　靴鞋铺幌　旧时，天津靴鞋铺以靴鞋为招牌，挂至店门前。尖头靴系武备样式，在清代极为时兴，据说穿着此靴表示自己来自京师，颇有身份。其时，各地均有仿制，以天津仿制最为得体。天津的瓜皮帽、观音斗、将军盔等样式帽子，做工精细考究，为世人所青睐，有"京靴卫帽"之誉称。

　　膏药店幌　昔日，天津店铺以膏药店居多。天津因漕运发达，南北过往船只颇多，卖力气搬运货物的船工及拉纤、装卸工扭伤腰腿后，最为有效且方便的治疗方法便是贴膏药。因之膏药店大兴。其幌子为一块白布，四周绣边，中心染成圆状黑色。其时，天津膏药店铺门前都设有膏药锅，炭火熊熊，药锅滚热。患者可随时入店贴大片膏药以行治疗，一俟药凉即可揭下更换。因疗效较好，且价钱便宜，因而生意十分兴隆。出售成贴膏药的业务反居次要了。但揭下的药又重新放入锅内熬化，再给他人使用，不够卫生，因此，50年代后被取缔。

与此相反，自制药糖的店铺或小摊贩并不挂招牌，他们是靠另一种方式招徕顾客，即走街串巷。一般售者挎有十几个小方槽的玻璃盒，内放不同颜色、不同味道的药糖，沿街叫卖，声调悠扬："唉！卖药糖，橘子、蜜柑、砂药、仁丹！"（但近几年，人们只图省力，坐而赚钱，不屑于走街串巷了）他们头戴一顶旧礼帽，身穿破旧西装，套一双不合脚的破皮鞋，戴一副旧金丝眼镜，边走边吆喝，有时还摇几下铜铃，其状滑稽可笑。有的卖药糖者则是在开卖前先说一段"三国"，口讲指画，连说带评，至热闹处，戛然而止，开始卖糖。也有的是卖药糖前先表演杂技，什么张飞大蹁马、童子拜观音、金鸡独立、镫里藏身等，演完售卖。此外，还有带笼养小松鼠者及吹笙卖药糖者，生意亦好。

烟铺招牌　旧时，天津烟铺门外挂一写或刻"烟魁"字样的木幌子，以示众人。"魁"表示质量上乘。它们多经营旧式烟袋用烟，如旱烟、水烟，以及为旱烟增加香味的兰花瓣等。烟铺的主顾多是中上层人物，亦不乏下等人。

盐铺　早年，天津的店铺中，盈利较多的为盐店。当时，流传有这样一句歇后语：盐店的捞面——白吃。在清代，天津地区长芦盐系专卖性商业，因此，盐商明目张胆地掺假。盐商的外店栈房内都有一片泥墙，每逢掌柜派饭吃捞面时，学生意的店伙计便将苇席铺在地上，倒几千斤盐，吃罢捞面，把大锅面汤倒在盐上，店伙计们轮流用木锨把湿盐向泥墙抛去，粘去墙上黄土，给盐增加分量，于是，一顿捞面的花费便都转嫁到买主身上。由于盐店吃捞面是常事，因此，盐店每年春秋季要修理两次泥墙。崔旭一首《津门杂咏·醝商》辛辣地讽刺了这一现象："盐策长芦此要津，风天气色属商人。铜穴金山须臾事，大宅连云递旧新。"

经商用具

黑漆藤子斗　清代以来，粮店（后来称米面铺）用来量米豆的门市斗，装满后，用一木板将高出斗口的粮食刮平，即为一斗。由于各地经济发展不平衡和历代赋税制度杂乱，以致清代各地都有自己的度量衡标准。天津邻近北京，衡器斗和当时法定斗一样。现已不复使用。

盘子秤　清代中叶以来，天津商号由于出售商品质地、品种、形式不同，因之，所用的秤也有各种形式。一般20斤以下的小秤有钩子秤和盘子秤两种。盘子秤又分为方盘、圆盘、畚箕盘等几种。时至今日，盘子秤仍颇为常见，但种类已减少，且称量范围及单位与原来也大不相同。现在广泛使用的盘秤多为畚箕盘秤和圆托盘秤。电子秤虽陆续问世，但只能固定使用，盘子秤弥补了它的不足。

戥子　亦写作"等子"，是一种称量药品、金银等物的秤，最高限量为两，最轻为分。70年代末，计量单位已改为克。这种秤今日在药店里仍可偶见踪影。

货郎鼓　旧时，天津走街串巷的货郎使用的一种长柄小鼓。鼓有拳头大小，鼓两侧各有一线绳系着的小玻璃球，摇动鼓柄，晃动的小球便左右敲击鼓面，发出声响。当时，货郎挑担，很少推车，于是边走边摇，十分方便。因货郎担所卖多为针、线、脂粉等主要为女子所需物品，因而民间又称其为"唤娇娘"。另外，在农村，从事染布业的师傅，也使用这种鼓。

唤头　旧时走街串巷的剃头匠人代替吆喝的工具。使用时，以铁钉从两钳上口拨挑，便可发出悠扬、持久的震颤之声，以此招揽生意。现已绝迹。

报君知　昔日，算命先生在街头兜揽生意时敲击的小铜锣。摇动和敲打均由一只手完成。

四　天津的水会

天津为水旱码头，人烟稠密，百货云集，店铺毗连，极易发生火灾。康熙年间，当地人武廷豫创立同善水会；雍正初年，长芦盐政莽鹄立捐置救火器具。自此，这种群众性的义务消防组织在天津不断出现，迨至清末，由各绅商捐立的水会共四十八局。水会公所设在东门外磨盘街，每局均置有各种救火器械。《津门杂记》载："遇警鸣锣传递，名曰'串锣'。各局顷刻奔集扑救，并不私分畛域，分疆划界，无论昼夜，弗辞劳苦。救火人名'伍善'，半属负载贸易之人，身穿号衣，捍患御灾，争先恐后，情愿急公，分文不取。火既熄了，缓其锣，名曰'倒锣'，按道路远近，分次序而散，一方赖之。"

第二章　居住习俗

旧时，天津城区兴三、四合院，梁架以四梁八柱为多。由于商业财富的聚积常常骤起骤落，不易持久，天津人对房产的修建养护比较粗疏，这大概也是天津没能留下瑰丽的园林和宽阔的住宅的一个重要原因。

一　建房

天津旧城区以灰砖房为主，砖多为卫南洼烧制。

方向禁忌　旧时，天津人受封建迷信影响很深，兴建房屋极重方向选择。《图宅术》载："商家门不宜南向，徵家门不宜北向"，"商属金，南方属火，火克金，不吉；徵属火，北方属水，水克火，亦不吉。由于五行之气不相得，所以五姓之宅门讲究宜向。向得其宜，富贵吉昌；向失其宜，贫贱衰耗。"此为当地流行禁忌。同时，忌讳往西扩宅："西益宅谓之不祥，不祥必有死亡。"由于世人对此笃信不疑，因此，天津民间重北房，谓之正房，亦称上房。

天津很少有正南、正北、东西直通的街道，在天津旅游易迷失方向为游人所公认。

动工、上梁与乔迁　建房伊始，先请风水先生选好地基，择吉日动工。是日，亲友一般不去帮工，而是送些钱或食物以示资助。建房中，晚上设人打更、看守。房子上梁时，柁架上要贴"上梁大吉"红纸横幅，挂红色彩绸。郊区农家亲友则有送绸被面为贺之举，燃放鞭炮。建筑工匠和亲友邻居多向房主送贺礼。房主则于中午备酒、肉、捞面招待瓦木工匠。

房子落成，要请阴阳先生择吉日，迁入新居。迁居前，要在祖宗灵牌前焚香祷告，并宴请宾客于新居中。郊区建房一般是选在秋末。时值农忙已过，请人帮工十分方便。

二　三合院

三合院的正屋，多数是坝部起脊呈两出水式。前屋檐向前伸出，有八根柱子支撑，屋檐下为走廊，亦可堆放其他杂物，以备阴雨天气之用。房屋分为上房（正房）、堂屋和厢房。

上房　上房（正房）即北房或北房东侧间，为家中长辈居住。屋内砌有火炕。睡火炕原为北方少数民族风俗，传到中原汉族居住区后，便将其与锅灶结合在一起，做饭、暖炕一举两得，里外间式，灶台（俗称锅台）在外间屋。单间式炕头处有一凹窑放锅做饭，平时用箱式木盖盖住，上可睡人，谓之锅台箱子。这种炕灶，多以杂草和作物秸秆做燃料。旧时，津郊多苇草，为上好烧柴。火炕上冬季铺有棉褥，昼间被子叠放在火炕的左上角落里。

房屋多为布窗台。窗分上下两部分。下半部为三块瓦玻璃，上半部为前倾式启动窗扇，极合空气流动原理。窗扇有花格，常见的是步步紧式，里面糊粉帘纸、高丽纸。用纸糊上，中间有气眼为卷帘，窗子顶部有风斗，以利通风、走烟。风斗呈扁口斗形，上口向外伸出。

与火炕相对的后墙（俗称后山墙），放有顶箱立柜、连三桌子、炕琴和躺箱。顶箱立柜专为盛衣服、被子等用；连三桌子上放有镜子、梳妆用具；躺箱里一般放些粮食，盖好盖子后，上可坐人。在城市，正房的东里间屋炕旁放连三桌子，上置胆瓶、木瓜盘、梳头匣等物；后山墙放条桌，桌上有钟、瓶、茶叶罐、盖碗、帽筒等瓷器；条桌前放八仙桌、太师椅、杌凳等物。

上屋墙壁多贴有象征吉祥的条幅或画。与灶台相隔的墙，多用木料做断间，称板墙子，土坯房则砌有断间墙。

堂屋　正房中间的屋子称堂屋。前有两扇门，门之左右两侧为灶台，右上方安放水缸，木制缸盖，一面平，一面为十字木架形。其平面用做切菜板。在水缸靠里的墙壁上砌有小洞，设灶王神位。与堂屋门正对的墙壁上，挂有贴山镜（亦称靠山镜），其下放有八仙桌、太师椅，多放佛柜，供南海观世音全神像及五供。下房的陈设与前述正房东里间陈设相同，只是质量有所区别。

总之，正房以堂屋为对称轴，一边一屋一灶，显得十分整齐。

厢房　在市内，正房的东西两侧房屋谓之厢房，即东房、西房。其低矮、简易的小屋则称厦子。有的称与正房相对的房为厢房。它们在正房的前面约三四米处，一边一座。厢房多为两间，视其用途有的带火炕，中等人家主要用以盛放用物。

影壁　当地居俗，大门口内与正房房门相对处修有一座影壁。它不与两厢房平行，而在两房之外，与院墙的门洞相接近。影壁的作用是避免行人见到院内设置。上绘有各种图像，如猛虎下山、蛟龙出水、天神雄姿等，城市则挂红底黑字的木刻"福"字斗方，用以辟邪。

大门　与影壁相对的大门，门楼多是虎座门楼，亦称倒座门楼。两扇枣红漆或桐油本色大门上各有一铜环鬼头，门上安有铜钉。门外有两三级台阶。门内右侧有门房，供佣人居住、看门；左有春凳，以留待来访之人。院内方砖铺地。

院落　天津旧俗，民居院内一般不喜养花，或养少量石榴，象征多子多孙。由于三合院闭塞，夏天显得闷热，因而，当地有夏日于院内搭设天棚乘凉之习俗。方砖墁地、养石榴树、搭设天棚系天津三合院一大特点。由于城市建设需要，时下这种建设所剩无几。

三　四合院

天津四合院与外地不同，具有独特风格，用深宅大院形容它的深邃，用四合套来说明它层层连接的院落模式，似为适宜。

门墙　天津四合院大门多系一字墙和虎座门楼，少数也有石库门者。一字墙有的还配上宽阔的大门，如张家大门、冯家大门等。门之迎面是影壁，多为四合院的山墙，旁边有门房，前有倒座，其用途有的做账房，有的做书房，有的做客厅。影壁上书"福"、"迎祥"等吉庆字。旁边一侧有八角或圆形月亮门，门里有的有一小院，置有厕所；有的则是箭道可通后院；有的则是一套四合院。

屏门　影壁的另一侧是屏门。屏门较为宽敞，其左侧开有青龙门，中间按上房宽窄辟有四扇或六扇、八扇木制门，平时关闭，出入从左侧的青龙门，遇有喜丧大事则将屏门打开，以示郑重。门上悬有四、六、八字不等的匾额,如中正和平、孚中吉泰大来、忠孝仁爱信义和平等。

箭道　天津民居院内通道较窄,谓之箭道。

布局　四合院以北为上,与庙堂方向一致。上房较高大,由家长居住,其他房间按长幼顺序分居。最讲究主(家长)、亲(祖先)、灶(厨房)的安排。家中人口多了,族户大了,五世同堂、四世同堂、一代一院,规模可观。尤其遇上节日,显得十分热闹、气派。

旧时,四合院、三合院多为富有之家建造。

第三章　用具习俗

旧时,五光十色,包罗万象的生活日用品,大多为手工业品,有的颇具完善的工艺性质。各地日用品无不带有地方特色。由于各地互通有无,新的用具在当地不断出现,而旧时的日用器具则成为我们了解当时工艺、礼制的重要风俗文物。天津日常用具即是如此。

一

捶布石和棒槌　津俗,人们洗大件衣物多用捶布石和棒槌。此外,夏季衣服上浆晒干后,将其铺平叠整,放于平整的石面上,以木棒捶击,使布面挺脱、平整。其作用相当于今日的熨烫。这石块,民间谓之捶布石,捶击的木棒,谓之棒槌。旧时,几乎家家备有此种工具。

熨斗　熨斗的使用历史很早。根据出土文物测定,汉唐熨斗斗壁较矮,呈浅盘状。清代熨斗斗壁高,斗内可放更多的木炭持续燃烧。现在,熨斗仍遍布人家,只是不烧炭火,而改用电源了。

汤壶 旧时，每逢冬季来临，人们以木炭取暖，有钱人家才能用煤火取暖。为了增加体温，舒舒服服睡一夜暖和觉，天津人多使用名为汤壶的暖器。汤壶，古名汤婆子，为锡、铜制品，内灌热水，置于被筒内，功能类似今日的热水袋。不过，随着炉火的普及和着贴身衣睡眠习俗的演进，天津人已不再使用汤壶温被子了，但60岁以上的老者，特别是患有腿脚疼痛者，还离不开用汤壶暖被筒。

凉具 与寒冷的冬日相对应的是炎热的夏季。旧时，人们纳凉的主要用具为蒲扇，午休多用瓷枕、木枕、皮枕及红漆皮枕等。瓷枕腔内可装入凉水用以降温。瓷枕始于唐，盛于宋。出土瓷枕多属磁州产品，晚近瓷枕均为粗瓷。津地使用的瓷枕多做卧猫形，故而又称瓷猫。瓷猫之耳部或臀部有孔，使用时，由孔注入凉水，俗传可解因暑热引起的头晕、目赤等疾病。木枕及皮枕的作用与瓷枕大致相同。而红漆皮枕则是暑天婚嫁时装新的必备物品。女方妆奁丰富者，即或在冬季也备有皮枕，以备暑期使用。现在，随着电气降温设备的发展和普及，这些枕具已很少再用。

枕头 除去夏日枕头，平时人们用的枕头多为长方柱状的布制品。两端正方形的枕头底上，绣有各种花鸟等吉祥图案。枕内以小米或荞麦外壳做填充物，外面不用枕套。为保持清洁，用布缠绕后缝好，留出两端，俗称枕头布。大约在四五十年前开始为扁方式枕头所代替。

梳子 旧时，天津人使用的梳子，富有之家为象牙制品，一般人家用骨梳或木梳及角制品，方言称作拢子、箆子。拢子齿疏，用以疏通乱发；箆子齿密，多竹木制成，用以刮去发上的油泥、头屑。现在，箆子已淘汰。梳子有大小之分，木制者分大中小号，角制者较小。象牙制的梳篦多系妆奁用物。50年代后，塑料梳兴，木梳渐少，今日只少数梳盘头老太太仍旧使用木梳。

妆饰用具

梳头时，为使头发油亮、平伏，女子多用头油。擦油用具谓之油拓儿。此物正面用丝绸并绣花鸟纹饰，背面用布，中间以布夹子做夹层，使其挺脱。

脸盆　昔日，天津人洗脸用盆皆为铜制，象征富贵。

粉扑　洗脸后，女子要对镜妆饰，多用粉扑。古时，粉扑以丝棉制成，谓之粉絮。明清以来，天津蚕桑稀少，遂改绸布缝制，正面用绸并有精巧刺绣，背面用布，两层间夹以薄棉。用布，图其质地粗且有绒毛；用棉，图其轻软有厚度。总之，便于粉向面部扑打。

手镜　手镜为一对。一面有镜，妆饰后，用手镜前后左右对照，以照看发髻是否端正、光洁，两鬓是否服帖、对称。现已少见。

二

盖碗　古人饮茶以茶、水同煮，即所谓煎茶。清代以来改为沸水冲泡，盖碗即是泡茶用具。泡茶时，先将茶叶放入瓷碗，冲入少量沸水，盖好闷上几分钟，再将沸水注满。盖碗有三大特点，一防茶香挥发散失，二防茶叶随水入口，三是有托碟，使用方便。津地四五十年代已很少有人使用盖碗，而代之以瓷杯、玻璃杯。

烟袋　旧时，津地吸烟使用大烟袋。妇女用烟袋有长达三尺以上者。点烟用火纸卷儿，俗称火媒儿。清代中叶以后，官僚及富商家妇女多用此种烟袋。至五六十年代，烟袋管缩短至尺余。老年男子烟袋较短，多不足一尺。除长管烟袋外，还有水烟袋。

它有一盛水槽，配制细烟丝。吸烟时，烟气经过水槽得以过滤，较卫生；但由于装丝少、换水勤，使用不如普通烟袋方便，不为劳动者欢迎，只有富商乐用。现已绝迹。

  鼻烟 旧时，天津流行鼻烟。鼻烟为一种烟草制品，它用含油成分高、香味好的晒烟叶掺入甘草等几种药材，研磨制成，贮存一段时间后，方可使用。鼻烟不需点燃，而是以手拈烟末轻轻吸入鼻内。平时以玻璃小瓶盛装，即鼻烟壶。另有临时盛鼻烟的牙制或骨制小碟。因鼻烟壶为精致工艺品，故而吸鼻烟者十有八九喜好玩赏鼻烟壶，甚至以此标榜。如今此物在津已绝迹，人们使用的烟具多为烟斗和烟嘴。

  扇子 昔日，天津人用扇颇多讲究。平民百姓所用为芭蕉扇，中上阶层男性多用折扇。妇女用团扇或潮扇。扇柄、扇面或是工艺品，或是书法绘画，高雅富丽。然而，更有代表性的还要算羽扇。由于此扇风力柔和不伤身体，而轻缓的摇动又表现出端庄、娴静之美，因而颇受津地女子青睐。

  扳指 旧时，天津人有佩戴戒指、镯子类装饰品的习俗，尤以男人佩戴为多。扳指亦作搬指、班指。古时多用象牙或兽骨制成，套在右手拇指上作为射箭钩弦之用，原为军人或猎户所专用。后来成为男子手上饰物，以表示自己的英武。早年，天津商人或混星子身穿绫罗，手挑扳指，酒后茶余，以此比富，相习成风。后来，用玉石翡翠做的扳指渐多。于是，小贩及手工业者也纷纷佩戴。五六十年代，举凡游手好闲之人，人手一只，招摇过市，扳指遂成混混儿形象的主要特征，为世人所厌见。此时，戴扳指者渐少，不久便绝迹。现在，扳指已成为订婚之物。

三

  布掸子 天津习俗，家人从外面返回，先用布掸子从上到下将衣、帽、鞋用力抽打一番，意在掸掉尘土。布掸子多用红布或蓝、紫、绿、黑等色布制成，忌用白或灰色。若家有丧事则忌用红色。富而好事者往往换用白布，殡葬完毕再换蓝色或灰色。天津旧俗在色彩崇尚和禁忌上表现尤为突出。现在，此俗已大为削弱。布掸子在市区已不复存在，在农村则改用炕笤帚扫一扫而已。

痒痒挠儿　痒痒挠儿，古名搔杖，由佛教用具演化而来。其柄长二三尺，一端做手掌形，五指向一侧弯曲，持柄可搔背上痒处，民间又称"不求人"。老年人多好用此物。多为竹制，有的雕刻镂空，做工精细。此用具不论在市区还是乡村，均为老年人所欢迎。

掏耳毛儿和耳挖勺儿　掏耳毛儿和耳挖勺儿都可以深入耳孔，掏出耵聍。津人用此俗习已久远。但医学认为此俗实是不卫生之举。津地流传耵聍进入嘴里孩子会哑之说，实无道理。

如意　如意本佛教用具，梵语译音阿那律。很早即已传入我国。最初，如意的两端均为指形，用以搔痒，可如人意，故得此汉语名称。后来，其柄端改为心形，有竹、木、玉、石、铜、铁等数种。和尚平时手持可供指画，讲经时也持如意，上记经文，以备遗忘。近代，如意多为木、玉制品，头做灵芝或云形，柄微曲，长尺余，因其吉祥，人家多做玩赏陈设之用。天津旧俗，富庶人家婚嫁妆奁中，多备如意，预祝新婚夫妇事事、年年如意。50年代以后，居室陈列此物者渐少，"文革"后绝迹，代之而兴的是现代造型的吉祥物和展翅的山鹰、奋起的天马及精美的娃娃等。

插屏　插屏为旧时室内陈设品，多摆放于堂屋正中案上，一般分底座及屏风框两部分，框中镶大理石或白底彩绘瓷屏，配几件旧式瓷器，显得格外典雅有致。近年来，由于楼房格局、家具配置以及人们审美观念的变化,除旧式平房及老人卧室外,已很少有人陈设此物了,但最近几年又有仿制者。

黄花梨木小桌 黄花梨木小桌呈长方形,有四条腿,高不足尺,专为吃饭用。冬天放在炕上,夏季端置院中,现已少见。大都改用高近三尺的圆桌。

四

名刺 名刺,津人谓之名片儿。古代无纸时用竹木削成,上写本人姓名,拜访时递上以通名。西汉时称为谒,东汉时谓之刺。后虽以纸制,仍相沿称刺。近代名刺除写姓名外,兼有别号、籍贯、铺户、名称、职务、住址等。20世纪二三十年代由书写改为印刷,50年代曾淘汰,近年重兴,且加有外文。

拜匣 旧时,士绅出门拜访亲友,往往由仆人呈上名帖,以示礼貌周全。放置名帖的盒子谓之拜匣。后来,此俗传入民间,一般人家也于交往应酬中使用名帖和拜匣。拜匣多为木制,有的外饰油漆,谓之漆拜匣,而名门望族则用花梨木拜匣。

护书 护书为清代官场中用来存放军帖、文书等物的多层皮夹。因它便于携带,天津的经纪人多好用此物,以存放来往客户的货单和账条。皮制护书十分考究。民国初期仍广为流行,不过大都已改为漆布制作。现在则被人造革所代替。

第四章 交通习俗

一 道路

天津市区道路纵横,交通堪称便捷。

旧城的大街与胡同 旧城地处南运河南,海河以西,以旧城及其四周的一片高地为中心向西南两面扇形展开。它是从15世纪初建城置卫以来到20世纪初五百年间，津人活动开发的主要区域。城内以鼓楼为中心修有通向东西南北四方的四条内大街；城外延伸部分为四条外大街，北可达丁字沽，南至八里台，西至营门，东门外大街最短，只至海河边。城内鼓楼北尚有衔接的户部街、府署街成横贯东西之势。天津城内是明清衙署和官宦富商的聚居地。这几条干线就是为当时的政治、经济服务的。干道间四通八达的胡同，是以房地产权的四至为界逐渐衔接形成的，其特点是狭窄、曲折、多弯，只适于行人。

旧城外运河南岸直至东门外海河西岸的沿河大街是当时漕粮、芦盐及南北货装卸转运的码头干线道路。沿线是一片繁华的商业街区。大小数十条街道，如粮店街、曲店街、肉市口、竹竿巷、针市街、缸店街、锅店街、估衣街、洋货街等。从名称可知均是从专门集市发展为专业街道的。街间许多旧式商家门面及货栈仓库，虽已陈旧，但昔日格局却依稀可见。为便于货物运输，有的街巷还铺了条石路面。

1900年以后，修筑了东西南北四条马路，平直宽阔的沙石柏油路面，开天津城区道路现代化的先声，并同时辟为商业街区。此间道路，虽经长久岁月变化，除几条主要大街和马路外，绝大部分街道胡同保持了草创时的形态。稍宽、略长的道路多称某某街或大街。胡同则狭窄、曲折、多弯，且土路坎坷不平。因而，旧时天津小贩不推车而担货挑子，以利行走兜售。

津地胡同名称来历多端。或用房主姓名，如张家胡同、李家胡同等；或以重要店铺、建筑物及某些特征为名，如烧锅胡同、白衣巷胡同、九道湾胡同等。凡胡同一端不通者，均称作某某实（读若"死"音）胡同。70年代前的大街、胡同，大多为土路面，雨雪天泥泞难行。旧时，男人多备有钉鞋，以备跋涉泥水时穿用。街巷全部建筑柏油路面是80年代初期的事。

租界的道路 从第二次鸦片战争后开埠到八国联军侵华,东西列强纷纷在天津沿海河两岸划占租界。河西由北向南依次为日租界、法租界、英租界、美租界、德租界,河东由北而南依次为奥、意、俄、比租界。各国租界分别经营,其建筑风格、道路规划均各有体系。除河西一条通向车站的干线道路(即今解放路)因共同需要,由法英美德等租界工部局统一规划修成笔直相接的马路外,任何两个相邻的租界都很少有相连通的道路。多数是路口相错,少则二三十米,多则百米左右。偶有相连者也必须转换方向,且宽狭不一。英租界幽静的住宅街区,道路宽、平;意租界与之相近,唯道路稍狭窄;法租界系商业区,店铺骈连,但道路狭窄,即使在30年代已有拥挤之感;日租界道路曲折狭窄,是基础建设最差的一个租界,显然是不肯把在我国掠夺的财富再用在我国土地上。比、奥、德、俄四国租界是第一次世界大战前后收回的。至40年代末,由于军阀、国民党、敌伪等市政当局的无能,使已有的格局逐渐破坏。由于各国租界当局与中国人民为敌且互相对立,使租界区路政多元化,以致今日的城市建设整体规划和改建工作相当困难。英法日三国租界道路原各有外文名称,中华人民共和国成立后,一律改为以省市地名为街道名称。楼群小巷大部分称作里,且多为一端不通的实巷。

新区道路与三环十四射 50年代以来,特别是近十年间,依据城市建设整体规划及经济发展需要,在四五十年代城市区域的外围相继开辟了十几处工业区、居住区。这些新区道路平直,宽阔,绿化好,适当地段和路口有人行横道线。近一二年间又相继打通并修筑了内、中、外三环线,边缘区域的运输可不通过市区,绕行外环线或中环线即可直达。市区通向各邻区的放射性道路共十四条。这一体系称作三环十四射。

为保障交通安全和诸多政务的准确及时完成,在交通管理和路政设施方面制定了多项管理原则，如右侧通行，各行其道，交通指挥灯，划一道路名称，南北走向统称路，东西走向统称道。门牌编号实行两侧交错制，路东侧为单号，西侧为双号，起始号在北；道南侧为单号，北侧为双号，起始号在东。

二　过渡

天津地处九河下梢，早年市郊河流纵横，可算是北方的泽国水乡。因而，水运在天津城市交通中占有重要地位。

摆渡　旧时，天津摆渡曾有私渡、官渡和义渡之分，而最早出现的是私渡，时间已不可考。官渡约出现在明万历年间，原系地方官府为方便驿夫往来而设，对一般过往行旅则收取费用，初设有大直沽、西沽、杨柳青等八处。义渡系僧、道等出家人或当地绅士为方便过客在要路口上免费办的一种善举。据统计，在清代，天津共有各类渡口三十余处。

浮桥　渡口只能往来运送行人，在车马奔驰的交通要道，则需要将多只木船横列，以铁索连接，两岸加设跳板，船只驶过时自河心放开通路，这就是所谓的浮桥。旧时，天津著名的浮桥有通往京师的西沽浮桥、北门外的钞关浮桥（俗称北浮桥）、东门外的盐关浮桥（俗称东浮桥）、大胡同南头的院门口浮桥（院指盐院，即巡盐御史衙署）。后来又设立了今大胡同北头的窑洼浮桥（一名新浮桥，原系义渡，同治年间改为浮桥）和马家口以下通往租界的老龙头浮桥（在今解放桥附近）。清代的天津八景中有"浮桥驰渡"一景，即指浮桥上人声鼎沸，车马杂沓，河中船行如梭的壮观景象。这些浮桥相继在20年代到40年代改建成铁桥或钢筋水泥桥。50年代后在各条河上又架设了十余处大型桥梁，以利交通。

三　代步工具

旧时运输及代步工具　天津开埠前使用的载货车有大车、地排车、独轮车；乘人的有轿车、小轿。而牲畜，特别是驴较为普遍，既可驮货，又可驮人。内河船只载货的有尖头对槽船、一身船；载人的有往津南各县的集船。短程还有帮摇船，可载货与人。海上运粮有遮洋船；闽、广北来的海船有大红头。冬日内河冰封，冰上有凌床子可乘人，亦可载货。

旧时，代步工具陆续增添了自行车、人力车、西洋四轮马车，车胎均为实心。19世纪后期以津地为中心向北京和冀东修筑了中国最早的铁路。内河有了汽驳船，海上有了招商局的轮船。20世纪初，汽车进入天津。租界地外侨和中国军阀官僚专有交通车。同时出现了有轨电车，绕行城区四马路和日、法、意租界。这时，人力车增多，自行车和四轮马车进入民间。20年代，两轮畜力轿车在天津绝迹，30年代小轿消失。与此同时，小汽车进入中国豪门富户。40年代出现公共汽车，同时，人力三轮车问世，牲畜驮人现象在市区绝迹。

现代运输及代步工具　50年代，积极发展机动车、船运输，载重汽车增多，增辟公共汽车线路及长途汽车客货运输，取消人力车，改为人力三轮车；内河使用汽轮拖挂木船队，减轻船工体力负担，增加货运能力。自此，自行车大增。时至今日，自行车人流已成天津街头一大风景线。60年代以无轨电车代替有轨电车。60年代末畜力车在市内主要街区绝迹。由于陆运发达，河冰不坚实，冬日凌床子运输绝迹。70年代末出现出租汽车及小公共汽车。80年代轻便人力三轮车进入家庭，既可带人，亦可装少量用品，为居民所乐用。

第五章 医俗

旧时天津民间医俗主要可从以下几方面来谈：

一 行医串铃

宋代称串行于村镇的治病医生为郎中。他们不使用市声来兜揽业务，而是将串铃套在食指上连续摇晃，使之发声以告示患者。

旧时，天津有开业医生，也有在药店给人治病的坐堂医生，故不重视串街郎中。人们称其为卖野药的。虽然其串铃声声，却极少有人问津。因而，一些家住城内名声不大的医生，只能到附近村镇去摇串铃。

二 饮用药

红糖姜 生姜末、红糖水是天津人治疗风寒引起的腹部疼痛的偏方，十分灵验。去掉姜皮，只用姜肉，则效力更大。另外，有些老年人在子女从寒风中归家后，总要沏一碗姜末糖水让他饮下以驱寒气。因此，当时红糖、生姜是居家必备之物，一时短缺，邻里都慨然相助。

五加皮 五加皮酒是由高粱酒浸泡中药五加皮制成的一种药酒。为天津著名特产。五加皮也称南五加皮，性温，味辛，功能祛风湿壮筋骨，主治风寒湿痹、筋骨拘挛等症。天津地势低洼，冬季阴冷潮湿，风湿症甚为流行。在长期与风湿症作斗争的过程中，人们逐渐发现了五加皮酒的奥妙，遂广为使用，大获裨益。

三　外施疗法

拔火罐　拔火罐是民间一种简易有效的治疗方法。它主要是通过罐口在患处皮肤上的吸附作用，造成局部淤血，达到治疗目的。它对关节炎、神经痛等病有缓解作用。因其简便易行，可自己动手，且不需其他药物，很受天津人欢迎。四五十年前，几乎家家都有火罐，有的是带釉小蛐蛐罐，有的是大酒盅，有的则是小茶瓯儿。一般人均善使用。

挤红点、摔脖子　挤红点（主要是在前额或太阳穴）、摔脖子（分前后两个部位）是利用淤血点的原理，达到治疗目的。对治疗感冒引起的头痛、咳嗽疗效明显，且简便易行，深受欢迎。只是由于挤红点后形象不雅，特别是在几十年前一些不三不四的女人以此为必要的装扮内容，玷污了这一疗法，因此令人望而却步。随着医疗事业的发展，近二三十年来，使用这一疗法者已大为减少。

鲨鱼舌　鲨鱼舌为天津土语，指乌贼鱼外套膜内的骨板，亦称乌贼骨，《本草纲目》则名之为海螵蛸。它含有石灰质和角质，味咸，性微温，有止血功效。旧时，天津人家多备此物，以防不时之需。使用时，将其刮成粉末，敷在伤处，时间不长，即可止血。

第六章　家庭习俗

天津居民多为汉族。人们传统的家族观念和家庭生活习俗与黄河、淮河流域汉族居民无明显差异。但清代乾嘉以来，由于城市商业经济的增长，社会控制出现松动，天津人的家族观念和家庭生活开始出现微妙变化。其特点一是家族的外部职能受到更多的重视，以及由此而引起大家族向单一家庭的过渡；二是家族主义观念逐渐淡化，家庭伦理向新的模式演进。

一 居住和五服

聚族而居 天津明初建城置卫以来，城郊大部分村庄以聚族而居的家族姓氏为名，如东郊的孙庄子、何庄子、大毕庄，南郊的黄庄子、宋庄子，西郊的杨庄子、赵庄子，北郊的霍家嘴、穆庄子，塘沽的郭庄子、于家堡等。而那些不以姓氏为名的村庄往往有两三姓大族人家，如北郊宜兴埠村的温、王、杨三大家族，南郊北马集村的何、吕两大家族；他如邻近旧城区的堤头村门家、梁家，嘴村的来家等。这些都说明聚族而居之风在津甚盛行。

五服内外 以天津城郊而言，无论聚族而居几百年，也无论人户多寡，均无家族性控制组织。即在旧时，人们也以五服为限，出五服者仅只是同姓而已。对未出五服者，虽承认是一家人，并对无论是哪一门（即南方人讲的房）的长辈礼敬有加，但这只是平时出于礼貌维系的需要，而人们最关心的还是自己所在的单一家庭。当然，这里并不否认不同层面的宗亲关系和它的凝聚力，譬如发生利害矛盾时，五服内的宗亲可以一致对付出五服的同姓，而同姓者又可一致对付外姓者。

由于城市经济发达，人们思想相对开化，五服以内的长辈虽受尊敬，偶或本人也颇具声望，但都难以形成族长权力。因此，具有这种辈分的老人遇亲族有争执事时，也多是取开明公允态度，力求息事宁人。争执双方如能接受是再好不过，否则，便就此而止，不做更深的涉入。此外，老人们还相信天津是个大地方儿，能说会道，善于了事者多，总会有人出来妥善了结。再不然，便状告官府，官断民服。每逢这种情况，若非太不得人心者，必有人出面调停，争执也就顺从舆情解决了。从上可见，旧时天津城郊社会生活长期处于传统伦理道德维系之中，显然是民间文化的约束力在起作用。

二　崇尚与家教

重商观念　20世纪30年代以前，天津人崇尚商业，看重商人。中等以下人家，从男孩小时便灌输长大学买卖（即经商）的思想。读书认字是为了写账，学尺牍主要是着眼于商业书信的格式、套语。珠算更要学好。总之，对孩子的行为举止，一切按传统商业的道德规范加以培养。及至孩子长大谋求职业时，首先是设法进商号学生意。此路不通，才学手艺。在给女儿订亲时，一定要问对方是否殷实商业人家，还要打听本人是否老实买卖人。在天津人的心目中，商人是老实可靠、值得信赖的。而商号同仁年终多分馈送钱，则被认为是有出息，能养家，日后会发迹。此种崇商、重商心理是旧时天津城市社会经济意识的反映。它通过家教这一渠道构成天津城市社会心理的特有综合形态，并反作用于当地商业的发展。

家教家风　旧时家教多侧重于封建伦理道德及遵行旧礼法方面，提倡勤俭、孝顺、老实。反映在社会交往中就是礼貌周到，待人以诚和热心公益事项。50年代以后，随着道德教育的开展，家教和家风的传统教育积淀出现断裂和松动。但在老年人的思维准则、行为规范和青年人的创新心理发生碰撞时，总的情况是家长要求孩子们听话，孩子们则希望家长尊重他们的合理要求。

三　财产与堂号

财产　旧时，家族财产由老家长掌管，平日的收支动用可能由他委托的人（长子）代办，但要向他请示和禀报。日常家务由老家长的妻子或她委托的人（长媳）主持，但她需随时禀报。财产的分配一般采取诸子均分制。旧时，大部分人家的出阁女儿不分家产，而往往由父母，特别是母亲给一部分积蓄或细软作为安抚。50年代以来，财产的继承多在老人去世前进行，由诸儿女均分，老人或留足养老费用或也占一份额。昔日，贫寒人家的老人赡养一般是住在某一儿女家中，其他儿女出钱出物。五六十年代又有老人（多为丧偶者）定期巡回到各儿女家寄食的赡养方式。而有养老金的退休老人多是单住一处，假日、年节，已婚另居的儿女携配偶及子女来父母跟前欢聚，祖孙三代借此享受一番天伦之乐，这是新型的家庭人际关系，已不再是严格意义的赡养了。

堂号　自清代乾嘉以来，由于商业的发达带来城乡地价增高及大家族向单一家庭的过渡，建立祠堂之风逐渐消失，代之而兴的是富户住宅内的祖先堂和庑殿式的模型家庙。祖先堂仅是摆设家庙和供奉祖先进行祭祀之处，不再具有家族统治象征的意义。

天津民谚有"三节两寿"之说。它指的是正常情况下，一年中家族的几次重大活动。三节即端午节、中秋节和春节；两寿是老家长夫妻二人的寿诞日。其中以春节和两寿为重。新年有亲友拜年，两寿有亲友祝寿。50年代以后，老人做寿之俗淡化，一般前一日吃饺子，当日吃一顿捞面而已，没有仪式，更不惊动亲友。近几年，农民和商贩手中钱多，做寿之俗复归，不仅为老人做寿，还要为小儿女做寿，或摆酒席，或下饭庄，十分热闹。

20年代以前，世人注重家族堂号。那时有一种风尚，即当人家或富或贵后，必做三件事：置房产、立祖坟、起堂号。足见对堂号的重视了。房地产的四至要立石柱且刻上堂号和姓氏，茔地的四至石桩也要刻上堂号姓氏。堂号一般两字，多是吉祥、美德的好字眼儿。举凡在公开场合下使用的器物，如捧盒、圆笼、拜帖、谢帖等也都要写上堂号。但堂号多是自称。外人则以人名、绰号、店铺名、职业、居住地以及某种特征来称呼某些家族。如杨益德家，用的是人名；李善人家，用的是绰号；振德黄家，用的是店名；宰猪张家，用的是职业；府署街金家，用的是居住地名；高台阶华家，是因门楼高大这一特征而得名。外姓人加给某些家族的称呼一般是喧宾夺主，流行于社会后，很少有人知道这些家族的堂名。近五六十年间，许多大家族分化、衰落，堂名和各种称呼方法已成为历史陈迹，只有五六十岁以上的老人还偶尔提及。

四 称谓

家族称谓 父亲：爸爸。父之兄：大爷，依排行呼之如大大爷、二大爷等。父之弟：伯伯，依排行呼之如四伯、老伯（最小者）。父之姐妹：姑姑，加排行只用一字，如大姑、老姑。父之同祖堂兄弟：面称二大爷、三伯，一如父之亲兄弟；但为了说明亲疏关系时，则说亲叔伯的二大爷、三伯，如与他人谈及则说几爷屋的二大爷、三伯。父之同祖堂姐妹：面称几姑，说明关系时说亲叔伯姑姑，与他人言及则也要说几爷屋的几姑。父之同曾祖堂兄弟、姐妹：面称时一如亲大爷、亲伯伯、亲姑姑，说明关系时说堂叔伯大爷、堂叔伯伯伯、堂叔伯姑姑，照样可称排行，与他人言及则说几太爷屋的几大爷、几伯、几姑。父之同高祖兄弟姐妹：面称一如亲大爷、亲伯伯、亲姑姑，说明关系时则说堂堂叔伯大爷等，对人言及则称几太老太爷屋的几大爷、几伯、几姑。无论亲姑姑或叔伯姑姑，出嫁后均称姑妈，可冠以排行。

大爷的妻子：大娘，加排行称大大娘、二大娘。伯伯的妻子：婶儿，加排行如四婶儿、老婶儿。姑姑的丈夫称姑夫，排行随姑称。

母亲：娘。母之父：姥爷。母之母：姥姥。母之兄弟：舅舅，加排行呼之如大舅、二舅；舅之妻：舅母。母之姐妹：姨，加排行如二姨、三姨，出嫁后也只呼姨而不得称姨娘，因昔日父之小妾呼姨娘；姨之丈夫称姨夫，排行随姨呼。

姑妈的儿女：表兄弟、表姐妹。姨的子女：姨兄弟、姨姐妹。

祖父：爷爷。祖母：奶奶。祖父之兄弟：爷，但必须加排行。祖父的姐妹：姑奶奶，未婚亦然。

兄长：哥哥，系以排行如大哥、二哥；哥之妻：嫂子，冠以排行称大嫂、二嫂。弟弟：兄弟，冠以排行称三兄弟、四兄弟；兄弟之妻：面称时多借用自己孩子的口气说几婶儿，说明关系时称作兄弟媳妇。哥哥和兄弟的子女：侄子、侄女儿。姐妹的子女：外甥、外甥女儿。嫂子、兄弟媳妇的父亲：亲（发庆音）家爹；母亲：亲家娘。姐妹的公婆也均同此称呼。

姻亲称谓　妻子的父母：面称时多借孩子的口吻称姥爷、姥姥，故新婚无子女时，称谓上有一段困难时期，现在均随妻称；为说明关系时则说老丈人、丈母娘。妻子的兄和弟：面称哥哥、兄弟，有孩子后，用小孩口气称大舅、二舅，为说明关系时凡长于妻子者称大舅子，反之称小舅子；他们的妻子一般用孩子的口气称舅母，为说明关系时用大舅子媳妇、小舅子媳妇。妻子的姐妹：面称随妻，说明关系时，凡长于妻子者称大姨子，反之称小姨子；她们的丈夫面称随妻，说明关系时用联襟。妻兄弟之子女随妻称内侄儿、内侄女儿。妻姐妹的子女，则随妻称外甥、外甥女儿。

女子嫁到夫家，对丈夫的亲属称谓均随丈夫。丈夫的父母，面称时为爸爸、娘（近年称妈或妈妈），关系称谓为公公、婆婆。丈夫的祖父母，面称爷爷、奶奶，关系称谓为爷公公、奶奶婆婆。丈夫的兄弟，面称加排行如二哥、四兄弟，关系称谓为大伯子、小叔子。丈夫的姑姑，称姑婆婆。丈夫的姐妹，面称时加排行如大姐、二妹妹，关系称谓为大姑子、小姑子。丈夫的舅、姨也随丈夫称呼，关系称谓为舅公公、姨婆婆。丈夫的伯父、叔父随丈夫称呼，伯父无关系称谓，叔父则为叔公公。除此而外，丈夫家族及姻亲关系的其他人，无论辈分高低，面称均随丈夫，而没有专指的关系称谓。

天津习俗，姻亲关系表现在称谓上，母系仅止于母亲的父母有关系称谓专用词，再上一辈则没有足以表现此姻亲关系的称谓词而泛称太爷；妻系仅止于妻子的父亲一辈有关系称谓，再上一辈则泛称爷而无专用关系称谓。

儿女称谓 儿子：面称老大、老二，关系称谓为小子。女儿小时面呼小三、小五，稍大改呼三姑、五姑，关系称谓为闺女。儿子的妻子称婶，但必冠以儿子的排行，如大婶、三婶。女儿丈夫称姑爷，也必冠以女儿的排行，如三姑爷、五姑爷。孙子、孙女、外孙子、外孙女的称谓一如北京方言，但近年来均改呼名字。

儿子的岳父母、女儿的公婆，见面后互称哥哥、兄弟、嫂子或姐姐、妹妹，关系称谓则互为亲（发庆音）家，女性互称亲家母。

五　结拜习俗

拜干娘 旧时，人家担心孩子（特别是男孩）早夭，有从孩提时认干娘的习俗。认干娘须找夫妻健在，儿女多、无一夭折者，且为人性情开朗有福相，如此，则小儿寄名其下方有保障。认干娘时，首先物色好干娘人选，请第三者转致意向。一般人家均不得拒绝拜干亲，但也有妇女担心命中儿女有定数，认一个干儿顶去一个亲生，而拒做他家孩子干娘的。允应后，双方须做认真准备，认亲日期不固定。有的人家选在孩子生日或观音诞日、天后诞日、腊八等佛事活动日。小孩家备筵席招待干娘夫妇，并事先给她做一件上乘质料的裤子，裤裆并不缝合。认亲仪式开始后，让孩子从裤口爬入，从裤裆爬出，一如降生，之后，孩子向干娘夫妇叩头，即算认定。此时，干娘要给孩子一些物件，主要是一个碗和一双筷子。碗为铜质，意为经得住磕碰。经济条件好者，亦有赠银质碗筷者。仪式之后，两家结为干亲。干娘的儿女便成为这位孩童的干哥哥、干姐姐，日后还可以有干嫂子、干姐夫，又引申到另一家族。因此，旧时独生子而且家系不繁的单一家族也多行认干亲之举，以增强自己家族的力量。

盟兄弟与干姐妹 认干娘之举，大多数是儿女小时，由父母主持为儿女操办的。而儿女长成后，在邻居、同学、同事中物色性情相投、志同道合者结金兰之盟，津俗男称拜盟兄弟，女称拜干姐妹。金兰之盟的仪式大致是先按结盟人数（少者三人，多则不限，但须单数，实际超过七人者极少）填写金兰谱，尔后选定吉日，或在饭庄，或在一人之家设香案，供刘、关、张神祃，供品为香烛及金兰谱。焚香集体叩拜后，由长兄领众弟兄读金兰谱上誓言。尔后逐个按排行叩认盟兄，受拜者坐于香案旁，三叩首，受拜者还一揖，并搀起拜者，弟兄拜毕，饮酒（早年，平常人用鸡血滴入酒中，以示血盟，亦有在读誓言时饮酒者）聚餐。如在结盟之一人家举行仪式，弟兄拜毕即就香案处叩拜这家老人，即拜认盟父、盟娘，尔后饮酒欢聚。宴饮后再一次集体叩拜并焚神祃，撤香案，分金兰谱，人手一份。仪式结束但事情未完。相继而来的任务是到每个结拜者的家中，叩认盟父、盟娘，各家家属要向他们祝贺，有的还要以全家的名义向结盟的每一个人赠送一份礼物。金兰谱除写明本人姓名、籍贯、生辰八字外，还要写上两代的情况，以便礼仪交往。

拜干姐妹的仪式与此大同小异。首先金兰谱不用红色册页而为粉红色册页。誓言也不相同。由于女用金兰谱难以买到，故而往往是由结盟人自己绣制单幅丝绸，请人书写三代姓名、籍贯、生辰八字。仪式如男性，但不供桃园三结义神祃而是对天或对观音大士跪拜。干姐妹到各家拜认，干娘要给各位干女儿以拜见礼，女儿们也要送给干娘自制的女红针黹小物件。

认干娘、拜盟兄弟、拜干姐妹习俗，均为旧时在血缘亲属、姻缘亲属而外，增强家族力量、扩大个人社会联系的办法，带有一定的封建性。30年代以后淡化，50年代以后再无拜认者。早年的关系可能还在交往，但很少有人再提及旧有的关系和使用昔日的称谓了。

六　门、房与房头儿

天津家庭生活中常常言及门、房、房头儿，其大意如下：

门　一家兄弟三人或五人，父母去世后析产另爨，各人支系即按排行称长门（亦称大门）、二门、三门等，其含义相当于南方方言中的房。

房　房，专指家中娶进外姓妇女的计量词。一人为一房。譬如，一位老妇有四子，她对人说"已娶了三房儿媳妇"，或只说"已娶了三房"，两句话意思相同，若她说"我一辈子娶了五房儿媳妇"，意为家中共娶进五位外姓女子做她儿子的妻子，则其中必有一子继娶，或纳妾一人。

房头儿　旧时，家族中一对小夫妻住一间屋，谓之一房头儿。后来演化为不论住几间房，凡一对夫妻即谓为一个房头儿。它有两种概念，若是两位老妇人谈话，问对方："您跟前有几个房头儿？"即是问有几对晚辈夫妻（包括儿、孙两代），这是专指小辈夫妻而言。积久成俗，几位老妇人闲谈时言及房头儿一词，均属此种含义。另外，无论老者或青年在谈及家族规模时，如说"我们家共有九个房头儿"，这就不是仅指小辈夫妻而言了，显然也包括了老夫妻，甚至仅存的老太太一人也在其中。因确曾存在过这样一对夫妻，即使仅一人尚在，亦可称作一个房头儿。

第七章　仪礼习俗

一　嫁娶

旧时，天津嫁娶从送定礼到分大小，繁文缛节，其内容不下二十余项。

订婚和嫁妆　天津旧俗，人家订婚年龄较小，一般男子十六七岁，女子十四五岁即行订婚。结婚年龄，男子十八九岁，女子十七八岁。

订婚，靠媒人介绍。因其多为女性，故而旧俗称为媒人婆，当面称大老。媒人向双方家庭提亲时，先简要介绍各自家庭情况，对男子则重职业、品德；女子则重相貌和持家能力。

订婚前，有合八字习俗。八字又称年庚。合八字是要查出双方出生年、月、日、时是否相克相生。八字不合，生时相克，则不能结缡。俗有"白马犯青牛，鸡猴不到头"，"蛇虎如刀锉，龙兔泪长流"之说。合完八字，婚姻即定，继而换帖，即以家长名义确认姻亲关系。之后，若双方无异议，便请阴阳先生择日子，准备完婚。此间双方家中若无不吉利事情发生，如损坏器具、吵嘴、打架等，男方如约给女方送礼单，上写彩礼项目、数量，女方则准备嫁妆。天津旧俗，富有之家的嫁妆有四十八抬，或二十四抬，普通人家也要有十六抬。

女方嫁妆备毕，送龙凤帖（一红纸折，上绘龙凤图案）给男方,并说明何时过嫁妆。嫁妆一般有镜、帽桶、钟、罐、灯、茶具、桶子、衣物、化妆用品等。嫁妆送到,男方要在婚礼前摆入洞房。洞房门帘由新娘侄儿或弟弟于婚礼前一日送至男家挂好,俗称龙凤门帘,此为近十余年内从农村传入城区的新俗,其意在察看男方准备如何,送门帘只不过是借故而已。

新房　新房除一般摆设外,必备四扇屏、喜桶、龙凤蜡、和合二仙图、喜果等。

四扇屏　上绘鸳鸯戏水、百鸟朝凤、喜鹊登枝、金鸡独立等吉祥图案。

喜桶　早年,姑娘出嫁时必带此桶及灯两样陪嫁物。今已演化为搪瓷痰盂和台灯。

龙凤蜡　系旧时婚礼中燃点的特制蜡烛,用牛、羊等动物油脂制成,外层粘贴染色的油制龙凤,以增加喜庆气氛,同时,也隐喻新婚夫妇才能、人品出众。

和合二仙图　和合二仙系民间传说中象征夫妇相爱的神。宋时,杭州人称之为万回哥哥。原为一像,后改为二像。身穿绿衣,蓬头笑面,一人持荷花,一人捧圆盒,取和合谐好之意。天津习俗,旧式婚礼多悬挂二仙图,借喻吉祥。

喜果　有桃、苹果、葫芦等。多放于新娘妆奁的箱、盒或洞房中尚空置的箱匣、抽屉内,以示衣服器物繁多,装满箱柜。葫芦是预祝新婚夫妇日后子孙众多,桃寓意夫妇长寿,苹果则表示平安无恙。

亮轿与发轿　迎娶前一日,男家要在院内亮轿(即陈设供人观赏)。讲究人家,其花轿的轿帏子为新开剪的,俗称头水轿,上绣龙凤呈祥、子孙万代等不同图样。晚上,轿挂灯彩,燃点蜡烛。轿子周围、串灯、高照也一齐点亮,照耀着全副仪仗,花团锦簇。

迎娶日 晨七时后发轿,若距离较远,则需及早起程。两处娶亲花轿相遇,则被视为不吉,为婚娶大忌,即使今日,也有不少人认为晦气。

发髻与梳妆 迎娶日,新娘黎明即起,梳洗打扮。最为讲究的是梳发髻。迎娶前,新婚发髻无论梳得多好,到男家后也一定要重新由专人再行梳理。每一绺头发都横盘于头上,以红头绳系之,称为鬘鬏,取结发夫妻之意。盘头上佩戴簪子一副、冠子一个。冠子系娘家陪送的一种赤金点翠、熠熠晶莹的髻饰,旧时用以表示嫡妻身份。新娘穿着软缎绣花衫、响铃裙,脚穿红缎绣花鞋。其装束富丽堂皇。

盖头与红毡 新娘装束,少不了一条盖巾,天津谓之盖头,此俗宋代已有。有人以为,此为女子初与异性结合,面带羞色和难为之情,故以红布遮颜;亦有人认为是原始社会抢婚风俗遗迹。待男方迎娶人员来到,新娘便由人蒙以盖头,脚踩红毡,搀上轿子,且不许回首观望。由于花轿只能停在屋门口,而从炕到屋门尚有一小段路径,因此,人家多以红毡铺地,并使两毡不停倒换,谓之倒红毡。

仪仗 新娘上轿后,娶亲队伍鱼贯而行,吹吹打打,起程上路。这支热闹的队伍中有开道锣、提灯、高照、旗、伞、扇、彩谱、串灯、细乐吹奏、鼓、执事牌、子孙灯、挟凉席抱公鸡者,最后为迎娶的八抬彩轿。

婚礼 花轿到门,要闭门稍候,谓之闭闭性。下轿时,轿门与屋门尽量挨近,以免自然光照射。下轿后,要迈过火盆,以驱散邪气和不吉,通过红毡直达堂屋。此后,拜天地、饮交杯酒、坐帐,一如各地风俗。坐帐时,新婚夫妇食用与随身饭一同带来的子孙扁食。婆婆问:"生不生?"必答"生,生",以兆生儿育女。此时用的筷子名为子孙筷子。此后,新娘盘坐炕头之子孙灯旁，亲友众人可进洞房看新人，但须有人守门，不许生肖犯禁者入内，俗称忌人。整个婚礼过程虽繁文缛节，但却严谨有序，从始至终由两位或四位丈夫儿女齐全，俗称全合人的中年妇女主持，女方派来一女仆，谓之陪房，协助照料洞房外内秩序。

逗媳妇和撒帐礼　晚间，贺喜亲友闹洞房，俗称逗媳妇。其时，无论长者、平辈、小辈，均欢聚新房戏闹。当地俗有"闹喜，闹喜，越闹越喜"之说。不过，男性长者一般不说嬉笑之语，而是影射言词；女性长者，如婆婆、姑姑等，时而好言恳求，时而佯作恶语，总之，为了保护新娘。如若闹洞房时间过长，全合人或陪房者便会上前以客套话撵走众人。之后，给新人铺被褥。其时，须口念吉语，如"一把栗子，一把枣，闺女、小子满炕跑"等喜歌。实际是天津地方化了的撒帐礼。喜歌念到某些内容时，有关人等还要配以举动，如全合人说"姑拿盆儿，先抱侄儿"的喜歌时，新郎的妹妹或姐姐便将新婚夫妇晚上用的小便盆送到洞房；若是小姑子，此盆不能白拿，新嫂子必付喜钱才行。

此夜，洞房内子孙灯、喜灯通宵不熄，称为长明灯，谐音长命灯。

送油、分大小和会姑爷　新婚翌日，新娘盘坐炕头，不时，娘家弟弟提头油一瓶，随同一老年妇女前来看望，名为送油，实则向新娘了解初夜情况，如若新娘已破身，即同男家商议回门日期及相关事宜。一般是回四，否则，回门日期另定，如回六、回九等。当然，也可以从新娘或陪房者口中了解男方亲属的态度。第三日，新娘不再坐炕上，俗称下地。是日晨，新夫妇盛装向全家及亲戚中的长辈行叩见礼，并接受晚辈恭贺。长辈要给新娘见面礼，如钱币、衣料、金饰等。对晚辈，新娘则须散发喜封子（红包）。此俗谓之分大小。继而，新娘向公婆及女性长辈恭送亲手制作的女红物件，以示自己是擅长针黹、操持家务的能手。回门日一般为夫妇同行，即双回。女家备酒宴，邀集老少几辈姑爷与新郎会见，名曰会姑爷。此时，是各位姑爷展示家世、品貌的机会，因此，各辈姑奶奶，特别是新娘的姐妹行极为重视，希望丈夫能在人前出众。新婚夫妇午宴后稍事休息即归，不在娘家吃晚饭。至此，婚礼的主要仪式告一段落。

现代婚俗　20年代，文明结婚传入民间，其礼俗为：在饭店租用礼堂，举行结婚仪式，并宴请双方亲友。仪式一日办毕。婚礼时，新郎穿燕尾服或长袍马褂，新娘穿白色拖地纱礼服。由主婚人主持行礼如仪，最后，一对新人互换戒指。仪式后，新夫妇坐饰有鲜花或扎彩的车返回住处，车前有西洋乐队奏结婚进行曲。由于旧式婚礼开销甚大，除非女方反对，多数人家采用此法，至40年代末尚流行。

新中国成立后，旧式婚礼迅即绝迹，男女青年恋爱后登记结婚。婚礼多在男方家中举行。新房布置、妆奁、婚礼等一切从简，风气为之一新。60年代末，大操大办之风兴起，传统婚俗中的陋俗泛起。近年婚礼趋于女系倾向，左右事态的权力移向女方，陈规陋俗成为要挟手段，横生枝节，较之旧时婚礼有过之而无不及。结婚喜事已成为父母亲友的一大负担。

二　生育

催生与采生　天津习俗，孕妇临产时，娘家一般要送催生礼物，如小衣服、鞋帽及玩具等，样样俱全，意在使孩子安全顺产。旧时接生方法，天津采用蹲式，然后由身强力壮的妇女从背后将孕妇拦胸抱住，称作抱腰，由收生婆（俗称老娘）接生。这时，产房不许闲人进入。孩子降生后，还要请人采生，亦即请一位生人进屋来看看孩子。采生者非一般人等，他是家人几经商协才选定的具有一定威望与才能、深受敬重之人，或是有教养的直系亲长。民间传说，采生后，孩子长大会像此人一样有才性、出息。

碰头蛋与添盆　津俗，婴儿出生的第三日上午要举行洗三礼，由接生老娘给婴儿洗澡。在此之前，家中要煮许多鸡蛋，其中一半染成红色，洗三时拿出一部分，红白蛋各若干个放在水盆中，洗澡时随水搅动，红白蛋相碰，即为一对，随即抓出，谓之碰头蛋。这种蛋可送给亲友、邻居中婚后不孕的妇女食用，俗传食后即可怀孕，唯食时须坐在屋门槛上，脸向屋内。老娘给婴儿擦洗时，要不停地念吉语，祝小儿长命，长大后大富大贵等。此时，小儿的奶奶、外婆及近亲均要向水盆内扔钱，谓之添盆。这些钱最后由老娘收去。洗三后，正式给小儿穿上衣服，于是，此礼告成。中午合家食捞面以示庆贺，并招待接生老娘。婴儿出生后亲友多送红糖、鸡蛋等物；洗三后，要送亲友红白蛋四或八个，俗称回礼，此俗今已不见。

十二晌和满月　婴儿出生第十二天（十二晌）的上午，要找一位老剃头师傅给婴儿第一次剃去胎毛，俗谓剃胎头；之后，第一次给婴儿穿上裤子。民间以为，此日剃头，孩子长大后头发黑而密；此日穿裤，日后髂骨翼大，可挂住腰带，俗有"十二晌穿裤，长胯骨轴"之说，此俗今日已少见。

婴儿满一个月，外婆（俗称姥姥）要送一些衣服、手镯、脚镯，主人备酒宴招待来客，此俗谓之过满月。津地旧俗，产妇生育后十二天可下地，但不能出屋，直至满月后方可出屋做些轻微事务。满月过后，姥姥家接婴儿母子去住上一些时日，俗谓挪臊窝。

过百岁　婴儿出生一百天谓之百晬，天津老太太们故意将它说成百岁，以祝小儿长命百岁。此日，亲友及小儿姥姥家要送百岁礼，其中必有百岁锁、长命百岁钱。若姥姥家富有，此二物必为金质。除酒宴外，还要准备切糕和面条等物，俗谚云"切糕黏，面条拴"，以祝小儿长命。旧时，姥姥家为外孙过百岁所备礼物与嫁女时之嫁妆不相上下，足见此俗之盛，此礼之贵重。

穿戴禁忌　随着小儿的成长，人家多缝制五毒衣、兔儿鞋、拦子裤、百家衣等给其穿戴。五毒衣，是津俗端午节时，给四五岁以内的儿童缝制的绣有五毒图样的黄色衣裤。传说，穿着此衣，孩子不患病，不受蚊虫叮咬。旧时，天津妇女多兴在中秋节给孩子穿兔儿鞋。此鞋前端略似兔头，鞋帮刺绣花卉、桃、苹果等图案，形制、颜色、样式十分有趣。传说，孩子穿兔儿鞋，腿脚健壮，跑得快，估计此俗与捣药兔的传说有关。此外，尚有猪鞋、虎帽等。以上习俗今已绝迹。

抓周　小儿满周岁时有抓周习俗，内容及方式一如各地。

带锁与跳墙　旧时，天津市区及近郊村镇，有一种小儿带锁习俗。此俗起因一般是缺少子嗣人家，若生下一男孩，爱如珍宝，但又担心孩子多病或夭折，因此，家长往往趁附近庙宇或供奉自己信奉的神佛的寺庙庙会期间，领小儿前去认僧道为师父，师父给小儿戴一挂丝辫缀罗汉钱的锁，从此，小儿寄名僧道。传说寄名戴锁可消灾长命。虔诚者还要给小儿穿有黑大领的僧道短袄。小儿家每年要给师父送香资若干，僧道也往往来家送些供尖给孩子，借此募化布施。锁的丝线旧了或断了，要到庙中更换新线，也要付一笔香资。小儿长到十三岁，即本命年的生日时，由家长带至庙中，在神佛前焚香上供叩拜。叩谢师父后，转身便向山门外奔跑，中途迈过一条事先搁置的木凳，跑时不能回头观望，直到庙门外方可停步。迈木凳比拟跳过庙墙，从此，小儿还俗。事后，家人要给僧道一笔丰厚的布施。此俗民间谓之跳墙。50年代末，此俗消失。

娃娃大哥 旧时，人们以多子为福，道教迎合这一心理，编造出了送子娘娘这一神位。传说，送子娘娘可以为那些向她求子的人们送去儿子。其时，天津娘娘宫里就供有送子娘娘。求子活动谓之拴娃娃。即由求子女子到娘娘神像前偷一小泥娃娃，带回家中，日后，若果真怀孕生子，便排行第二，家中长子的地位就留给了小泥娃娃，并尊之为娃娃大哥。因此，在天津，对于一般的男青年、中年人，均泛称为二哥，而不称大哥，否则，会遭人白眼。这便是天津二哥的由来。

人家生下小孩后，须将当时偷来的小泥娃娃送到娃娃铺，塑一身形较大的泥像，供在卧室坑头。娃娃大哥像每隔一两年要送娃娃铺洗一次，即加大体形和改变形貌。随着其弟、妹的成长，娃娃大哥的泥像也由幼年而青年，而成年，而老年。弟、妹们有了子女后，便称之为娃娃大爷、娃娃大舅。每日用饭，做母亲的总是照样给它添上一份饭菜，待如真人。娃娃大哥习俗的流行，致使天津兴起了洗娃娃铺这种新行当。50年代此俗渐衰，洗娃娃铺也渐次消失。

胎孕禁忌 胎孕禁忌大概分为三类，一类为行动，二类为饮食，三类为冲犯胎神和煞星。天津习俗中，行动方面的胎孕禁忌，要求孕妇做到目不视恶色，耳不听邪声，不到葡萄架和树荫下歇息，否则会生怪胎。如若听到怪声，孕妇要将大襟解开，谓之破鲜。此外，最为重要的是夫妇隔房居住，避免房事。民间认为怀孕后行房事，会使先天胎毒加重。其他如孕妇禁看傀儡戏，否则将生无骨孩子。孕妇又称双身子，双身女人不许到寺庙中去，不许看死人入殓（不含至亲骨肉），不得进入他人婚礼喜房，亦不得在婚礼时担任迎娶、送亲、搀轿、做装新被褥等各种角色。以上诸禁若有违背，会冲犯煞星，招致不吉。此外，修造、动土、上梁、商店开张等场合，孕妇均需回避，否则，双方将会生灾。

饮食方面，孕妇因胃口不佳，多喜食新奇有刺激性食物，为不影响胎儿发育，民间流传许多禁忌。如忌食生火生痰物，特别忌食驴马骡犬肉，忌食辣性菜蔬，忌腥冷之物，更忌兔肉。民间传说，食兔肉生缺唇儿。其中，某些习俗确有一定医学道理。

冲犯胎神、煞星禁忌，多为江湖方士骗人之术，并不流行。

三 生日

津俗，人家并非年年过生日。孩子过生日多在一岁，俗称一生日。成年人到六十岁始过隆重生日，接受亲朋祝贺，设宴款待宾客。三四十年代，男人多于六十岁（实为五十九周岁）本命年时做寿。六十六岁时（实为六十五岁）做寿，出嫁女儿须送一块酱肉，重六两六钱，切成六十六块，夹在两个烧饼中。寿星老将两个酱肉烧饼各吃一口后，把肉贴在两腋下，最后丢掉。津地俗有"六十六不死掉块肉"之说，盖以此代那传说中要掉的一块肉。亲友所送寿礼，糕点中要有寿桃、大福喜；鲜果中要有苹果、蜜桃、寿面（即切面）。六十岁以后，逢十都要做大的生日贺仪，谓之做整寿。旧时，天津有"三节两寿"之说，即指一个家庭一年有三大传统节令及二老生日需操办庆贺。如果个人事业有成或家境富足，虽中年人，也有过四十、五十整寿的。

津俗，无论小儿、中年、老者，不论安排生日庆贺与否，前一日均合家食用催生扁食，生日午饭食捞面，即所谓寿面。但有质量高低丰俭之别。

50年代末，民间过生日习俗渐失。70年代末，特别是进入80年代，城郊兴给老人做寿，而市内人特别重视给孩子过生日而忽略了老人寿诞。孩子生日时，多买蛋糕，备家宴，乃至赴饭店设宴。

第八章　交际习俗

天津习俗，人家亲友重礼尚往来。

一　走人家

走人家，当地谓之串亲戚。所带礼品视季节而定，如春节多送糕点，正月十五送元宵，端午节送粽子，中秋节送月饼、大桃酥等。如今，春节以互赠糕点最为盛行，俗有"点心大搬家"之称。所赠水果以苹果为主，寓意四季平安；梨则不能作为礼品送人，忌其"离"音。赠送水果的包装物旧时有捧盒、蒲包等，但只有苹果、桃方可装入捧盒内，今日则无此讲究。

津俗，走亲戚多为成年人，孩子一般不单独走亲戚家。旧时，以喜、寿事走人家，穿戴讲究，衣饰鲜艳。女子多穿裙子，粉面丹唇，浓妆淡抹；男子则着长袍马褂，戴礼帽，穿黑皮鞋。所带礼品，红色或粉色丝绸料一块（俗称帐料），或现金若干元，关系亲近者还可送糕点和鱼肉等物。

白事则相反，虽穿戴整洁，但须素静朴实，服色尚黑。吊唁物有蓝色或灰色丝绸帐料及白钱、香烛、冥钱等，关系密切者还可送现金若干。

亲友家老人的生日要送寿礼。旧俗，各家老人的生日都要记在本子上。如事先该家女儿不来辞生日，则即可在当日携带诸如寿桃、苹果、寿面、鱼、肉等礼去拜寿。出嫁女儿在父母生日时，必带小儿女回娘家，女婿在晚宴前必到，若无可以说得过的理由而未去，必招亲友议论，甚至疑为夫妻反目。晚宴后，男性客人告辞，近亲中的女子留住过夜，出嫁女儿更可多住几日，谓之住家。父母六十六岁生日时，出嫁女儿必带猪肉前来祝贺。

产妇坐月子，亲友所送食品一般为鸡蛋、芝麻、红糖、稻米小米（二米合为一样）四种。所送鸡蛋的数量，尾数必为九，意在祝愿婴儿生命长久。此外，送礼之人还将礼品每样留下一些，以示未把好东西都送给他人，而是留有后程。

旧时，妇女多数不工作，亲戚间的关系主要仗妇女的相互串访来维持。50年代以来，多数妇女参加社会工作，女子住亲戚家，出嫁女儿住娘家的习俗都已大为改变。除非假日，否则都是晚上去，晚饭后即回。

二 待客

天津人虽平时极少走亲戚，但却极为好客。客人到时，全家出门迎接，家中有名望者双手抱拳施礼。当然这是对贵客。至于一般客人或辈分低的客人，长辈是不出门的。施礼完毕，主人头前引路，打起门帘，请客进屋。落座后，给客人上烟茶。递送时要稍事弯腰，双手奉献；客则起身，以同礼将烟茶接过。续茶时，壶嘴不得对着任何人，杯中茶水一般只八分满。因之，民间俗有"满酒半茶"之说。

用饭前，先请客人洗手、净面，再视其辈分，让与席中相应位置。若属稀客、贵客，一般请上座。由于天津人好客，因此，客人无论何时上门，都会受到热情招待。如事前无准备，临地操持，一般是四样菜一份汤，进餐时一定要说"来不及准备"、"请原谅"等客套话。若系贵客，且时间来得及，必尽力做得丰盛些，即或如此，进餐时也必须说"没有为您准备什么可口饭菜，请将就用些吧"等客气话。

陪客入席一般是长辈，孩子不能上桌，待客人食罢，家人将饭菜撤下，在他处另桌进餐，不得影响客人与长辈的谈话。饭后，还要请客人洗手、漱口、吸烟、用茶等。

送客时，平辈送至家门口外；客人辈分低，主人站起来说几句话（如"以后再来"，"给家里人带好"等即可）；客人属长辈，主人一定要送出很远，并说"您慢走"，"有空再来"等。客人也同时邀请主人前去做客，并请主人留步。天津人送客一般不回赠礼品。

三 坐桌

天津人遇有红、白喜事时，多大排酒席，款待宾客。客人的座次与主人的意图有关。比如，请求某人办事，则此人坐上席，一般宾客均属陪客。陪客必须与主客相识，且与之身份相称，若不相识，则必是主人的近亲，且地位身份至少与主客相等。天津习俗，坐桌时如用八仙桌，则以对屋门的一面为正，一面坐两人，主客居左，右位次之。如在正厅，则以背北面南为尊，东次之，西又次之。如用大圆桌，则以四面为上，但主客必被让至对门的位置上，主人坐在主客的下首，以便款待和谈话。如系喜庆礼仪，无要事相托，则主人必坐屋门处，以便里外照料。宴席一如各地，先上酒及酒菜。主人斟酒时，酒壶嘴不能对着客人，且要起身，双手端壶，将酒杯斟满。酒过三巡之后，主人向客人敬酒，一杯、三杯不定。通常，客人要回敬。津俗，喝酒时有劝酒习惯，一般不划拳行令。酒席桌上，主人不动酒，则客不动；主人不动筷，则客亦不动。因此，喝酒时，主人必须先拿筷子，邀请客人搛菜。食过第一口菜后，主人请客人端酒杯共饮，之后，方可随便些。酒菜全部上齐时，主人频频劝酒。当主客表示已无酒量时，即上饭菜及主食，一般主食为馒头和米饭。端上的第一碗饭应先给客人，主人最后。进餐时，主人一定要陪到底，待桌间最后一位客人放筷，主人应立即离席。席间，每位客人食毕，都要向其他客人说"请慢吃，我偏过了"，并向主人表示谢意，这时，主人再劝多吃一点，并表示招待不周，请原谅。如主客尚未吃完，陪客不退席。

四　街坊交往

天津习俗，逢年过节时，街坊之间互相祝贺，共度良宵。一般是无物质交往的。在日常生活中，交往的形式也只是限于借用物具等。遇有丧事时，关系密切的街坊一般要随礼（即送礼品），多数情况是送现金，并向主人说："给大爷（或大娘，均指亡人）买点烧纸吧。"出殡以后，主人家以酒饭招待。喜事也要随礼，一般是送现钱或衣料，数量视情况而定。如果是给小孩做百岁或满月之类，所送礼品多为衣服、鞋袜等用物，或给产妇送些鸡蛋、挂面、红糖等食品。

街坊称呼　乡邻间，年幼者称年长者，一般为伯伯、大爷、大娘；年纪相仿的一般称二哥、大姐。外地人在津，询问事情时，称老年人为大爷、大娘，称中、青年人为二哥、大姐。对儿童一般称小兄弟、小妹妹，现在均称为小朋友。

第九章　游艺习俗

一　游戏

抖空竹　空竹，俗称闷葫芦，有单轴、双轴两种，按两端共鸣箱气室数量定名，如十响、十二响等。天津旧俗，儿童多在冬日抖空竹，特别是在春节前后，几乎处处可闻空竹之声。清悦的音响，高低错落，越发增加了节日的欢乐气氛。抖时，有的可以做各种花样技巧，为男孩所喜爱。每年春节，天后宫摊贩的空竹极为畅销。50年代以后，空竹已被花炮所取代，民间很少有玩空竹者。

放风筝　放风筝为天津民间所喜爱的游戏。每逢春季，在空旷地方总有三五成群的儿童放风筝，并竞争高低。当地最为出色的风筝是蜈蚣风筝。它是一种大型风筝，除首尾外，中间的节数可多可少，升空后随风摇曳起伏，十分壮观。仙鹤风筝也不逊色。丹顶鹤是我国稀有大型珍禽，民间甚为珍视，多作为各种造型艺术的重要题材。天津人称其为仙鹤（háo）。为了平衡，仙鹤风筝的结构要求对称，而仙鹤的形象又难以对称，这就需要制作时有较为高超的技巧。最为常见的则为锣鼓燕形风筝。

津俗，风筝断线飘走绝不再找，别人也不拾取。这说明风筝起源与祛病除灾活动有关。

津俗，放风筝的牵引线缠绕在风筝车子上面。车子有竹制和木制两种，呈四柱状，比较大的是二柱形。旧时，富家子弟好保存风筝，亦讲求风筝车子的质地和做工，凡大型者多为花梨木制成。放大型风筝往往让它在天上飘游几个小时，亦带有比赛性质。这时，人们多将二柱车子平放于地，以砖石压住，人可以腾出双手，观其飞舞形态，只在需要时才牵牵引线。

踢毽了　踢毽子游戏古已有之。毽子原料易得，制作简单，玩耍时亦不需大的场地，甚为方便。毽子踢法多种多样，可以一人踢，也可多人传接踢，可以记踢毽次数，也可踢各种花样。运动量不大，是一种老少皆宜、受人欢迎的游戏。津俗，秋冬两季，儿童多做踢毽游戏，女孩子尤为喜爱。

抓子儿荷包　抓子儿，是天津女孩喜玩的游戏。它锻炼孩子们的综合反应能力及敏捷灵巧的手动能力。玩具多为孩子们自己制作，包内有的装沙，有的装谷粒。玩时，口念儿歌，边记数，边向对手挑战。歌词有的带韵，有的无韵，节奏性强，起着鼓舞情绪、活跃气氛的作用。

杠子房　杠子房为成年人的活动。天津旧俗，城区内外适当地段，群众集资建一较为宽敞的简易活动场所，置备砘子、石锁、皮条（如同现今吊环）、杠子（一如现代单杠）以及刀、枪、棒、棍等武术常用器械，以为群众锻炼身体之用。参加者多为中下层人家子弟，有专人分日指导。个人可以凭兴趣选练一二项。因杠子系固定设施，占地明显易见，故有此名。一般傍晚演练，群众围观。练到精彩处，人们鼓掌叫好，给小社区增添了活跃气氛。其拜师仪式、演练规则极具民俗色彩。30年代以来，市区人烟日稠，空地日蹙，加之学校体育渐渐普及，五六十年代各单位都建立文体活动组织，杠子房随之绝迹。

票房儿　票房儿是学习中国民间乐器演奏，特别是学习昆腔、京剧唱、念、做的群众组织。其成员俗称票友儿，以富家子弟居多。他们集资聘请说戏的讲解指导。学到一定程度，往往自己出资租用戏园公开演唱，谓之玩票儿。50年代后，此种组织消失，代之而起的是各单位工会中的类似活动。

太平鼓　太平鼓，自明清以来，民间用为春节、元宵节的助兴乐器。歌舞、击鼓均一人包办，故又有单鼓之称。舞者左手持鼓，并不时摇抖，右手指弹击，形成节奏，可配合歌曲，边击边唱。旧时，天津妇女平日家居无事，敲太平鼓作乐，轻歌慢鼓，也代表了一个时代的人们的情趣。鼓框有圆形和八角形几种，鼓面用料，各地迥异。东北三省及北京因满人居多，故而多蒙羊皮，天津则糊高丽纸，并加彩绘。此物三四十年代已失传，近年虽经挖掘整理，得以恢复，但也只是在剧场，在重大节日可以看到表演而已。

二　玩具

蛐蛐罐　蛐蛐，系天津人对蟋蟀的俗称。旧时，津人好养蟋蟀，多放于陶器中，常见的是一种灰色瓦罐，或为宜兴紫砂陶罐,津俗谓之蛐蛐罐。其质地坚细,雕饰精致,视同文玩。雄性蟋蟀善鸣、好斗。自明中叶以来,民间好养蟋蟀,听其夜鸣,有的且下圈(斗蟋蟀的大盆)赌博,以小虫相咬的胜负定输赢。现在,天津仍有玩蛐蛐习惯,不过,养蛐蛐者多为退休老者。

蝈蝈儿葫芦　夏日养蟋蟀用陶罐,晚秋孳生的蝈蝈却是放在一种经过加工的葫芦内,以便揣在怀里,以人的体温保护它过冬。当温度适宜时,一阵清脆的叫声,给主人带来喜悦。四五十年前,本地还曾流行过一种用薄铁片制成的蛐蛐盒,玩者将盒揣在怀中,听蛐蛐叫声,且有小玻璃窗可供观赏。这种玩具现今还有沿用,但多为旧物,且要价昂贵。

酒筹　酒筹,亦称升官图。旧时,筵席上饮酒一轮谓之一巡,用筹子计巡数,俗称酒筹。后来,读书人为助酒兴想出许多赌酒的方法,如作诗、对联、猜谜等。有的还将原来单纯计数的酒筹改为赌酒的工具。状元筹、升官图等是常见的赌胜酒筹。胜者免饮,负者罚饮有定量。酒筹的形式、内容、玩法多种多样。天津旧俗,中等以上人家多备此物,否则便引以为憾。现在,酒筹已不再受人欢迎,而退出了酒席餐桌,人们又改为以猜拳行令助酒兴。

三　民间艺术

天津民间艺术丰富多彩,板面、泥人、剪纸、法鼓、十番、大乐、时调、评剧、快板等五彩缤纷,绚丽夺目,无不凝集着浓厚的地方色彩。

泥塑　天津泥塑是近代以前形成的著名工艺美术流派。其时,主要代表人物是张明山(1826—1906)。

张明山只需与人对坐,一边谈话,一边抟土于手,泥塑瞬息即成。面孔体貌,不仅形神毕肖,且栩栩如生,须眉欲动,观者莫不叹绝。张明山的泥塑题材广泛,具有浓郁的乡土气息。这些泥塑人像小的只有寸余，大者则可与真人相匹。张氏有时还为庙中神像塑制金身，或为天津各界名流捏行乐像。估衣街的同升号泥人庆，专门陈列售卖张明山的作品。张氏作品在国际上享有盛誉，外国人以重价购之，置于博物院中，供人观赏。当时有人把他比作法国著名雕塑家罗丹。其子张玉亭（1863—1954）、孙张景祜（1891—1967）、曾孙张铭在泥塑工艺上不但继承了张明山的传统，且又有发展，为我国泥塑艺术做出了重大贡献，人们称其家族为泥人张。

杨柳青木版年画　天津西郊杨柳青镇产木版年画，与苏州桃花坞年画、四川绵阳年画齐名，在华北、东北、西北流传甚广。杨柳青年画约起于明末，清雍正、乾隆年间逐渐繁荣，光绪年间最盛。年画多取材于戏曲故事、胖娃娃和美女，寓喜庆、吉祥之意。构图饱满，精致工整，造型简洁，色彩鲜艳明快，富丽辉煌，具有浓郁的装饰性。其制作方法，主要采用木版水印，套色后再填色描绘。人物头、脸、衣饰多以粉、金晕染，画面别具一格，是我国传统木版年画中受文人画影响最大的一种。50年代以来，经政府扶植，从内容到形式均有革新和发展。

剪纸　每逢春节，天津人多在门窗上张贴吊钱、窗花或其他剪纸图案；结婚时，要在嫁妆上贴喜花（即嫁妆花）；妇女刺绣也要上街购买花样子。由于社会对剪纸艺术有着大量需求，于是民间艺人便在南北传统剪纸艺术的基础上，创造出具有天津风格的剪纸。

天津剪纸艺术流派形成较晚。清光绪以前，尚无专门从事此种技艺的人，市场上出售的各种剪纸均系由直隶保定府来的王姓、刘姓二位老艺人制作。他们每逢年节或庙会，便夹着蓝布小包摆设地摊，当场用剪子剪出各种花样，或由顾客提出要求，或由他们根据买主的心意，就地剜剪而成。宣统年间，王姓艺人在天津开设进云斋，刘姓艺人开设义和斋。从此，天津才有了专门从事剪纸的店铺，同时也将这种技艺传授给了天津的艺人。

天津的剪纸大致分为剪、刻两种。作坊多集中在西关街及杨柳青一带，大量供应于春节。除了各种图案的吊钱外，还有肥猪拱门、宝马金驹、福寿三多、吉庆有余、四季平安等吉祥喜庆图样。天津剪纸不但具有北方剪纸淳朴豪放的特点，而且还吸收了南方剪纸纤细秀丽的做工，从而独树一帜，形成了自己的独特风格。

做风筝　天津风筝是近代出现的蜚声国内外的著名实用工艺美术品，当时，虽然全国扎制风筝的能工巧匠不少，但自创一派要属天津的魏元泰（1872—1961）。

魏元泰，天津人，六岁起便在天津北门外蒋记天福斋扎彩铺学艺。出师后，由其师傅出资，在东门里大街路南开设长清斋扎彩铺。魏氏既长于扎彩，又善于制作风筝。他做的风筝式样翻新。他善做平拍、软翅类风筝，竹制的各部分骨架经过打眼、穿榫，以铜箍衔接起来，大而复杂的风筝拆卸后，可装入一尺见方的纸袋或纸盒里，在风筝史上自成一家。在彩绘方面，他从天津剪纸和建筑、绘画中吸取营养，使得整个风筝色调鲜艳，画面丰满，形成了自己的特点。因之，很早就博得了风筝魏的称号。1916年在巴拿马国际博览会上，魏氏风筝曾获得金牌奖章及奖状。他的一些传世之作至今仍保存在天津艺术博物馆里。他的孙子魏永昌继承家族技艺并有所创新，所制绢风筝，成为著名出口工艺品，驰名日本、澳大利亚、东南亚各地。

刻砖　刻砖是天津著名民间艺术之一，主要用于室外装饰。清朝末年，刻砖艺人马顺清、马少清父子二人最为有名。他们的作品以刀法稳健、简洁而著称。马顺清的外孙刘凤鸣，人称刻砖刘，继承了这种家传的技艺，并不断求新，发明了堆贴法，即把刻好的各种砖饰用黏合剂拼合在一起，使得画面层次复杂，构图丰满，意境深邃，从而使天津的刻砖工艺驰名全国。此后，天津刻砖能手蜂起，著名的有刘长泰、赵连璧、苏长青等人。另一著名刻砖艺人赵恩祥，刻砖时不用画稿，操刀即刻，线条刚劲有力，在天津亦很有影响。近三四十年，因建筑形式改变，刻砖已成楼堂内部装饰艺术品，产品虽益趋精细，但用途少，有失传的危险。

木雕　木雕也是天津著名的民间工艺。木雕艺术品主要用作室内外装饰或家具装饰。清代中叶，天津有著名的房家作坊专营此业。当时主要工具为独条锯，工艺甚为落后。传到广元一支时，他大胆改用南方艺人的锼弓锯做活，从而使木雕剔空透亮，推进了木雕艺术的发展，也使他的生意十分兴隆。另一木雕艺人刘杏林（1879—1972），受南方木雕艺人的影响，专以花鸟为题材，他雕出的叶片和花瓣，中间深厚，边缘精薄，结构新颖，富有生气。

四　著名民间花会

天津的地方民间歌舞种类颇众，绝大多数以会的形式出现，特别是一年一度的出花会期间，可以说是地方民间音乐歌舞的盛大竞赛活动。现择其要者介绍如下：

高跷　高跷是天津民间花会的主要项目，具有广泛的群众基础，至今不衰。表演者踩三尺高的木腿子，除大舞大摆外，可做各种翻滚、倒立等惊险动作。高跷一般以老渔翁为首，许仙、白蛇、青蛇是其中角色，如有随队秧歌，他们往往是和虾兵蟹将表演水漫金山寺。高跷等花会的行进、表演和拜会等，均有不成文会规，为各会所遵守。

法鼓　天津法鼓闻名遐迩。它来源于僧道作法时演奏的宗教音乐，所以，节奏虽然简单，但气氛却和谐、庄重。法鼓的乐队通常由七八人组成，主要使用鼓、钹、铙、铬子、铛五种乐器，而以鼓为主。常用的曲牌有龙须、老西河、常远点等几十种。出会时还要配上茶炊子、软硬对、高照、灯牌旗子等执事。早年天津市区和农村都有法鼓团体，著名者有东园和西园法鼓、大觉庵金音法鼓、龙亭井音法鼓、芥园花音法鼓、侯家后永清法鼓、南头窑同心法鼓等。当时民间流传"要听法鼓，先听东、西园，后听大觉庵"之说。在表演时，有的法鼓组织以敲打取胜；有的法鼓组织则以表演出手耍取胜，如侯家后的永清法鼓能在演奏时将钹、铙抛向空中，然后用手接住继续表演，高超的技艺，常常博得观众的喝彩。法鼓曾一度中断，近年各法鼓会逐渐复兴，国庆及民间节日时常有上街表演者。

　　大乐　大乐是一种具有悠久历史和浓郁地方色彩的吹打乐。它的旋律在于表现神力的庄严伟大。大乐以十二人为一班，乐器包括喇叭一对、号筒一对、唢呐一对、金锣一对、钹一对、铜鼓一个、大鼓一个，以唢呐为主。演奏时常用的曲牌有浪淘沙、金蟾闹等三十余种。

　　十番　天津十番是地方民间合奏乐，至今已流传两百年。它用管、笛、箫、弦子、云锣、汤锣、木鱼、大鼓、扬琴等乐器演奏、亦称十番鼓。天津十番声调轻快，情绪火爆，与天津大乐同为昔日皇会和庙会中仅有的合奏项目。曲牌数十种，下西风是代表性曲目之一。天津十番在20世纪五六十年代消失，70年代末得以复苏，并由文化部门组织古乐爱好者成立民乐社团，从此，天津人才又得以重闻昔日地方民乐。

　　跨鼓　表演时有鼓手八人，用袢绳将八面直径近三尺的大鼓系于脖子上敲打，再配以八人手执铛子，另有文童十二人提花篮，武童十二人持双钹。鼓手们先演五通鼓，每通缓急不同，各有节调，然后在唢呐伴奏下，文童唱《鹤龄之歌》，武童以对钹组成"天下太平"等字样。传说，康熙及乾隆帝下江南路过天津时,曾因跨鼓表演技艺的精绝,先后赏给鼓手们黄马褂及黄下衣、黄袢绳。故后继鼓手们表演时均穿黄马褂、黄套裤,系黄袢绳上场。

鹤龄 表演时,由六名儿童脚踩高跷,将四只仙鹤模型、两只彩凤模型分别套在腰间,在单皮鼓、小镲和小锣伴奏下,演唱各种歌曲,远望如鹤迎风腾空而舞。

太平花鼓 据说,太平花鼓自凤阳传来,且为天津西沽一地所独有。表演时,由八名十二三岁的少年扮成六男二女,手执霸王鞭或太平鼓、小锣等,随着笛声演唱《凤阳调》、《平安歌》、《游山歌》等。歌词中有"欢乐歌舞,莲步往还,玉腕轻摇金钱边,太平鼓声宽,俺唱南十番,你唱北十番,俺把鼓来喧……"的唱段,保留了浓郁的南方气息。

重阁 重阁又名节节高,以陈家沟子的重阁会最为有名。表演时两人为一组,一人驮一人,下面的为男子打扮,双肩扛一物件,上立一人为旦角打扮。一般要有八组,表演的内容均为戏出,如《辛安驿》,下立者为公子,身背一把大刀,上立者为红须女盗;《戏牡丹》,下为吕洞宾,背一口宝剑,上立牡丹。在演出中,上下两人要配合一致,在唢呐、笛、锣鼓、钹的伴奏下,表演双龙出水、单挟篱笆等种种优美舞姿,间或夹杂着简短的唱词。这种人驮人的表演,在民间实不多见。

五虎扛箱 五虎扛箱原系驻防天津的老三营军士排练的一种技击舞蹈。表演时用真刀真枪对打,十分精彩动人。后来又在表演中加上简单的故事内容,即由官军押护着皇家的扛箱,路遇绿林好汉前来劫箱,双方起而争斗。演员均作剧装打扮,各成二人纵队,在锣鼓指挥下,分对对打。扛箱为一个二尺多高的大木箱,上面点缀着各种装饰,中间贯以大竹杠,由两人扛抬。前面一人要表演各种腾挪翻跌的功夫,而竹杠却不能离身,这种复杂的演技使人眼花缭乱，因而备受欢迎。

五　曲艺和戏剧

曲艺，旧称什样杂耍。据统计，曲艺所包括的各个曲种，如单弦、大鼓、时调、快板书、相声、评书等，近四十种。各曲种虽然产生的年代不同，源流各异，但因其内容谐庄兼备，表演形式生动灵活，演出条件也要求不高，所以，流传到天津后备受欢迎，以致所有曲种都在天津扎下了根。20世纪二三十年代，天津南市的燕乐升平茶园（今红旗戏院）几乎成为各派曲艺演员的荟萃之地。据说，当时的曲艺演员若得不到天津观众的称许便不能成名。由此可见天津观众对曲艺的爱好和欣赏水平。昔日，许多著名演员都出自天津。天津与曲艺在历史上结下了深厚的缘分，所以，天津被誉为曲艺之乡。

时调　曲艺的曲种虽然名目繁多，但在天津土生土长的却只有时调一种。时调源于天津下层社会流行的民歌、小调：鸳鸯调（以其唱词的主要内容是描写男女私情，故名）、靠山调（据说此种曲调最早是由绱鞋工人们在工作时坐着小木凳，背靠山墙哼起来的）、胶皮调（车夫们在劳累之余，坐在自己的车上所唱）。这些小调先后流传到妓院，词曲经过文人和歌妓们的改编、革新，正式形成了时调。由于时调产生于民间，加之用天津地方土语半唱半说地表演，故而具有浓厚的乡土气息，在社会上流传很广。其中以王毓宝的演唱最为有名。近年编成许多新唱段，深受当地人喜爱。

评戏　评戏初名莲花落，兴起于唐山一带。最初只唱不舞，后来发展为一旦一丑的彩唱。光绪二十八年（1902），由民间艺人金风、穆老、金不换等人组班首次来天津演出。由于曲调新颖，形式活泼，甚得下层社会，特别是妇女们欢迎。此后，又经艺人们的不断改进，吸收了京剧的念白与表演方法，初步具有了戏剧的形式。辛亥革命后，唐山落子艺人王凤亭组织了警世戏社，再次来津演出，观者十分踊跃。后来，经过著名剧作家成兆才、优秀旦角月明珠等人不断革新，于是东路评戏正式形成。这时，在宝坻、滦县一带又出现了一种由喝喝腔发展而成的西路评戏，著名演员有白玉霜（李桂珍）等。从1920年起，东、西两路评戏开始在津地对台演出，东路的警世社在法租界的天福楼，西路在金华茶园，演出的内容除改编的传统剧目外，尚有一些是根据当时社会新闻改编的反映现实生活的剧目。由于艺术上的竞争，使得评剧日臻成熟，形成一套较为完整的礼仪、规矩、禁忌等习俗。

话剧　清末，西方的戏剧形式开始传入我国，当时被称为新剧。宣统三年（1909），王钟声首先把新剧带到天津。同年，南开中学校长张伯苓在该校成立南开新剧团，演出了他自编自导的《用非所学》。从此，话剧逐渐在天津兴起。1916年，留美学生张彭春来南开中学任教，并任南开新剧团副团长，先后导演了易卜生、莫里哀、王尔德、果戈理等人所作的世界名剧，轰动一时。30年代末首演了曹禺的名剧《雷雨》。不久，天津的专业话剧团亦随之兴起。

第十章　方言习俗

天津方言，不是天津地区的方言，而是特指以天津旧城为中心的一个尖朝南，底朝北的三角形方言岛内人们所说的土语，即天津话。此方言岛以北的居民，语言接近北京话，东北接近唐山一带方言，西南和东南则接近静海方言。由于方言岛内居民祖先可能来源于明初的安徽东部和江苏北部。因之，其方言与"岛"

之周围的天津土语有着明显的区别。

一　语音

天津方言与普通话相比较，最主要的是语音和声调的不同。从声母上看，天津话一般是将普通话的舌尖后音 zh、ch、sh，分别读为舌尖前音 z、c、s，如 zhōng 中读为 zōng 宗，chǎn 产读为 cǎn 惨，shān 山读为 sān 三；i 和舌尖后音 r 混用，如："人"读"银"，"肉"读"又"；开口韵母自成音阶时，前加声母"n"，如"爱"读"耐"，"鹅"读"挪"；等，从声调上看，天津话与普通话相比较，调值完全不同，特别是阳平调，普通话读为高音、高平调，天津话则读为低音、低平调。如"天"字，天津话不但起音低，落音更低。阴平和上声声调与普通话也有差别，如"菊"字读"居"音，"笔"读"鼻"等。

二　语词

天津方言中有一些特殊的语词，如：用途很广的"嘛"（即什么，干什么），"哏儿"（即有趣），"打镲"（开玩笑），"造改"（即破坏原貌）等等。在外地极为少见。也有个别语汇听来令人费解，如"觉闷"（觉发脚音）即自觉的意思，不觉闷即不自觉，觉不过这个闷来，即是"不明白"之意。

近代以来，特别是近年来，随着普通话的大力推广，天津话音的土昧正向普通话靠拢。

天津土语中，各类的词、字大致情形如下：

名词类　如巴掌，即手掌，"给他两巴掌，"即打他两手掌。补丁，指用以修复衣物破损处的布块。草腰子，即用草编成的绳子。开春儿：指来年春天。茅厕：泛指厕所。瓯子，即盛茶水的小碗。尿（suī）：专指小便。土墩子，多指土堆。心思，即心中挂念的事。牙狗,即雄狗。嘴巴子:指两颊。

　　动词类　睐:跟踪窥视。插嘴:抢着发言,打断他人的话。发呆:眼直视。瞪白眼:被问题难住时,眼睛向上看,致使白眼珠大部露出的神态。掐:用手指或指甲下按,使物折断。浆:衣服、被面等上粉浆的过程。纳:针脚短而密的缝纫法,如"纳鞋垫"。撵:在后面追赶。

　　形容词类　棒硬:硬而平直。不几儿的:"有一些"的意思,多用来形容味道。伏贴:事情处理的平稳严密,亦说"伏伏贴贴"。忸怩:含羞、举动不自然的样子。煞好的:很好的。乌涂(tu):水温热而不烫。

　　天津方言,名词后面的字发音较轻,而动词、形容词则无此现象。另外,天津方言中还保留了许多元、明朝代流行的词汇,与普通话亦有明显差异。

原载冯桂林主编《中国名城汉俗大观·天津篇》
云南人民出版社 1998 年

津城岁时纪胜

忙年

一

我国是个讲求礼俗的文明国度,民俗中丰富多彩的传统节俗文化,往往是民间礼俗最集中的体现。

提到新年——现在称作"春节",它是我国民间最盛大、最热闹的一个具有古老传统的民族节日。"春节"一词,古今含义不同,秦汉时泛指立春后一段日期,魏晋六朝时这一概念逐渐失传,后来很少使用。辛亥革命后实行阳历纪年,以阳历1月1日为新年,改夏历正月初一为"春节",相沿至今。就现代含义而言,"春节"一词亦有两种概念:一为狭义的,即仅指夏历正月初一一天而已;一为广义的,即泛指从"大年三十"到"破五"的过年活动高潮期。民间习用的是广义的概念。

二

天津城市兴起较晚,金元两代是滥觞时期,市镇聚落、社会生活情状均如雾里看花、朦胧依稀,难于叙说,姑不具论。明代建城置卫时,淮河、汾水两大文化名区的移民迁来天津,在城区及其附近形成了新的主体人口构成,这就是使用天津孤岛方言的土著居民的来历。此后经过明代二百年,特别是清代前期百余年的经济发展，这里成为我国北方的商业中心，财富的聚积使天津城市社会文化在旧有传统基础上发展出自己的特点，一种以商业文明为主体的民间习俗渐次形成，物质、精神、行为等几个方面，在形态和层次上都有别于邻近的广大地区，从而成为近二百余年来北方地区性文化采借的重要对象之一。

我国的传统"年"俗极具礼乐魅力。性格爽朗，习于繁华热闹的天津人对过年倾注了极大的热情和兴致。就以旧社会而言，有钱人家要过年，穷苦人家也要"弄一顿饺子吃"。天津人过年向来隆重，不惜耗费精力和钱财，务求把吃、穿、用的种种物品准备得丰盛齐全，把气氛搞得热闹红火。文化人类学家认为："人们希望通过过年的欢庆活动，不仅得到美味佳肴以及视觉、嗅觉上的快感，还可领略到无拘无束和感情发泄的自由，从而在心理上和生理上获得平时所不能得到的官能享受。"通过天津人充分认真的过年准备工作，我们清楚地看到天津人是深深懂得年节文化这种深层次内涵的。

三

旧社会谈不上轻工业、食品工业，过年的穿戴和吃的饭菜都要自家制作，这任务就落在了家庭主妇和她的媳、女身上。富有之家平时有女佣人帮工，到这时往往还要找"落忙的"作计月或计件的活。依照动手的迟早先后，第一项就是准备穿戴，只要力所能及，一家老少都要添些衣服鞋袜。尊老爱幼是中华民族的优良传统，天津人更是信守不渝，再困难也得给老人和孩子添置些穿戴。富裕人家大致入冬后就开始操持了，一般人家再迟也要在腊月初动手。

"过了腊八就是年"，腊八节过后，过年的准备工作紧锣密鼓地开始了，此即"忙年"。第二桩事就是置办年货，一般由男人操持。年货的消费心理与平时的消费心理不同，物品的质量要从优，数量上要从丰，而且有些物品在平日可有可无，过年则必须准备。有的日用品并不短缺，只是为了图吉利也要添置一些，譬如筷子、碗碟的添置就是祝愿"添人进口"的。随着居民办年货，米面庄、酱园、海味店、香蜡纸祃店、瓷器店（最早称"缸瓦店"，相当于今日土产杂品店）、蒸食铺等的生意逐渐进入高潮。腊月二十以后，绸缎庄、布铺、鞋帽铺、洋广货铺（即百货商店）生意渐稀，多数人家开始购买鱼、肉、蔬菜和干鲜果品、糕点茶食等。由于相当数量的中小商人是在腊月二十以后才能从店铺结算到年终的"馈送"，外出谋生的人也多是腊月二十以后才能把积蓄钱带回家，故这些家庭置买年货较晚，因此大部分店铺一直要忙碌或支应到大年三十晚饭前。在短短的二十几天中，从掌柜的（即经理），大、小同事（各级售货人员）到学生意（即学徒工）都是使出全身的解数从早忙到晚。就以本世纪二三十年代为例，谦祥益、瑞蚨祥、元隆、敦庆隆等绸布庄，范永和、大春林、华贞、中原公司等百货商店，一品香、祥德斋、四远香、稻香村等糕点南味店，还有成记纸行、万兴锡米面店、隆昌海货店、正兴德茶庄、长元合腊店、联升斋鞋店、同升合帽店等著名字号，当此时，都是终日顾客盈门，毫无疑问，自然是利市十倍的。

　　与此同时，忙年的第三件事也在交错进行，那就是年终的洒扫，俗称"扫房过水"。天津人过三大民族传统节日或遇家中喜庆日，都要作一番清洁洒扫，这是好的习俗风尚，值得传承。过年是一年中最后的一个节日活动，又是新的一年即将开始之际，更要里外上下干干净净、一尘不染，以一番新气象辞旧迎新。为此，一般多在腊月二十以前选一个晴天无风的日子，从晨间动手大扫除。扫房过水往往成为系统工程，搬动箱柜，扫去壁上、墙角和顶棚或天花板上的塔灰，地上的泥片和尘土，擦净门窗的花棂和玻璃；擦洗桌椅箱橱和打磨各种家具上的铜活（饰件儿）；刷洗面板、菜板、肉墩子、锅盖、拍盖儿、篮子、浅子等炊具。这项任务妇女干得最认真，以显示她们持家有方，勤劳，喜爱整洁，但是因为要搬动家具和登高操作，一般家庭都是要男女老幼忙碌一两天的。此外，还留下糊窗纸、贴窗花、糊气眼儿和贴春联等几桩事，须到临近年根再做。

腊月二十三是祭灶日。祭灶要供年糕和糖瓜、草料等，因而在此前两三天，米面铺的黏面子，鲜货茶食店的麦芽糖瓜、红枣等都是应时畅销货，有的小贩投机，此时也临时卖起年糕和糖瓜。天津人在二十三这天有吃年糕的风俗，一般是上著人家和富裕人家做江米面年糕，邻近各省移民多蒸黄米面或黍米面的。当天晚饭吃一部分，留一部分晚间祭灶和三十晚饭后压锅用。晚九时左右，由老家长主持祭灶仪式，供年糕、糖瓜、糕点等，这是给灶王爷的；另有草料、黑豆、高粱和水是给灶王爷的神驹的。燃烛、焚香，叩拜如仪，小放鞭炮后，束香燃烧七八成时，请下神祃与敬神黄钱一起焚化，跪拜相送。有的人还要以祝祷的口气嘱托："上天说好话，回宫降吉祥。"撤下的糖瓜等属于供尖，合家分食。祭灶仪式是禁止妇女参加的。

从二十四起，妇女把精力转向准备年饭、年菜。馒头蒸了一锅又一锅，有糖馅的、豆馅的、夹枣的，要求白而暄腾，寓意家业兴隆，人旺财旺，还要点上红点，除视觉的愉悦外，也有着人事顺遂、锦上添花的企盼。这些都显示了中国民俗文化的神秘微妙之处。至于菜肴，则是实惠的鸡鸭鱼肉，荤素皆有，花样多，味道好，装满了小缸、大盆，再加上买的各种蒸食、亲友送的年礼等，中等财力人家都须准备一间不生火的房间存放这些东西，以保证不霉不坏，一直吃到灯节前。遇到暖冬，则难免要糟蹋许多,但不妨碍明年仍是大操大办。做年饭、年菜,虽各家人力、财力和习惯不同,一般也都要忙碌三至五天。这之后,活计稍见轻松,妇女们该打扮自己了,洗头、剪发,洗内外的单衣。绞脸,往往是请一位惯于操持杂务的邻里老年妇女来做。二人对坐,操作者取一根很长的新棉线,一头含在口中,另一头缠在左手上,让中间的长线圈反转交叉成斜十字状,新构成的环状线头套在右手上,斜十字状线紧贴脸部,右手手指的张合使交错的十字线成为剪切口,把寒毛连剪带拔,百分之九十几皆可清去,但脸皮红一片、紫一片,轻则半日,重则一天才能复原。红涨时尤须避冷风,否则将肿痛几天,其痛苦可想而知。然而为了面部光洁动人,一时的小痛又算什么,姑娘、妯娌们多是结伴请人绞脸的。

二十七八是最后的忙碌了。春联、福字、窗花、卧室的年画、步步紧窗棂、窗纸、气眼儿以及风斗等,该糊的,该贴的都要做完,有的人家院内还要扎聚宝盆,准备踩碎(谐"岁")的芝麻秸等。以主妇为主的一部分人则忙着布置各处的桌帷椅套,挂字画,摆设佛堂、祖先堂的神祃、影像、供品、香烛等,如果是小建(天津方音读如"尽")年,这些事都要在二十八晚做完,如果是大建年则多一天时间,就从容许多,所以家庭主妇最怕小建年。

除夕日,天津方言称作"大年三十",就是小建年也这样称呼。已经忙了二十余日,这天是稍稍闲了,晚起一会儿,不过十时左右也须梳洗打扮完事,大人、孩子都换上新衣。这时佛堂里供上只是除夕才供的"全神大纸"的神祃、"增福财神"的神祃,厨房供上新的值年灶王神祃。至此,院内红对联、窗花、吊钱,屋内红桌帷椅套、字画,卧室的年画,佛堂的香烛供品,祖先堂的影像,孩子、妇女的鲜艳新衣,以及不时响起的爆竹声把年味烘托得十足，二十多天的忙碌，就是要的这种气氛。至今仍有许多老人们怀念他们幼年时过年的情景。

天津人有个传统的习俗多年难以改变，这就是逢节日或喜庆日都要午饭吃捞面，晚饭吃米饭菜肴。唯有大年三十中午是吃米饭和丰盛的菜肴，原因是晚饭必吃过年的荤饺子。过年饺子的荤馅以猪肉为主，加鸡蛋、虾仁、蟹黄、海参、韭黄等。包这顿饺子往往是午饭后早早动手，人口多的家庭还要提前一天包出一部分冻起来，以免临时忙碌不及。三十的晚饭一定要全家聚在一起，有说有笑、热热闹闹地吃，叫做"团圆饺子"。如果有人在店铺值班或远出尚未赶回，都要留出一份等他回来吃，以示一人不少的大团圆。饭后刷洗完毕，凡是空着的锅、盆等炊具都要放上干咸鱼和节日畅销的糕点"福喜字"、"银锭鱼"等，以祝财货丰溢，多福多喜，吉庆有余。

晚九时许，家长盥洗后，冠服向神佛、祖先上香叩拜，其余先男后女、先长后幼，依次行礼如仪。从此时起各处灯烛不熄，香火不断，香烟氤氲缭绕，直到天明。夜十二时是旧岁将除，新年即临之际，晚辈向长辈叩头辞岁，长辈要给媳、女、小孩压岁钱。此后，开始守岁，有人照顾灯烛、香火，有人忙着包正月初一的素饺子，有人玩牌、下棋。是夜零食糖果不断，街头不时传来年糕、元宵、糖堆儿的叫卖声，也是应节的一景。多数小儿新衣新帽，女孩打扮得尤为娇艳，或在自家院内，或和邻家小儿女三五成群打灯笼，唱儿歌，放鞭炮。无论大人、小孩都是边玩边吃、喜笑欢乐。众人多作吉利语，忌向屋外院外扫东西，忌乱泼乱倒。这一夜，灯火辉煌，烟雾氤氲，爆竹繁响，欢声笑语，真可谓"合家欢乐"、"天保九如"了。从腊月初开始的忙年，买啊，做啊，洒扫装点啊，不惜精力和财力，就为这一夜欢乐团圆时刻的到来。这是 20 世纪 40 年代以前千百年间人们的文化心态，有着深刻的历史背景和传承、演化痕迹，目的在于增强家族成员间的亲和力，密切家庭的人伦关系以及显示家族的社会能量。

年关还是总结、结算的时刻。商家经过一年的经营，到腊月中旬要结算账目，具体到本店大小同仁来说，就是算清预支款项后可以拿到多少馈送钱，这对于旧式商业或手工作坊的从业人员来说，往往是辛苦一年挣到的数额较大的一笔收入，用它给老人孩子添置衣服，置办过年吃、用物品，如果有外欠还要用来还债。

民族传统三大节日中年货市场的作用力最大，往往起到扭亏增盈的作用，所以置办年货的一段时间里，不论大商家、小字号，都要使出浑身解数，争取多销货，多赢利，给大家赚个好"年过活儿"，让同仁家家过个痛快年。本小利薄或正在扭亏的店铺给同仁结算较晚，因此年货的销售一直要拖到大年三十晚饭前。饭后，同仁们才算轻松下来，洗澡、剃头，各种行业最晚打烊的就是澡堂业，如果地处闹市区往往还要"连市"的，这时还要贴一幅"连市大吉"的红纸条幅。

年关！年关！年是穷苦人的关，生死的关头，一年的债务年终得清偿，进入腊月就要设法筹措，能全部清偿是最好的事，否则找欠款额小，又比较通情的债权人恳请延期，最没办法时就是豁出去设法避债了。避债就是大年三十这天债务人躲藏起来，任凭债权人如何在家中打闹，绝对不能露面，一直躲避到正月初一上午满街行人时就算过了年关，这之后再找债权人洽商按平时清账方式还债事宜。传说债权人为了延长除夕夜的讨债时间，手中提着灯笼到正月初一天大亮也不肯吹灭，继续讨债，人家问起，则说"天还未亮，我还点着灯呢"，但当街上行人已多时，也只好吹灯归去了。

我们从旧社会天津人"忙年"开始述及年俗活动兼及心理和社会状况,意在为史志及社会史同行提供点滴以口述为主、亲历为辅的民俗材料。其时间范围大致为从19世纪50年代到20世纪40年代初的近百年;述及的空间范围则以天津旧城区为主,兼及附近村庄(今多已划入市区);阶层则以中小商人家庭为例。社会史料是亟须保存的,相信只要大家留心,众志成城,最后总会有个完满的成果。在这方面,史志界是大可发挥作用的。

正月节

谈到正月节,天津方言读音正月家。一些老年人,特别是老年家庭妇女为了强调夏历正月是新的一年的岁首,希望有个好的开头,要诸事顺心,平安吉祥,往往特意加个"大"字,说成大正月家。在习于繁华热闹的老天津人心中,从大年初一到月杪都是正月节,过年的活动几乎持续一个月。其实这也不只是旧时天津特有的情况,而是小农社会粗放经营冬闲无事寻求寄托造成的,习俗难改,以致成为今日年旽儿过长的癖病。

夏历正月初一,津俗谓为大年初一。四五十年前,旧俗极少变化的岁月里,初一这一天,无论男女老幼都要黎明即起,包括那些守岁熬夜的人,都梳洗打扮,这时由男性老家长或他指派的子孙主持敬大纸仪式,燃烛,焚香,放鞭炮,行跪拜礼,视束香燃烧七八成时,取下全神大纸神祃和敬神黄钱一同焚化,由主祭人跪拜相送。这实际是居民人家一年一度的祭天地、神仙的活动,人们是认真对待的。新中国成立后敬大纸的习俗消失了。

敬大纸后,由老家长率领男女晚辈向祖先木主、影像叩拜尽礼。继之则是晚辈向长辈拜年,按先男后女、先长后幼的顺序进行。在此之后,一些宗族观念特强的家族还要派年轻的晚辈男性在一位中年长辈带领下到祖茔去举行祭祀礼，这往往是和封建家教结合的，目的在于宣传家族传统，强化家族观念。

为了象征既得利益不外流，果皮鞭炮纸屑等物不能清扫，如需扫除时只能由外向里扫，扫起的废屑等暂时堆存一处，忌倒出院门外。由大年三十晚燃烛上香后至初二开市前是忌人时间。所谓忌人，主要是禁止外姓妇女或嫁出的姑娘进入家中。因此，初一这天有异姓同院的人家要谨防同院邻人家妇女因事进入自己屋门。了解这一禁忌的妇女在忌人时日里也绝不进入别人家宅院或屋门以免自找没趣，原因是那些平日慈眉善目、说话处事通情达理的老太太们在这时会毫不留情面地把外姓妇女拒之门外，她之所以这样做，是认为这是在维护自己家庭的幸福和吉祥。

大年初一的主食以素馅饺子为主，这是除宗教斋日外，唯一的一次几乎家家主动素食的日子。天津方言有素静一词，人们用它形容生活安适、平静。初一吃素就是希望在新的一年里家庭生活幸福安定，没有任何困扰人的事情发生，一年到头素素静静。

由于腊月间连日的忙碌，三十夜的守岁熬夜，更由于初二黎明有迎财神的仪式，因此初一晚间家家都早早入睡。店铺则留青年学生意人守夜，以便精精神神地侍候掌柜能早一点儿上香把财神迎进店内，以免别家店铺把财神接去，因此各邻近店铺的学徒工都早早把鞭炮挑在门内，一听邻店有动静，就急忙举出店门外点燃炮芯，于是各店争先恐后放炮迎财神，鞭串繁响，形成高潮。

正月初二黎明前，即所谓丑末寅初之时，成年人都要起床，盥洗后，商人匆匆奔向店铺参加迎财神仪式，无事家居的老家长和年轻子弟则忙碌家中迎神祭礼和接待进财进水诸事。

迎财神一般是临时设供位，供红脸和金脸的增福财神神祃；虔诚之家则是在三十供奉全神大纸和新的值年灶王神祃时，一同设置财神神位,让他多享受一些香火。神位前供品有公鸡一只、活鲤鱼一条、羊肉一块、糕点数盘、酒三盏,由老家长冠服点烛上香,叩拜尽礼,这时要燃放鞭炮。为了多得几个进财、进水钱,居民小社区内的地方、更夫、挑水夫都显得善解人意,闻听大宅门放炮迎神时,趁机送进去十根八根苇草捆成一束的柴火一把,美其名曰"进财";挑进五六成满的一担水,名曰"进水",象征财源像水一样流进家门。每逢这种里边正在叩拜迎神、外边大喊"进财进水"时,主人虽明知一切都属仪式,但心头也十分高兴,认为是大吉大利,初六打发节礼和赏钱时是要加码多给的。

早八时左右,过年的一项重大活动正式开始,这就是亲朋登门互拜的拜年。男人们正式外出之前,先到邻居各家举手作揖互致"见面发财"的拜年特定用语,稍事寒暄即行辞出。回家重整衣冠后,开始远行的第一家多是和自身利害相关的人家,如店铺商人必先去掌柜家,而掌柜则必先拜东家(即资本家),吏役则先拜上司。这之后才能就平日关系的亲疏远近到亲友家登门拜访,对亲戚中的长辈要行三叩首礼,平辈则抱拳作揖互致"发财",遇儿童须给压岁钱,对佣人则须给赏钱。一般是从初二至初五这几天中,拜至亲好友,初五以后拜关系较疏者。如在家,则互相拜贺新年稍叙家常后即行辞出;如不在家,则留一枚红纸特印的名帖,20世纪20年代名片普及,改用精致的名片代替粗大的名帖,有人还特意印红地金字的名片供拜年时使用。

在一般情况下,有一件对各家都很重要的事要做,那就是开市。开市后就再不用提心吊胆怕外姓妇女闯入家门了。从这个意义上讲,开市就是对年三十开始的忌人习俗的解禁措施。为了庆贺开市,这一天午饭必吃四个碟的捞面。但是,如果皇历上注明此日不宜开市,则必须改择他日,如无特殊原因往往改在初四,这样就要更加警惕门户，免得外姓妇女以为已开市而擅自进入。

所谓开市就是请一位公婆在堂、丈夫健在、儿女绕膝的中年妇女来家念一通喜庆套语，并在家中各屋进进出出走一遍，从此就百无滞碍，外姓妇女来时也可以热情欢迎了，对这位中年妇女（俗称大全人）的约请多是在年前查看新的时宪书（即皇历，因必用黄色封面，也写作黄历）后，以主妇的名义托人商定的。通常都是性情爽快，善于在繁杂中处理事务的能人。初二上午九时前后，大全人按时到达，进院门后就以响亮喜悦的声音一路走一路念喜歌，还一路和欢迎的主妇人等招呼拜年。常用的套语据云五六句，都合辙押韵，老太太们听后特别高兴。我小时最喜欢听这种喜歌，跟在后面跑，现在还记得几句。进院门头一句话准是"开市大吉"，到第二句"吉庆有余"出口时，已走到了四合院二道门过道。进入堂屋则是这两句话一气说出。进了上房，一边给坐在炕上的老太太拜年问好，一边坐在门边的炕沿上，口中念念有词："开市坐炕，人旺财旺"。再和老太太搭讪几句，最后说："您老歇着，我到婶子屋看看"。一边站起身往外走一边说："开市就走，越过越有。"到了各厢房，则灵沽简便运用。一个四合院不算套间共十余间房屋，一刻钟左右就都走了一遭，最后在"越过越有"声中走出大门。这种大全人在初五以前往往要忙上几个上午的。所以每到一家都是"开市就走"，来去匆匆。拜年活动高潮的日子里，为了礼数周到能多串几家，所以都是匆匆来去，亲朋留吃午饭也多是虚应故事，不敢多占时间。至交间的春酒宴会（江浙皖移民惯称吃年茶，此两词辛亥后失传不用）多定晚间，间有饭后起牌局者。

初三、初四都在拜年活动高潮中，唯初三必食合子。有俗谚留传："初一饺子，初二面，初三合子往家赚。"煮合子时，合子在汤中漂浮转动，"转"谐音"赚"，以象征把财货赚回家中，完全是商人的心理反映。有的人家把这顿合子放在晚饭吃，羊肉馅，油煎或油炸后，同水酒及束香敬财神。迎财神、敬财神所以用羊肉者，民间传说财神的车夫是西域人，有一张年画，就画一位身材魁梧、高鼻深目、满脸络腮胡的西域人推着装满珠宝的独轮车向一大宅门走来，看来这一传说面还是较广的。只是传说由来尚待考证。

初五，俗称破五。这一天要吃饺子，民间谚语"初五饺子捏小人"。小人无中生有，造谣离间，破坏人际关系，为众人所深恶，自在情理之中。借包饺子捏的动作以捏住小人的嘴。反映人们在新的一年开始之际企盼一切顺遂，没有小人的滋扰。

初六，一般大中型零售商店经五天的休息后，开市营业。生意可能没有多少。但无论商店、作坊或住户都有多笔开销，喊了几天进财、发财都是虚的，今天则是实实在在地支出现钱，打发各种打抽丰型的人和事。包括地方、更夫、水会等处的拜年钱、进财钱，挑水夫的拜年钱、进财、进水钱，淘粪夫的拜年钱和节礼，还有从三十晚间到初一那些送财神的人也都来收神祃钱，实际是借口打抽丰。至于给多少钱才算满足，这要看店铺或住户在小社区内或一条街上的名气大小而定。一个上午都打发完，也是要破费好多钱的。

初八有所谓"合子夹八"之谚，即此日必吃包合子。包合子时要做几个特大的合子，除肉菜馅外，当中都加八个排成八卦阵的小合子。"夹"谐音"加"，意在祝愿生意兴隆、利市八成，这无疑反映的是商人的心态。

这一天还有一项叫做祭星的迷信活动。它是我国自唐代以来兴起的星命术的民俗实践，把个人的生辰八字和星象结合起来定出命宫以推算此人的一生祸福，祭星就是对当年于此人不利的星举行祭祀，以求转害为福。至于推算方式，则十分神秘，且有量天尺和长历表等工具，非一般人所能推算。祭祀方式是在瓷盘内倒些食用油，把包裹制钱的白布或白棉纸油捻按所祭之星的颗数和星象摆在盘内，晚八时左右，即星星出齐之时，设供案于屋门口，置瓷盘于主位，供糕点、果蔬及酒，点燃各油捻后，燃香烛，由本人叩头祝祷，最后焚黄钱完成仪式。通常所祭之星主要有两种，一是男祭罗睺，二是女祭计都，有俗谚"男怕罗睺，女怕计都"，故而需要祭祀化解。需祭星之人在初八一天必须谨言慎行，最好不要外出，这样才表示心诚。据云光绪前各家都是在家中祭拜，男女几人同时进行。后来各庙把它看作财源，代人办理祭星仪式，以一张黄纸开列众人名姓、八字、住址。由老道士主祭，众人随之叩首，一束香了了众人心愿，各家省去许多麻烦，庙祝进了许多钱财。

初九和十一也都要吃合子。初九号"合子加九"，十一为"合子拐弯"。原意也在于祝愿买卖获利九成或原本翻一番再加一成，仍然是商人重利心态的反映。包合子费时费力，但正月节妇女闲暇无事，正好包合子消遣；初十以前有忌生米下锅之俗（一说限至初五），又禁烙饼，主食除馒头外，饺子、合子是最好的选择；合子名称又有和合之意，所以正月上旬吃合子特多。

初二至初十前后的拜年活动中有几件事值得提及：一是外婆（津俗称姥姥）家要以舅舅的名义为上一年出生的外甥送节礼，其中必有灯笼一盏。二是凡上一年家有丧事，尚在守孝期间的人家，不得到亲友家拜年，除过年前向亲朋稍事说明并表示歉意外，年后要在家门口墙上贴一写有"守制"字样的蓝纸报条，左下方注明某宅，以示不接受拜年，也不向亲友拜年。三是城内各重要街区和城郊要路各村的民间歌舞老会在初二以后十几天中都要上街表演，称作行（xíng）会。在那缺乏文化娱乐的年代里，它是民间难得的赏心悦目自娱娱人活动。四是城乡各寺观都连日向香客和游人开放,几处著名庙宇如天后宫、三太爷庙、城隍庙、大悲院、西方庵、如意庵、福寿宫等都有庙会,闲散游人特多,饮食小吃、民间工艺品、灯笼、儿童玩具等琳琅满目,各占利市。而耍把式练艺之人也都在庙会上打场子卖艺。如果有女艺人,即或是打花棍、敲太平鼓都有人围观。如果有女筋斗蹬坛子,悬空踩绳或是唱《十八摸》等等,则可里三层外三层围个水泄不通,因此正月节的庙会显得更热闹火爆。当然也不时有地痞无赖寻衅滋事。

十一以后,除内局批发和河坝装卸外,大多数男人恢复了平日的生活劳作常态,但继之而来的则是忙正月节中的又一个节,即灯节。从筹备到结束又是六七天时间,天津人过年够得上一波三折了。

正月十六有走百病之俗,从内容看是专为妇女而设,据说如能过桥则祛病获福的效应更好,所以附郭各乡也有称过桥者。久处深闺,且从上年腊月忙年开始紧张了四五十天的姑娘少妇,都乐于利用这个日子外出散逛,特别是少妇们要趁机回娘家看望父母。至于年轻姑娘,须视家庭礼教宽严情况而定。以二三十年代为例,除女学生可自由外出,已毕业而无职业的青年女子正月节中是不能随意外出的,原因是守旧的父母认为女孩子不宜在稠人广众中抛头露面。30年代末电影院兴起,成为妇女们走百病的去处,旧城区附近的河北电影院、天津影院、大陆影院等处灯节后生意兴隆,几乎是妇女儿童专场。

十八有吃合子的食俗,二十八也吃合子,这是初八"合子夹八"的延伸。

二十五填仓节,此日必食干饭鱼汤。二十四晚饭后扫净庭院和居室,用草木灰或白灰在地上画制钱,名曰打囤,用过年时门窗贴的红吊钱纸包米豆或现钱置于当中,包米豆者曰粮囤,置钱者曰银囤，四周写"五谷丰登"、"金银满囤"等吉利语。间有于对院门或屋门处画梯子形，仿佛登囤之梯，阶蹬间写"步步高升"或"日进斗金"等词。画囤后早早入睡，夜间有响动忌惊起，更忌点灯，传说此夜老鼠娶亲，怕有碍好事也。这和动物崇拜心理有关。二十五中午前将囤上粮包、钱包收起，置于各屋室炕角褥下，以示钱粮都已收得。此日所吃干饭鱼汤必佐以清蒸咸鲙鱼。此种鱼从除夕晚饭后开始压锅，至十六撤下，在40年代前素为年货市场上的抢手货。

时至填仓节，高潮起伏的正月节已届尾声，特别是农业、手工业生产和商业经营都需要新的安排，正月节顺理成章地收场，此其时矣。

行文至此，偶忆起立春一事，虽与年俗无重大关系，但晚春往往立春日在夏历正月上旬，故简单述及。天津旧俗此日官署有打春牛的仪式，辛亥后取消；民间则吃紫萝卜、糖拌白菜心丝等，名曰咬春，主食吃薄面饼，名曰春饼。20年代后咬春习俗消失，虽然春饼之名仍然存在，但已嫌麻烦而简化成烙饼炒鸡蛋了。

灯节

天津人有句俗语儿，叫做"聘不尽的闺女，办不尽的年"。意思是聘女儿置买嫁妆和过年采办年货都希望质高、量多，非到临期是不会停止这种求好心理和实际置办活动的。它实际反映的是物质财富聚集条件下，天津人讲求热闹、排场的社会心理。这里不谈嫁女事，春节刚刚过去，又届上元灯节，顺便谈谈七七事变前约百年间天津人的灯节习俗及其流变，不足以云史志，谓为应景文字可也。

天津人喜好热闹繁华，置办年货又要多、要好，所以天津人过年够得上一波三折。腊月三十以前的一段日子，少者八九天，多者半个月、二十天，叫忙年，即为准备过年而忙碌。腊月三十（小建二十九）是"一夜连双岁，五更分二年"的日子，从这天就开始过年，到破五过后，这是第一个高潮。此后，疏远亲朋间的拜年活动仍在进行，而一些小活动如初八的祭星、合子夹八，一直到合子拐弯等，虽仅在各自人家进行，也都是欢乐、隆重甚至带点儿神秘性，不容你等闲视之，但和前一段高潮相比，只算间歇期。大约在正月十三又开始了间歇后的新高潮，这就是灯节。在大多数中国人心目中，它也是过年的一部分；在天津人的头脑里，闹元宵就是过年。幼年时听先祖母讲，她童年时（19世纪50年代），从正月十三开始，民间街巷张灯挂彩，针市街、估衣街、宫南北街的店铺的灯彩争奇斗艳，几家大商号都在店门搭设挂灯彩和花盒子的架子，有的还陈设锣鼓、丝弦等乐器，让年轻的售货员（当时俗称学买卖的）吹奏以示欢乐兼以宣传。每日晚间早早吃饭，饭食也都是好吃喝，除值夜人外都可以饮酒。饭后点燃灯烛，大部分售货人员都来到店铺门口照料灯烛，那些悬挂灯虎的铺面，还要有人照顾和解答谜底；而会吹拉弹唱的人则可以清唱一番。

灯的式样有多种，石榴、桃、佛手、寿星、天官赐福、蝙蝠等形状最招人喜爱；灯上的绘画有山水、花鸟、喜庆图案、民间传说、历史故事等，一般技法不高，但对平时缺少文化生活的普通百姓来说，无疑是一次难得的美学享受。如果是多幅画面连续的故事画则会吸引更多的游人围观。而走马灯一盏灯就可以有多幅画面，甚至可以一天换一个灯芯子，所以最为游人乐看。这样从正月十三到十七的每天的夜晚，城区内外几条繁华的商业街，都是华灯如昼，游人若织。当然，在这五天中，热闹程度也不相同：十三是头一天，十七是末一天，人相对的要少一些；十五是正日子，几家大商号都要放盒子灯，再加上可以逛到天微明，所以游人特多；十四、十六两天游人要比正日子少，但比头尾两天多。看灯、看放花、看放盒子灯是主要活动内容。猜灯虎是识字愿意动脑筋的人才上前参与的活动，据说有的写在小的灯上，有的写在纸条上悬挂于灯彩下，谜面既有书法又有文采，往往为人所传抄，成为一时佳话。至于在锣鼓场面前停留的则是体力劳动者居多。当时过灯节前后五天，商号同仁因营业不多，也吃喝玩乐逍遥五天，这是商号对雇佣者宽松对待的几天。

  这是八九十年前繁华商业地段的情况。至于居住区内，富有之家大门两侧、门楼内、影壁、二道门、廊下都要挂各种寓意吉祥的灯，夜晚点燃蜡烛，满院生辉。至于各地段的会所也都按日按时点起灯笼。有的塾师也点燃灯烛，高挑灯谜，除谜面文字外，还标出谜格，显然有标榜才气之意。就是这些铺户和住户的灯光照红了天津城的夜空。笔者犹记得先严一位挚友、杨柳青齐姓老先生曾说，辛亥革命前，每逢灯节，杨柳青人有的坐大车下卫到估衣街逛灯，有的则上自家房顶或站在运河大堤上朝东南方向看，有一片似红雾一般，而且光亮闪动，那闪闪一亮不是放盒子灯就是放大雷子了。

  据老人说，自八国联军侵占天津后，商业萧条，社会动荡不安，灯节虽然还要过，以祈求平安吉祥，但是出于节省和安全的考虑，大部分店铺把灯节活动缩减到三天，即十五正日和十四、十六两天。游人出于安全考虑一般都早早归去，所以各商家尽管关门后，店内人员自己娱乐，却再也不通宵不关店门了。另外是把在针市街、估衣街店铺门前放的盒子灯和雷子改在北门外大街空旷地段放，并且是由几大商号轮流值年筹办其事。这种安排减少了火烛危险，减少了游人的拥挤和伤害，也避免了商号间的赛富和无谓的开销。游人方面的变化是四乡八镇进城逛灯的人少了，妇女不逛灯的禁忌重新抬头。据先祖母讲，她十几岁时，住在大下庄的亲戚家的年轻妇女都可以坐轿车进城逛灯，日期一般是十六或十七，是和走百病结合的。19世纪末20世纪初妇女不能逛灯的禁忌是传统封建家礼的回光返照。其实坐轿车逛灯只不过是在家人的护持下在车中远望而已，充其量不过是望见场面罢了，和置身稠人广众中相差甚远。至于居民人家，首先是富有之家，尽管院内还悬挂灯彩，大门外则很少大肆装饰，不敢铺张显露了。相反火会、水局的会所，脚行、更夫的班房，杠子房，票房倒显得灯彩辉煌，人影攒动，成为街巷间的热闹去处。

市面上的另一种活动，就是出会。传说咸丰同治年间天津有百余道会，会众多是装卸劳动者，封河后无事，开始练习，兼以自娱。年后一般初三、初四开始上街表演，即所谓行会。一时间街头巷尾到处可听到行会的锣鼓点。大致到初十前后渐渐稀少，到十三、十四又见增多，至十五正日，凡年初已活动的会一般都要上街转一大遭，有的还要加一天官角色，手持"天官赐福"小挂轴，走在整道会的前头，表演跳加官，以应节景。

中国民间信仰中传说正月十五是天官生日。天官是道教的神仙，因而这天道教各庙都做天官会，信道的人家要向庙中布施香资，庙中举行斋醮，并对信士招待茶水、斋饭。行会中此日特加的天官，就是天官生日在行会中的反映。

灯节涉及社会人际的活动就是亲戚间互送元宵和其他茶食，打元宵就成为糕点店的利市生意，亲友多的人家，一时收几百个元宵也是个问题。记得幼年时我家有一年收了八九份节礼，近千个元宵，有的是纸盒装，有的是捧盒装，为了腾捧盒，整整装满两大瓦盆，怕走糖只得放在冬天不住人的冷屋里。为了不暴殄天物，让落忙人（临时帮工妇女）拿去一些，送给寒素邻居一些，余下的则或煮或蒸或炸,早点也吃,晚饭也吃,全家十几口吃了四五天,最后还是扔掉了一小部分。

居民人家要蒸面刺猬、面老鼠,都作椭圆形,刺猬周身剪出细三角尖,以仿佛角质的刺,以高粱米两粒作眼;老鼠则剪出四足和尾巴,用黑豆两粒作眼,还有老鼠拉木锨,形状十分逗人。刺猬、老鼠的脊背上和木锨头上都堆着元宝。蒸这种刺猬、老鼠一般是十三、十四午饭后的事,姑嫂、妯娌间争奇斗巧,因此,蒸成后千姿百态,惟妙惟肖。这些刺猬、老鼠要两种为一对,分别放在卧室窗台角、门墩和堂屋槅扇门门墩上,还有厨房的灶台角处。据说就在天津早期移民中做法也不一致。大致是晋豫冀三省移民在十四早摆设各处,江苏、安徽移民则是在十五上午才摆设。各处摆放的刺猬、老鼠要在十五的下午把头由朝外转向屋内,以示已把财宝驮回家中。至于神佛像、祖宗木主和灶王神祃前所供的刺猬、老鼠则不转动。十五晚间天黑后,撤下神佛及祖先影像木主前的供品及摆放各处的刺猬、老鼠。由家中男性老家长主持上香,供煮熟的元宵,全家男妇老小叩拜尽礼。这一套敬神礼仪和三十晚间的礼仪基本一致,燃烛,焚香,焚黄钱,放鞭炮;不同处只是供品仅元宵五或三盏,香一束而已。香燃尽时撤下供品,再回锅煮热由全家人分食,谓为吃供尖。吃供尖后正式吃晚饭,平时分散在各自房中吃饭的大家庭,这一顿饭都要集中在老家长的住处吃,因为正月十五是一年中第一个月圆的日子,月圆人圆,要全家人聚在一处吃一年中第一次团圆饭。蒸刺猬、老鼠和吃供尖似乎是迷信活动,但它和吃团圆饭一样,都包含着人们对平安、富足、欢乐的美好生活的企盼。正月十五晚间这一顿团圆家宴的结束也标志着天津人过年的又一次降温。从十六开始便有一些人恢复了平时的生活劳作常态,民间有句俗语叫做"年也过了,节也过了,该干吗干吗了",正反映了多数人希望尽早恢复常态生活的心理，同时也是社会经济活动的必然要求。

谈到恢复常态生活，首先是读书的学生，哪怕私塾或学校还没开学，家长也会要求他们收收心复习功课，做作业。其次是年轻商人们，家长和店铺的掌柜（即经理）也会要求他们开始上货、进货或去外地坐庄。动得最快的则是各家的少妇，她们在"十六走百病"的大题目下，大多数人在十六上午八九点钟离开婆家，回娘家给父母拜年叩节。这是她们从上一年十一月下旬离开娘家、回到婆家，经过紧张忙年忙节后的第一次外出，是年后第一次见到父母。年已过去半个月，才有机会给父母拜年，这种习俗对人情是个戕害。如果婆母心地软、礼法少，没有妯娌，再加上婆家人手多，往往就可以住上两三天，否则当天晚饭前必须回到婆家，住家的事必须出了正月才能商量。如果是丈夫要外出，妻子要忙碌准备行装，则十六的走百病也往往自觉取消了。另有一部分人是可以自己当家的中老年妇女，则借走百病之日到自己的娘家或姐妹家看看亲人，说说家常，也确是可以轻松一下的。也有的确实相信走百病之说，到庙中进香，或到繁华闹市逛一遭，所谓散逛散逛。少妇十六以前不回娘家的习俗是从新中国成立前职业妇女两头经常走动开始松动的，彻底根除则是新中国成立后青年妇女普遍职业化后的事。工厂、机关春节只放三四天假，只能在这几天中到娘家去热闹一天，享受天伦之乐。至于择定正月初二，那是冀中一些农村正月初二请女婿习俗传播的结果。

元宵节的食俗主要是吃元宵。从元宵外皮来说，一种是江米面，另一种是黏高粱面。茶食店（即糕点店）卖的都是江米面的，家庭自己做的一般用黏高粱面，做法是和面后在手中捏成一个小薄饼，放上馅后包成球形，所以不称打元宵，而称作包元宵。江米面和后软而黏，一是不易包，二是煮后特硬，如瓷球一个，因而一般家庭不包江米面元宵。大致从正月初一开始，市面上有小贩担挑叫卖煮元宵。这种竹木混制担子约半人高，前头架子上卧一炭火炉，上面固定一深底砂锅，后面竹架子有多层木抽屉，分别装两种米面打制的糖馅元宵、木炭、碗筷等。砂锅中经常煮着十几个元宵，一般是两种混合煮，所以锅中的汤微显暗粉色，买主要哪种盛哪种，汤则是一种。这种小贩敲击一种本色的大木头梆子沿居民里巷叫卖，专做小孩子的生意，如卖糖豆、耍货的小贩一样，想方设法赚小孩手中的压岁钱。茶食店的生元宵生意从年初起只二十多天，小贩的煮元宵也只能干到正月底。旧时节令食俗时限性特强，不像今日，三月就卖粽子，国庆节就吃元宵。

上面写的是从19世纪中叶到20世纪30年代的天津上元节习俗。七七事变后习俗流变加剧，兼之情况繁复，容当另文叙及。

城隍庙会

一

故老传说，开埠前天津城市坊厢佛道庙宇很多，征之文献，《津门杂记》、《天津事迹纪实闻见录》各有记载。而《津门保甲图说》所绘坊厢分图，各村皆标有寺观名称及所在位置，最为翔实可信。附郭各大村竟一村有寺观二三座者。

有庙宇一类的宗教场所，就有宗教活动。敬神赛会的种种活动和表演，招来众多的善男信女和逛庙人，构成民间习俗所称的庙会。但是庙宇有大小，香火有盛衰，有真正民俗学意义的是指那些能造成较大商贸活动机会的大庙、名庙庙会。它除了宗教功能外，还有着不同程度的社会经济功能。

按我国信仰习俗,佛道寺观除夏历每月初一、十五两日都开庙门,接待进香善男信女外,多数庙宇因所奉神佛的得道日、诞辰等的不同而另有自己的特定香火日,前者是按月活动的,后者是按年活动的,天津各庙当然不会例外。就每月活动而言,天津坊厢庙宇这样多,香火活动又这样频繁,香客分散,形不成人流;且每次活动仅只一天,时间太短,虽有商贩,也只是做小吃、干鲜糖果、玩具等小生意,形不成有规模的物流。因此,天津民间只把这每月经常性的开庙门接待香客称之为香火日,从不看作庙会会期。

二

各地寺观每月两日定期开放的香火活动,形成于以自然经济为主的封建社会,它实际是以信仰活动为表、市易为实的集市性活动,体现的是经济生活需要。而天津城市是商业地区,市廛兴盛,集市的需要已不明显;特别是开埠后现代工商业兴起,集市活动很快由衰微而消失。因此,天津寺庙的每月经常性香火日就更没有条件形成庙市(庙会的古称)了。在天津能形成严格意义庙会活动的,只有每年按固定节日开放的大庙、名庙。具体言之,历史上有大直沽灵慈宫,东门外天后宫、玉皇阁,南门东水月庵,西门内城隍庙,姜家井村的福寿宫,卫南洼的峰山庙等处。开埠后几经变故,只剩下天后宫、城隍庙和峰山庙三处,且活动规模一年不如一年,勉强维持到20世纪50年代初。就三处庙会论,天后宫庙会,俗称皇会,向为天津一大盛事,多见记载;峰山庙药王会,二三十年代报张多有介绍;而城隍庙会会期较长,活动内容多样,且多迷信附会,因而颇具轰动效应,居住附近的老年人往往谈论庙会种种传闻情况,每有曲误,笔者爰就闻见所及稍作介绍,为社会积累点滴民俗史资料。

三

谈论城隍庙会事前，似应先从我国城隍祀典谈起。据清人赵翼《陔余丛考》卷三十五"城隍神"条所记，"城隍"一词始见于《易经》，《礼记·郊特牲》说周代天子每年十二月祭八种神，六为坊，七为水庸。用现代语解释就是城墙神和护城河神。依此则城隍本是两位神，何时、何因并而为一不见记载。赵翼揣想合祭大概始于六朝，又说在唐初尚未列入国家祀典，但发展很快，到唐中叶各州郡皆有城隍庙，至宋则庙宇遍天下，《明史·礼志三》说，洪武二年（1369）对京都及天下城隍进行封爵晋秩，三年又都取消封号，只称某府某县城隍神，定庙制，殿堂建筑与府县大堂一样规格。朱元璋把神道设教发挥到极致，他仿世俗官制建立了阴司政权，以"鉴察民之善恶而祸福之，俾幽明皆不得幸免"。

朱元璋之后又有新发展，往往把历史上忠臣名将附会为某地城隍神。如北京城隍是文天祥，苏州城隍是春申君等。天津城隍庙分府县两级，神非名贤，未闻有任何附会之说。倒是在七七事变后，日伪政权借城隍庙会之机，演了一场城隍娶亲的丑剧，以粉饰太平，转移天津人的抗日情绪，一批流氓劣绅更借机捞钱。

城隍庙会虽名义上是四月初六至初八三天，实则从初一开庙门后即陆续展开，初六至初八达到高潮。初八是正日，所准备各项鬼会节目全部上街表演，至午夜赦孤后，庙会活动遂戛然而止。

庙会除名为鬼会的全部表演节目外，还有几种组织活动是例行必有的。首先是负责搭设山门彩牌楼的庆善老会。牌楼高大威严，十分壮观，所树两根旗杆，一如天津府衙实物。他们要在会期中始终照料牌楼张挂的灯彩和夜晚张灯后山门一带的安全防火。

其次是接驾会。它实际是庙会核心机构，最早着手操持，筹集会费；与官府、士绅联系，定活动节目；出巡时维持路线秩序；庙会期间经费开支也掌握在他们手中。是几个头面人物指挥一伙文则知礼善言、武则好勇斗狠之徒的组织，也即民间所谓吃会儿的。由于总揽一切，所以一切善后事宜也都由他们办理，因而他们也是最晚结束工作的。

庙会期间负责庙内各殿、各茶棚香火、灯火消防安全的是庙内火神殿的护棚会。它实际是民间公益组织，会员都是附近居住的劳动者。

还有一个茶棚会很特殊，叫做皂班灯棚会。这是辛亥前府县衙门捕快和后来巡警厅巡警们驻会的临时保卫部门。从组成原则说是个人的自愿的行为，从权力的运用说是官府对庙会活动的介入。传说他们弹压的范围包括城内鼓楼西、北两面和西门外、北门外，以城隍庙所在地为中心，取拑制之势，名为保护庙会，实则意在防范庙会期间出现任何骚乱。

另有设摆性茶棚四五处，传说是由几个行业和城内士绅、富商联合筹办的。负责接待香客、过往官员、士绅等，有的在临时性席棚内，有的占用殿阁，陈设精美家具、古玩、字画、灯彩供人休息、欣赏。据传以鞋帽行的同善茶棚最受人们的欢迎。

庙会活动的主要行会节目是城隍出巡和鬼会。所谓出巡，实是应名把府县城隍神的泥像抬上街头，做种种行会表演。表演内容和道具尽量模仿阳世府县排场，规模盛大，极具戏剧性。发布出巡命令的仪式叫排衙，其方式和场面皆仿阳世官衙，由一人站在泥像后高声向装扮衙役站班的会首们宣布出巡的日期、时辰和路线，以及办案事项等，官僚口气、差役作风，表演得淋漓尽致。

出巡队伍由接驾会会首打小旗为前导，后面是仿阳世排场的全副执事仪卫，接下来是乐队和对子马，中间夹入许愿或还愿的拜香人队伍。这些人身穿白粗布短裤袄，赤双足，腰扎红布带，上额布捆城隍神符，双手执点燃的束香，三步一叩头，两人一对，并肩而行，每人有一亲属随行做护持接应工作。后面紧随的是香锅，一口有双耳的初号大锅由两人抬着，沿途接上香人点燃的束香，烟熏火燎是个苦差事。最后是一对黄罗伞和一顶绿呢大官轿。里面摆设花瓶、熏炉，燃檀香末，一缕微香以代沉重的泥胎像，显得庄严神圣。城隍会事事仿真，唯大轿是违制的大，以表示神仙界的伟大庄严。

既然是府县两级城隍出巡，则府城隍在前县城隍随后，仪卫一如人间知府、知县，两者一前一后，也体现了人世府县两级的隶属关系。

四

惯例城隍庙庙会的高潮是四月初八晚间的鬼会。这一天的白天从午饭后开始各神民间行会，照例是娱乐性的民间传统歌舞表演节目。先是中幡、跨鼓。跨鼓在天津是一道颇有名气的会，十六面直径二尺多的大跨鼓，挎鼓人身穿黄马褂，这可是皇帝赏赐，特许穿用的，另有十六个童子敲铜盏以应鼓声，悦耳动听，行进中遇宽敞地段还要摆字，最受人欢迎的是"天下太平"四个大字。这之后是重阁，一壮汉、一幼童为一组，一般由八组组成，一组一出戏。例如壮汉身背大花篮，幼童扮女装，站花篮上，手持小花锄作掘地状，即名为《黛玉葬花》。表演和台步由二人分担，且因在上者尽属幼童，上下配合默契，最受人们的赞誉。接下来是高跷、地秧歌等会，虽是普通表演形式、常见剧目，表演者也多全力以赴各展技艺。至于猴抓杆、拾不闲、耍坛子等会都是以惊险、巧妙增加观赏乐趣的节目，都得停下来表演。

这白天行会，借用戏剧的行话，压轴的是杠箱会。一根长毛竹杠，横穿一无底空箱，箱一侧插弓箭令旗，由二扮解差人抬着，另一丑角朱衣乌纱帽白鼻，扮押解官。有的用满族凉帽，则以大个红果做顶子，一特制鸡毛掸子做翎子。这丑角有时跷腿坐箱上，抬箱解差故意大颤悠，令丑角坐不稳，丑角则闪展腾挪找平衡，以求坐稳。有时在箱上翻跟头、倒立，有时在行走中跳上跳下做惊险动作，出尽洋相。当然这都是三位表演者练就的功夫，广大观众则在惊诧中拍手叫绝，呼之为杠箱官。故老传说，一个唱念做打都会的杠箱官在行会中还表演审案节目，会中有人扮各色人等，途中拦舆告状，杠箱官则插科打诨，信口而云，曲为处理，招致观众连声大笑。因此尾随杠箱会，想看下一处新唭儿的人流，是这个会的一大特点。

大轴则是抬阁会。一个由两根大杠抬着的雕花护栏座台，中间仿佛亭式的架子有上下两层座，把经培训可做表演的二三童子捆缚在座上，座周围用绘有祥云、海山的软片和鲜花遮掩，有民乐伴奏，边走边表演。童子捆在座上已不能有大动作，故而表演无惊人处，众人喜闻乐见之处，在于抬阁的雕刻精致、体量高大，童子的扮装华丽俊美和民乐的悠扬悦耳。

这白天的行会是晚间鬼会的前奏，把天津人的兴致最大可能地调动起来。这些会在行进中遇有著名商号、衙署或耆绅富户都要投递红纸黑字的会名帖，这是天津旧时行会的常例，名曰拜会。这些商号、人家如果门前宽敞，往往借机截会，即邀请在门前表演一通，主家则茶水款待，临行时还赠送数十斤茶食糕点或好茶三五斤，间有依物折银送红封子的。拜会和截会实际是两方互相利用，会方以此表示知礼仪、敬重地方名流；商号、人家则显示自己关心地方公益事业,具社会活动能量。一句话,两方面都为了抬高自己的社会知名度。由于拜会或截会都要酬谢致送糕点或茶叶,所以在天津每逢年节或庙会期间,糕点中的大八件、小八件、银锭子鱼和茶叶中的高末等畅销一时。城区内外糕点店、茶叶店都生意兴隆。笔者一位中学同学刘竹坪先生是至美斋糕点店少东,40年前告诉笔者,听他的先人说,至美斋和胜兰斋两号一是地近城隍庙,二是所在区域内民间老会较多,二三十年代前凡年节和庙会时普通价格的糕点大量销售,有时因截会送点心的订货多,往往要到别家糕点铺去做,一次城隍庙会多卖几百斤点心是平常事。茶点的畅销一时这只是它们两个行业的情况,当时庙会对其他商品还有哪些促销作用我们还不全清楚,经历过那段社会生活的老人们大家如能把情况凑得齐全,这也是份经济史料。

这场白天的过会,边走边挤边耍四五个小时,到申末酉初(即下午五时前后)耍的累了,看的也累了,很快地收场,回家吃饭。胆子大没忌讳且好热闹的人们草草吃点东西,在酉末(即下午七时)前赶到西门等候鬼会的到来。

鬼会号称十拨,主要有:黑无常、白无常,都扮成两眼流血、吐舌作吊死鬼状;红犯扮即将处决的罪犯,都是为父母求福求寿的许愿人扮装,穿罪衣罪裙,戴刑具,有牛头马面押解;十殿阎王,传说历年做法不尽相同,有的年份有,有的年份没有;钟馗;阴阳界,据说这种阴曹的小官吏,可往返人世和阴曹地府,把人间善恶汇报给城隍和阎罗王;酒色财气四种祸害鬼;十魁,据说这一拨会是一批富户子弟玩票的组织,个个都自备服装道具,扮装华丽俊秀,虽也戴面具,但没有那种阴森恐怖气氛,是整个鬼会中缓解鬼气氛围的娱乐性安排;最后是五都魁,这是最带鬼怪阴森气的一组角色。城隍出巡的大轿就在这十拨角色之后。大轿队伍没什么表演，主要是走得稳、走得齐，显出官威。全部仪仗队伍迤逦而行，到达西门外四座坟旧厉坛时已近亥正（即晚十时）鬼会的最后一个项目——赦孤（据天津市文化局艺研所研究员张国贤先生考证，应是赦辜，即赦免有罪之人）开始。

据故老传说，清同光年间四座坟一带仍荒坟累累，夏历四月上旬已荒草及胫，即在平时夜晚鬼火星星，已十分阴森可怖。鬼会时虽有提灯、高照等蜡烛或油灯之光，对黑暗的荒郊实无济于事，在鬼面具、鬼装束和传说的种种鬼事影响下，即或是平素胆大不信邪的人，此时也头皮发麻，不敢乱走动。赦辜时有人假装城隍发令，对一切鬼犯进行赦免。会中的红犯、酒色财气还有十魁等鬼犯在怪里怪气的堂威声中被赦放，作鸟兽散，当然也包括观众脚下或附近埋着的孤魂野鬼，一时鬼气笼罩着这片郊原，演鬼会的人和看鬼会的人，都被这鬼气吓住，心惊肉跳。

随着赦辜仪式的终了，鬼会也同时落藏。观众们怕沾上鬼邪，多数人夺路而奔，慌不择路者扭伤脚是常事，误踩朽棺木，掉进墓坑因而大病一场者，历史上已不是一二人。因此在30年代前，天津商人家庭和仕宦人家都禁止子弟观看鬼会，更不许随会下洼。

鬼会的扮装演员们因有行头在身，都要在午夜前赶回城隍庙或会所，为了壮胆子和振作精神，于是鼓乐大作，喧嚣声中，小跑步返回城内。

城隍庙鬼会是封建统治阶级神道设教，愚弄人民的一种方式。神道设教的时代虽早已过去，但它在我们民族心理上的坏影响远未消除。需要社会各相关学科仔细深入地批判揭示，庶几可见功效于未来。

端午节

端午节是我国三大民族传统节日之一。"端午"原作"端五",始见于晋代周处《风土记》:"仲夏端五,端,初也。"盖指五月的第一个五日,它的正日应该是夏历五月初五。从古代到明清时代,这一节日民俗事象演绎成:食粽子、赛龙舟、饮雄黄酒、插菖蒲、挂香袋、系长命缕、斗百草、采药等。历代文人依据这些事象,比附历史,提出各种起源说。有人根据周代有艾人悬户、朱索桃印饰门、系五彩缕等就认为源于三代禳灾辟邪风俗。由于吃粽子和龙船竞渡,人们又联想到可能起源于楚人悼念屈原的活动,如以竹筒贮米投江和以舟楫相拯救。由于屈原的爱国精诚及其作品的深刻影响,这后一种起源说为大部分人认可,相传至今。纵观六七种起源说,可知端午节历史悠长。它是我国岁时文化的重要组成部分,且对民族融合产生了巨大影响。

金元以来,天津向为京畿门户,特别是明清两代因运河通漕而得风气之先,岁时习俗除各地普遍流传的主要活动事象外,还多表现出基于商业经济的发展以及对异地文化的采借形成的地方特色。张焘《津门杂记》一书刻于清光绪十年(1884),于卷上《岁时风俗》中记载:"五月端午,有龙船戏,比户贴葫芦门符、插蒲艾、食角黍、饮雄黄酒,系儿以彩线,曰长命缕,又采百草为膏。"张书较之地方几种主要方志年代稍晚,反映的是120年前的岁时民俗,上接古代,下启现代,是其特点。不足处是张焘是浙江人,虽生长京津,毕竟不谙天津土著人家生活习俗。再者,《津门杂记》文字简约,多用成语,意到而已,未必尽敷彼时实际情况。这之后,内忧外患加剧,时势艰难,更兼大批农民流入天津,城市社会生活急剧演化。特别是1900年后,民生凋敝，有的活动因场面大、耗费资财，就未再操办。麟庆于《鸿雪因缘图记·津门竞渡》描述的三岔河口赛龙舟之俗，在义和团运动之后就永远消失了。采百草为膏事也因城区不断外拓，且城市买药方便，已无自制常备药的必要，消失得合情合理。而系五彩线在后来被穿五毒衣和老虎褡襻所代替，这些变异，显然反映的是政治，经济、社会、心理等多种因素的变革。

为了搜集保存自1900年后至天津解放前四十余年间天津的端午习俗，爰就个人经历和采录所及记述如下：

夏历四月下旬的末几天，家中要打扫塔灰、家具过水，打磨铜饰件、擦门窗玻璃。如果是纸窗还要改糊卷帘。与此同时要预包糯米或黄黏米粽子，用途有三：上供、应节食品、作为节礼的一种馈赠近亲。

五月初一清晨，趁天气尚凉爽，在门楣正中张贴"葫芦万代"；在风门开启的一侧门框中部贴"剪子剪蝎子"剪纸；在门框和两侧墙的结合处各插艾枝一丛。

从初一上午起给四五岁以下的婴儿穿绣有五毒虫纹的黄布五毒衣和五毒鞋，并在上袄的后背挂老虎褡襻一串，有的还在两肩处各钉一只黄布做的小老虎。这种衣服一直要穿到过了端午正日。

是日，主妇盥洗后，在神佛、灶王龛位及祖先木主前摆设应节供品米粽子和购自糕点店的炉粽子。佛前净水瓶中要插艾一丛。迷信重的人家还要由家主焚香烛拜祷。因天气热、蚊蝇多，供品当日午后撤下，初五再重新供一次。

从四月末到五月初一二，家主、子侄和佣人分头向至亲中的长辈、平辈和亲家送节礼和叩节。节礼必有应节食品米粽子和炉粽子。

初一和初五的午饭一般与喜庆日相同，吃炒菜、卤拌面，晚间则吃焖米饭、鱼肉菜。此时讲吃比目鱼。饮酒有雄黄酒、艾叶酒，借机给婴儿耳轮等处抹点酒，以应抹雄黄去邪之典。20年代后饮这种药酒之俗逐渐消失。而露酒曾流行一时。这反映旧习俗已渐次淡化。

要分别向挑水人、磕粪人、常川落忙人以及看坟茔人发放节赏或酒钱。有的人家还要按三大节向寺庙送布施。

五月节是结账期。旧年未清或年后新欠款项尽量在此时索还，债务人则尽量拖延，想方设法推向中秋节。

上述习俗百年后已谈化许多，甚者部分趋于消失。进一步淡化则是1937年后的事。战争的破坏作用是可怕的，但是战争往往使民俗事象趋于简易和理性化，又是好事。

中秋节

天津都市经过清初近百年的发展，到乾隆时已是北方的商业中心，城市的经济、文化"热闹繁华胜两江"。商业的交往应酬和财富的聚集，使天津人习于繁华热闹，而岁时节日和喜庆日都是热闹应酬的好机会，因此在天津城厢讲究过三节两寿。两寿是指一个家族老家长夫妇二人的生日，属于民间喜庆日，非本文范围，不作进一步谈论。三节是指新年（辛亥革命后改称春节）、端午节（天津土语称五月节）、中秋节（天津土语称八月节）三大民族节日而言。无论是固定的三节，还是因家族、辈分、具体的人而异的两寿，每逢这种日子，人家都要根据家族条件，按照习俗安排相应的祭祀、庆贺活动，礼仪排场以及节日、喜庆家宴，一切以家族成员的团聚、欢乐、喜庆为原则，以增强家族的凝聚力。

提到中秋节，月朗气清，又是百谷、百果成熟之时。勤劳智慧的汉族先民选定这时作为休息游乐的节日，让人们借机调适一下盛夏以来为提高收获而劳碌的身心，是民俗文化中最成功、最令人惬意的安排。天津人过中秋节就充分用了这天时的、物质的有利条件和人们生理、心理的需要，让节日充满团圆、欢乐而清雅的氛围。

在天津城厢，中秋节大部分是家庭型活动，极少社区性活动。旧时城居人家一过八月初十，亲友间互相馈送月饼、果品，礼重者还可送名酒、河蟹。如果受礼之家有幼子，同时要送倒沙兔儿爷或猪八戒念经等应节儿童玩具。在互送节礼的高潮中，一些茶食店（20世纪20年代，大部分改称糕点店）还出售各种月饼馅，供人家自做家常烙月饼用。好胜的家族往往定制讲究果馅用来自制家常烙月饼，在节前一两日送给近邻和至亲好友，以显示主妇的才干和家族的情谊。也就在这几日，凡归宁的新妇，必须返回婆家与丈夫团聚；而远出的中年男人如能返回，最迟要在十五日晚饭前赶到家中，与父母、妻子、儿女共享团圆家宴。

农历八月十五是中秋节正日，人家多较平日起得早一些，男人盥漱、更换新衣后照常外出从业，但非不得已，晚饭前必归，因而商号也对此从俗照顾。主妇及媳女和小孩梳洗，更换新衣，小孩多穿一种鞋尖如兔首的兔儿鞋，以祝成长中腿脚矫健。此日早点必食月饼以应节俗。此后，主妇的头一等大事就是安排神佛龛位、祖宗木主和月光祸前的供品、香烛，还要在净水瓶中插上红色鸡冠花数枝。供品视家庭物质条件而定，月饼二或四盏，另有大月饼，如菩萨像前为两斤者，全神像前即供稍小者，祖先木主前则又小一等；果品则有切开的西瓜、苹果、桃、柿子、石榴、莲蓬、葡萄等形象好看、寓意吉祥的鲜果。一般人家不焚香烛、纸锞，极少数主妇于上午焚香烛、纸锞，叩祭尽礼。

此日饭食一如其他喜庆日家宴，中午为炒菜、卤面，晚饭为米饭和实惠易做的四扒菜。下酒物则以蒸河蟹为最应节。这顿家宴必全家聚在一处,同时进餐,以示合家团圆之乐。

晚九时许,皓月当空,清光满地,列香案于中庭,对月供名为太阴星君之神位的月光祃及日间陈设的全份供品,点烛焚香,由主妇主祭叩拜,媳女依序叩拜如仪,叩拜可以因个人心事默默祝祷,然后随祭神黄钱纸将月光祃焚化,祭月(天津土语称作圆月)仪式至此完成。祭月是少数一二种由妇女主持的迷信活动之一,男人不得与祭,因此有"男不圆月,女不祭灶"的俗谚流传于民间。撤下的供品,由主妇分给众人享用,称作吃供尖,有享受神佛恩赐福份之意。

在圆月的同时,尚有一种爬月习俗为天津所独有。做法是预养河蟹数只,并做包有制钱的油捻如蟹数,于拜月时把油捻点燃置于蟹背,并把螃蟹在中庭放开,听其爬行,借油捻光亮,观察各蟹是向庭院的里面爬,还是向门口爬:如果是多数向里爬即主发家、招财进宝,都向里爬当然是更吉祥;如果多数向外爬即主破财,这时主妇必命小孩把螃蟹向里驱赶,以求破解,纯属自己欺骗自己。

随着社会的发展,大约在40年代,中秋节的迷信活动逐渐淡化。新中国成立后,中秋节只存月饼食俗和家人团聚活动应节而已。

原连载于《天津史志》,收入本书时标题有改动

年货摊、年画摊

自清乾嘉以来，天津城市生活风尚趋于奢华，表现在年俗方面，首先是置办年货讲求好、讲求多。因此，在那个年代，年货生意火暴的春节前夕历来是商业的旺季，大商店、名字号固然是顾客盈门，利市十倍，就是濒临倒闭的商号，也往往能借此机会"扭亏为盈"，重新振兴。至于那些散在各街巷的"小铺儿"，走街串巷的小贩以及临时在繁华地点设摊者，只要避开大字号的生意路数，发挥自己散在闾巷、"深入民间"的有利条件，做拾遗补缺的买卖，仍然有利可图，只要肯干，准能赚个"年过活儿"，过个"丰旺舒心"的年。处在街巷间的各种小铺儿，诸如杂货铺、蒸食铺、烧饼铺、果子铺、豆腐房、素货铺等，平时都各有一方的主顾，年关生意只会增多，不会减少。入腊月以来，串街小贩及修理服务性行当的人增多，譬如推独轮车卖绿釉面盆、粗瓷碟碗的；挑着竹架子卖盖拍儿、掸子、竹锅箅、篮子、浅子、笊篱、炊帚、礤床儿等藤竹物品的；推独轮车或赶小驴车卖各种铁锅的；还有锔碗的、补锅的、修理笼屉的和磨剪子抢刀的，这些人多是河北各县农民，趁冬闲进天津贩卖自产土产或揽修理活计的。临近除夕的几天，多数悄然而归，再找一位磨刀的可就难了。腊月十五以后，担挑卖菜的有两种：白菜、土豆、青萝卜、胡萝卜等都直接放在席篓里，不作防寒铺盖，很快卖完，再回去装货。另一种卖火炕货，当时最常见的是韭菜、菠菜，黄瓜是稀罕物，席篓的里面要铺棉套子，上面也要盖小棉被子，以防时间一长冻坏,买时也不许长时间挑拣,到二十六七,这种小生意人也少了。他们中的一部分人改卖年糕、糖堆儿、元宵等应景食品了,或者卖干果糖块、小儿玩具等,专门面向儿童,赚儿童和老太太们的钱。元旦以后,这种小贩大为增多,因为孩子们手中或多或少都有一部分压岁钱可以自由支配,这一段时间是卖"零嘴儿"赚钱的好机会。一条长胡同,往往停着几副这种小贩挑子,无论是卖糖果、玩具,还是卖元宵、糕干,抑或吹糖人、捏面人,都围满了男女儿童,甚至还有贫寒人家的老奶奶。这就是那封闭时代特有的年景,因为大多数人家的孩子都难到大百货店、大食品店去,只能就近挑选自己的爱物。

谈到年货摊,在四五十年以前,算是年关街头一景。旧城区的北马路、北门里、北门外、估衣街、单街子、侯家后、官银号、宫南北大街等处,是摊贩密集的街区。所售物品有各种干鲜果品、蜜饯果脯、烟酒、鞭炮、起火、盒子花,各种窗花、吊钱、绒绢花、石榴花、八仙人等供花饭花,纸、玻璃、料条(liáo tiáo)的鱼灯、花灯、走马灯,佛手、木瓜、金鱼、玻璃鱼缸;鬼脸、空竹、木头刀枪,香烛纸祃,年画等应节物品,应有尽有。以北马路为例,每年腊月十五"上全街"后,边道下,电车道两侧,大小摊点连成一片,货物堆积如山,买的、逛的人来人往,万头攒动,致使电车难以通行。除上述几处繁华商业区外,他如西北角的小石道、西门里大街、南门、西南角等处,也是年货摊集中之地。两条高凳、两块铺板,横竖支几根长竹竿,放在里侧,可摆可挂,就是一个摊。只是这几处接近民宅区,蔬菜、副食的摊点,如卖猪肉、牛羊肉的,卖鱼虾的,卖活鸡、活鸭的比较多而已。

最有特色的莫过于以天后宫为中心的宫南、宫北大街的年货摊了,以卖装饰、玩赏器物和儿童玩具为主。简单的,前面一层高架铺板,后面一片竹竿架子,货物品种多的则用阶梯式的铺架，摆设三四层，都以红布为衬，供人观看挑选。多数商品带有工艺性或观赏价值，如各种金鱼，大小玻璃鱼缸、硬木或仿硬木的鱼缸架；纸浆脱胎的鬼脸面具、仿堆金立粉的木制刀枪等儿童玩具，大小聚宝盆形的红绒头花、红绒福字、喜字头花，各色月季绢头花，敬神佛供品所用纸花、八仙人，精细的窗花、肥猪拱门、气眼、风斗、吊钱等装饰性剪纸，金鱼形、石榴形、佛手形、椭圆形、桃形的纸制、绢制观赏灯以及可以转动的走马灯，还有春联、福字，神祃、佛像、家谱挂轴，门神、门童、年画、缸鱼，修竹斋闷葫芦等，货色齐全，顾客多数是慕名专程而至。其中大部分是本地人，也有为趸货而来的山东、河北、河南等运河线上的老客，他们主要趸绒绢花、门神、年画、家谱挂轴、儿童玩具等，坐运河凌床子一天到沧州，两天到德州，三天到临清，虽然寒冷劳累，但这些地方的人喜爱天津货，确也有厚利可图。宫南北大街的年货摊，晴暖之日还有一批逛市场的人，他们各有所好，有的人看金鱼，有的人看灯，微风吹动的走马灯，一幅幅故事图，是人们欣赏议论的主题，那一出是当阳桥，这一幅是截江夺斗；有点儿文墨的人留意春联的墨宝和联语的意味；孩子们看玩具、花炮；妇女们注意的是窗花、吊钱和绒绢花。围观人最众的一处是修竹斋的摊儿，一个漆成棕色并画有金线的斗大闷葫芦模型挂在摊后的架子上，左右挂满了各种闷葫芦，摊前一片空场子，有人在表演，使出各种技巧，"嗡……嗡"之声一起，立刻围上三面人，抖、耍到了高潮，人们的兴致也进入高潮，这时也是卖货的最佳时机。"石头门坎"的素货也是这条街上的名产，过年要做素菜，包素饺子，人们不惜坐车、走远路来买这里的素帽、面筋、水面筋等，以示礼敬神佛的诚意。

较之今日的年货市场，旧时腊月间街头的年货摊无论商品的花色品种、质量和上市量，都相差甚远，但是在当时，它的确方便了消费者，也给贫民、小手工业者、季节性劳动者提供了"将本图利"的机会,赚个"年过活儿",暂时缓解一下生活的困苦,因而,千百年来传承不衰。

年画是我国民间艺术中的一枝奇葩,为人民群众所喜闻乐见。由于它的文化功能和人们的心理需要,它进入了我国民间年俗,成为过年时不可或缺的年货。

在旧时,四五十年以前,天津街头的年货摊群中,围观的人最多者莫过于年画摊。各处摊群虽都有年画摊,但十几个最大的年画摊都集中在旧城区西北角外的西大湾子大街。据当地老人们讲,清代杨柳青木板年画盛兴时,每年秋季陆续向各地发运订货,天津城厢的供货是临近年关时发送,无论是车载走南运河大堤、还是量少图快趁封河跑凌床子,西大湾子都是离城最近的繁华码头,且是走运河线进城的第一站,因此成为历史性的年画转发、零售中心地区,就是在30年代和40年代初,运河裁弯取直,不再经过此处,而且这时石印年画和"大美人"画——这些画都在市区内印刷,或由南方进货——已兴起,由于历史的原因,邻近各县农民仍到这里买货,所以直至抗战胜利后,西大湾子的年画市场始终兴盛不衰。

每届腊月初旬,这条街上与年货销售关系不大的作坊、店铺如打铁作坊、麻绳铺、车马具店等,都临时改卖年画。为了方便买主选择,卖画的把样品一张一张地夹在细麻绳上,由上向下分两层或三层挂满墙壁,空间大的铺面,两墙间钉上绳子两三道,也挂着画。这些年画因为生活气息浓厚寓意吉祥,深受人们喜爱。老人们说,辛亥革命前后一些年,杨柳青年画占据画摊,虽然着色较粗,但画面丰满,那些娃娃抱鱼,大过新年,红楼梦故事的大画(可能是指贡笺画)最受妇女喜爱,许多人家都贴在卧室的板墙上。画面热热闹闹,老太太也喜看,可是自己又难于到街上去买,只好让十几岁的孩子们代买,有女仆的人家,则让女仆去挑选。有的人家因男人有新的思想，反对在卧室内贴红红绿绿的东西，太太们只能忍痛割爱，把画贴到下房或供神佛的净室去。这个时期逛年画摊的人，以家庭主妇、女仆及未成年的男孩子为主，据说贴在卧室板门上的门心画如门童、天官赐福和贴在厨房水缸附近的缸鱼是不受排斥的，市面销售量较多，附近各县小批量趸货也多。

本世纪20年代，报纸石印年画兴起，天津富华石印局等几家的石印年画，因工本低廉畅销一时。实际这种年画绘画技艺不精、色彩不调合，印刷质量粗糙，套印时有偏差，最常见的是把妇女红樱唇套印在一侧的腮间，被人们讥为"小媳妇得了中风症"。但是，它的题材更加广泛，民间神话、小说、戏曲、社会新闻、讽刺寓言、大实话、歇后语、谜语等皆入画，在那缺少文化生活和艺术欣赏的年月里，已颇令人惊喜。

一年一度的年画摊为普通市民和青少年学生提供了质量不高，却总还称得上文化享受的机会。不少人形成了逛年画摊的习惯，人们仔细看，仔细挑，使年货市场更加热闹、拥挤。

逛年画市场对那些识字不多，但生活经验丰富的中老年人确是享受，他们边看画边议论，身旁的学生们听入了神。现在细想他们的话，即有历史的述说，又有人生道理的分析。说到高兴处，大家都认为好，你也买、我也买，再加上在旁听热闹的农民，一阵儿就可以销出四五张、六七张。四五十年代在津从事美术教学的一位老先生告诉笔者，在他的几位弟子中，就有从七八岁开始逛年画摊，照葫芦画瓢，对绘画产生兴趣，最后成为颇有名气的画家的。笔者的一位中学同学，逛年画摊专看戏剧画，注意听旁人的议论，不仅明白了许多戏剧的情节，还认识了画面标注的人名等生僻字，知道了许多演员的逸事、拿手剧目、演唱特点等，后来成了戏迷，读大学时是校内学生剧社的骨干。即以笔者而言，从逛年画摊中也受益匪浅。说来十分有趣：一是幼年时家中有古典小说数十种，木刻本的、扫叶山房等石印本的，大达、新文化等铅印本的，怕因此耽误功课，父兄不允许我翻阅，而我自己也因部头大、生字多，一时兴趣不太大，不让看就不看。可是，当我从年画摊上看到了《三打祝家庄》、《草船借箭》、《杜十娘怒沉百宝箱》、《羊角哀舍命全交》、《晴雯撕扇》等画面情节，产生了了解故事原委的愿望。从初中二年即十四岁时开始看《水浒传》，后来随着文化知识的增长，阅读能力提高了，理解收获多了，便培植了我对中国历史、中国文化的强烈兴趣。二是年画画面所描绘的民间年节惯例、人生仪礼、日常生活习俗，也使我由好奇而想问个究竟，最后走上了致力于文化学和民俗学之路。年画所引发的兴趣，竟而影响了一个人在学问和工作方面的取向，这不能不归功于年画所具有的教育功能。须知文艺都具备社会教育功能，而年画恰恰是一种活泼的艺术形式。

30年代末，天津出现了竖张的"大美人"年画，这种画无论技法、色彩、印刷质量，都比石印画强得多，以明快鲜艳、装饰性强，很快地抢占了大部分年画市场。但是，它只不过是仿当时歌后、舞后、影后的玻璃板印粉彩画，一人、二人，或立、或坐、或舞，画面单调，缺乏故事情节，对于注重精神品质的中国人来说，没有持久的吸引力。尽管它销售量一时间可能很高，逛年画摊的却少了，年画市场消沉了许多。日寇占领的后三四年和解放战争期间，大美人画被人们视同无物，没有多少买主，而石印年画在做最后的挣扎，粗制滥造，令人大倒胃口。

新中国的新年画题材好，生活气息浓郁，印制精良，历有年所的年画市场的吸引力遂获恢复。

天津的"年例儿"

作为社会风俗习尚的集中体现的年俗,包含特有的礼仪和禁忌,各地皆然,又都有自己的特色。

天津人过年有自己的"礼法"和"例儿"。

先说礼法,有对人的和对神佛祖先的。从某种意义上讲,天津旧时对神佛祖先的礼仪重于对人的,忙年的许多紧张操持如置办供品,都是为了礼敬神佛祖先的。譬如供品中面制塔形花糕有三尺、二尺、一尺半高的几种规格,要插满供花,点缀得花团锦簇;菩萨像前只能供三尺高的,低了就不合礼法。再如供品中的茶食糕点,全是专用的,什么"福喜字"、"银锭鱼"、"芙蓉糕"、"蜜供"等,质量或不高,但绝不能少,样式还有特殊规定,是专为祭神鬼的。香烛的使用也有讲究:菩萨像前供堆花油蜡,点藏香和大锭香;五大家像供雕花油蜡、点藏香;一般神像和祖先影像用描金红蜡。祭祀神佛有定时,提前和错过都是不敬,例如除夕的"上香"要在九时后,即亥时进行;"接全神下界"要在午夜十二时,焚香时磬声断续,鞭炮齐鸣;"送全神"在正月初一黎明,焚香行礼,毕恭毕敬,一如接时。旧时天津居民多经商人户,商人重利,礼敬财神,这"增福财神"是单独的神祃,另有神位,上香时一应供品香烛,也享一份香火。到了正月初二黎明,家家由老家长冠服焚香礼敬财神,其恭敬程度不亚于除夕的上香。此外,初三晚要用羊肉馅合子为财神上供。旧时店铺只供财神和灶王,对财神更是礼敬有加。正月初二一早的敬财神最为隆重,由掌柜主持,在店同仁依次行礼如仪,任何人懈怠不得。

这一切礼仪皆出于对神佛的敬畏,目的乃是求吉祛灾。

对人的礼法则简单得多。从形式上看,主要是严长幼之分。具体说来就是家中晚辈两次向长辈行祝贺礼:一是除夕午夜的辞岁,一是正月初一早晨的拜年,并扩展到向亲戚家长辈拜年。长辈赠给晚辈压岁钱,是为了增强亲情,密切家族和血亲关系。朋友、邻里间互相走访拜贺,起着加强人际关系的作用。此外,还流行致送红拜帖以联络友情。不过,这些看似以人伦为出发点的礼俗也隐含着封建商业的需求。亲朋互送年礼一项,出于人情的考虑而趋于模式化,流传至今。今昔不同者,旧时亲缘关系中女系主动向男系致送年礼,今则相反,男系向女系致送礼物,表现为一种新的亲缘关系定式。

谈到天津人的年"例儿",在概念上,部分的与文化学的禁忌相同,即避开自己所畏、所恶的事和物,也包括接触那些自己喜欢和对自己有利的事物。旧时天津年俗的"例儿"多种多样。

中国民间色彩尚红,天津人过年尤其重红色。举凡青年妇女衣饰鞋袜,室内的炕褥、桌帷椅套,门窗墙壁上贴的春联、福字、窗花,供品中的茶食糕点和苹果、蜡烛和供花,还有拜帖和名片,都要用红色的,偶有红色不鲜艳者也会被指为不妥。馒头、年糕是白色的,打上红点以改变素色。

天津人家庭观念强,过年一定要家庭成员团聚一堂,外出的人必千方百计赶回家中吃除夕晚饭的"团圆饺子",只有团圆才被认为是"福气"。

中国传统节日都有固定的节日食俗。除夕夜守岁时要吃年糕、元宵,以象征团圆,预祝来年生活步步高。另外,新年前三天的传统饭食,叫做"初一饺子(必为素馅的)、初二面、初三合子往家转(指煮时在沸汤中转动,谐赚音,赚回钱财之意)。"

此俗传承至今，多数人家仍遵循不变。上面说到的是年俗中人们从心理上承认的必做的几件事情。

在过年时有些事是人们深为避忌的，其中包括：一、忌摔碎器物，如出现此事，须随口说"岁岁（谐碎音）平安"以破此不吉；二、忌说不吉利的字眼，如"死"、"黄"（商店倒闭）、"穷"、"倒霉"等；三、不议论不吉利的事；四、从除夕开始忌别家女人进家门；五、除夕晚至正月初一天明止，已点亮的灯烛不能灭；六、除夕和初一忌扫地，非得扫除时则由门向里扫；七、忌穿孝服或守制之人来访；八、正月初五以前除压岁钱和赏钱（给仆人的）外，不作劳务和大额购物开支等。总之，忌讳直接、间接违反传统观念和破坏过年欢乐气氛的事物。

从这些可做的或忌做的"例儿"中，可以清楚看到以商业文明为底蕴的天津居民群体心态，但是它没有超出民族文化传承体系。

天津的消夏习俗

天津地处华北平原东北部,位于中纬度,暖温带季风环流影响显著。东面的渤海是个内海,又缺乏深度,属于浅海,因而海洋影响较弱。地区气候受季风影响,冬季寒冷干燥,夏季炎热多雨。再加天津城市人口集中,热源多,城市小气候平均要比郊县高出将近 2℃,形成热岛现象。为克服这种冬寒夏热的不利条件,天津人有一套冬温夏凉的生活措置和生活习俗,以减少因气候而造成的种种困难。此文专谈清代咸同时期至 20 世纪 30 年代天津城区居民的消夏习俗。

一

由于春季气温回升快,更由于热岛效应,天津人为消夏所做的准备工作动手早,涉及面广。大约在谷雨节后,城区及其附近的人家多把过冬花木,如石榴树、夹竹桃等,从室内移至院中。同时开始布置庭院,把冬日移存僻静处的荷花缸、青石板台子等重新摆放在院中适当位置;种一年生草本花如草茉莉、鸡冠花、凤仙花、薄荷、牵牛花等;院中浇花用水的缸开始蓄水。这些布置都为美化环境,缓和夏日因苦热造成的烦闷,为夏夜纳凉创造惬意的条件。

稍后一些日子,也就是立夏后,趁风小无雨天气,对房屋进行岁修,抹顶子,刷青灰水是为雨季防漏;还要泥墙缝、碱基缝、檐下椽子头缝等，以防蚊蝇、蝎子、壁虎等的栖留。

按民间一般习俗，雨水、春分之际，人家停止在炕灶烧水做饭，但天气尚凉，改用炉火或轻便行灶在屋内门口做饭、烧水，炉灶都需搬出搬进。立夏后天气骤热，人家多把炉灶移至院中做饭。但家家一口行灶或煤炉，热气蒸腾也相当厉害。其时所以用行灶，一是柴草比煤价便宜，二是做饭后即可熄火，减少热源，后一原因更为重要。至于煤炉也是饭后用湿煤灰封住，以减少热量的散发。如果是独户小院，再有个厦子间，可供做饭之用，则情况要好得多。富有之家，院子大，房屋多，有厨房，比露天做饭少一份日晒之苦，院中也没有炉火蒸腾之气，福气多了！

夏历四月下旬后，天气由热而大热，端午后趋于燥热，六七月进入雨季，俗话说的三伏天正跨此两月，湿热蒸腾，人们难以适应。既然无力控制天气，只有设法减少人为热源。譬如趁清晨凉爽，赶做午饭，或连带准备出晚间的主食和粥汤。这一段时期，往往是午饭有熟菜，午后苦热，晚饭菜品多用凉拌，常见的如黄瓜拌豆腐、黄瓜拌豆腐丝、煮咸鸡蛋、咸鸭蛋。天太热时为不生炉灶，有时干脆不做饭，主食买大饼或饸面馒头，副食则有豆浆、锅巴菜、老豆腐、豆腐脑、锅箅、煎饼果子等可供选择。晚饭副食则有炸鱼、炸虾、炸蚂蚱、炸卷圈、咸鸡蛋、咸鸭蛋、煎豆腐干、乌豆等，或者买有菜馅的熟食品，如馅饼、三鲜锅贴、羊肉回头、素包或煎素包等。汤粥则由饭后的纳凉茶水代替了，至于开水则是向所谓的水锅论壶买着用。因此，30年代以前清晨，特别是下午四五点钟后，走街串巷卖这些小吃的小贩特多，他们专做这暑天的灶前生意，为主顾创造温凉机会。

二

清代京津两地有"立了夏，把扇儿架"的俗谚。这说明立夏后，日照充分，白日气温较前一节气继续升高，只设法减少人为热源已不解决问题，还需要一些致凉措施，以降低小环境甚至只是个人身边的气温。首先是男人们外出时随带折扇，既可扇风取凉，日晒时又可用以遮阳（主要是遮掩面部）。

这节气中，一般人家开始撤去堂屋风门，改挂竹帘，如果气温偶尔变凉或起风，则可暂时关上槅扇门或板门。独间屋因风可直吹，房屋高且进深大的屋子因室内气温正合宜，都要晚十天半月的，这时约略到了小满节。

也就在这时，富有的人家开始在院中搭天棚，这时清晨的东照还不甚炎热，但是下午二时以后的西晒则确实够劲，届时可以把西屋屋檐上的卷棚放下来，遮住西晒的日光。东屋虽然黑暗了许多，但挡住了暴晒，降低了室内温度，人可以在室停留。普通人家无力搭大棚，有同院的人家也有困难，住东西两厢的人家只好自己在窗檐下搭一种小型的棚子或帐子，俗称雨吊搭，既遮阳也防雨。

芒种前后，家家都将卧室窗户的上半部窗棂纸改糊冷布，里面并排糊窄条纸卷帘，用斜十字形线网绷住，夜间可全部放下来，白日也可视风大小而卷起来透气。

芒种后，天气大热，有天棚人家，从这时起每早八时左右将东侧卷棚放下，再热可将几面卷棚都放下，中午日当顶时卷起以流通空气，下午二时左右再放下，三伏时须晚七时才能重新卷起，以便院内、屋内的热气快快散去。

就在搭天棚、糊卷帘的同时，人们家居还使用扇子，一般是蒲葵叶子做的蒲扇，富有之家闺中用团扇，间有用潮扇者，多系个人由闽粤带来。这时如有客人来，让座后，递上扇子，有的还要准备湿面巾供客人擦汗。

与用扇子同，人们在炕或床上铺用凉席、凉枕，有的用瓷枕，其中一种瓷猫还可灌凉水，谓可降头火。

夏至后，三伏天天气闷热难挨时，人们往往在午后买天然冰放在大木盆内，摆在屋当中，把门窗关上，让冰慢慢化，释放凉气，以降低室内气温。还可在冰块四周放瓜果，冰镇瓜果被认为是去暑佳品。等冰块全化，已到晚间，热蒸难挨之势自然缓和。

为了致凉，人们还想出了喝凉开水、凉绿豆汤、冰镇酸梅汤、冰镇红果酪，吃冰镇西瓜等方法，其中冰镇西瓜和冰镇梅汤都被称为消夏去暑上品，浓稠的果汁果肉甜香清凉，沁人齿牙。一二十年代有刨冰、冰球、冰镇汽水，20年代后又有了冰激凌，这后四种一般都是鲜果铺或小贩们卖，不卫生，讲究的人家不让孩子们买，尽量由家中自制。

为了去暑生津，药铺还卖一种冰糖梅苏丸，是一种降火生津的药，含有口中甜而生凉，无论男女老少都喜欢吃。一些药铺半卖半施舍，贫苦儿童在街头拾二三十个丢弃的杏核即可换回旧秤二两梅苏丸。20年代百货店、西药房卖虎牌万金油，后来又有了薄荷冰，这两种药都可在炎热时用来搽在太阳穴或人中处，顿生清凉之感，可稍解闷热头晕头涨之苦。

从撤去风门、用扇子到吃冰镇食品饮料、搽万金油，都是要在炎热中创造清凉环境和清凉感觉，以缓解暑热蒸腾之苦。一位老中医在40年代告诉笔者，在炎热中要去热生凉最好的办法是用温水擦拭身体，如不能一日多次，最少也要在睡前擦一次，笔者至今奉行。

三

我国北方春季短，夹衣穿不多久，就要改穿单衣，这时衣服颜色也由黑、蓝改成灰、浅蓝、白等浅色，俗称换季。热天人们衣服大致是一般人穿浅色布料，富有的人穿丝罗，颜色较布料多一些，其中纺绸且有带花纹者。夏历四月中旬后，一般人家家居可穿浅色单衣，中午后可穿白布坎肩。商人外出或站柜台必穿长衫，天再热时，可穿一种本色的麻布，俗称夏布。20世纪一二十年代有了针织品，青年商人贴身穿一种类似老头衫的针织上衣，名为汗褟，以替代坎肩，后来又有了针织背心。小商小贩可只穿灰布白布单短裌或坎肩。劳动者可穿短裌或坎肩，烈日下可光脊梁，但因事要进人家院内时，至少要穿上坎肩。

最苦的是一般人家的青年妇女，必须衣裤整齐，忍耐大热，只有午饭后休息时，在自己卧室内可敞开上衣大襟或脱下上衣，戴着兜肚凉快一阵，院内有人声即提心吊胆。40岁以上的中年妇女，家居可戴兜肚，穿坎肩；60岁以上老妇人，天大热时可在屋内光着上身，甚至可不戴兜肚。但后二者都忌同龄男人、长辈和尊贵亲友。

对于男人来说，夏日到亲友家时，现叫院门问题不大；如院门开着，不可直入，必先高声打招呼；如自己辈分低，虽可直入院内，也须低头，不能四处张望，更忌隔窗向屋内望；到屋门口要隔帘打招呼，侯里面让进去时才能掀帘进屋。为防这种突然来人，妇女们都把脱下的上衣放在身边，以免张皇。

至于儿童，贫苦人家的男孩夏日可赤身在街头玩耍，七八岁也无妨碍；女孩四五岁者可穿短裤，开裆者也可。一般商人家男孩四五岁者在自家院内可赤身玩耍，或戴一大的红布兜肚，稍长者必穿短裤，出院门要穿坎肩；女孩三四岁者须穿短裤、坎肩。富人家两三岁男孩偶尔赤身，往往是为大人取乐，在屋内可戴绸的大兜肚，出屋或出院时则穿一种细布或丝绸的兜肚裤；女孩则须从小穿丝绸料的兜肚裤，无论男女孩，四岁后必穿短裤、短褂。清代以来，戴锁信仰沿袭至一二十年代，男孩往往要穿一种有大襟的短袄，天蓝色加黑宽边，一般人家男孩如戴锁也有穿此服装的，在信仰面前，也就不顾天气炎热了。

小商贩或劳力者在烈日下行走、操作，要戴帽子遮阳，在草帽辫兴起前，人们用的是由秫秸皮或马鞭草编的蘑菇头式草帽。商人们仍戴六块瓦的帽翅，唯用料则里面改用藤皮大网眼帽碗做胎，面用细网眼黑麻纱做成，只通风散头热，脸部须仗手举折扇来遮挡暴晒。

夏日雨水多，家家要准备雨具，雨衣是白布做成，外面刷桐油。有对襟长衫式和对襟褂套裤式两种，后者是为便于操作而设。雨伞也是白布刷桐油做成。雨伞都是买来的，雨衣可家做。雨鞋称作油靴，一般是由自家做高鞡鞋帮和厚布底，请鞋匠绱好，靴底钉钉头大而高起的铁钉若干个，然后外面刷桐油。这几件东西都怕折叠、怕热，平时须舒展地挂在通风处。且每年春夏之际须刷一次油。20 年代有了橡皮布的雨衣，有了胶皮雨鞋，但价钱很贵，一般人家买不起。

四

20 年代前，城区内外空地多，低洼潮湿，处处垃圾污水，容易滋生蚊蝇及各种害虫。夏日越是炎热，蚊蝇越多，门窗的挂帘子、糊冷布都是为防蚊蝇进入屋内扰人、叮人。在当时条件下，只能用笨法子驱赶或消灭这些害虫。最简单的就是用蝇拍打苍蝇，用手拍蚊子。民国初年从南方传来苍蝇瓶子，20年代末又有了略带甜味的黏性苍蝇纸，效果比拍打好，但都要隔一定时间才能倒掉或更换，哪怕是一天一次，未倒前，多少死苍蝇在眼前，也是令人生厌的。

幼儿白日睡觉时，一般人家是妈妈或奶奶在旁用扇子驱赶蚊蝇，同时起生凉的作用。富有的人家深房大屋，整洁清凉，蚊蝇已少，小孩午后睡觉时，再用竹胎糊冷布制成的随身倒罩住，确实能安稳熟睡。只是这种变形的蚊帐太小、太单薄，不适于大人用。

旧式房屋多设通炕，不宜于用大蚊帐，得另想防蚊办法。天津人彼时的办法是：一、每晚室内渐暗时，打开帘子，支起吊窗，人在屋用扇子扑打驱赶蚊蝇向院中飞，然后关上窗户，放下竹帘，少出入，禁点灯。二、燃烧艾草、蒿草，用有药味的烟熏把蚊蝇驱出室外。这本是在野外使用的办法，在人丛中在屋内用，阵阵浓烟于人于物不尽有利。三、点蚊香，这是一二十年代由国外传入的，当时最有名的是日本猴牌蚊香，点燃后关上门窗，俟燃烧七八成后开门流通一阵，才能入睡。

蚊虫叮人，刺痒难挨，30年代前的旧法是醋泡白矾块，蚊叮后，用汁液搽痒处，可稍解痛痒，效果不是太好，糊弄小儿还是可以的。倒是走江湖的人们用碱水搽痒处的法子效果好。

最顽固难治且最猖獗的莫过于臭虫。为了消灭臭虫，开春后多数人家要折腾炕上的席和棉褥，敲打，开水烫，用针挑墙缝、板墙缝等，很费一番力气，以为收效不小，但它很快就繁殖开来，弄得人要夜夜起来逮臭虫，它爬得快，见到时不论何处只有一指头按死，因此，臭虫多的人家炕头墙围子夏日总是血迹斑斑，十分显眼。一二十年代有了除虫菊做的臭虫药，最有名的也是日本猴牌的，人家把它吹撒在炕席上和炕上家具的边缝处，但也不能根治。因此夜间起来点灯打蚊子、逮臭虫仍是常事。

30年代前,城区土房多,老房多,低洼污秽,各种虫类极易繁生,沿河的居住区几乎蝎子、蜈蚣、钱串子、壁虎丛生。前三者于人有害,壁虎虽是益虫但也令人厌恶,人们见了这些东西就要消灭它。譬如南运河沿岸的人家就有夏日晚间挑灯在院内、街头逮蝎子的习俗,以免蜇人,实际是遇到什么虫子都消灭,往往是一小队人刚过,另一小队人继至,且都有战果,可见害虫之多了。

为了免受虫害,有几种禁忌是大家都遵行的:夜晚不光脚板走路;夜晚走路不扶墙,不倚门框,不倚墙;夜间下地穿鞋要用灯照照鞋内,磕打一下,晨起穿鞋前也要看看,磕打磕打。

五

暑天整日炎热,晚间气温下降,人们总是要在晚饭后乘凉休息。院子大的人家,凳子、板凳儿、躺椅都摆在院中青石板台子周围,喝茶聊天,老奶奶给孙男女讲故事,讲牛郎织女的传说。这种消夏方式往往是大人孩子都受益,增广见闻、认识世界的好机会。三伏天还有卖崩豆、小萝卜、落花生的,喝茶吃着萝卜,如果再吹来微风,偶闻花香,则一天的炎热都忘,真够人享受一番的,唯一不能尽如人意的是蚊子的细小鸣声不断袭来。

更多人家则是男人们带着扇子、板凳儿,宜兴壶碗盛着茶水,聚集街头空旷处,天南海北地聊,男孩子们也围在四周听,也长好多知识,也学歪门道。各家妇女则坐在自家屋门前,稍稍休息,缓和一下整日的劳累,不管有否凉风,反正"心静自然凉"了。

三伏天,晚间也闷热,独间屋住三四口人热得难熬,男人们往往带着男孩子,用两块木板,一床棉被,睡在院中或街巷。须说明的是这种人绝大多数是胆量、力气都大的劳力者,而且几个相约距离不远,庶可相互照顾。

六

介绍了上述几大类风俗后,还想到几件小事分别略述于下:一是夏日饭菜有时上午做成至晚间已变质,多数原因是苍蝇作怪,为此,手艺人用竹篾和冷布做成一种纱罩,可把盛有饭菜的碟碗、竹浅等罩住,但只能挡住蝇子,却不能防止落尘和炎热,食物仍然会变质发馊。但它比较便宜,用坏后可自家更换冷布,所以一般人家都要准备几个,用几次还要刷一刷,秋后擦在一起,用纸包好,以便转年再用。二是富有人家,夏天使用一种约二尺见方、深一尺半左右的木制冰箱,内壁钉薄铁皮,用时买冰块放在当中,要冰镇的东西可放在冰的四周,怕水泡的可放盆内,架在冰上,这是我国人民制出的最早冰箱。前面提到的冰镇瓜果、冰镇酸梅汤都要用它,效果比把冰放在木盆内要好得多。三是夏日阳光下苦热多汗,劳力者须随时喝水,慈善机构(清末民初主要是盐商组成)在街头适当地点设大缸,施舍茶水。个别富商还在三伏天于家门口或店旁舍绿豆汤,每日定时定量,舍完为止。四是一些药铺施舍暑药,包括中暑、痢疾、疟疾等几种常用的中草药。这些施舍都是基于一种信仰心愿而做的,有人是只舍一年,有的人是许舍几年的心愿,到时必舍,表面看是个人行事,但这家不舍那家舍,年年有人操持有人舍,于是成为社会习俗,为众人所称道。

原载《天津史志》1994年第2期,
收入本书时标题略有改动

旧时津城秋日生活

"立了秋,把扇儿丢"。实际天津的初秋天气,只是早晨和晚间稍见凉爽,上午十时后到晚六七点钟前这一段时间仍是较热的,因而民间有汆汆天之称,午间热的时候还是得用扇子的。但是,一些头面人物和读书人在某些重要场合,即或较热也不便用扇子,因为那样未免显得心浮气躁、没有涵养,不是有句俗谚"心静自然凉"吗!

炎热难挨的二伏中,人们外出时穿夏布袍褂,立秋后人们慢慢卸却夏布或葛布衣服,恢复初夏时的纺绸或罗的袍褂,只是这一段时间气候变化较快,所以穿的时间不如夏初那一阵长。至于中下阶层的人们就没有这些讲究了。

中元节是立秋后第一个民间节日,天津旧俗寺庙要设坛做盂兰盆法会。民间则下洼为先人祭扫,西门外、北门外、去八里台的路上尽是下洼的行人车辆,沿途的店铺、住户在门前设桌凳茶水,供下洼者歇脚,还有人为行人递水,这被视为善举。而平素极少外出的妇女,特别是那些中等人家的妇女,在下午三点钟左右,当下洼男女老幼回程时都来到门首看热闹,而年岁大一些的老太太会和在自家门前歇脚的妇女聊聊下洼的所见所闻。下洼的妇女多属劳动阶层,平日比较开通,歇脚时多找那些有老太太看热闹的住家门口,坐一坐,喝点水,甚至吃点东西。

这一天,近郊农民也趁机把没长穗或穗子不好的高粱棵子砍下当做甘蔗卖,换个现钱用。下洼的人们十之七八买几棵带回家给孩子吃,实际只是嚼一点微甜的水,吐一地渣滓而已。

盂兰盆会的真正热闹处在各处濒河地方的烧法船或晚间月上后的放河灯。据老人们讲,清同治前,南门东的水月庵(今南马路法院以北一带)是城区烧法船、放河灯的地方;辛亥前后则又有紫竹林和大直沽东南一点的洋蛮子义地(正名为闽粤山庄)两处的盂兰盆会,尤以后者为最盛。除当日法事外,还要演戏两天,结彩设摆,锣鼓喧天,显然不只是建醮超拔孤鬼游魂,也兼有借机娱人之意。中元节习俗由来已久,自1937年夏日寇侵占天津后,此节日各种民间活动遂骤然而止,虽有好事者操持,也未再重兴,遂失传承。

立秋后,雨水渐少,人们既关心今年的收成,又关心秋种条件的好坏。不知从什么时候开始,更不知根据什么道理,硬要以八月初一的有雨与否来预测今后八九个月间的降雨雪情况,民间俗谚"八月初一下一阵,旱到明年五月尽"。

八月十五是民间三大节日之一的中秋节,是商人卖货赚钱的好机会,且天津人习于繁华热闹,因而天津城市中秋节节俗仅次于春节节俗,其热闹程度较端午节要高出好多。其活动情形笔者曾在《天津史志》有专文论及,这里不再赘述。但中秋节俗月饼占有重要地位,这里就天津人最近四五十年买月饼的习俗变化记上一笔。旧时天津流行的月饼只提浆、麻饼、翻毛和家常烙这几种。提浆、麻饼的馅子早已定型,糖和小料而已,只是提浆月饼有大至两斤一个的,为上供专用。20世纪20年代末在英法租界内的南味店聘南方糕点师傅制作咸馅的如火腿馅的广东月饼,供江浙闽粤人购买。天津土著和北方人对咸味、肉馅月饼持否定态度,坚决不吃、不买,本地传统的糕点店也不做。吃咸月饼的人少,南味店月饼生意受影响,后来有了甜馅如莲蓉、豆蓉、五仁的广东月饼,在天津人中的销路稍见打开,但也只限于住在租界内的开通人家，住在"中国地"的绝大多数人仍然不买。抗战胜利后出现了用纸包着的改良月饼，但也只是南味店制作和出售。经二十多年的徘徊，大约是70年代，广东月饼和改良月饼开始进入专生产北方传统茶食糕点的厂家，不过他们很少生产咸味的月饼。80年代先是生硬的麻饼逐渐被淘汰，继而提浆月饼的销路也日蹙。80年代末90年代初，月饼市场已成南方月饼的天下，近年又有广东月饼独占之势。从表面看，消费者的好恶在起作用，实际是商家追求暴利，一哄而起，七八元一斤，数十元一斤强加于消费者，其不能持久形成传承是可想而知的。

中秋节前后一段长时期内，秋高气爽，是秋游的好时机。首先是官僚富商的子弟们，其次是年轻的读书人，三五友好相约出游。他们体力好，行动无拘无束，虽选有目的地，或车马或徒步，途中也可任性游乐。至于那盐商和致仕官僚组成的士绅集团成员们的出游，就不像青年子弟们那样简单，他们讲排场，事先要多方准备，届时车马仆役兴师动众。他们一般中途不留连，直奔约定的游乐地点，诗酒唱和或挥毫点染，各逞佳作，有的人不羁拘士行，高兴之余唱一支散曲，使游乐达到高潮，尽兴而返。据老人们说，津郊出游的地点，清光绪前有芥园、大觉庵花厂、丁字沽、大悲院、海光寺、皇船坞、挂甲寺；清末民初又有了李公楼、李家花园、荣园（今人民公园）、种植园等，最远者则是姜家井的福寿宫；一二十年代又有了青龙潭和童楼（今称佟楼）一带的私人别墅花园数处。这些去处有的可凭吊旧迹，有的可观景赏花，有的秋水芦荻可得野趣，而几处禅院可以青灯礼佛、身心俱净。妇女们可以借中元节下洼或九月九登高、攒斗进香的机会，离开家门到外边散逛一番。最与郊游无缘的是商店中的中小职务的同仁，他们一年三百六十天，没有几天可以离开柜台。

八月二十七是孔子诞辰，旧俗民间向有祭祀活动。这一天家馆和私塾都放假,由塾师领学生酒胙香烛拜祭,家馆教师则由主家酒食款待,地方士绅则祭于孔庙。新制学校出现后,诞祭取消,唯偏远所在的私塾至40年代仍行祭礼。今则无人知此礼俗矣。

九月初九是重阳节,此日民间兴登高、吃糕。道教庵观则祭北斗、攒斗。旧俗登高之处,各文献记载多为三岔河口的玉皇阁,实际在庚子前,城墙、鼓楼,还有几个过街阁都是居民登高应节的去处。至于吃糕也是图吉利,平日糕的品种只是切糕、蜂糕数种,一到此日,凡名称带有"糕"字的小食品都出现街头。什么小年糕、糖糕、丝糕(有枣的或豆馅的),还有纯是儿童小食品的京糕和喇嘛糕,满街叫卖。仅切糕就有江米的、黄米的、江米面的、黄米面的四种,论馅则有枣的、豆馅的,豆馅又有夹在两层米糕中的和卷在黏面皮中的六七种供人们选购。义和团反帝战争失败后城墙被拆,废庙兴学后,玉皇阁改为小学,居民登高去处大为减少,过街阁只是所在地附近居民登临而已,鼓楼遂成众人登高的集中点,楼上的香火兴盛两三日。30年代旧城区中等以上生活水平家庭的中青年妇女借口登高,到中原公司(今百货大楼)或天祥商场的屋顶花园游逛或买百货商品。九月九登高风俗在天津逐渐淡化,至50年代初已很少有人登高了。至于道观攒斗会在同治、光绪年间盛极一时,是和一些富商,主要是大盐商及其子弟热衷于在水月庵做北斗会有关。他们出香资攒斗,香塔越大越高越好,他们甚至身披道装坐坛礼北斗,水月庵因此而成为九月庙会的胜地。盐商倡于前,遂有各街首户及好事者效尤于后,城内外各道观都组织北斗会,年年攒斗。九月九攒斗在民间来说是除春节烧香拜神佛之外的最大的迷信活动,主要表现在各街区的道教庙都开庙门,至少三五天,处处香烟缭绕。老百姓烧香、礼拜,还要撂香钱,全是为了求吉祥、求顺遂。九月九的全城庙会一直兴盛到40年代初，以后逐渐消沉，新中国成立后消失。

九月十七也是秋季的一个重要日子。这一天，天津人有两件事要做。一是为财神爷做生日；二是卸下堂屋的竹帘子，安上风门。民间传说九月十七是财神生日，各商号和资本家都要举行祭祀活动。一般是上午供神祃、香烛，供品有鸡、羊、酒、糕点、鲜果，由家主或掌柜主祭，其余人轮流叩首拜祷，祈求财源茂盛。午间家家必食捞面。下午店铺开始联欢活动，晚间多举行宴会。饭后店铺要在门前奏锣鼓音乐，演唱戏曲。是中青年商人尽情欢乐的好时机。群众围观，子夜始稍稍散去。据老人们讲，庚子前，北门里、北门外、估衣街、宫南北街各大商号有张灯结彩、放鞭炮者，其热闹程度仅次于灯节，不亚于除夕。九月十七的节序处于霜降后、立冬前，天气已甚凉，居民屋门虽还挂着竹帘，但为防凉风吹入，多数人家白日出入就要关槅扇门（或板门）。为防立冬后的北风，至迟在这一天一定要装上风门，谚云"九月十七换风门"。与换风门同时，卧室窗户的卷帘也要改糊成气眼窗户，这是居民在调北风前提前做好防寒准备，它是好的习俗。

秋日民间有两件可供闲暇消遣的事，一是养蟋蟀，二是养菊花。秋虫有多种，养蟋蟀除听叫声外还可观斗；至于下圈，那是赌博，既不得悠闲自娱，也不是良俗。养秋虫听叫，一般养油葫芦或金铃儿。油葫芦鸣声大，嘟噜噜，嘟噜噜，如关西大汉放声高唱，清脆悦耳。金铃儿体小，用有玻璃的金属小盒喂养，鸣声虽小，夜间置于枕旁，声如远寺檐铃，引人遐想。养秋虫有很多讲究：蛐蛐罐、笼、盒讲精致名品，饲养要了解习性，要根据节序变换食料，立冬前后须增补调护，天太凉则须日晒。这些讲求非有闲有钱者办不来，民间一年一度养一阵听叫声而已，没有这些讲究。

秋日第二种自娱消遣就是养菊、赏菊。菊花的花期较长，且在百花谢后庭院日渐凄清时有它点缀小阳春景色，故而得人喜爱。旧时深宅大院中秋后要摆菊花，就是独门小院也要买几盆来为小院增辉，因此大觉庵一带花厂，以养菊为大宗业务。民间养菊习俗使公园和某些机构都养菊并举行菊展。二三十年代，中山公园和南开学校的菊展，争奇斗艳，倾城来观，成为津门一大盛事，终因七七事变两地被日军破坏而未得传承下来。近年因商潮冲击，人们无暇顾及，故虽有的单位积极组织菊展，都因冷落而草草收场，第二年难以继续，形不成习俗传承。

天津是河海水产两旺的渔乡，鱼虾蟹是四时不断的美味。提到蟹类，春有海蟹，秋有河蟹，实是两绝。入秋后以河蟹为当令佳肴，天津所产河蟹个大、鲜肥，崔旭《津门百咏》早有"紫蟹团脐出直沽"的赞誉。天津人秋日吃河蟹以顶盖肥为最好，尤以九月的紫蟹最珍贵。这时菊花盛开，将它投入菊花锅中，鲜美自不待言。一二十年代盛行五加皮药酒，秋日吃河蟹一般人兴饮直沽高粱酒，富足的人家还要喝五加皮酒以滋阴利湿。40年代五加皮酒渐少，50年代已不再见。河蟹盛销之时有些人买小而肥者，洗净后用烧酒泡制，名为醉蟹，待蟹季过后，雪花纷飞时，约三五好友，一壶烧刀，几只醉蟹，则别是一番风味。

原载《天津史志》1995年第1期

旧时天津饮食行业

我国传统社会对社会经济和产业结构有着不科学而随意性极大的说法，它就是至今人人熟知的三百六十行。

提到三百六十行，它是个历史的名词。先说行。最早货物交易是在市中进行，其形式类似后来的赶集。依据《史记·平准书》和《汉书·食货志》的记载推测，西汉初年，都邑中已有经常营业的店铺，谓之"列肆"。后来，不知是什么时候，凡出售同一类货物的店铺都集中在一个区域内，组成行。行的组织最初是便于封建地方官府向店铺征收赋税的，故设行头一人，估计会是官府指派的。顺便说明，据《周礼·地官·肆长》贾公彦疏"使之检校一肆之事，若今行头者也"一段文字看，行头之设当在贾公彦注疏《周礼》之前，行的兴起亦当与之相同时，估计可能在唐初或隋代，此系笔者妄测，希方家指正。因列肆分行而集中，遂使手工业和商业有了以行分类的叫法，这就是行这一名称的来历。后来，行会、行当、行家、同行、外行、商行等词都由此衍生。

再说究竟有多少行。清代人徐松在考订精审的《唐两京城坊考》中说，唐代长安东西二市各有行业种类二百二十行，洛阳有一百二十行。元人关汉卿在杂剧《金线池》第一折中说是一百二十行。近人徐珂编辑的《清稗类钞·农商类·三十六行》中说："三十六行者，种种职业也。就其分工而约计之，曰三十六行；倍之，则为七十二行；十之，则为三百六十行，皆就成数而言。"

我们见到三十六行、七十二行、一百二十行、二百二十行、三百六十行等五种说法。现在，人们常说的只是三百六十行这一泛指之数。据明人田汝成《西湖游览志余》所记，三百六十行之说始于明代，至今已五六百年。

不同时代，不同地区因经济发展水平的差异，行业分工有多有少。这是自然之理，不说自明。自明代以来直至今日尽云三百六十行，从未见过详尽准确的调查统计。只听说北京市30年代中和新中国成立初有过两次调查，前一次归纳为一百六十余行，后一次是二百一十几行（估计这里已包括了现代工业各行）。这两次统计数字都与明清以来所说的三百六十行有不小的距离。三百六十行实际是指除农业生产外，城镇人口的各种谋生之道，它包括手工业、商业和服务行业。20世纪50年代，北京市的行业分工尚不及封建社会行业分工那样细密，这是不合道理的。那么问题出在哪里？笔者以为，以小农经济为基础的封建社会行业分工绝不会达到三百六十行，所以有这种说法，只是由于民间习于用成数或成数的倍数来泛指。三、六、九是民间常用的成数，这里用的是"六"这一成数。三十六、七十二、一百二十、三百六十都是六的倍数，反映的是不同时代、不同地区的分工程度，随意性极大，不足为据。

传统社会对城镇工商行业的划分是按其活动的民俗情景来区分的。譬如，40年代前，天津的豆腐房早晨九点钟前在店内煮着大锅卖豆浆（一般都加点过的嫩豆腐）和老豆腐（一种咸卤煮嫩豆腐）；九十点钟以后，开始卖供副食用的块豆腐；下午三点钟以后，开始卖酱油盐水煮的豆丝。另外，伙计们兵分多路，担一暖缸嫩豆腐和各种麻辣作料上街叫卖的，这种叫卖豆腐脑的；担一小火炉，铛煎薄豆腐片佐以蒜泥麻酱卤的，则叫做卖煎豆腐干的；还有挎篮子或挑圆笼上街卖豆腐丝的。大豆浸泡后磨成浆，经过不同加工，在不同时间、地点，佐以不同调料，产生不同味道，给食客以各不相同的享受。也就是这同一批人，上午是豆腐房伙计，下午则分别成为不同行当的从业者。据此，我们可以说行业是以所售卖货物来划分的。在后文介绍各行业生产售卖状况时，将会涉及它们各自独具的民俗情景。

旧社会，在天津有一批贫民没有正式职业，也不会任何手艺，只是售卖应时上市瓜菜鱼鲜、小食品等，或是凭年轻力壮在街巷间做些公众性的服务。这样，他一人可以身兼多种行当，青菜行、瓜行、鲜货行、卖鱼的、卖崩豆萝卜的、卖烤山芋的、打更下夜的，等等。一人因不同时间卖不同货色，就另成一行，一年四季屡屡改行，实际是身兼多行。这是三百六十行的一大特点。

旧社会，天津城郊附近走街巷、串乡村的货郎一般或推车或挑箱子、圆笼，所带货色包括针线用品、小件装饰品、化妆用品等，旧俗称之为货郎子，这是一行。可是另有挎提盒装各种瓶罐，走城郊、串乡村卖头油、刨花儿等一两种化妆用品的，所卖物品只是货郎车上一大类中的一两种，虽属货郎行业范围之内，民间则称之为卖头油的、卖粘刨花儿的，这样他们就各成一行。这种把货郎一行化整为零的情况是一方面。反之集各行于一身另成一行业的也为数不少，其中广货铺儿和杂铺儿最典型。三百六十行或分或合皆可另成一行，这应该说也是它的又一特点。

天津地处华北，居民除回民外，绝大多数是汉民。但在旧时代交通尚称方便，南北人流、物流进出天津，遂使天津居民日常衣食习俗丰富多彩，具有情趣，形成特色。天津工商各行当的技艺和商品也深刻反映了天津人求好、求入时的消费心理。需要说明的是，30年代前，天津工商各行当方方面面的地方风格特色是十分强固的。譬如市井出售的饮食小吃几乎尽属北方饮食系统：天津人不吃粢饭团，没有阳春面、麻辣面；没有肉馅粽子、宁波元宵，居津南方人想吃这些东西，都得自家做；至于月饼，则只专卖南味食品的稻香村有售，土著居民极少问津者。

粮行

此行须有雄厚的本钱。既要派有经验的人到附近各省和东北坐庄收购粮食，又要天天有人到内河粮码头随时了解行情，收购来货。本柜（即店铺所在地）则根据行情向米面庄做批发。外庄收购粮食到津，除预售者随即发给商家外，一般先存入斗店。粮食是大宗消费品，不易积压，因资金周转快、营销量大，粮行成为富有的行业。所以早在杨无怪的《天津论》中就有"其次粮字号买手最吉祥"的说法。

斗店

即代客户暂存待售粮食的货栈。它一需场地、仓库，二需地点适中，车辆进出方便。天津旧时几个大斗店都门临大河，怡和斗店在西大湾子，同孚新斗店在茶店口，都在南运河边，便于卸货和转发。斗店进出量的多寡决定行情涨落，所以粮行和大米面庄的走街（即供销人员）要常常到斗店了解情况，首先是行情。斗店大同仁能看粮食质量，定价格；中小同事则过秤记账。最多的则是搬运工，有的是把口脚行驻场操作。

米面庄

此行是零售业。大型的，前面是门市部，门面房要大要高，迎门的是散装米面杂粮的箱子和簸箩，后面设账桌，有专人收款，沿后墙堆面垛和粮包（后院有库房的，门市也要尽量多堆放，以示店铺实力）。后院要设磨房或舂米房，以便本店自做加工，这样可直接进原粮，利润更高些，且可向小型米面铺发售现成米面或代加工。小型米面庄民间一般叫做面铺子，门市一般和大店一样，后院没有磨房，甚至没有库房，买进的都是现成米面杂粮，做贫民小户的论斤、论升的小生意。

切面铺

在切面机传入前，天津人吃捞面都是自家做，擀面后刀切，故称切面，需要量大则用饸饹床轧。开埠后切面机由南方传来，遂出现切面铺一行，专门出售轧制的圆条切面。30年代初，切面铺每日上午轧一定数量面条后就不再轧，买主往往碰壁，需要量大者须事先预订。切面铺出现后，饸饹床渐于绝迹。

大饼铺

天津人习俗，凉水和面粉称为死面。大饼铺是专卖铛烙死面饼的熟食店，门面和设备很简单：一副大面案子，一个砖台，摆和面大缸盆子（即大缸瓦釉盆）一、炉台一、大圆木墩一；擀面杖要细要直，刀要重。面和好后，醒是关键，饼剂子有油、面之分（即剂子擀层时或用油或用干面）。擀饼剂子要薄，要大而圆，擀成后因其稍有回缩，必对半挂在面杖上稍稍一控，很快地掷入铛内，随手垫汤布使饼在铛上转动一两次。从擀饼剂子到转动饼这一连串动作都要做得干脆俏皮，有时还用面杖在案板上轻敲鼓点，看似工作不认真，实则是缓解操作疲劳的良方。旧时代商号对店员、徒工供给三餐（俗语"管饭"），而一般商店往往只雇一二做副食的厨工，主食或叫店员帮厨操作，或则向固定的大饼铺、馒头铺每日早早预订，所以大饼铺是整日忙碌中，特别是炎夏，居民家晚餐也往往买着吃，大饼、馒头的销量增加，烙饼任务大，整天可以听到清脆的敲击面案声。尤值一提者，旧时代本地人干此生意者不拘回、汉民，其分层法多为刷油，此种油实为油和温水的混合物，水多油少，充分搅匀，擀剂子时用毛刷蘸此油水均匀刷于面上，并撒些细盐粉，烙熟后别有香味，就是放陈后烤一烤吃，也引人食欲。外省人在津操此业者，擀层多用面醭，此种面剂子要和得硬一些，吃时才有筋道感，也受一部分人欢迎。为求毫厘之利，从 30 年代起刷水之法兴，加大水分，免了油，省了面，近二三十年又免去盐，今日大饼铺是最简单省力而其利不菲的行当了。

馒头铺

这是专卖发面类主食的加工店铺。其设备和大饼铺相近，它不用大铛而用大蒸锅和多层笼屉，它不用切饼的圆木墩子。多数馒头铺都是卖纯发面馒头和千层饼的，只个别店铺卖一种硬的戗面馒头。发面馒头首先是要有发酵力很好的"老肥"；其次是擩碱适中，蒸锅水要滚开，但笼屉和屉布不能过热，馒头上屉前，屉布须洇水；蒸物八成熟时，将一小盅硫黄点燃放入屉内，这是面食增白的一种方法，民间多在过春节时仿效之，称作"薰龙黄"。馒头铺一般只蒸少量千层饼，以应门市。千层饼剂子刷油水，撒盐粉，擀成长圆形，拦腰切断，使成马蹄铁形。馒头铺除门市零售外，还向串街小贩转发。戗面馒头是山东人传来的，面发酵后，先擩碱除酸，然后大量加入干面，此活儿多是年轻力壮者从事，即所谓戗面。揉面时须两个青年人操作，一人翻动大面坨子，一人轧杠子，纯是个力气活儿。此种馒头干硬有咬劲（即耐咀嚼），且咀嚼时伴有糖化过程，另有一番滋味。据传旧时山东人远行，自备干粮即用此物或枣锅饼。馒头铺幌子是一像中国船锚式的铁叉子，叉尖插四个木头旋的馒头模型，叉子下方悬一挂红布条。小贩的挎篮也挂此种幌子。馒头放在白布棉包中，防尘保暖。卖发面馒头的，只吆喝"馒头——"，卖戗面者，吆喝"戗面（高声）馒头——"。

蒸食铺

津俗蒸食尽属有甜馅的发面蒸作食品，包括豆馅的、糖馅的、夹小枣的，分别称作豆篓儿、糖包、枣卷等。蒸食一般不作为主食。旧时每日晨间销量最大，午后四时和晚九时后都有小贩走街串巷卖热蒸食。蒸食铺与馒头铺可以一业为主，兼营他业。二者相较，蒸食铺兼做馒头、千层饼者多；馒头铺偶尔做糖馒头、枣卷，很少蒸豆篓儿，因须另加许多工序，且馒头铺以商号为主要销路，主顾固定，销量有常，就不再多求了。蒸食铺一行，津俗多为回民所从事。回民经营者都在铺户门口悬挂汤牌作为标志。从铺中趸货的小贩也在提盒的提梁上挂汤牌。蒸食铺还做应节生意，如端午的糖面粽子；春节有人家论百斤的订货，以花糕、各种馅蒸食为主；平日则应贺寿的馅寿桃生意。后两项生意新中国成立后消失了。

锅饼铺

锅饼和饸面馒头一样，都属单纯面粉制的压缩干粮。传说也源自山东农村（当地称锅盔），随运河船运传入天津，传入时间已不可考。生面发酵后，加适量碱水除酸，然后大量揉入干生面，双手揉不动时，辅以木杠轧。锅饼直径约市尺二尺，厚市尺二寸左右。有两种，一种是加椒盐的，一种是加红枣的。枣要小而有肉，忌厚皮而空的铃铛枣。枣的密度很大，向硬面中加这么多的枣，且上下表层不能露太多的枣。同时，虽须大力揉动，但红枣不能变形，这方面的技术据传是秘不示人的。锅饼的烙制是个慢工活，火力不能弱，但不可烙煳，更不能有不熟之处。锅饼一般都切成等腰三角形，底边即是周圈，论斤约着卖。30年代前，天津人兴吃枣锅饼，叫做"慢慢磨牙"。但是烙锅饼的没有天津本地人，而是德州人居多，北门东路北一家德州锅饼铺最出名。锅饼条约一寸多宽一尺多长，是旧时农村远行人的口粮。日寇占领时天津城市粮荒，跑单帮人把它从山东贩到天津，下火车后即在西站一带荒凉处出售，以躲日伪军警的抓捕。因其干硬易于保存，买的人很多，以防不时之需。胜利后，情况变了，锅饼条没在天津扎下根。

烧饼铺

在天津常见到的烧饼品种不下七八种。旧时，天津人所说的烧饼主要指芝麻烧饼和油酥烧饼，这二者在商号或知近亲友便餐中可以上饭桌，在喜寿席上也可做添补主食之用，所以销量大，是好生意。芝麻烧饼是温水和面，稍软一些，还要醒好。一大块面剂子擀开后，抹用油稀释的芝麻酱，撒少量盐末，尔后卷五六层或三四层，再分成若干小剂子（各铺子大块面是有固定重量的，分小剂子各有定数），擀剂子不用干面，上面沾芝麻后，上矮沿平底锅烙至六七分熟，用铁夹子分个放入炉腔火堆旁，烤至两面见黄嘎儿即可出炉。但不能过火烤煳，烤煳的丢在一边留自己吃，不能卖。顾客急需时稍煳的可搭着卖，说句客气话，太煳的要减价。40年代前，各铺户烧饼剂子大小虽然有大小之分，售价却都一致，差就差在用料上了：剂子小但麻酱浓，有五香面，擀层薄，烤熟后略带咸味的芝麻香惹人食欲，人们宁愿要这种小个的，也不买那种个大点的大路货。这种大路货都趸给早点铺（细分为豆腐房、馄饨铺、锅巴菜铺、面茶铺等）和煎饼果子摊，自家门市只卖过往人的零散生意。

旧时，天津的油酥烧饼与外地的不同，圆形，直径一寸多，厚半寸多，薄皮呈赤黄色脆嘎儿，咬开后内里是薄而酥软，咸而有油香，吃时须用另一只手接落下的碎渣，否则丢掉的太多。传说这种烧饼皮的用面是一种和面法，里面的又是一种，叫油和面，具体做法是另有传授的，外人油和面也做不到它那种酥软程度。新中国成立前东北角鸟市的油酥烧饼最有名，后改为外地做法，虽也用油不少，一是豆油，二是烤成后干而硬，没有微咸而酥的香味。鸟市正宗天津油酥烧饼于三年灾害后失传。

多数烧饼铺所卖烧饼品种单一，卖芝麻烧饼的一般不做油酥烧饼，卖油酥烧饼的有时烙芝麻烧饼，也只是一时补充之计。

此外还有做一种长方形烧饼的，人们称它枕头烧饼。它卷层时刷油，撒少量盐末、五香末，卷剂子后即就长条分割几段，不再擀，只稍稍一轧中间部位就上铛，烙成后赤黄色，香脆可口。不知何因，30年代后失传。

吊炉烧饼是外地传入的，发面剂子，圆形，上下两层，状如薄型盒，上层外表有的沾芝麻，有的半熟时刷麦芽糖液（俗称糖稀），有的切出十字破口，刷糖稀（俗名大料瓣）。新中国成立后失传。三种吊炉烧饼中除沾芝麻一种可当主食外，余下两种只能在早点或午后三四点钟垫补之用，所以即在彼时它也没流行开来。

再一种烧饼就是馅烧饼。它多种多样，死面的、发面的、擀油的。至于馅的种类，则有红糖的、白糖的、澄沙的、枣泥的、山楂的、麻酱的，这些都是甜性的；还有肉丁的、牛肉馅的，这两样是咸的。死面的都刷油，擀剂子后包馅；发面的直接包馅，往上面沾芝麻。馅烧饼因馅的种类多，为防混淆，上面都分别做各种红色的记号或打各样式的红点。天津人习惯在早点或平时垫补中吃甜食，因而白糖、澄沙（一般为豆馅）、枣泥、山楂的受欢迎，麻酱的也可以，销量大。这种馅烧饼除在铺面应门市发售外，还趸给小贩在早晨或下午三四点钟后走街串巷卖。

卖黄金塔的

30年代前，旧城区内外有小贩每早挎木屉提盒卖一种热腾腾的面食品，名叫黄金塔。它是由小米面加适量黄豆面和少量面粉，发酵，施碱做剂子，内包小豆馅蒸成，形如窝头，浅黄色，松软香甜，极受小孩和没牙老人们的欢迎。同时小贩们还卖一种秫米面枣饽饽和秫米面枣丝糕，都是高粱米面做成，前者属死面，后者是发面的。天津人很少吃高粱米，偶尔吃吃这种高粱面制品，算是换换口吃个新鲜。秫米面枣饽饽刚蒸成时即有咬劲，冷后，特别是干放一两日后，吃时极干硬，咀嚼别是一番滋味；秫米面枣丝糕则热时香软面甜，放一两日后则与酱猪肝一样，掰或咬时颗粒状渣纷纷而落，吃时又是一种香甜味，有人专爱吃这种放干后的秫米面制食品。这种卖黄金塔的小贩的生意很好，他们是在烧饼果子、蒸食夹缝中抢生意。七七事变后，日本人垄断红小豆，中国人很少吃到豆馅，黄金塔由此绝迹。胜利后，秫米面制食品也没有了，小贩们少了一种生意路子。

粉房

20世纪30年代前，天津人做菜勾芡和浆衣服、被里等用的淀粉，都是由粉房买来的。本来含淀粉多的谷类或薯类都可做粉，更早的时候，人们是用水生的芡实（天津方言称为鸡头米）提粉用来勾芡，津俗叫做团粉。但芡实产量低，且收集不容易，所以许多粉房都以含淀粉量大且质量好的吉豆（即绿豆）做原料，滤取淀粉。粉房设备简单而原始：一间大作坊房，地面大青方砖墁成，砖缝较密，留一条排水槽，是石头砌成；坊房一角稳石磨台，小驴一匹，水井一口，大口矮缸五六口。如是一较大的作坊，则还要有一台锅灶，过百个粗瓷浅碗，更要有一堆放柴木和晾豆皮的空旷后院，缸自然更多一些。

它的生产过程是这样的：第一天先泡上半缸绿豆，约需一天时间，然后倒入第二缸，随同捞出脱落的豆子皮，晾起来。待大部分绿豆已涨大、脱皮，即可随捞随上磨浇水粗碾，粉汁流入磨盘口前的第三口缸。磨上剩下的百分之七八的碎渣，装入滤包，边浇水边摇动，把尚含的淀粉滤净。剩下的小颗粒状豆渣，因含有磨碎豆皮，微呈灰绿色，津俗称作麻豆腐。这第三缸的淀粉汁，须装入更细一级的滤包中，浇水摇动滤入第四缸，一包又一包地过滤，很是费力，秋后新绿豆上市时，天气已凉，可粉房过滤伙友仍是满头大汗。滤剩的糊状粉渣也入麻豆腐包中。这第四缸粉汁须用竹竿顺一个方向搅匀,令其沉淀。待缸内淀粉已成一个平整的瓷盘面,上面的水呈青白色时,即为做成。上面的水可以掏出,倒入排水沟中。此时沉积的淀粉密度相当高,伙友用一种薄的铲刀,分块切割,放入一个矮沿的木槽内晾干。人们买时一般是先选适量的块,过秤后论斤计价,价钱比从杂货店或酱园买的干团粉,大致要低五分之一左右。买回家须立即把它擘成小碎块放在盘子里晾干,才能收到瓶缸中备用,如果不干透,就会有一种馊味,既不能用它勾芡,就是浆衣被用的时候也会在一定时间内有一种坏气味相随,使你不惬于心。麻豆腐是一种风味菜的原料,葱、姜末和羊脂加干虾皮炝锅后,加入麻豆腐和泡好的青豆炒熟,称为炒麻豆腐,可以佐餐,天津旧城一带就有些人专喜欢吃这一口。那规模大些的粉房,除了卖团粉外,还把淀粉汁熬凉粉和红白粉皮,供酱园和杂货店销售。

当时的粉房,除发售团粉外,把生产的下脚料都物尽其用地卖给顾客:麻豆腐的用途已如前述;晾干的豆皮多卷缩如豆粒,人们买回去当做枕头的填充物,传说可去头火明目。40年代前,天津人装枕头,最讲究的用蚕屎,其次用绿豆皮,这都是从传说的疗效着眼的。民间俗信强的老太太们给儿孙装新房用枕头,多用未退皮高粱和寸断的麦秸,这叫作"枕着粮囤睡"。1956年全面合营后,小而旧的粉房合营扩建为现代化的工厂,设备和工艺都改进了。从此,麻豆腐和豆皮不见了,知道这两种东西和相关事物的人也不太多了。特别说一句,天津粉房一般不做粉丝。

面筋房

我们日常吃的面筋是白面洗成纤维炸制的。旧时面筋作坊,要有两大间操作间:一间是和面、洗制的场地,一间是炸制的场地。洗制间内稳置大口矮沿缸若干口,其中和面用缸更矮一些。

天津面筋用的料要和得比较硬，稍醒一下，移入一种没过膝盖的大口缸内加水洗制。这一工序，民间称之为踩面筋，称这一工序的伙友为踩面筋的。传说操作方法就是工友裸双腿赤双足，站立缸中用力踩，但是面筋房的资东和家属都矢口否认。笔者四十年代初见到过这种车间，惜未见到操作情况。今就其设备情景回想、分析：在当时技术条件下大批生产面筋，必须用踩的方法才能多而快，试想二十余斤的硬面块，只凭人的两手抓挤，一是费力，二是费时，且时间长了人也难以坚持，这是问题之一；问题之二是洗面筋的缸其深过膝，如用手抓挤，工友低头弯腰，既不便于操作，又难长时间坚持。所以，笔者以为踩面筋的说法是可信的，而资东的矢口否认，只不过是怕承认了，引起主顾们的腻味，从此丢了营生之道而已。面筋要洗得净，炸得透，凉却后不绵软，内里无生心儿，才合天津人的要求。洗成面筋纤维，一个剂子一个剂子地用布紧紧包成约五厘米见方的块，厚约一厘米，在淡盐水中稍稍一煮，只为定型，不是熟食，俗称水面筋。人们买回去，可和肉或鸡一同炖，也可切丝、切块、切片炒菜当添加物，十分美味。只是50年代以后，天津市场上见不到这种半成品了。只知近几年副食商场所卖素货成品中的花干儿是水面筋加工成的。

　　洗面筋剩下的粉汁和粉房的淀粉汁相似，沉淀后淘出最上层的一部分清水后，剩余的叫粉子水，熬熟后有一定的黏度，裱画铺和鞋作坊买这种粉子水，自己加工成适用的糨糊用来裱字画或神祃。鞋作坊的需要量大，粘布夹子、千层底都离不开糨糊，因此就成了面筋房的收底儿大主顾。到了现代，情况变了，味精厂需要的是粉子水，面筋坯子反成了下脚料。副食加工厂把它买去再加工炸成面筋，供应市场。粉子水从熬糨糊到提炼味精，体现的是科技的进步。

香油坊

六十多年前，天津城市人吃的食用油，只是香油一种。为了表明所卖的油确是芝麻油，都自称为香油坊，门前悬挂一黄铜制制钱形鼓腔幌子，"小磨香油"四字是用红铜嵌在上面的，十分精致醒目。

香油的制作，先是芝麻去土去杂质，上细磨压碎，入锅炒熟，加开水后，用铜鼓子在水面连续地轻对（duī，天津方言，捣之意）。这种操作虽似简单，但炒芝麻的火候，加水的多少都很关键，关系到油的香气和出油量的多少。出油后的残渣黏稠有如黄胶泥，略有臭气，俗称臭麻酱。大的油坊往往都有一块空地（最好是在远离居住区的近郊），当中掘一大炕，用来存放刚刚从锅底掏出的黏糊状芝麻残渣，上面盖苇席，候其发酵后，用锹削出，平铺地上，晾一两日后，用锹刃把它切成小块，装麻袋销往农村，是菜园、果木地的上好肥料。这种臭麻酱在夏日发酵时，还滋生一种紫褐色小如芝麻的小虫子，它学名该叫什么不得而知，民间称之为麻酱虫子。它十分扰害人，每日傍晚成群飞出，附近一二百米内，特别是下风头地，无论是在庭院或室内，落在人身上乱爬，虽不像蚊子吸血，但这种爬搔也十分刺痒，最好的办法就是用一个指头把它碾死。五六岁以下的儿童最怕这种小虫的侵扰，子夜前，父母在外纳凉，身旁无人扑打小虫，是无法睡安稳的。

油坊零售油的办法，在门市一角砌一适当高的炉台，安一口径市尺一尺多的深底铜锅，上盖分成两半圆形的黄铜盖，外向的半扇盖有边栏，放大小油提三四个，冬日炉内煨木炭，保证油不凝，浓度低。有俗谚曰："紧打酒，慢打油"，后一句是指，旧时油坊同仁为顾客打油时，特别是冬天，油提要慢慢伸入深处，油温高，浓度低，提出油面后，不立即倒入装瓶的漏斗，而是要控一小会儿,让铜提外沾挂的油汁尽量滴入锅内,但是倒入漏斗后却很快用油提轻敲一下漏斗口,仿佛是让漏斗内的油都流入买主的油瓶内,然后立即把油提和漏斗收放在前扇锅盖的边墙内。这一切都做得自然、隐蔽,不能叫主顾看出是设法占主顾的便宜。带边墙的前扇锅盖实是存油槽,卖三五个主,就控出一小薄层油。为了不使外人看出问题,这油槽的油要经常倾入一个特备的桶内。桶内的油每晚过秤,折合成钱,作为中小同仁和伙友的外找儿,每月分一次。

油坊一般都生产芝麻酱,天津人简称之为麻酱,纯是芝麻炒熟后上石磨磨成。

七七事变后,日本人倾销在东北榨制的豆油,再加上战争的破坏,芝麻减少,油坊改产花生油、花生酱。大致是从 1939 年冬,即大水之后,物资匮乏,通货膨胀,天津城市多数居民生活质量下降。表现在食用油的食用习俗上被迫改变,开始食用花生油、果油,等而下之,吃豆油,但凉拌菜必用香油,此种食俗相沿至今。芝麻少了,油坊改产花生酱。40 年代中后期又有了向日葵籽油、向日葵籽酱。新中国成立后,这种多样食用油并用的风尚已形成,合营前各油坊多是香油、果油、豆油等同时出售,任顾客选购。

酱菜厂

顾名思义,酱菜厂就是做酱腌菜的作坊。酱菜厂都在偏远地区,占用一块大的场地,根据经营品种多少和规模大小,搭盖房屋罩棚,准备酱缸。夏天做酱,利于发酵,有面酱、豆酱、虾酱等,随菜季腌制各种咸菜,特别是秋季的萝卜、芥菜头、春不老、苤蓝、蔓菁、辣椒等传统咸菜,供城乡居民和河海船只做副食用。稍大的酱菜厂除做前述各种酱腌菜外,还把经营重点放在花刀加工各种酱制小菜方面,什么酱地葫芦、酱黄瓜、八宝酱瓜等,稍做加工,利用制酱的副产品,生产出比传统咸菜更受市民欢迎的佐餐小菜。立冬后,大白菜上市的时候,雇贫穷妇女赶切贱价白菜,甚至有的酱菜厂雇工在南运河大丰浮桥西冬菜船临时码头滩地上,切、晾买菜市民剥下的大量菜帮、菜叶。切的这些白菜晾去水气,趁半蔫干时,加盐末和大量蒜泥汁拌匀,装坛入暖窨,放置火炕上,因离炕头火灶有远近,需隔三四日倒动一下位置,以收热发酵均匀之功效。暖窨内温度保持稳定,据云二十天上下即可出窨,装篓发售。远运闽粤港澳和南洋各埠年货市场,赶先儿和出口就能赚大钱,动手晚的只能趁本地和北方各地年货市场了。上述这一切就是国际驰名的天津冬菜的产销情况。旧时酱菜厂做醋多在入冬后,以其便于冷却保存,故有腊醋幌子,对应的是伏酱幌子,都指的是最有利的制备季节。天津的酱菜厂也生产臭豆腐和酱豆腐,但质量太一般了,卖不过外地特产货。

酱菜厂投入人力最大的主要是腌制咸菜方面,腌制期间频繁倒缸、出货和适时熬卤水、刷缸等都是忙碌的力气活儿。做酱醋、腌菜虽都是力气活儿,但都不能大意粗心,譬如熬过的卤水最忌生水或雨水,否则准会起醭、生蛆的。

天津酱菜厂的小菜质量不高,没有特产名品,臭豆腐、酱豆腐质量也不如外地的好,更不会生产其他种类的腐乳,只做传统的酱和咸菜的原因是多方面的。比如,天津腹地市场贫穷,生活水平低,居民且都自己腌制咸菜,而天津城市人口中的土著习于荤腥海鲜,不甚留意佐餐小菜,附近农村的进城移民则保持自己腌制咸菜吃一冬一春的旧习,即或购买也都买大路货。更主要的原因是它几百年形成的传统,元明清三代都有漕运,每年漕船进出都要购置大量的普通面酱、豆酱和咸菜;低档次的,不费力气产品也能赚大钱,就不乐于干那费劲的生意了,惰性和保守使得天津的酱菜业未能大发展，更未出老字号、名牌产品。至于冬菜的出名，纯是沾了青麻叶菜质好和红皮蒜气味醇厚刺激引人食欲的光，天津人在工艺技术上没有费什么精力。

酱园

说了酱菜厂，也就顺理成章地应说到酱园。一则是二者往往是一个业主的企业，厂子是生产作坊，酱园是产品的销售门市部。二则是早年的酱园出售商品以酱菜厂生产的各种调味品和佐餐咸菜为主。旧时的酱园经营范围仿佛今日的副食商店，只是花样品种不如今日这样多。在当时生产技术和物资流通的条件下，天津的一些大酱园出售的商品也够得上应有尽有了。油盐酱醋、咸菜、海味、各种调味小料、芡粉、碱块胰子、蛋品、纸张蜡烛、煤油、煤油灯具等，十分便民。有些酱园还做批发生意，向临近的小杂货铺提供商品。

包子铺

包子大致始于北宋，苏东坡和黄庭坚诗文中都曾有记载，当时名为牢丸，是太学课试士子时的特别食品，士子多惜不忍食，留以归奉亲长。清道光时学人俞正燮考证实即肉馅馒头，近人邓之诚教授《东京梦华录注》也解释为肉心馒头。揣想课考时不能从容地主副食共餐，于是上庠公厨便创制了混主副食为一的方便食品——肉包子。从这一角度看，包子实为当时的美味快餐。南宋时流行于民间，诗人陆游与乡邻聚饮时就吃包子。包子馅的多样化是流传中形成的。据文献所记，北宋中晚期已有素包子；肉皮丁韭菜馅包子或肉皮丁白菜馅包子是清代兴起的，是北京驻防旗人的口福美味。包子的特点是主食与佐餐的菜肴统于一体，既可以坐在饭桌上慢嚼细品地吃，也可以在赶路途中，手托荷叶或细草纸包裹的几个包子，边走边吃，两不耽搁，清代运河线上塱城坝以北的纤夫就是这样做的。也因此运河沿线码头城市的包子都或大或小地有些名气，沿岸集镇渡口的饭摊上也多卖菜多肉少或干脆无肉的菜包子，人们称之为草包子，纤夫们很少吃这种包子，原因是它不搪时候。从这些情况说，包子本不是什么名贵食品，只不过便捷可口，肉的、菜的，有丰有俭，任人自选，因此流行各地，受人欢迎。天津食品三绝之一的狗不理包子，现在是闻名遐迩了，初起时不也是南运河尾闾侯家后岸边的小包子铺的实惠便捷食品吗，主顾除河坝上的脚行，就是停泊船只上的船工和待驳的纤夫们，都是些既图实惠又图方便快的负力忙人。早年狗不理的历史也表明包子是民间极为普通的饭菜合一的吃法，它可口，方便，为群众所喜食。但它从不上席面，新中国成立前从未听说过包子宴，包子上宴席始于新中国成立后的狗不理天津包子，这是它独享的殊荣，别店或别地的包子未享同升之誉，唯望狗不理慎处令名而已。

前面说了些与包子铺一行有关的事，下面切入正题。从技术上说，包子铺不要求更多的复杂的烹调技艺；相应的炊具、餐具也比较简单，最适于小本经营。首要的关键是坐落地点要好；或交通要道，或商业活动地带，还要临近居民区，早创时期的德聚号（即狗不理包子铺原名）对这些条件是占尽的。再说包子本身。面皮本是发面的，但它吸收肉和菜馅中的汁水，使蒸得的馅成为干硬一团。天津包子的特点是水馅，讲究吃时一兜油，故而将面剂子改为半发面，办法是在兑碱后的发面团中揉入适量比例的一块死面团，揉匀作剂子包馅即可。肉馅要鲜猪肉肥瘦合适，剁时加入葱姜，搅拌时加盐、五香末、酱油，边搅边点入浸肉汤，不停地搅动，最后加入香油，即成水馅，香味四溢惹人食欲。擀皮要圆而厚薄均匀；包时捏花要小而精致，忌成面疙瘩；上灶时，水要开，屉布要湿而凉，以免包子塌底儿。旧时包子是论个儿卖，在铺内吃装碟，供给醋（行话"忌讳"）和白皮蒜。

另备有小米或小米绿豆粥,听顾客选用,极为便宜;如不买粥,饭后铺内有开水可随意饮用。外卖时,一般夏日或初秋用荷叶包装,余时则用苇草纸包装,以便主顾托走。

还有一种专卖素馅包子的饭铺。素馅是由香干、粉皮(或粉丝)、木耳、黄花菜、芫荽末、芝麻酱、红腐乳、香油、盐、酱油等作料,加一定量的豆芽菜或白菜末做成,面皮也是半发面,蒸熟后另是一种浓重的清香气味,吃主多为食素者或吃斋人。当年设在东门外的石头门坎素包铺就专做去天后宫上香人们的生意,庙会时生意更忙。每月初一、十五、二月十九、四月初八、九月初九、腊八等斋日,都有人挎提盒走街串巷叫卖素包,吆喝声:"石头门坎——素包",前三字较快,"坎"字拉长,后二字短促而高声,特别引人注意,各有固定路线和主顾。后来也出了假冒者,叫卖声一样,素包的味道则差得很多,以致石头门坎素包的生意受到影响,名声大落,再加上日伪时的经济萧条,乃一蹶不振;修建古文化街,虽经恢复,但名气大不如五六十年前了。

肉皮馅包子和韭菜虾米粉包子则是价钱更便宜的大众风味餐,40年代前都是在市场的饭摊上出售,光顾者多是进城的农民和城市的小商贩等,不要求什么服务,填饱肚子就走。

包子铺卖剩下的包子,则由店伙挑带灶火和煎铛,在下午三时后上街卖煎包。

新中国成立后,特别是改革开放以来,现代化进程加速,便宜便捷的包子铺和一些大众化的饭铺都装修门面,改变经营路线,趋于贵族化,具有快餐本质的包子变了质,上了大宴的桌面。笔者简陋,鄙意以为这看是包子铺的光荣,实则是便民经营的悲哀。

饺子铺

天津人喜欢吃饺子,平时,特别是家中有人要过生日的前一天，都可以包饺子吃；在外忙时，进饺子铺吃一顿，算是顺口、便宜、快。60年代前，除专业的饺子铺外，一般卖普通饭菜的小饭铺多兼营水饺，尤其是隔教馆，一年四季都带做饺子生意。这里说到的一些情况，既包括了专营的饺子铺，也涉及一般饭铺中的饺子案儿。经营饺子主要得有一套饺子案设备：大木头案板、和面缸（即大口矮沿儿缸，俗称缸盆子）、劀菜大木盆、挤菜床子（30年代中各饭铺相继改为三条石出产的机械压菜漏桶）、煮饺子的大锅灶、绞肉机、和馅大盆、案上盛馅大冰盘以及多件木打馅板、擀面棍等。一个地点适中、营业较好的小型饺子馆，除一人做接待外，尚需各负专责而互相支援的操作人员四五位。30年代前，有的铺面为多做营业，夏季瓜菜多时，除水饺外还兼做锅贴（也称煎饺）卖，这时就要再增添一套平锅灶和一位人员。50年代以来，因人口增多、市面繁荣等多种原因，饺子馆（铺）大多是水饺、煎饺终年兼营了。

以饺子馅论，深秋到仲春全仗大白菜为肉馅的添加物；夏天则是韭菜肉馅，稍好一些的加些炒鸡蛋末，就算三鲜馅（把韭菜也算一鲜）；隔教馆夏秋多用西葫羊肉做馅。劀菜、擦瓜是个费力气的活儿。即以劀菜而言，整棵大白菜切去菜头，稍稍一洗，纵向切两半，然后横向密刀切成半环形，十棵、八棵切成后，开始散刀劀菜。这项简单操作多由学徒工去做，两手握一把大菜刀，在大木盆内，从左到右反复剁，横刀剁了竖刀剁，低头弯腰手不停挥，体力差的干不了这项活儿。和面看似简单，有力气就能干，实际却须有经验和技巧，面、水比例要掌握准，要和透，醒足，太硬或太软都不好用。肉馅全仗葱、姜、酱油、芝麻油（即香油，40年代后，多改用花生油）等提味儿，向里边兑水边朝一个方向搅动，视其稀而不流是为合适，这时就可掺入菜末和盐，再用力搅匀，即可上盘使用（有的饺子馆在肉馅中还加五香末,或兑熬过的凉大料水以提味儿)。案儿上一人擀面剂子供三人包是忙时较理想的搭档,但开始时,三人中须一人先帮助备面剂儿。午、晚饭口时灶上火要旺,随时可用,水饺不能煮破,和天津人习惯相比,它只够九分熟。煎饺锅底淋油,饺子上锅排列较密,淋水后盖锅,约八成熟时,再掸些油,稍稍淋次水,刺啦一声,赶快盖上锅盖,随着蒸汽油水四溅,这时即可出锅,饺子皮上尽是油星,而底面油亮的黄嘎儿脆香可口。煎饺忌烟,忌粘连破皮。饭桌上备有醋和酱油,供客人取用;60年代前还备有白皮蒜,后因个别顾客贪小便宜带走而改为有偿供给。旧时吃完饺子,客人还可以要碗煮饺子汤喝。只个别较高档些的饺子馆,冬春卖小米粥,夏秋卖小米绿豆粥,供给小菜。公私合营后都改为卖粥,初时还供给小菜,后也因个别人的作为而取消。

有的饺子铺只卖煎饺,因形式不同,名称也不相同。小而长两端不捏拢的叫老虎爪儿,饺子形的叫锅贴,小而圆上面捏鬏者叫干烙。老虎爪儿用猪肉韭菜馅或三鲜馅者多,卖者是汉民馆,余二者回、汉馆都可做,煎的法子一如前述。这种生意以夏天最兴旺。原因是煮饺从开水捞出时太热,凉了又不好吃,而几种煎饺都可在不太凉时吃。特别是新中国成立前,天津人夏日午后习于不动火,以减少庭院内热源。办法是:上午尽量多烙些饼,多熬些稀饭,熟菜只供午饭吃;晚饭的菜或者为凉拌,或者买酱肉、烧鸡、羊杂碎,再有就是买这种煎饺夹饼吃。每日下午五时以后,小贩挎提盒走街串巷,叫卖西葫羊肉锅贴,或者由汉民小贩卖三鲜老虎爪儿。煎饺都放在瓷盘内,一盘以五十个计算,一般提盒三层,可放三个盘子,共一百五十个饺子,卖不了几个主顾就得再取一趟货,为了多赚几个钱,是够奔波的。小贩们都有固定的供货点,走固定的销售路线,一条街巷可能过几个这样的小贩,挑剔的食客,往往专认某个小贩。晚七点前后,晚餐的买卖过去，小贩回家吃饭休息。有的饺子馆还在赶做夜宵的活儿。年轻力壮的小贩，晚九点多以后，还上一趟夜街，为晚回家吃饭的人或玩乐之后吃夜宵的人们送货上门，这趟街往往要卖到午夜。40年代后因战乱而经济萧条，人们生活质量下降，习俗改变，这种上街卖锅贴的小贩生意也消失了。

嘎巴菜铺

嘎巴（现多写为锅巴，实则是两种食物。锅巴是焖饭时贴近锅底的一层焦饭嘎，而嘎巴实即煎饼，是谷物磨粉溶汁后，在热铛上摊成的薄饼）菜是天津特有的稀食小吃，它清淡香醇，素为群众所喜食。据民间传说，清乾隆年间鲁北冀南运河沿线农民下卫，行囊中多自带煎饼以充主食，开水冲青酱（天津方言，即酱油）泡一下，即可泡软煎饼，又有了咸味，这就是一顿饭。后来西码头一带（现红桥区蒲包店一带）的小店、小饭铺做起了这种生意，葱、辣椒、酱油炝锅，汤开后团粉勾芡，制成一种简单的汤卤，可以泡煎饼或锅饼，既有滋味又有浓度，嘎巴菜的雏形由此形成。从大福来的地望和它兴起的年代可以看出这种食品从远郊向城郊传播，并不断改进、提高的轨迹。嘎巴菜的主料——嘎巴以绿豆为主，杂以小米（今多掺米面），泡好后，上磨磨成稠粥状；在铛或烙子上用小火将稠粥摊成薄似报纸的圆形煎饼；单张晾放，凉后四五张一摞，改刀切成菱形块（行话称为柳叶）。汤卤须分两步制作：先用葱、姜、香油炝锅，炸香菜梗至焦黄色，加入面酱、酱油、大料面，烧开后备用；另锅烧开清水，加入大盐，搅拌融化后，二锅合一，再开锅后，下姜末、五香面、大料面及适量碱面，汤开后，水团粉勾芡，汤卤即成。笔者近几年在河西区几处早点市场观察，商贩的做法都是一锅完成，实即开水煮大料瓣、五香面和大盐，搅匀后捞去表层的杂质及浮沫，加酱油，随即冲入水团粉——既省了炝锅工序，又省了多种作料，所谓汤卤只是变色的咸团粉汁而已，汤卤没了香味。原因是大家都忙，吃了早点，赶着去上班，也就不甚求口味之美了。嘎巴菜的外加调味作料，传统做法是很讲究而多样的：芝麻酱须香油调稀；辣子面用香油炸成黄色，沉淀后去煳，即成辣椒油；腐乳汁是用开水、盐、味精等将腐乳块澥成；香干片是香干改刀后，油炸至外焦，投入开水焯成（有的是油炸后再经开水加酱油稍稍一煮）；香菜洗净后去白梗，切成小段或末。近年大部分商贩都简单处理，腐乳、芝麻酱、辣椒面一概用开水澥调，多没有香干片，个别没有辣椒油，而香菜多不去硬梗，且切成大段儿。商贩只图利，不求精进，使一种风味小吃重归原始状态。长此以往，这种颇具特色的小吃将会失去技艺真传。

面茶铺

传统的面茶都用糜子米磨浆后熬成，做法是：把糜子米冲洗净，用清水泡胀后捞出，加大盐、大料面拌清水上磨，磨成米浆；将米浆八九倍的清水在锅内烧开，中途放入适量碱面，水滚开时倒入米浆，随倒随搅，锅再开后，以小火稍㸆，随即出锅，倒入保温容器。出售时多是从小火的保温锅装碗的。芝麻冲洗后，上锅炒热，或捣或擀使成碎末；芝麻酱用香油调稀；另取熬得的糊浆一碗，搅入少量酱油，使成黄褐色，是为咸料。面茶铺的餐具主要是碗、碟和羹匙，碗要洗刷干净，擦干。给顾客盛碗时，先盛半碗，用竹刀挑些咸料拌入碗内，有的顾客还要将油条撕成小段儿泡入面茶内，然后再盛后半碗，用漏缸撒碎芝麻末（因多混入盐粒同时擀碎，民间习称芝麻盐儿，因面茶糊浆内已掺盐，故面茶撒的是无盐芝麻末），最后用两股铜叉蘸芝麻酱淋成道道油花，麻酱的醇香扑鼻而至。天津人喝面茶时伴以烧饼油条（50年前为长劈），喝时不动筷子、勺，一手持碗稍稍倾向嘴边，随着碗的倾斜度加大，面茶全部移向嘴边，由于热面茶上盖芝麻末，热气无处蒸发，于碗帮釉面形成一薄层水膜，故碗内不沾任何痕迹。只要用筷、勺稍动面茶，破坏了水汽层，定将沾得满碗，被人讥为不懂喝面茶之道。50年代前，面茶铺遍及全市，以红桥区回民馆的面茶较为典型。60年代以来，因糜子米产量低，农民不再种，面茶不得已改用米面，没了糜子米的谷香，再加上商贩的不良经营（如以黄豆捣成碎渣，炒后充芝麻末等），面茶的声誉大落，除红桥区几处老居民区外，各区已无面茶铺的踪影。

馄饨铺

馄饨实即饺子类食品。其历史悠久，始于汉代，当时称为饦（zhāng）馄；南北朝至唐宋盛行，是当时的贵重食品，花形、馅料各异，唐称二十四气馄饨，宋名百味馄饨，用以待客、祭祖先。不知何故，元代馄饨形状突然加大，曾有人做了八个大馄饨，每个用肉馅四两，请地方官员吃，"知府不能半其一"，半个都没吃了，可见其巨大。只是陆友仁在《砚北杂志》中没有详记其做法，无法知其究竟。从方以智等人的明清笔记中揣摩，现在北方流行的馄饨形制可能成于明代，定型于清代。明清时馄饨无论馅或汤都属脂肪性食品，热量较大，宜于秋冬季节食用，故有"冬至馄饨夏至面"之谚。在那些讲究过冬至节的地方（如江淮之间许多农村），馄饨是冬至祭祀祖先必有之供品。饮食行业是随着城市的兴起而发生发展的，最初的行当都是为了方便自带干粮的顾客而制作汤菜两用的食品，明清时期馄饨的小型化、经济化恐与饮食业的发展有关。按规律而言，行业都是由摊儿而店铺的。40年代天津街巷宽敞处往往都有各种饮食摊，老豆腐、豆腐脑、馄饨、粉汤等，可以从早卖到中午。40年代，笔者曾在北京看到过挑着高架挑子，走街串巷卖馄饨的。这些都反映出馄饨是一种经济实惠的食品，为众人所喜食。我们所说的馄饨铺往往都有自己的特点，或汤醇或馅精，甚至有的在面皮中和入鸡茸或虾茸，当别具一番味道。吃的时候，或芝麻烧饼或油酥烧饼，佐以排骨或腊肠。三四十年代旧英法租界内有专卖夜宵的馄饨铺，为过夜生活的官僚、暴发户们服务，这都是赚大钱的馄饨铺，与那些虾米皮、冬菜、酱油、面皮、清水汤的馄饨摊不可同日而语。

煎饼果子摊

煎饼是谷物磨粉溶汁后，在热铛上摊成的薄饼，天津方言也称嘎巴。天津旧俗，常见的几种嘎巴多用绿豆为主料，烩菜用的大嘎巴可掺入小米，煎饼果子的嘎巴则全用绿豆。这种煎饼的做法是：先将绿豆泡涨，捞去脱落的豆皮，未脱落的不去管它（减少投料的损失），上小石磨磨成豆𥻗，然后把这碎渣般的豆𥻗用清水再泡一会儿，但水不要太多，刚没过豆𥻗即可；待𥻗水已露淀粉水状，即可用勺将豆𥻗连水放入磨眼中，用力将其磨成稀粥状（因有许多绿豆带皮上磨，故这稀粥中呈淡绿色，可证明煎饼纯是绿豆为料），然后即可上铛摊烙。50年代前，天津人吃煎饼果子要脆的，即煎饼卷上果子（当时用的油炸果子不是今日的油条，而是一种称作长劈的东西，由四个长棒状的面剂子做成，入锅炸时两头捏在一起，用铁筷子把中间拨出枣核形空隙，两侧中间部位向外侧弓出。长劈的长度和剂量与今日标准的油条差不多，但炸得透，里外黄亮，十分香脆，惹人食欲，不似今日油条外表已黑紫而里面仍像面剂子一样白）后，仍须在铁烙子上反复多煎一会儿，略带焦黄嘎儿才算对口味。再抹上甜面酱（个别顾客要葱末），对折夹上热芝麻烧饼。就这样多煎烤会儿，煎饼脆了，豆香出来了，长劈的油香也出足了，再加上烧饼的芝麻香，面酱和葱末的醇香，旧时天津煎饼果子可谓出尽了风头。

彼时煎饼果子摊都有自己常在的摊位地点，有一些熟主顾。

他们用的挑子虽有传统形式，但多是前头使用高架式方柜，后头的则视自己的需要和财力而定。讲究的是前后都用高架式方柜，桐油髹饰，整洁对称；小贩本人利落精神，这本身就是招揽顾客的有利条件。一般小贩后面柜子多用矮式，内里放些装备用料的瓶罐等。营业时，各种用料都置于前柜架，燃着煤渣的小火炉子放在二层柜箱中，煎饼烙子搁在炉火上，露出于上层柜面。后柜子则放在人身后，稍闲时可坐柜盖上休息，真是一物多用。

新中国成立前一些游手好闲之人早晨习于迟起，十时以后，许多卖早点的豆腐房、果子铺和小贩们都收拾下街，准备午后的其他经营了，只有守在大早点铺门前的卖煎饼果子的做迟起者的生意，买上两套香脆的煎饼果子夹芝麻烧饼，就早点午饭兼而有之了。一些勤快的小贩午饭后稍稍休息，然后备料，三点钟后，又开始下午的一趟街（天津方言，在街头做小生意叫上街）。下午和晚九时后的街，往往都是走街串巷。下午是做家庭妇女和小孩子的买卖。午饭没吃好，现在饿了，买套煎饼果子垫垫，再等吃晚饭。晚街做夜游神的生意，有的是听戏归来，买些小吃垫垫好睡觉；有的是酣战牌局，要吃各种零食提高精气神，以利再战。旧时代，夜街小贩包括了食品的各行业，有卖酱货的、卖糖果的、卖鲜货的、卖馄饨的、卖烧饼酱牛肉的，卖煎饼果子的只是其中一样。竞争很明显，要叫卖声响亮、腿勤快才能多做生意多赚钱。夜街的煎饼果子多是白日由家属预先做成，晚间有人买时，将半成品在烙子上煎烤，同时将烧饼烤热，抹上面酱，对折一夹，就是一套成品，省了现摊煎饼的时间。买夜宵的人，一般是买很多，要得急，拿慢了他们就可能改买别样方便食品了。须提及的是，彼时不兴鸡蛋煎饼果子，此其一；其二是面酱不掺假使水；三是葱花铺撒均匀。

煎饼果子夹芝麻烧饼是天津地方风味小吃，经营者都是个体小商贩，新中国成立后公私合营时不包括它。60年代取缔商贩，卖煎饼果子的一时销声匿迹。70年代末，伴随改革开放的春风，个体经营重兴，小商贩是其主力，市面出现了许多煎饼果子摊。用料的制备和操作技艺都比50年代前粗糙了许多，且煎饼的主料直接用各种杂豆或谷物粉冲成，既不加盐也不无五香面，味道与前相比已截然不同。倒是煎饼上摊鸡蛋，即所谓鸡子煎饼果子大行其道，表面看是增加了营养，实际也是商贩谋利的障眼法。为了省料，他把煎饼摊得特薄，甚至开几个天窗，摊上一层鸡蛋，就一切都遮过了。因此，你买不摊鸡蛋的煎饼果子，他认为你寒酸，看不起你，让你往后等，甚至直言拒绝不摊。其所以敢持这种态度，就是因六七十年代，许多小吃失传，目前市面早点花样少，且人口增加，不愁没生意做，拒走你一个，后面还有人排队等呢。这种让经营者获大利的鸡子煎饼果子就被许多人认为是天津的传统风味食品，随着交通的发达和人流的增多而走向各地，特别是北方各城市都可买到天津的煎饼果子，这是天津三绝之外，在外地享名的又一绝。须补充说明的是，这种鸡子煎饼果子是不讲究夹芝麻烧饼的，用天津话说，只淡嘴吃。

果子铺

果子旧时写作馃子，是指各种油炸面粉类食物。天津人习俗多以果子为早点佐餐食品。因配料和炸制形状不同，有八九种常见的名称。原料以面粉为主，和面、揉面是关键，通常是和面时加面粉量百分之一的碱面，百分之二的白矾，和百分之二的盐（少一些也可）。加温水适量冲和，不宜太软。然后，将大面团分成多块小面团，堆一处稍醒后，掇在一起。二三十分钟后，再重复一次，一般三次就可以了。再稍稍醒二三十分钟，再掇时将面团翻转，由四周向中间收拢着揉，面团会出现光面，呈有韧性的柔软状态。和面费时间，所以果子铺和面都在夜间三时前后开始,早五时才能使用,投入营业。这种面剂子可以炸制长劈、果头儿、糖皮儿(即面剂子上另加一层红糖)、大糖果子、鸡蛋荷包和近三十年流行的棒槌果子等。锅箅用面的和面法与前述相同,只是须稍稍多加一点水,和得软一些,做剂子时才能擀得薄,抻得开,炸成后黄而薄,有透亮感,入口脆而清香。旧时果子铺多分别和成这两种面团备用,近年到处可见的果子摊,一般只和前一种面团,炸棒槌果子(也称油条)用,且只用碱而无矾和盐。这样,炸成的果子不脆,稍凉就呈皮条性;二是没咸味。特别是因面剂子硬而不敢应主顾之需炸其他品样的果子。尤须指出的是,近年炸果子摊,多是多面手,早晨炸果子,中午炸小鱼虾,晚间炸萝卜丸子,锅和油循环使用。结果炸出的果子味道既不正,往往带鱼腥味,且因油已用老了,面剂子下锅就成黑紫色,像是炸透,翻个身儿就夹出锅,实际是外表假焦,里面未炸透而黏糊,不引人食欲。

卖小枣黏糕的

夏历腊月二十三,天津旧俗祭灶必用黏糕。有的人家为了吃现出锅的黏糕,享受那黏而甜香的口福,便自家蒸制,晚饭时阖家吃一顿,留一部分做祭灶供品和除夕压锅用。如果黏糕面团和得硬,熟后味道差;和软了,熟后味道好,可是它一不成形,二则粘满屉布,清洗十分困难。因此,有的人家就买市上小贩卖的所谓年糕("黏"字已谐成"年"、"糕"字也可谐成"高",就成了吉庆话,可解释为多种祝颂含义)。旧时市场小贩卖的年糕,多是小枣黏糕,江米面制成(土著人不认黄米面),从腊月二十前后应节上市,可持续卖到新年灯节前。小贩卖的年糕一般都是在江米面中掺入籼米面,据业内人言,这主要是为了便于成形和降低成本,籼米面占二成是本分而适可的。和面时吃水不宜多,小枣洗净后,在团剂子时按在表面,剂子窝头状,蒸熟后则尖已平,像馒头。据云,如果窝头尖明显,且小枣凸出,则是籼米面比例至少已达三成,吃水也多,这就叫看利儿狠点儿了。这种年糕都是论个儿卖,冷而硬,吃时须重蒸一次或用油煎一下,香而韧,是另一种口味。

卖糖瓜的和糖坊

祭灶供品中有糖瓜一种,它是麦芽糖制成,是糖坊的产品。麦芽糖也称饴或饧,是人类发明的最早糖类食品。在南方产的蔗糖大量北销前,北方各地制作甜食都用麦芽糖,在天津俗称糖稀。糖稀是将黍子米(即黏黄米)和大麦仁蒸熟,稍稍发酵后,浇清水滤汁,去渣煎熬而成。糖稀供茶食糕点店、蒸食铺和馅用,糖坊的残渣则是鸡鸭、牛、猪的高级饲料。30年代,笔者曾见同学家用铜圆三大枚买来一小瓦盆麦芽渣滓喂鸡,每天给一些,一盆可吃四五天。糖瓜是糖坊在冬日利用糖稀再加工的产品,是糖坊一年中最后一批活儿,用他们的话说,赚个年过活儿。糖瓜的做法是:江米炒八成熟,晾凉后上石磨磨成粉,和入热糖稀,趁微温而绵软时搓条、扣模,做成大小元宝形、瓜形,下脚料即时拣成球状。这些食品有的蘸芝麻,有的不蘸,糵曲也分两种:江米面和黄豆面,多数糖用熟黄豆面,一图它价贱,二图那豆香味。糖瓜的出售,据老人们谈,20年代前都是由糖坊发给小贩们,串街叫卖。糖瓜类食品遇潮气或气候稍暖都会变黏,小贩们都想早点把趸来的糖瓜脱手,一个很好的办法就是向自己住处周围的大宅门踹(天津方言,一种硬派式的推销方法。小贩们或小社区内贫穷游手好闲之人,多于三节时给大户人家送去某种应节食品、用品,量很小但索要超值价。他们当时的软求话语和平日的刁恶作为,使你不敢不买他的东西,更不敢少给他钱。实际是地痞打抽丰的又一种形式。旧社会年关,一条街上的大户人家一天可以遇到十件、八件这种事)。30年代以后,糕点店售卖糖瓜,卖糖瓜的这一短暂节日性行当逐渐萎缩,到50年代初彻底绝迹。

糕点店

我国传统三大节日,亲友都要互相馈赠礼品,还要祭祀祖先、神佛,这些活动都需要茶食糕点,故而三大节是糕点店生意兴隆、财源茂盛之时。平时的花样品种不过是大八件、小八件、槽子糕、核桃酥等,做多了销不动,做不好没人买,生意虽难做,但还得认真干。三大节就不一样了,需求量大,不同社会阶层各有需求档次,大小店铺都有买卖做。糕点店各有应节花色品种,端午节是米粽子、炉粽子,中秋节是月饼——地方传统讲提浆月饼、麻饼月饼、翻毛(类似白皮)月饼、大核桃酥等四五种,至于改良月饼和广东月饼都是由南方传来,20世纪20年代只在英法租界的江浙闽广人中流行,30年代以来逐渐向旧城区传播,南味店是推销主力。50年代公私合营后,各区糕点厂都做这两种月饼,80年代中已基本取代了传统月饼。90年代后四五年流行的四角八楞、三四百元一斤的月饼,无论从民俗或商业文化角度论,大概只有大乘经论中常用的一句名言最为贴切,就是"不可思议",余不多论——春节是大节日,糕点的需求多种多样。论礼品,平日的花样都可应市;供品则福喜字、银锭鱼、芙蓉糕、大福喜等尽是低档货,看利儿不大,但销售量大,同样有大赚头(天津方言,意即大利润)。萨其马、水晶年糕和蜜饯红果是从北京传来的,40年代前那是富足人家节日享受的食品,备货量不大,可是看利儿大。过春节商号都休假,糕点店只大年初一休息一天,初二以后则门市以礼品和元宵为主。糕点店的元宵都是江米面的,不做高粱面的。彼时,民间游艺如高跷会等上街表演,商号或富户多以糕点数十斤相赠,以示酬谢,这种买卖可以陆续做到灯节,可以把为过年生意而多生产的货清理干净。

灯节的生意主要为元宵，生意高峰只正月十五前三四日。从腊月中旬开始备货和售给远行客，到灯节紧张忙碌了一个月多，一年的营业量，这一个月差不多要占去五成左右，利润是可想而知了。糕点店中有回民经营者，即所谓的清真糕点店，他们的生意重点面对回民。其糕点全用纯净小磨香油，因而有一部分汉民也喜欢买清真糕点，再加上回民也都要点缀春节，应酬汉民朋友，所以回民糕点店在春节期间也多是生意盈门，特别是那种送给游艺队伍的茶点，往往多购自回民店，盖高跷会、秧歌队中回民群众占相当比例。

卖元宵的

这是指在春节前后近一个月期间，挑一种高架挑子走街串巷，售卖即食熟元宵的小贩。他们用的这种木制挑子，前头一个高架柜式台桌，内藏小火炉，台面卧铜盔式锅，锅内经常煮着一些元宵，有买主便可装碗即食（在街头吃的多是儿童），卖一两个主顾后，再继续煮。他们卖的元宵多为江米面和黏高粱面两种，所以锅内煮的也是两种都有。他们这种挑子春夏可卖小枣秫米饭，秋天至春节前可用来卖馄饨，只要人闲不住，有生意做，挑子就一年四季闲不住。

糕点店（续）

糕点店一词，作为行业名称，在天津出现于民国初年，显然是受当时新文化风尚影响的结果。但旧城区附近的某些老铺面仍沿用旧名称，叫作茶食店。还有的店铺虽然建于糕点店这一名称出现之后，因东、伙在北京茶食店学过徒，耍过手艺，手头有点积蓄，辛亥后旧京市面不景气，有人就来天津开买卖，或自东自伙，或师兄弟联手，他们旧传统重，仍起名某某茶食店——黑漆柜台，货架子，大抽屉，豆绿釉大小点心缸，门前悬挂红漆雕刻的长方形木招幌，以所谓御膳细点心、京八件相标榜。西头太平街上桐聚斋茶食店就是以北京传统自我吹嘘的糕点铺,这是六十多年前的事了。我家离桐聚斋很近,家中人虽多为本地出生,仍保留了许多南方习惯,特别是喜甜食,故而经常到它店里取(后面谈取的问题)东西。先严与它的两个掌柜叙谈过,笔者当时七八岁,跟在身边,一知半解地听了些情况,现在就记忆所及,做些介绍。他们姓刘,京东某县人,是叔伯兄弟。上辈有在御膳房当差专做小点心的,他们就继承了这种技能。最初在北京给人家干,攒了点钱,来天津开了这号茶食店。年长的五十多岁(笔者当时称他刘大爷)管前头(即门市售货等),兄弟年轻点儿还能操作,负责作坊的事。他们县有几家都是他们上辈的师兄弟或学徒,也都在他们之后,来天津在旧城内外分别开了几个中小型的点心铺,以细点相标榜,生意都还过得去。只可惜我当时记不住这几家仍以茶食店命名的商号的地点和字号。从那时以后,这几十年间我一直认定天津旧城周围有些中小点心铺都是京派一脉相承,特别是他们还有御膳房细点手艺的背景。现在回忆,桐聚斋的京八件、光头饽饽、小茶食等,在本地字号中不是没有,就是做法、形状有差别。七七事变前,本地字号不卖藏饼和萨其马,而它这中小型店竟然卖这种北京旗人喜爱的东西;本地点心铺盛销的各种洋点心和注馅面包,在它这里是没有的。再有它在中秋节和旧历年时都向顾客售卖各种点心馅,熟识的主顾还可订烤特定的大月饼(当时只兴糖馅提浆大月饼,它可以订烤枣泥馅、黑馅的佛前大月饼)。它们的灵活经营,既满足了主顾的需求,也给自己招揽了更多的生意,带来更大的利润。两位刘掌柜虽是封建商人,有一定的落后性,但他们方便顾客需求的做法,说明他们是有经营头脑的。

我国传统零售商店素有赊销经营之术。其办法是:为熟识而可靠的常川主顾建立一个札子(一种册页式袖珍记录本),主顾每来店取（即买走商品）货时，选完后由账桌先生在主顾所持的札子上逐笔登记品名、单位时价、数量、合计价、当日取货总值等，并在本店赊销的立户账上同样逐项记清，以备日后结账时核查。逢三大节，即端午节、中秋节、旧历年结账归款，赊销时限不过三五个月。一般立札子户头的人家不会拖欠，即便偶尔拖一节，只要旧年腊月二十前后能主动归齐——过此就要登门清账，甚至从此撤销账户——商号并不催索。立札子的商家有大杂货店、绸缎店、糕点店、米面庄等生意兴旺的店铺。持有札子的人家的任何人（包括男女仆人）都可凭札子在立札子的店铺登账、记札子、不付现款取走东西。这样做，商号促销，客户方便，也帮助大宅门防范仆人克扣采买花销，是两利的事，一举多得，故而20世纪40年代前立札子促销成为风气。天津人习于繁华热闹，亲友间婚丧生育、三节两寿都讲送礼应酬，而送礼主要是糕点、鲜货、罐头、果酒以及各种罐装白酒。这些物品都可在糕点店买到。为满足自家消费和经常性的送礼应酬，中等以上财力的人家一般都有相熟识的糕点店。店家为了拉拢主顾，多销货，客户图便利，立札子的做法在糕点店一行中尤为盛行，大小店铺几乎家家都对外立账户赊销。前文谈到的桐聚斋就对外立札子，30年代，我家就有它的札子，无论家中人平日吃，还是送礼都由我母亲的陪房李妈去取，札子平时就存在她手中。我读小学时，下午放学后和同学们玩得肚子饿了，就偷偷向李妈要札子取小茶食一斤大家分吃，比向大人费口舌要钱，方便自在多了。点心铺立札子最普遍，故而在这里借机简单介绍这一种经营手法。

前文谈到天津人讲究送礼应酬，而送礼又以糕点、鲜果、罐头、水酒为主，即或是送衣服、首饰、幛料、衣料等物时，也免不了送糕点、鲜货。糕点在人们应酬中占主要地位，糕点铺就想方设法揽生意，除保持产品特点，增加花色品种外，就是添加服务内容。不知从何时，由哪一家兴起了代送礼品的服务——派人按顾客指定地点把所购礼品送到受礼人家。具体的做法是：糕点铺雇一两个年轻力壮精明的徒工，为他们准备一身裤褂和一件蓝布长袍以及鞋帽，还有一副前后各四屉的圆笼挑子。褐色漆的圆笼挑子擦得里外锃亮，放在店内明显的角落里，以提醒主顾租用。送礼差事大多在上午，这徒工在下午或无送礼任务时，则在店内前后柜干杂活。这种服务，各店做法不一样，笔者的见闻大致是：主顾选定礼品后，店内有专人代写礼单，这礼单有的是主家自备的大字名帖，有的是在店中买现成的。自备名帖的，店方代为填写礼品名称；买礼单的，它可以代填物品名称及下款姓名。不是在这里置办的其他礼物也可用这副圆笼送，如寿面（即切面）、寿桃（即桃形蒸食）、鸡、鱼、肉等。一副挑前后共八层屉，故礼品只能以八色为限，礼品花色过多就得另想办法了。比如再配四色就可以变成各六色（即前后圆笼各三层屉，如只一副挑，忌三层屉）的两副挑，或由押礼男或女仆带多出的礼物二色（一般是指可以装捧盒的物品），否则就得租赁货铺的大抬盒了。代客送礼名义上不收费，这是指人力而言：学徒工平时在店干活儿，店中只供给粗茶淡饭，不给工钱和年终馈送，受礼人家给的脚力，有的店铺不分成，全归学徒所有，这就是他的变相工钱了；有的店铺要扣三四成。旧时送礼讲由仆人送到，受礼人家必给回执名帖以示谢意，并在名帖右边注明脚力若干，这价码关系重大，两家的声望，两家的关系，这次礼品的轻重，两家过往给对方仆人赏钱的前例都得考虑，大意不得。自从有了代送礼品办法后，收礼人家见不是送礼人家的仆人，就不再仔细考虑关系问题了，但好像开始时还在回执上注明脚力多少，后来社会上都听说有的糕点店还和只干活儿吃饭、没工钱的学徒分脚力钱，就不约而同地不再在回执上写脚力钱数了，给徒工留个少报钱数的机会,和老规矩相比,收礼之家也省了开销。如果送礼之家是大户人家,除糕点店学徒挑圆笼外,还跟有自家仆人持拜匣盛礼单押礼,受礼之家就含糊不得,要比照前例写明尊价若干,并把这回执交仆人,既表示收到礼物,又表示谢忱,而且还告诉对方你派来的送礼仆人我并没有慢待。七七事变前,中等人家给亲友仆人的送礼赏钱,五角是一大关,赏一块钱,在当时是半袋绿豆面的价钱,面子可够大了。至于挑圆笼的糕点店徒工,在旧城周围往返走一趟——据笔者记忆,我家托桐聚斋把礼物送到表亲家,路途是由西北角太平街到西门里中营——脚力是铜圆券五十枚,比一角钱略多一点(1937年前,一角折合铜圆券四十六枚,即铜圆二十三个,民间俗语说四十六个子儿)。租用圆笼的费用仿佛是铜圆三十子儿,这是店中的收入。受礼人家的回执经学徒带回后,如是立札子户则暂时附在开户账页处,待下个节结账时交给主顾。给新主顾的回执都放在一个信袋兜内,顾客要时再找出交给他。我家是桐聚斋的熟主顾,住处也较近,徒工往往当即把回执送到家,这时我的祖母总是说"给他二十子儿"。这样我家送礼的回执(指没有派李妈押礼时)准是当日上午送到家。

原题《天津卫三百六十行》,连载于《天津史志》

天津的生育习俗

古语说："家为邦本，本固国宁"，短短八个字其要义在于，家庭在社会结构中负担着多重职能，只要家庭圆满地完成它所负担的职能，国家机器就可以正常运转，长治久安。社会赋予家庭的最首要的职能是实现人口再生产。

民间俗谚又说："不孝有三，无后为大"，素来有人认为我国传统文化是孝的文化，不能生儿育女、传宗接代被上纲上线视为最大的不孝，在旧社会这罪名是无人担待得起的。

天津地处我国传统文化发育的中心地域，元明清三代又近在京畿，传统的封建文化观念根深蒂固。人们的普遍愿望是家大业大，子孙满堂，五世其昌，因而生育一事历来为人人所重视。从怀孕、降生到百岁、周岁，都要庆贺，亲友送礼道喜，习俗纷杂，礼仪繁多。天津城区附近20世纪三十年代前流行的生育礼俗既表现了人们的美好愿望，却又屈从传统，附会出许多封建迷信的观念和活动。分别描述介绍于下。

一

我国传统思想认为，婚姻的目的在于延续种族，传宗接代，所以婚礼中的许多举措除了祝贺新夫妇美满如意，白头偕老，还要预祝他们早生贵子。婚礼中一些求子的举措安排，在天津习俗中，做得是那么认真而又极具地方特色。譬如新房中遍置"榴开百子"的喜果；炕上和箱柜中撒放枣、栗子、花生，它那"早立子"的吉庆谐音早已传遍遐迩，花生意味着既生男，也生女；新娘下轿要倒红毡，这可能是古时在新娘脚下倒粮食袋子即传代仪式的天津地方化；古时婚礼中有撒谷豆的活动，意在防止无子嗣，天津城市则改为撒高粱，以粮食的丰盈，预兆多子；婚礼仪仗中一对玲珑耀眼的子孙灯，它升堂入室，可以在新房炕头伴随新郎新娘两三天；新夫妇饮交杯酒后，要吃子孙扁食，吃时要用精致的子孙筷子和子孙碗，这时有人问："生不生？"新郎必答："生！"盖借问扁食的生熟，祝生儿育女的一种口彩，这实际是北京吃子孙饽饽礼俗的天津地方模式。

二

婚后两年内抱上头生子（天津老太太们把它念成连音"头授"），当然最好是男孩，头一胎生个养家大儿，这叫会生，公婆喜欢，合家高兴，妯娌羡慕。如果生的是女孩，老太太们也有慰藉之词，叫做"先花后果"，意即以后将会生男孩子。这种头生女的乳名往往叫做领弟儿。为了安慰因生女而情绪低落的新妇，则说"头授闺女是娘的帮手"，确实是这样，继而出生的弟弟妹妹都仗她幼稚的心灵和双手照料，特别是中等以下生活水准的人家更是如此。

假如婚后两三年内没有生育的兆头，家中长辈抱孙心切，固然很着急，就是小夫妇也未必不急，于是产生了种种婚后求子的习俗。

婚后不育而求子的做法，在天津城市不外求神和吃某些食物。前者包括供张仙、拜子孙娘娘、拴娃娃等迷信类型的活动；后者则有吃红鸡蛋和喝糖尿两种，该两种食物都属营养品，屡屡服用后，营养状况改善，贫血病痊愈，不孕症得以根治，所以说这后边的做法包含了科学性，是积极的做法。

供张仙　保佑生育的神大多数是女神，唯独张仙是男性。天津居民供张仙多在卧室房山炕灶烟囱暗道临近出口处悬架供板，把张仙木板神祃径自贴于墙壁，或者把画像镶镜框钉在供板上，供香碗、蜡烛，早晚上香祷念，还设一小瓷碟，里边放四五个湿白面球，逐日更换，据说是喂天狗的，否则天狗会伤害婴儿。

拜祷子孙娘娘　因不孕或晚育而求子拜神，宋以来大行其道。各地所拜之神不同，黄河流域拜碧霞元君，亦称泰山娘娘，为了恭敬只称娘娘而不名。天津地傍黄河流域，似属泰山娘娘的领地，却独树一帜，妇女们求子拜的是子孙娘娘。她位在东门外天后宫大殿里天后圣母座右侧。传说她负责管理每对夫妻有无子女的事，婚后艰于子嗣的妇女，只要虔心求她，准会应验，所以香火很盛，应接不暇。为了便于妇女求子，也增加香火收入，道士们不断造神，于是又有了百子娘娘、千子娘娘、引母娘娘，都与生育有关。旧时代一心求子的妇女见到像前有小娃娃的娘娘就烧香祈祷，在她们心目中只认定是求了子孙娘娘的。就这样，子孙娘娘在20世纪30年代以前真够得上享誉津门的。当然，这只限于妇女。

拴娃娃　求子可以向子孙娘娘烧香祈祷，也可在烧香后，把她们泥像前的小泥娃娃偷一个，揣在怀里，仿佛真的有了儿子，心中默念着"跟娘回家"，回到家中藏在一僻静处。此后，真生儿育女，这小泥娃娃就是大哥，真的儿子则排行第二。还要把这泥娃娃送到洗娃娃铺加些新泥，塑一半尺多大的娃娃，给它穿上衣裤，每天要按人的生活规则给它摆饭菜。这时还要在洗娃娃铺做九十九个小娃娃到娘娘宫去还愿烧香。这是道士进财的机会，他们会观色察言，估计还愿人家的家道，尽量多索取一些供资和喜钱。这种求子习俗在天津盛行于清中叶以后，俗称拴娃娃。那由洗娃娃铺新塑的娃娃称作娃娃大哥，随着弟弟妹妹的成长，娃娃大哥也一再改塑，变化形象，穿上长袍马褂，坐太师椅，有了花白胡须，由娃娃大哥变成娃娃大爷。拴娃娃的老太太不在了，则由她的子孙继续供奉这娃娃大爷，因为他们这些人，都是它领来的。

吃红鸡蛋　民间习俗，婴儿出生第三天要洗儿，洗儿盆内要放煮熟并染红的鸡蛋若干，收生婆洗儿时搅动盆水，若两个红蛋的大头互碰，要立即抓出来，称作红碰头蛋。俗说吃了这种碰头蛋会很快有身孕，最灵验。为此，家有婚后无子的少妇，婆婆则要托人到处寻红碰头蛋给儿媳吃，据说吃时要坐在卧室的门槛上，脸向屋内，俗称倒坐门槛。

喝糖尿　糖尿是杂货行货栈糖垛夏日高温时融化流出的深褐色的黏稠糊状物，一汤匙可冲一大碗开水，特甜，有调经补血作用。据先严讲，喝糖尿之俗是乾嘉以来由闽粤传来天津的，天津的杂货行都把舍糖尿当作善举，不收分文，只要有东西，来者不拒，说一声好话，就给一大碗，够冲服一个多月用。先严在世时就是经营杂货业的，我幼年时经常见到亲友或邻人托寻此物，有时自己柜上没有了，还要学生意青年到潮义栈等大字号去寻，虽然费力，但在友谊和善举面前，只能尽力满足了。喝糖尿未听说有什么仪式或禁忌，只是逐日按量开水冲服即可。因为糖包是在盛夏才融化，所以喝糖尿都是在仲夏后深秋前这一段时间里。

三

妇女怀孕，在天津妇女中有一种隐喻性的代用词，叫做有喜。确认有喜后，家中人，特别是女性长辈则急于要知道胎儿的性别。她们凭毫无根据的经验定了以下几种测定的方法：以害口的情况为准；从孕妇迈门槛的脚步看；从孕妇乳头颜色看；从孕妇的颜面气色看。

确认有喜后，与孕妇有关的一系列禁忌随之而来，这往往是与胎教相联系的。头一条就是孕妇与丈夫分房而居。二是防止孕妇的精神过度紧张，如巨大的电闪雷鸣，亲人丧亡的哀痛。因此，在天津孕妇不参加婚礼，不看死人入殓，都是为了防止孕妇精神的突然紧张和过分劳累。三是禁吃兔肉和螃蟹，传说吃兔肉，养孩子是三瓣嘴（天津方言豁裂缝）；吃螃蟹，会横生倒养，孩子会有六指儿。

辛亥革命前一段时间，风水星相盛行时还有冲犯胎神和星煞的一类禁忌，内容离奇复杂，实则这才是毫无道理的迷信。除个别人家信奉遵行外，多数人则置于脑后，若无其事，于是这种禁忌在民间逐渐被忘掉了，到20世纪20年代大多数人已不知有此种禁忌。从这点看，天津人倒讲求实际，不轻信胎煞避忌之说。

四

旧社会，家有孕妇，长辈女性，譬如婆母，要早有筹划安排，如果是新妇头一胎更要周密、全面。新妇的娘家也要有一番准备。

首先是产房的准备，一定要在自己家中，孕妇现住的卧室是第一考虑，非万不得已，不作他处考虑。如因临产期家中正有人（特指老年长辈）病危，担心两事相遭，孕妇必须迁出本家宅院时，即或是到亲友家借住，都得付给租金，以示是自己的家，孩子算生在自己家中。产房要严密，门窗都不进寒风，以免产妇因风寒坐下月子病。

其次是婴儿的衣被、饰物和席子等，这是一项系列工程，在富有之家往往成为亮家底儿的两亲家竞富活动。这种准备实际是重复多余的，小孩出生后，满月、百岁和周岁，都要准备衣物、饰品，亲友也要送这些东西。往往都是把质量好的留下，其他送人。

产期临近要预订收生婆，准备婴儿及产妇须服的药物，准备产妇生育后食用的补品，如小米、红糖、芝麻盐、枣、鸡蛋等。无论如何忙乱，都不能忘记准备子孙娘娘神祃及香烛供品。最后还要雇一位年富力强的已婚妇女做抱腰人。最理想的是家中有具备这种条件的女佣人，产妇生育后，随即转成服侍月子的专用佣人。这个女佣人要懂得月子的礼俗和禁忌。

五

天津土语妇女生小孩叫坐月子。生产时产房门窗紧闭，挂窗帘。除产妇、婆母、收生婆、抱腰人和其他可以操持忙碌的已婚妇女一二人外，其他人不得进产房，更禁男人和不速之客，即俗话所谓的生人。

婴儿顺当出生后，收生婆一是要处理好脐带，剪断时要留下一小段，盘结好，垫棉花和软布包好，忌沾水，防止溃烂引起脐带风；数天后脐带干枯，自然脱落，即成凹陷的肚脐眼。二是要处理好胎盘，务必全部脱落。这时产妇的婆母可以在所备的子孙娘娘神祃前上香拜祷。如果神祃就供在产房内，这时还可以稍稍开一下门出来一人，向全家告知生男生女，大人孩子平安等情况。

在产妇将临盆之际，厨房动手煮小米粥和鸡蛋，备产妇生育后食用。与此同时还要煎一剂民间验方生化汤，为产妇产后补气安神，下淤血，去恶露。产房有人出来送信，煎好的生化汤随即送进产房；稍后，俟产妇精神安稳后，小米粥、鸡蛋、红糖、芝麻盐等送到产妇跟前。胎盘，药名紫河车，天津老太太们称它为衣胞子，传说它与婴儿的生命有关，若被他人得到或被野狗等吃掉，则婴儿将遭不幸，所以必派人带到荒郊深埋。就在进行这些措施的同时，最好是由产妇的丈夫亲自到丈母娘家去送喜信儿（大多数由别人代替）。从产妇阵痛加剧到派人至产妇娘家送信儿，这一段时间，人们由精神紧张渐变为精神喜悦舒展。

婴儿出生后需俟其排出胎便，才能给他吃人乳。在此之前，用细布蘸煎开的甘草水喂食，俗称开口药。与此同时，要给产妇喝鱼汤或鸡汤，民间特讲究喝七星肘熬的汤，目的是催奶。婴儿排出黑绿色的胎便后，要请一位正在哺乳的妇女为他喂奶，称开口。婴儿是男孩，要请一位哺育女孩的妇女来开口；是女孩，要请哺育男孩的妇女来开口。产妇身体素质好，且一切条件顺当，奶三日内可下来。

产妇坐月子，主要是利用这一个月的时间充分休息保养，为此，民间形成了诸多忌讳和禁忌。譬如饮食忌生冷，不能受凉风，不能洗澡、洗头，更忌夫妻行房，这些在今日医学角度看虽不尽科学，但意在避免坐下月子病根。至于不许纫针、刺绣，说是这要坏眼睛，还有不许用水等，都带有妈妈例儿味道。

六

天津习俗，胎儿出生后，有一系列礼俗为之庆贺，兼祝小儿长命百岁。这些礼俗有：

胎儿出生后要有个乳名，起名的权利往往在产妇的婆母手中。她可以见景生情，譬如胎儿健壮，就叫老虎、大牛；还可以赞颂现状，如目前家境丰裕，可以叫来福，既指孩子来到福地，且表示为家庭带来了福气；如果头生子是女孩，则可以叫领弟儿；如果胎儿体质较弱，恐不易养育，可以起个贱名，什么狗子、王八、铁蛋都可以叫。至于起学名，则需待日后由男人们去操持。

庆贺的活动头一项是洗三，即婴儿出生第三天的洗儿礼。这天上午十时左右，由接生婆主持洗儿。活动即在产房举行，炕上摆铜盆，盛温水，漂浮艾叶、桃枝等少许，盆外放葱数茎。接生婆打开婴儿褓裸，将裸体婴儿抱在怀中，用软布蘸温水擦拭婴儿脸、手和全身，并向盆中投铜钱、煮熟的红白鸡蛋等物，边搅动，边蘸水擦拭，边念喜歌。前来贺喜的亲友家妇女陆续向盆内投钱，俗名添盆。搅水时浮动的鸡蛋如两大头相碰，名叫碰头蛋，立即抓出，专门送给亲友中不孕少妇吃。其余的蛋也在最后捞出，供向贺喜亲友还礼时用，俗名喜蛋。擦拭后，给婴儿穿上衣裤，梳梳胎发，放在褥上盖好被子。洗儿水要单独泼掉，不与其他洴水混杂。这时由婴儿的奶奶向三日前供上的子孙娘娘神祃上香拜祷，并随黄钱等焚烧神祃，全此洗三礼完毕。这时约近中午，津俗午饭必为炒菜捞面，俗名四个碟面，晚间设酒席款待亲朋。午饭后收生婆走时可谓满载而归，手术费、道喜钱、车轿钱、婴儿姥姥给的谢礼，还有从洗儿盆中捞出的钱物等，意犹未足者，往往张口索要，一般都是视产妇家境而定，即以30年代初为例，中等商人家仅现洋就需十数元。

婴儿出生的第十二天，津俗称作十二晌。此日上午请一位剃头匠给小儿剃胎头，剃下的胎发要存在婴儿枕头中。中午必吃饺子，有的人家还要产妇象征性地捏几个饺子，这顿饭和这种仪式津俗叫作捏骨缝，意在预祝产妇生殖器官尽早复旧。产妇从生育日起，始终在炕上坐卧，捏骨缝后，产妇可以在产房内下地活动。

婴儿出生后一个月，叫满月。这一天，产妇家要庆贺，亲友多送儿童衣被、首饰等物，常见的有长命锁、手镯、脚镯、绷在帽子上的老寿星和雕有吉语的金钱等。在主家来说，纯是为庆贺，热闹一天，请请亲友算了。倒是要注意的是送满月礼的镯子一定要活口的，否则于婴儿不吉利，轻则受主家白眼，重则被指斥。二三十年代有了匣装满月礼成品出售，一律活口，就是为了适应这种妈妈例儿。

满月后，产妇恢复正常生活，要选一吉日（俗称好日子，不仅天气好，更要诸事皆宜），带婴儿到外祖母家住些天，午前动身，京津习俗都叫挪臊窝。离家时在婴儿鼻头上抹一黑点（有用墨者，有用锅底烟者），回来时则涂一大白点，俗谚"黑鼻儿去，白鼻儿来"，意思是去时黑瘦，回来时变白胖了。途中车轿出城过桥，母亲要抱好婴儿，口中叫着他的乳名，免得丢魂儿。要住多少天，天津土著无定例，只凭婴儿祖母根据当时情况一言而定，少则五天、十天，多则半个月、二十天。回来时凡住城内或近郊的一定午饭后动身，必定在日落之前到家。回家时，外祖母、舅舅、舅母都要给婴儿怀中放个包着礼物或银元的红封子作为第一次来姥姥家的见面礼。

婴儿出生后第一百天，礼俗称作百晬，京津的老妈妈例儿图吉利，谐音说成百岁。这一天，外祖母家要给婴儿送去许多小衣物和饰物，甚至纯金的长命金钱；还要在蒸食店定做一百个发面寿桃，装上两个捧盒，和另外一捧盒寿面、一捧盒肉或其他礼物一同派人挑到婴儿家。衣饰等物则由外祖母亲自带去。百岁日，婴儿家要设家宴招待外祖母家的贺喜人和来贺的近亲。

婴儿出生一年，要过周岁生日，老亲至友都来庆贺，送的礼物有衣服、鞋帽、饰物，第一次有了玩具礼品。20年代前，轻工服装业还未兴起时，衣帽等都是亲友家少奶奶、小姐们亲手做的，都尽量向精巧处做，摆在那里可以开个女红刺绣展览会。至于谁该给孩子做件什么，旧时是有分工的，俗谚云"姑姑的鞋，姨姨的袜，姥姥的兜肚，舅母的褂"。周岁庆贺在个别中上层家庭有抓周活动。抓周礼很古，旧名试儿。把各种物品置放于婴儿面前，看他先抓什么，预测未来的才智贤庸。这只是取乐而已，又有谁会真信它呢。

过了周岁这一庆贺活动，生育庆贺礼俗已基本完结。以后小儿每年生日，只有外祖母家还会送礼祝贺，别家亲友是不再来祝贺了。

七

民间千百年的经验，总结成一套育婴保幼方法。首先针对婴儿"三躺、六坐、八爬"的发育情况，有意向这方面培育：孩子坐不住倒下了，把他扶起坐；把孩子放在远处，然后招手让他向大人跟前爬；十个月后把孩子倚在墙上，要他练站立的能力；一周岁时则扶着双手要他练行走，这些都是积极促进发育的做法。人从出生就遇到民间习俗默默的陶冶，并在最初的发育中得到它的帮助，这就是民俗教育功能真谛所在。

对幼儿生命最有威胁的莫过于出疹子和出痘（即天花）了。民间对前者主表——服用芦根水，要疹子出全，忌油腻、生冷食物，保护好肠胃，怕见凉风。据说出疹子后一个月不能出屋，否则会坐下迎风流泪的风流眼毛病。

种牛痘之法未兴起之前，婴儿最易出痘，因为它威胁小儿生命，人们求助于神佛，不知何时民间开始信奉痘疹娘娘。小儿出痘后，室内要清静，光线要较暗，忌风，忌父母房事。服药只是促进痘能尽早出全，但限于医学水平，完全无把握，听天由命而已。

清朝中叶以后种痘之法传到华北，清末天津出现牛痘局，用病儿痘浆接种，并逐一传接，种痘后要给小儿吃发腥物，让种在两臂上的六棵花出齐，浆灌得满。牛痘痊愈后掉痂时，家中要扎一套扎彩，其中有若干盆纸花、水筲、轿马等，和早在种痘时就供奉的痘疹娘娘一齐陈列，烧香上供一昼夜，第二日上午焚化，此习俗称作谢奶奶。在这次敬神活动期间，小儿的外祖母、姨母、姑母都要来看望、道贺，并送一种脆皮上布满芝麻的小点心，俗名掉痂烧饼。其所以如此，就是因为过此以往，可以预想到的生命威胁已没有了。出痘如能平安度过，也要和种痘一样行谢奶奶礼，庆贺一番的。这种习俗在30年代中期仍在传统性较强的城郊地区流行。

八

在迷信盛行的封建社会中形成的民间保幼观念及其实践，都不可避免地带有迷信成分和原始巫术的某些痕迹。在这节里我们专门介绍天津习俗中的这方面情况。其中关于供子孙娘娘、谢奶奶和起贱名的情况，已因行文之便结合相关习俗于前文述及，这里不再重复。

小儿受惊吓，往往不饮不食，昏睡不醒，民间名为掉魂儿，需要叫魂儿。办法是到杂货小铺请（就是买）一张跑马儿，把这种马神祃四条腿间的空白纸剪去，意思是马跑起来了，然后在灶王神位烧香，把跑马儿供上。由小儿母亲拿小衣服在屋内或院内叫着小孩乳名，说"××随娘回家喽"，走一遭后，回屋把小衣服盖在昏睡小儿身上，并说"××回来了"。小儿的祖父或父亲也拿一件小衣服到街头或小儿曾到过的地方去如法叫魂儿，只是把称谓改一改，回来后也是如法安排。过此以后，静等一半天，待小儿精神稍稍松弛后自然会好的，人们却误认是招魂儿的办法真能治病。

小儿受惊吓后夜哭不止，往往不问原因究竟，只当恶习。民间会用纸书写一段有方术味道的咒语，到处张贴。实则采用耐心安抚或短时间改变生活环境的办法，待小儿紧张精神缓解后，夜间惊哭之病自消，咒语是毫无用处的。

旧时代多方面的因素使婴幼儿不易存活、成长。为了让孩子能平安成长，民间想出了穿百家衣、戴百家锁等方法，以人间上百家族的名义保护孩子，背后隐藏着的是人和神鬼斗。做法分别是小孩的母亲向亲友邻里收集剪裁的下脚料，缝制成各种图案的小衣裤给孩子穿；由小孩的家庭出一点小礼物，送给亲友邻里，说明意图，亲友等根据亲疏关系或多或少给些现钱，积少成多，用这笔钱在首饰店买一挂百家锁给小孩戴。民间都认为百家衣、百家锁有保证小孩长命百岁的功能，特别是百家衣在妇女们串门闲谈中即可搜集，所以市区偏僻地带一直流行至20世纪40年代。

为了让幼儿健康成长，民间还兴一种习俗：把孩子带到寺庙，认僧道为师父，做佛家或道教的弟子，从此改穿僧衣或道服，庙中给孩子戴一挂丝线的金属（铜的或铁的）锁，每年年终庙中给斋饭一顿，家中给香资若干，量力而行，这种习俗叫认师父戴锁。城内各庙都收挂名徒弟，娘娘宫、城隍庙、太阳宫收徒比较更多些。到了第一个本命年生日时，方可以摘锁、跳墙，不再算作僧道弟子。

关于认干娘习俗，其观念是由多子女的妇女把病弱的孩子认为儿女，就可保孩子长命百岁；其仪式是干娘送孩子一套筷子碗

（忌用瓷碗）、一套衣服鞋帽及长命锁，孩子家送干娘一身好衣料及鞋一双。认干娘日，干娘把一条新做的裤子（不缝下裆）放在炕上，孩子由裤腰处爬进，从裤裆开口钻出，以表是亲生的。从观念和仪式看全带迷信色彩。

原载《天津史志》1993年第3期

天津的养花习俗

我国人民自古喜好种树、养花，妇女尤喜簪花，积久成俗，融入民间生活文化体系。天津作为北方一大都会，地利人和，物阜民丰，居民更好养花种树，清代初叶以来尤盛。考其原因，约有三点：一是私家名园影响，如张氏问津园、查氏水西庄、佟氏艳雪楼、康氏园、金氏环青园等，都是花木繁盛，名重一时。二是禅林道院，如大悲院、香林苑、海光寺等处，僧道附庸风雅，栽花种竹，招引士流宴饮歌咏，其中，大觉庵的芍药花与北京附郊丰台齐名，声名隆盛。三是附郊农民栽枣栽桃、沿河植柳，于是形成郊外西沽、葛沽桃林，杨柳青杨柳，运河岸片片枣行子等景观。名园、古刹的花木胜景和城郊的林木葱茏，培养了天津人民爱好花木的文化品性。以"佛地春开芍药花"闻名的大觉庵废后，名花零落，不过那些培植"千畦锦绣"的花圃匠人挟养花绝技，分香火地经营起花厂，于是南运河北岸，自邵公村（今红桥区邵公庄街一带）向西迤逦二里余，暖窖花畦相连，还辐射到对岸的永丰屯（今红桥区小西关街一带），花农们在那里立了花神庙，足见当时花卉业的盛况。这偌大地域内有众多花厂，出产的花卉为天津人爱花提供了方便的物质前提。而当栽植花木、买花、租花、簪花成为生活习俗的一部分时，就有了文化特性，许多讲求和禁忌也随之产生。

新中国成立前，天津的花厂大多数集中在今红桥区邵公庄街至西南运河北岸大堤下各村庄，以大觉庵、杨庄、小侯庄、小辛庄最为集中。大觉庵香火地就在这一带，庙废后，庙中花农独立经营的多家花厂也便在此地。此外，天津人喜欢御河水，认为御河水甜，适于饮用，适于浇灌花草，故外来的花农也于此近城之地安家经营。这些花厂都设有暖窖，冬春之际培植某些暖窖货，夏天急风暴雨来临之际也可保护细嫩花枝。

花厂一般经营盆花、散枝、散朵。盆花多是先丛植于地里或暖窖畦里，按花季栽培、催肥，于适当时期移入盆内，再经过短期的缓壮之后，即可上市出售。这多是细枝嫩叶的草本植物。木本的或在畦间培植，最后移到盆中出售，或一直种在盆内，培植期要长于草本。

盆花随季节而变。春卖芍药、牡丹，这两种花买后一般得移栽地上，且非深谙养花之道者不易养好、养活。夏卖石榴花，秋卖菊花，冬卖迎春、腊梅。上面提及的五六种花卉是天津人喜欢养的主要品种，其他的草花还有草茉莉、江西腊、腊叶海棠、洋绣球、凤仙（俗名海纳，天津人呼作"海腊儿"）、鸡冠子花，都有盆花按时上市。万年青是一种多年生草本植物，也作盆花上市。

散枝主要是夏天的晚香玉和30年代传来的美人蕉。散朵有南茉莉和白兰花（天津俗称"把儿兰花儿"），两者均可用细铜丝穿缀成半月形或小花环，供妇女插在鬓边和挂在大襟扣襻上作为饰物。六七月间还卖红凤仙花，甚至亦有散瓣的，妇女买后，和以白矾末捣烂成泥，用来染手指甲，因此又称"指甲花"。

春末夏初到中秋是卖花的好季节。花农或小贩每早进城售卖。盆花和散朵卖法不同。卖散朵花的人，臂间挎一精细整洁的竹或木提盒，南茉莉和白兰花、薄荷叶、凤仙花分别用含水的净细布衬盖，分装在提盒各屉里。一部分是已用细铜丝穿缀好，一部分是散花，可按买者需要临时穿缀。因买花人多属于妇女，因而卖花人既要谨慎本分，又要性情和蔼，衣服整洁，善于辞令，这样他的生意会比又脏又倔老农好得多。这种散朵生意往往在大宅门有喜寿事时预先接到订货，某日要穿缀好茉莉花和白兰花各多少枝，这个数字往往是本家妇女人数的一两倍，那多余的花束是为贺喜的女宾和临时来的女帮工（天津话称作"落忙老妈"）准备的。卖散朵花的人走街串巷，叫卖声清脆悠扬，经常在大宅门处停留。卖时轻轻拿出放在一个小瓷碟内，买花人或用手托或暂借瓷碟将花送回家中。最忌手摸花朵，没人买时立即盖上衬布。

卖盆花的人，平时用挑子挑花进城，在西门里、北大关、官银号、东门外一带出售。夏季花开盛时，花色及品种都多，则车与挑子同时进城。挑子可串小巷，车子停在大街繁华处，一边卖，一边供应挑子。散枝花最初是卖晚香玉，因它晚间开，香味浓郁，所以都在傍晚卖，放在长圆形的挎篮内，叫卖声悠扬，走过时清香撩人，很快就卖光了。30年代后，卖晚香玉时或还增添美人蕉散枝，花上盖块湿细白布，只留花枝的顶端，仿佛告诉人们篮里是花。

过年时，生活优裕的人家好在室内摆设迎春、腊梅、水仙、万年青等盆花，增添春意。除水仙是价购外，其他几种花可买可租。租花，腊月二十八九送到家，这时室内多已擦洗一新，摆上盆花，益发显得富贵气象。大致可摆二十余日，正月填仓节后取回。租花花钱不多，既点缀了节日，又不需自己精心护持，而且没有养花平时须有空闲地方放置的困扰。何况迎春、腊梅两种花除花农外，余人很难把它们养好、养活。故此，三四十年代，过年时租花的多于买花的。

二三十年代，天津工商业一度虚假繁荣，一部分商人家庭生活情趣增长，加上从江浙、闽粤传过来的新的生活风尚，以及欧美生活习俗的影响,譬如结婚汽车要扎鲜花彩子,送礼要送鲜花花篮,亲友家有喜庆事,除送茶食、酒、鲜果,还要送上几盆花,鲜花销量大增。有眼光或说有市场经济意识的花农,有大觉庵周家,那时在市内东门南租了很大一个门面,开了个"玉芳花店",经营多种花卉,除常见盆花品种外,还有珍贵大盆货,如桂花树、白玉兰等,年节的应景花往往不好买到,但这里准有,而鲜花彩子、花篮可以预订,花束和簪花可以随时买到,不用专门早起到繁华街口去寻找了。玉芳花店的利市,使它的东家成为名门,50年代以前,"玉芳周家"享名邵公庄西各村庄。从玉芳花店的经营看,大致20年代中期到40年代中期,是天津人买花,养花,消费散枝、散朵花的一个高潮时期。

至于人家养花,确有许多讲求。木本花主要是养石榴树,讲究的人家养桂花树、白玉兰等。石榴树一图它"五月榴花照眼明",艳丽火爆,二图它"榴开百子",象征人丁兴旺、儿孙满堂,别种树可以不养,此花一定要有。桂花树平时观赏,入秋花开时甜香弥漫邻院。摘桂花煨入糖中,可以做成果馅小料,比从杂货店买到的要货真价廉得多。养白玉兰要细心照料,水肥得当,还要注意花蕾的成长,将开前一天用毛边纸糊的小纸筒把花蕾套上,防止花瓣大放,这样就可自制簪花了。套早了花蕾长不丰满,晚则花开大了,只好熏茶用了。这三种树,深秋都得搬进室内,后两种因为珍贵,还往往把它送到原来的花厂暖窖去,委托花农照看,这当然是有偿服务。

既然养花一定要有石榴树,富有之家便在这上面做文章,即"天棚、鱼缸、石榴树",这三者俱全乃是夏日的典型排场,只有这样才够气派。

此外,夹竹桃花期长,人多乐于养,但要开红花的,忌开白花的,枝干讲究三杈九顶,也就是要勤加修剪,保证两层枝杈共九枝的规格。这几种树以主干粗、树顶圆大为好,这就要栽在特制的大木桶中,木桶油绿色油或漆,竹箍刷红油,摆在庭院十分耀眼。

庭院养花木最忌长疯、高与房齐。一种妈妈例说石榴树齐房败家运,当然这是迷信的解释。树过于高大,一则不便于搬运,二则冬日入窖或进屋子难以容下,此外,特别是旧时天津中等以上资财的人家庭院讲究方砖墁地,夏季还要搭天棚,树大栽在院内就破坏了前面说过的两种排场,因此树忌长疯,这才是实际的原因。另外,院内不能有高大树木,特别是不能种树的原因,乃是树木高大易招鸦雀、蚊虫,而乌鸦粪落在人身上,尤其是落在头上,被认为是晦气;偶尔落个夜猫子更是糟心。民间有谚:"夜猫子进宅,无事不来",不吉利的鸟落在院树上,被说成是会有什么坏事、祸事降临家中,一定要大喊大叫地诅咒,同时砖石、棍棒俱上,把它赶飞。迷信深的人家还要烧香祈禳,以消灾免祸。既有这些麻烦,种不如不种。故此,旧时天津宅院都不种树,而木桶栽树也不能任它长高大。

榕花树每年六七月间开粉红色毛茸茸的花,很招人喜欢,但在天津习俗中,庭院不养它,说这对买树种它的人不利,如果意外买了,只有赶快种到茔地里去,才能化解。天津榕花树少,这是一个主要原因,今日虽不讲这些迷信,但习俗已成,难于改变了。

室内陈设的万年青,绿油油的大叶子冬夏常青,十分喜人,被认为象征人永不老,家业永不衰败,人旺财旺。旧时,中等以上人家多养此花,图个吉利。摆万年青要瓦盆外面套大一号的瓷花盆,为支撑大叶直立,花盆四周要插精致的红漆木架,红绿相间,火爆耀眼,摆在堂屋的条案上,确有一番幽雅而富贵的气象。叶上灰尘要经常用清洁的湿布轻轻擦拭去,或用喷壶冲洗。

其他草本花，如西番莲、死不了、欧洲莲、凤仙花等，开花多、花期长、颜色浓艳，草茉莉还稍带清香，都为多数人所喜爱。特别是由于自家可以培植成活，比较普及，一般人家夏日院内都摆上几盆。有的人家在石榴树、夹竹桃前搭起分层的砖台，把草木花高高下下堆成花山，金鱼缸或单或双，兼栽莲藕，放在最前，再用花砖架起青石板，作为摆放茶具的台子。晚饭后暑气稍歇，淡香时来，一家人围坐在花前，品花乘凉，谈古论今，与小儿女闲话星河牛女，别有一种悠闲情趣。

新中国成立后，一则社会政治意识加强，人们忙于生活、建设工作，二则物质条件大为改变，譬如庭院住宅相对减少，单元楼房增多，养木本树的习俗逐渐淡化，喜爱花木的人只能在自己居室的空间中养几盆草本花。另一方面，交通发达，外地养花习俗和花草品种传入天津，出现了各种玉树、吊兰以及仙人枝、郁金香、一品冠、君子兰等一大批花木，丰富了花卉天地，开拓了天津爱花人的眼界。

种树、养花美化环境、美化生活、陶冶性情，是热爱生活的表现，是好的社会文化传统。天津人养花的许多讲求和禁忌，都有它社会的、文化的根源，反映着生活、心理的一些问题，是一个有趣的民俗研究课题。

原载《天津史志》1993年第3期

旧时天津民间"忌讳"十二则

辛亥前夕,先严遵先祖母之命弃文从商,为衣食而贸迁四方,足迹遍冀、鲁、晋、豫、热、察、绥、苏、皖。所至入乡问俗,入境问禁,曾有《杂记》四册,记述各地民情、物产、商号、钱庄、旅店、忌讳及所见联语,随在笔录。笔者十六七岁时,不时翻阅,彼时只对各地民俗风情及忌讳感兴趣。嗣后存于先大兄手,为远祸计,无奈毁于丙丁,惜哉。昔日翻检所得已大半遗忘或混淆,唯所记天津民间忌讳多则,因有数十年的生活积累为依托,尚能回忆十之七八。今择不为人熟知者,简述于下,以存社会史料。

一、"男忌露脐,女忌露皮。"我国是礼仪之邦,素来讲求服饰仪态。天津是北京门户,过往官商众多,居民尤重仪表。但天津又是繁忙的码头,搬运、肩挑负贩者多。夏日苦热,体力劳动者往往汗流浃背,在街头操作或行进,一般穿坎肩,万不得已时,可以上身裸露,下身穿肥大短裤,赤足,这样没有人耻笑。但是,即使身上只着一件短裤,腰带也一定要系在脐上,也就是不能松松垮垮地系在脐下而露出肚脐,这样是要招人骂的,也容易被妇女认为是调笑或污辱于她。至于妇女,在夏日,无论气温多高,只要是礼仪场合或是上街,都须衣裳整齐,穿高领大袄。所谓"女不露皮",即是指脸和手以外的其他部位的肌肤不能外露,包括颈项和腕肘。老年妇女夏日在卧室且无男性亲友的情况下可只穿兜肚,中年妇女可穿坎肩,已属通融,并不在此忌讳之列。

二、卧室傍晚挂窗帘后忌掀起向外看。津俗居室窗户下半截用三块瓦式玻璃，昼间玻璃窗的下半部分要挂红色或其他浅色花布帘（非居丧忌白布帘），以遮进院生人的视线。而每日傍晚，室内要掌灯时，必另挂一层较厚的花布大窗帘，把玻璃窗全部遮住，既可阻外部视线，又可挡夜风。但有一条忌讳：非到转天天光大亮时这大窗帘不能摘下，更忌掀起一角向外看。传说曾有妇女在夜间听到院内有响动，掀帘向外看，恰好也有白脸妇女隔玻璃向内张望，因而惊吓成疯癫症，甚或惊惧过度以致死亡。记得有夜游神下界巡视之说，今日细想，彼时整个城市灯光稀少，黑洞洞一片，室内虽油灯如豆，毕竟是亮的，玻璃上的白脸，实际是掀帘人的映像，人们科普常识欠缺，遂有此迷信和忌讳。

三、居丧期间男人忌理发、刮脸。津俗家中有人死亡，特别是父、祖辈长者谢世，小辈男子至少在棺木下葬前这一段时间不剃头、不刮脸，长者有超过四十九天或百日的。一般因生产、经营而难于长期中断对外交往者，多取长辈棺木出殡圆坟后即解禁的做法。之所以有此忌讳，显然是儒家礼教的影响。就笔者观察，此俗今四十岁以下人已多不知晓。

四、儿童换乳牙时，各地对掉下的牙各有处理方式，目的是祈祝新牙周正、洁白。天津民间忌把孩子乳牙随便丢弃，而要将上牙扔到河沟中，将下牙扔到房顶上瓦楞中。在新牙长齐之前忌被人脚踩。住处离河沟远者，一般都是把上牙丢进宅院大门过道下的流水沟内，因位置低可由儿童自己去丢，下牙须扔上屋顶，多由父兄代劳。

五、忌"胯下之辱"。洗过的裤晾晒时必须避人们出入过路的地方。尤其是男人们忌讳从晾晒着的妇女衣裤下走过，那就如同受这妇女胯下之辱一般。旧时一般庭院晾晒衣物的绳都由一长竿高高支起，下面便于人通过，但妇女的裤则晾在绳两端的偏僻处，且不会太高。深宅大院中此种晾衣绳多悬于平时很少有人走动之处，即便如此，女服也忌与男服混晾一处。

六、民间妇女戴耳环，人们只知是为了装扮得更美丽动人，殊不知这耳环别有规诫意义。旧时津俗中等以上人家中青年妇女往往戴一种长链形的耳坠（天津方言叫"钳子"），下面挂的玉翠饰件多是纺锤状或艾叶形，稍有大的举动如小打逗、狂笑、追逐等，耳边钳子会有大幅度的晃动碰撞两颊，这碰撞即警告本人"已失闺秀仪态"，故这钳子也是用来自我管制的工具。

七、忌同姓通婚。我国各民族自古就有同姓不婚的忌讳，违禁往往要受严厉的惩罚。汉族人口多，文明程度较高，在一些城市对这忌讳早已不甚注意了。而直至辛亥革命后，向天津人提亲，倘若双方同姓，只要一说是老天津卫，就会被以"五百年前是一家"为由婉言谢绝。旧时人们只知明初移民构成土著，不知明中叶以来至清初，曾有几次小量移民，且来自各地。一说是老天津卫就认为是明初移民，而不细察何时移来，来自何地，遂以同姓一家而一律忌讳了。

八、许多地方居民院落留有黄土地，植树莳花，走道或铺石或砌砖。天津城区居民院落则忌留黄土地，屋内及庭院一律细坯方砖墁地。故而天津民居院中无大树。杂记中大致以为卫城附近地势低洼，潮湿、盐碱气重，用细坯方砖一是为压下碱气，二是防碱坏一般的砖。为了防止雨水从砖缝大量渗入地下，考究的四合套院用的大方砖都要研磨四边，务必使砖缝严密。要做到这一点，还须砖下土地填垫十分平整。旧时天津视此为绝技，做到此工序时，须特聘长于此技者来磨砖、垫土。

九、房屋忌留后墙窗户。北京一带民房后墙多留有宽的横窗，半隐在长檐下。天津民房不兴长檐，且冬日风多，后墙忌留窗户，一可免过堂风，二可保安全。这一忌讳说起来主要是怕破了宅院的风脉。

十、饮食名称忌"蛋"字。天津人骂人有"浑蛋"、"王八蛋"等，不咒骂人时，对"蛋"这一字眼就要忌讳了。如鸡蛋称"鸡子儿"，炒鸡蛋称"摊黄菜"，汤中煮整蛋称"卧果儿"，鸭蛋称"鸭子儿"，皮蛋称"松花"，蛋糕则称"碗糕"或"槽子糕"。唯一例外的是鹅蛋，直呼"大鹅蛋"而不忌讳。这一特例，笔者以为似与构词的字音规律有关。

十一、席间对客人忌让醋。许多地方方言都以妒忌为"吃醋"。让人吃醋就有讽刺人妒忌之嫌。尤其不能向女客人问"吃醋不吃醋"。必须以醋佐餐时，要称醋为"忌讳"。

十二、商号忌"三爷"。天津是商业都会，有一种商店是资东聘有经营经验的人为掌柜，主持一切店务。但往往有的资东用人又疑人，把自己的家属和亲戚派到店中，职务虽在掌柜（即经理）之下，但因与资东关系近，店中人对他们多另眼相待，容易招致事权不一之弊，影响店铺业务经营。此处所说"三爷"即指资东的舅爷（内兄内弟）、少爷和姑爷（女儿的丈夫）。"三爷"亦即资东的亲属和亲信。

文化人类学中有所谓"禁忌"，以特定的结构为条件，虽是消极防范、趋吉避凶，有的毕竟近似迷信。笔者初稿不止此十二则，誊清时将可在禁忌学说中讨论者一概删去，以免简单从事而产生有害影响。同时，文中也避"禁忌"这一特定词汇不用，而采用含义更宽泛的民间用语"忌讳"。它亦是先严杂记中常用之词。

原载《天津史志》1996年第4期

二　风俗考议

在中国民间文艺研究会天津分会成立大会上的发言

我们天津民间文艺研究会经过大家的共同努力，特别是筹备组诸位同志积极筹备，今天正式成立了，值得庆贺。相信民研会会集合会员的意志和力量，把民间文艺的搜集、整理工作有计划、有成效地进行下去，让它成为天津文坛的一枝奇葩。

对于民间文艺，我个人是门外汉。我搞民俗学，这里边涉及民歌、民谣、民间故事、曲艺、民间艺术等。就是这些带有乡土气息的纯真作品把我和民间文艺紧紧拉到一起的。我参加民研会是来向大家学习的，大会领导让我说几句，我就结合自己工作体会谈几点希望，有错误请领导和同志们批评。

一、有计划地加强采风工作，抢救材料。我在编写天津地方民俗展览提纲时搜集民歌、民谣，翻了许多书，所获只一二条，和各地比较，明显的少。我曾就此请教钟敬文教授，钟老认为天津地方民歌、民谣等比各地少是可能的，但不会少到只是一二条，问题是须加强采风工作，到民间去广泛搜集，只要肯下工夫，不会没有收获。事实证明钟老的看法是对的，我举下面的例子说明采风的重要。"横扫四旧"使传统文化遭受了不可弥补的损失，但在人民群众中间，仍然保存着带有历史痕迹的民歌、民谣、民间传说和民俗器物。张知行同志搜集到《画扇面》的歌词和曲谱。天津歌舞剧院民歌演唱家李绮同志则从杨柳青搜集到同样名称的歌词和曲谱。词、谱是否相同不得而知，但我知道李绮同志演出时深受天津老乡亲的赞赏。另一件事是，最近我们从有关单位了解到一个民俗文物线索,事情特别感动人。就在那横扫"四旧"的高潮期,北郊一位七十多岁的老农民冒着揪斗的危险,用埋藏和转移方法把一套水会文物全部保存下来,让今后的青少年有机会看到在历史上驰名一时的天津水会的用物。这都说明民间文艺和民俗扎根民间,受到人民的爱护,它不会轻易地泯灭,需要我们有计划地进行采风,把散在各处的东西,搜集起来。特别是要看到,许多传说、歌谣都是一些六七十岁,甚至八十岁以上的老人们口传心授的。而自然法则不可违抗,人总是要死的,这就使我们的任务更具有紧迫性,用搞近现代史同志们的一句口头禅来说,就是必须要"抢救材料"。抢救就得及时动手,晚了难免就要被老人们带走。

二、搜集工作,着眼范围要广泛,兼收并蓄。举凡民间传说、民谣、民歌、口语语汇、谚语、歇后语、民间音乐、舞蹈、地方戏曲、民间艺术(包括版画、绢花、泥人、木雕、刻砖、风筝、剪纸等)和民间风俗,都在我们需要搜集而且必须搜集的范围内。一是它们之间互有关联,搜集范围广,可能收到触类旁通、相互启发的好处,迸而搜集到更多更好的资料和文物。至于具体的搜集项目,应该包括资料(文字的或口碑的材料)、实物、图谱等。从现在的技术条件看,如经费允许的话,可以在民研会主持下有计划地搞一些专题的录音、录像。这样,我们的整理、研究工作就可以在资料、文物雄厚的基础上广泛展开,大面积的丰收是可以预料的。

三、我们天津历史博物馆正在搜集地方民俗文物,同志们在采风的访问调查活动中,请分神为我们留意民俗文物、资料的线索,资料可以大家共享,文物由我们斟酌收藏。希望大家帮助我们搞好这项工作。

拉拉杂杂,占了同志们的时间,谢谢。

谈民俗学,兼论史志中民俗篇章的写法

民俗是形成于民间,又世代传承、流行于民间,对人们的意识和行为有约束力的生活文化现象,是社会精神文明的重要组成部分。民俗内容丰富、形式多样,它的社会作用是大的、多方面的。

民俗学,顾名思义是以研究民俗这一生活文化现象为己任的一门社会科学。它研究的内容是多方面的,举凡经济活动、社会组织、宗教信仰、人生仪礼、岁时节令、民间技艺以及衣、食、住、行、语言、称谓等,无不包罗。涉及的领域十分广阔,与社会科学体系中的许多学科,如历史学、考古学、社会学、民族学、心理学、语言学、文艺学等,有着密不可分的联系。

提到民俗学研究的任务,各国民俗学者纷出异见,难以统一。近年,我国民俗学界趋于一致的意见是:"站在人民的立场和具备科学的态度,首先,用实地调查的方法把这种长时期被蔑视、被抹杀的民族基层文化资料收集起来,并给予科学的整理(包括分类学),然后,用马克思主义的观点和方法,对它进行精密的分析、论证,揭示它产生的社会原因,生长、消亡及传承、传播等的规律,揭示它的社会作用。"① 它为我国民俗学体系勾画出了大致的轮廓。

从历史看,现代社会科学的许多学科都是在西方资产阶级上

---

① 中国民俗学会理事长钟敬文教授语,《民间文学论坛》,1983年第2期。

升时期产生的。出于政治斗争的需要，他们必须了解当时社会的实际问题，掌握阐明社会发展客观规律的知识。民俗学作为一门独立学科，始于19世纪中叶，是现代社会科学体系的一个晚生儿。它是在民族学、人类学、社会学、历史学等学科发展的基础上形成独立学科的。一般认为它发端于英国。现在国际通用的学科名称folklore一词就是英国人汤姆斯于1846年合folk（民众）和lore（旧传）两个撒克逊语单词构成。民俗学之所以创立于英国，是因为当时后来居上的英国殖民主义者需要了解殖民地人民的习俗，以便统治，进而达到长期掠夺的目的。它的民俗学是从研究外族、外国开始的，后来其他殖民主义国家也多仿效，沙俄的所谓"蒙古学"、"满洲学"、"藏学"就是这样建立起来的。还有日本，也从20世纪初开始，用了几十年的时间，拼命研究我国的民俗。这是现代民俗学史的一个侧面。姑置学科理论体系的建立问题勿论（应该看到目前民俗学的某些理论问题尚在探讨解决之中），诚如我国某些学者所说，中国是民俗学的故乡。

我国历史悠久，民族众多，多彩多姿的生活文化世代传承，相互影响、渗透，形成千差万别、民族性鲜明的各族民俗。其中汉族民俗可称得上繁花似锦，流风余韵远被异国。要真正认识中国的社会、历史，就必须注意研究汉族的民俗。

我国自古就重视民俗的作用。《诗经》在第一篇中就提出要"美教化，移风俗"。《礼记·王制》有"命太师陈诗以观民风"的记载，以后历代封建统治者多有采风观俗之命。经常为人提及的就有唐太宗时设风俗使、清雍正时设观风整俗使，目的在于考察民俗得失，以备施政借鉴。由于推行"教化"，自战国时期以来，记述社会风俗的文献极为丰富。《尚书》、《礼记》、《诗经》、《山海经》、《史记》、《汉书》、《风俗通》等，以及历代史书各地方志和许多著述中，都保存了数量上居世界首位的珍贵的汉文民俗资料。这是一份宝贵的文化遗产，需要我们下大力气整理、研究。

粉碎"四人帮"后，百业俱兴。社会科学的一些"禁区"获得解放，恢复了名誉、地位。民俗学在党的关怀下有了新的起步，近几年来，研究工作日趋活跃，民俗工作者从此用武有地，也深受鼓舞。当此民俗学复兴之时，首要的任务是：通过多方面的调查研究，根据我国的情况，建立起我们自己的民俗学体系。进而在方向明确、理论不断提高的基础上，整理浩如烟海的文献资料，并深入研究。这关系到对旧俗的科学的再认识，必将有助于社会主义精神文明的建设，当然，也会对各有关学科的研究工作起到他山之助的作用。

当前，我国各地正在进行新型地方史志的编纂工作，这是批判继承我国方志学遗产，推陈出新的事业。各方同好，殷殷期望。旧方志历来重视风俗篇章，这是好的传统，为我们留下了一笔丰厚的遗产，但那绝大多数是单纯的记述，缺乏科学的分析、论证，因而不过资料而已，不能算作民俗学的研究成果。新型史志当然不会忽略对地方民俗的研究，这就需要对有关章节做全面的擘划，在实地调查的基础上，集中力量，就民俗事象或有关资料做精密分析、论证，对地方民俗的特征，作用，形成、演化的规律，给予马克思主义的阐述。这样就为新型史志中风俗篇章的编写辟一蹊径，使之不落旧志的窠臼；向入乡观俗者提供全面、科学的风土知识；在精神文明建设中对革除陋俗，继承良俗，树立新俗也有现实的指导意义。

窃以民俗学不被提及已近三十年，大家难免陌生，认识也恐难以一致，故做此空论，聊备参考。言多语失，错误之处，请批评指正。

附记：1985年5月下旬，应孙培基同志之请，为市史志办刊物写此稿。此为第二稿。

努力加强天津史研究、陈列工作
（《天津市历史博物馆馆刊》创刊词）

编辑一种刊物，作为发表馆内同志研究文字、工作心得的载体，并把它奉献于关心天津地方历史、地理、文物的学者、方家，求得指正，是我们多年的愿望。现在，《天津市历史博物馆馆刊》在众多同志努力和各方关怀、支持下，终于刊行了。我们自知浅陋，不期望它在一碧万顷的学术海洋中掀起波澜，但是，决心让它在三角洲头流作漾漾绿波。

因此，欣喜之余，益深惕厉。利用文物研究天津史、展览天津史，为传播天津地方历史知识，激励人民；探讨天津地方历史实质、规律，为当代社会现实需要服务，是我们迫切而艰巨的任务。我们时时以此自勉，努力以赴。

目前学术界关于天津史的研究方兴未艾。从天津城市职能看，元明清三代它是都城北京的门户，漕粮的转输港；18世纪20年代以后逐渐成为我国北方重要的商业中心；19世纪中叶以来被迫开埠，遂成半封建半殖民地的河口港型城市；新中国成立后三十余年间发展成为我国三大城市之一，具有世界意义的国际贸易港口，在国家经济建设中发挥日益巨大的作用。论历史年代，它没有西安、洛阳、南京、北京、杭州等古老的政治文化中心来得久远。但近百余年间屡遭来自外部的野蛮侵略和掠夺，劫难之重，超出各地何啻十百倍！言念及此，令人怆恻。新中国成立后，用马克思列宁主义理论研究天津史上若干重大问题，引起了地方史工作者的极大兴趣，对天津成陆、西汉海侵、海河水系形成和海河流域的开发、第二次鸦片战争、义和团运动、五四运动等问题进行了广泛的探索，发表了一批有价值的论文和著作，把天津史的研究工作向前推进了一大步；对于天津史资料的搜集、整理、出版，文物的征集调查也做了一些工作，取得一定成绩。这是热心地方史研究工作的同志和有关单位共同努力的结果。差堪自慰的是，这里面也有我们一份绵薄之力。但是我们深知，就整个情况说，天津史的研究以及资料、文物的搜集整理工作和实际需要还相差甚远，在天津地方史这块研究园地中，大部分仍是尚须努力耕耘，有的是亟待开垦的处女地。

近年的恢复政策有如催花春雨，滋润着一度荒芜的科学、文化园地。几门曾属于禁区的停顿多年的学科都得到了恢复和发展。为了有计划地建设我们社会主义的现代化国家，对经济、社会、文化等实际情况做出系统的科学认识，还建立了诸如城市学、城市史、地名学等综合性的边缘学科。各学科分别在自己专业领域承担研究课题，不同学术见解的争论明显活跃，一个生动活泼的百家争鸣的局面正在形成。

形势如此大好，加强天津史研工作，此其时几！我们决心在贯彻"百花齐放、百家争鸣"方针基础上，扎实地开展地方文物、文献的征集搜求，并有计划地对天津城市史的一些重大课题，进行多层面、全方位的探索。同时，创造有利条件，逐渐使研究体制、思维方式和研究方法适应时代精神要求，从而保证本馆陈列工作建立在坚实的科研基础上，起到从"历史的启示"中认识现实、预见未来的作用。特别是在社会生活中发挥它重要的意识形态功能和参与各种社会问题研究的综合性功能，向人们展示我们研究工作的社会效益，完成历史研究向社会实践接近的时代新使命。

我们在设想地方史研究和博物馆陈列工作自我完善的同时，还注意掌握和利用情报，加强学术交流，汲取他人之长补我之短，以更好地推进科研、陈列的现代化。

攀登高峰，要有勇气！要实现理想的社会效益和在学术交流中起到自己的影响是很不容易的，需要努力，需要十倍百倍的刻苦努力，需要用新的时代精神指导工作实践，也需要各方同好给予支持和合作。

野人献曝，愿区区此刊成为我们向广大论、学术界学习，与之沟通的渠道，为加强天津史的研究工作，提高博物馆陈列水平，竭尽力量。

原载《天津市历史博物馆馆刊》第一期

风物——历史文化的实证

风物一词,学人多年习用,所指较广。举凡一定地域内的灵山丽水、园林古迹、花木虫鱼、乡土特产和风俗人情皆所包罗。凡此景、物,有的是大自然赐予的,而更多的则是我们祖先劳动和智慧的结晶。它们本身就是祖国历史文化遗产的重要组成部分,是历史发展的实物见证。

我国幅员辽阔,各地的水光山色、名胜古迹固然是重要风物,就是普通一石一树、一桥一井的奇异也都是人们乐于传颂的风物。这些事物一般都非常美好,给人留下深刻印象,或令人神往。人们欣羡之余,触发艺术想象,对之做出自己理解所及的种种解释,甚至赋予形象,编织故事,于是便成了绮丽多彩的风物传说。可以这样说,离开了解释和传说也就不成其为风物。所以愈是名山大川、古都旧园,有关的风物传说就愈多、愈美好。

天津地方金、元以前是海隅僻壤。金置直沽寨,元建海津镇,派兵戍守,都是着眼于军事。明初置卫建城也仍然是出于军事目的。清人入关后,天津遂成内地与辽东商业转输的枢纽,再加上明代早已实行的河漕和芦盐的产销,天津的经济地位日趋重要。乾嘉时期是天津有建置以来遇到的第一次经济、文化发展高潮阶段。商业店铺从北门外沿河迤逦而建,直达东门外;盐商、官僚筑宅第、辟园林,一时成为风气,遂使天津物质外貌大为改观。梅成栋《津门百咏题词》有这样的描写:"阿谁名赠小扬州,无赖风光泥此游。烟月一城长抢水,笙歌四季不知愁。几多大贾营华第,尽有闲人聚酒楼。靡丽日增贫日甚,狂澜未见肯回头。"

除末两句是诗人本着敦厚之旨，小作感叹外，余六句试一闭目冥想：烟月、城、水、笙歌、华第、酒楼，再联系到仿佛扬州，则悠闲、典雅、高贵的城市风貌历历在目。

也就在乾嘉时期，钟灵毓秀的江南文士多寄寓津门，对天津的风物习俗作了多层面的赞颂、讴歌。其中汪沆的《津门杂事诗》、蒋诗的《沽河杂咏》，还有庆云寄寓文人崔旭所作《津门百咏》等，虽尽属诗词韵语，但各在诗中对风物、风尚遍有题咏，都是他们的所见所闻，亲身经历，真实地反映了那个时代的风貌，有着独特的历史价值。

由于经济文化高潮的影响，民间文化传承有了大的发展，形成地方特色，历久常新。当西方文化随开埠之机强行拥入，冲击传统文化时；当侵略军肆虐，无所顾忌地抢掠破坏时，许多风物被抢被毁，幸免者寥寥无几。个别风物则由于经济萧条，疏于修葺，逐渐破败、消失。这就是天津风物少的一个主要原因。只是少，但不是没有。流落民间者也不乏特异之品。搜集、保护、整理有关传说，尽量恢复它本来的面貌，这对于发扬民族文化传统，激发民族自豪感，进行爱国主义教育都有重要意义。

原载《天津日报》1987年7月16日

阐发乡土文化几点希望

"风物"版今届五十期,四年来各方同好撰写了许多篇介绍天津城市聚落拓展、渔盐水利、民俗风尚、人文轶事的文章,字里行间,都存历史演变之轨迹,于阐发乡土文化,激清扬芬,不无裨益。今后继续述论,使"风物"版百尺竿头,更进一步,是许多人的心愿。笔者借方寸版面,谈个人几点希望:

一、近百年间,在国人为寻求强国富民之道的努力中,天津人民支持了当时的负责官吏并积极参与,做了几件发创性的工作,如邮政、电报、铁路等开创试办以及其后的警察制度的建立、城市街区按近代规划进行建设的尝试等,都是走在各地之前的,而且多为在此试行有成,逐渐推及全国的。尽管这些事业、制度初行时的背景、目的和做法还都存在着许多争议,特别是每当涉及当时的主持者则争论更大,这些都可以在学术理论的探讨中越辩越明。但是,天津人民为实现这些近代化事业、制度所做出的贡献功不可泯,值得大书特书,是天津人的光荣。天津人好说,在争直理方面口角锋利,从不让人,偏偏在自己所做的事业上不愿做哪怕是带有简单意义的介绍。当此改革开放,全国人民致力现代化建设的重要时刻,希望生逢其时的老人们和地方史事爱好者,多写些清末以来天津人致力近代化的有关事迹和人物,其作用固不仅发隐彰善,更重要者在于鼓舞当代天津人的斗志,学习前人热衷近代化的奋进精神,为实现社会主义现代化的第二个战略目标努力工作。

二、自19世纪90年代天津出现新式学校以来,约百年间,天津的一些学校办得很有特色，为国家培养了许多人才，大学如北洋大学、南开大学、工商学院等；中学如"官立中"（屡次易名，现为市三中）、南开中学、耀华学校、觉民中学、河北中学、圣功女中、育才商职学校、师范学校、新学书院、汇文中学、中西女学等；小学如模范小学、文昌宫小学、草厂庵小学（市立第一小学）、小药王庙小学（市立第二小学）、私立第一小学等。同时还涌现出一批善于指点迷津的著名教师，如"化学王"（王效曾）、"李代数"（李锡侯）、"地理许"（许景云）、"国文黄"（黄竞履），这些教师以及刘宝慈、徐克达、刘芳诸位校长，有如校徽上的红星，使所任（掌）教的学校声名远播，生源潮涌。这些学校的办学方法，教师的授课方式、方法、内容要点都各有独到之处。即以课后作业而言，一般说不比现在多，而各种课后活动则比现在多，内容丰富。因此，学生们的社会知识、活动能力都比较强，这一切都值得今日参考借鉴。希望熟悉个中"妙谛"的当年学子撰文介绍当时具体情况，为振兴天津教育事业，提供可资借鉴的方式、方法。

三、天津是历史上的工商业都会，有许多著名的老商号、老作坊，它们都有自己独特的经营之道。如正兴德茶庄为求货源有保证、质量高，在各产茶名乡都置买了茶山；而谦详益绸布庄则强调售货精不如进货精，进货质量高，适销对路，就可立于不败之地；再如几家老字号都注重商业信息，而谦祥益外庄"一天一封号信"的做法，使商店的经营决策人能及时掌握各地的市场动态、银根松紧，作为进货决策的参考和依据，由于商业行情及时且有连续性，对市场形势了如指掌，遂在竞争中稳操胜券。老字号经营之道对于社会主义工商业仍然有其可资借鉴之处，而当时的从业人员今日健在者尚多，且不乏有识之士，希望这些老先生能撰文介绍各老字号的经营诀窍，为帮助工商企业提高经营服务质量做出贡献。

四、由于前三种希望,又顺理成章地希望"风物"版能适当地扩大版面,增加稿件容纳量。除了搜集、整理乡土文化资料外,倾注力量推动民俗文化为现实服务。

愿"风物"版日升月恒,历久常新!

原载《天津日报》1991年6月2日

《中国北方俚曲俗情》序

本书作者李志强先生是我50年代初在南开大学的同窗和学侣。我读的是历史系,他读中文系,虽然"隔行如隔山",但一个共同的志趣——学习、钻研民族传统文化,把我们联结在一起。他选修的几门在当时某些人认为冷僻无用,但确实深奥的古典文学课,也都是我兴趣所在,只要上课时间不妨碍,我都去旁听。他是华粹深先生的入室弟子,每次趋谒请益,我往往得沾会心;我去谢刚主师处问字解惑,他每每同执弟子礼。这样,我们从两师处获聆元明清三代社会史知识,皆非课堂教学计划内所能轻易获得,受惠匪浅,终生享用。

志强博闻好古,留心民俗、掌故之学,对元明以来典章文物、岁时习俗、市廛风尚、俚语谣谚的搜求、考订,够得上谨严细密,娓娓道来,如数家珍,向为学友所钦敬。去秋,天津人民出版社编辑张亚利先生有撰写《中国民俗丛书》之约,我草拟八题,爰以"竹枝词"一题托诸志强兄。现在稿成付梓,定名《中国北方俚曲俗情》,持稿来索弁言,我本谫陋无文,之所以不避冷痴之诮,欣然命笔者,端在借此得先睹之快耳。

人类有寻根的愿望,借研究往事了解过去。谁对过去有深刻的理解,谁就对未来有坚强的信心,历史学和民俗、掌故就是了解过去的大学问。提起民俗学,它是一门既通俗又艰深的学问。通俗是指它要研究的诸多方面,无非是世人的生活、情节、思想、感情,活生生传承到眼前,平凡、通俗得很。但是千百年来亿万人作息、繁衍、生死、歌哭,包罗了多么宽广深厚的生活经验和文化内涵,何况前代风俗往往因名物变迁,行为心理变迁而难于了解,要想把这些通俗、平凡的事物头头是道地说个清楚,极其艰难。因此,研究民俗学既需要精深博大的书本知识,也需要阅历深、见闻广。换句话说,民俗研究需要懂得掌故和杂学,民俗学研究者应该是个杂家。

竹枝词是专门描绘民间生活习俗和社会文化性格的诗歌,它历史悠久,发展繁盛,乃我国诗歌艺苑中的一枝奇葩。近二三百年间,专门描写城市生活风尚的一批竹枝词作品,尤弥足珍贵。其中以京津两地为背景的作品数量大、内容丰富、学术价值高。这种精炼的诗歌反映了早期市民的爱憎、苦乐、悲喜,折射出一个五光十色的市井世界。由于市井事物本就各具特色和文化内涵,更兼辞藻华美,描写生动,亦庄亦谐,富有生活情趣,能牵动人们的思绪,把读者个人感受与传承中的群体文化成果融汇一体,升华为认识价值和文化意义,竹枝词的学术价值就在于此。利用竹枝词研究地方民俗风尚,诗歌、语言修养功夫外,熟悉掌故旧闻、风土人情、技艺名物尤为重要,非此不足以为用。

现在,作者面对民俗文化丰富的历史内涵,从容自如地驾驭竹枝俚曲材料,从文化分析的角度取精用弘,以随笔文体对京津城市风土人情、往昔习俗做要言不烦的介绍和剖析:记岁时、讲仪礼、说市井、道庙会,旁及佳肴、海鲜、风味小吃、菜蔬瓜果、花鸟鱼虫、民间轶闻,举凡大家见闻所及但又知之甚少的事物,皆兼收并蓄。作者索隐探微,款款写来,真所谓识小可以见大,给读者带来新的认知和情趣,读之可以忘倦。而每篇结尾处作者新编的竹枝歌虽属游戏文字,谐谑讽喻,为述说和议论画龙点睛,亦使本书生色不少。辛勤的耕耘,必能得到丰厚的收获,志强兄纵贯旁通的学问功力,谓为杂家,是当之无愧的。

我有幸先读了《中国北方俚曲俗情》全文,益发感到作者所写一事一物,追本穷源,都是实实在在的学问。其中蕴藏着可用以研究我国近代典型城市民风民俗的无尽宝藏,游乎其中,如入仙山,琼花瑶草,令人目不暇接。姑以一二小事为例,以证我言不虚。

一、我国二十四节气中有"四立"之名,即立春、立夏、立秋、立冬,各为四时的第一个节气。提起后三个节气和它的正日时,人们多用节气原名。如:"今天立夏";"立秋三天了";"初八立冬",等等。唯独提到"立春"这个节气时,不用原名而必说"打春"。此乃约定俗成,至少北方官话沿用约近千年,但知其所以然者,恐十不一二。书中"打春"一文在叙说宋以来历代禁中鞭春劝耕仪礼的同时,介绍了"打春牛"的迎春习俗,讲明了改立春为"打春"的历史原委。

二、京津冀一带以人的性格与常人相左,尤其是青少年不听家长教导劝阻,任性而行为"绕麻儿"。本人审音求义,不识其应为何许字者几三十年,其间也曾向几位时相过从的学侣请教,多以"未曾留意"作答,间有以此三字相告者。今春《天津简志》出版,"方言"一章第三节收有此词,恰作此三字,所注含义也与民间语义相符,虽未见文献依据,但因两处同持一说,自以为多年疑惑是得到解决了。不期本书作者在《打春》一文中引清李振声《百戏竹枝词·迎拗芒》一首:

跣足科头迓立春,性情相反拗芒神。
年年持赠丝麻好,几暖鹑衣百结人。

并指出拗芒神就是打春时和土牛塑在一处的芒神。他援引资料说明这位神的作为总是与人们的理想相背,往往不合人意。他的打扮就很独特:头上应有斗笠,但有的年份不戴;有的年份穿芒鞋,有的年份赤双足或只着一履,以此预示新的一年里雨水大小,年景丰歉,但每每使人们期待的丰收落空,人们怨忿地称他为"拗芒",意即"执拗的芒神",和北宋时人们称王安石"拗相公"如出一辙。经作者一番钩沉索隐,可以认定形容人性与众人相左应是"拗芒"一词,而不是"绕麻儿"三字。仔细思量,后者只是前者方言音变的"录音"而已,它早就与原始意义脱离了。可以想见,今天了解拗芒神这一典故的人是不会多的。如果大家留意的话,一定会发现现在尚在流行的方言土语多有音无字者,必须书写时,审音义而求字颇费疑猜。实则这些方言多是古代书面语的孑遗,因传承过程中读音有变异,遂使词(单词)与字脱离,出现大多数人明白意思,会说、会用,不会写(实际是不知该是何许字)的情况。好古敏求若志强者,征文考献,即音求义,由义证音,使那些费解、难写的俚语,恢复它们原有的字、音、义,则这项工作不仅厚惠于今人,也将有益于将来文化的流传。

至于"庙会灵异"、"节日追求"、"市井杂贩"、"民间歌舞"、"特产小吃"、"花鸟鱼虫"诸栏目,一事一题,广采博引,融知识性、趣味性于一炉,短小生动,富有情趣,从不同侧面传播生活、文化知识,使读者开阔了视野,从多方面了解我们伟大祖国的悠久历史和璀璨文化,激发热爱生活、热爱乡土、热爱祖国之情。

近年,能像作者这样将如此丰富多彩的地方风土知识系统全面地汇集成书者,确属罕见。这是志强兄多年搜求积累的成果,殊为可喜。综观全书,我以为这是一部雅俗共赏、少长咸宜的风土知识小品集,引人入胜,为广大读者所喜闻乐见,也一定会为那些想了解中国生活、文化的外国友人所乐读。

1992年仲夏于天津历史博物馆

国民性问题和天津居民群体性格

随着改革开放的不断深化,一股探讨国民性的热潮正在悄然兴起。《天津史志》的几位编审于此也颇有兴趣,嘱我写写这方面的问题,特别是从作为天津人的经历和感知谈谈对天津居民性格的个人看法。因题目太大,自知学力不逮,久久未动笔,然屡辞不获允,乃勉为此文以应命。

一

国民性亦称民族性,是指一个文明民族具普遍性的人格类型。事实告诉我们,各个民族都有区别于其他民族的思想、情操、习惯以及行为方式。如中国人坚韧勤劳,信义忠勇;美国人重实利,轻教条;日本人重人伦,讲礼貌,等等。

我国对国民性格的认知应该说是很早的,传说源自周初的人,可以说是较早品评人物分类定性的典范。而班固《汉书》的《古今人表》将上自伏羲,下至陈胜、吴广的一大批人物依三级九等分类,五帝、尧舜禹汤、文武周公、孔子、老子都是上上等,当然的圣人;颜渊、左丘明、孟子都是上中等,仁人之流;范蠡、廉颇、西门豹都是上下等,智人之属;而夏桀、吴王阖闾、秦二世胡亥等都是第八等,即下中等;下下等即第九等,多是些为后人所熟知的"坏分子",他们是商纣、周幽王、吴王夫差、赵高以及战国末年一批亡国之昏主,总之,依封建,区分善恶智愚，一览而得。三国魏刘劭《人物志》以封建的道德规范将人的品性、才能分别等第；南朝宋刘义庆的《世说新语》所记多逸事琐语，反映当时士族的思想、生活和风尚，褒贬臧否自在其中。这些书，倾力于人品、性格类型的阐述、记载，初时被当作文艺作品来欣赏，但是当地方志将民俗风尚纳入体例后，其对群体人格进行过论述这一点，才获得注意和认可。方志中风尚篇的出现，对于认识一国、一地居民的基本性格，加强教化，促进经济文化交往是有利的。当然，这种认知并不等同于现代心理人类学获得的科学人格研究成果。

国外关于国民性的研究是人类学人格研究的一个重要组成部分，对这个问题的讨论似稍晚于我国，途径恰与我国相反，即先是从用某些性格特征去概括整个民族开始。到了近代，孟德斯鸠、伏尔泰和马克思都在自己的著作中阐述过民族性问题。

二次大战前后，因应国际政治斗争的需要，以美国女学者本尼迪克特的《文化模式》一书为代表，国民性的研究被推向高潮。而她1946年出版《菊花与刀》，是当时对日本国民性最系统全面的研究，据说麦克阿瑟代表盟国对日实施管制计划就是根据此书的某些论断拟定的。由于这段时间的研究工作方法不对头，存在着循环论证和将人格标准化、绝对化的片面性，故需要改弦更张。70年代，美籍华人许烺光积极推进文化与人格研究，初步确立了"心理人类学"这一新的分支学科。这一学科的学人一改旧章，以谨严精细的方法，从性别、年龄、阶层等多层面，对地方群体人格做多视角的分类研究。这种新的研究方法，对于人格形成、个人社会化、人格的精神分析等问题所进行的探讨、阐释，在较大程度上符合客观实际，因而对于社会教育实践有重大的指导意义。

二

任何一种国民性格的形成,都不是偶然的,它必和该民族(或居民群体)赖以生存的经济基础,政治、法律制度以及源远流长的历史文化背景密切关联。

天津城市枕河近海,自然条件给了它通航、灌溉和渔盐之利。海河漕运和长芦盐产销造就了城市发展期的居民构成:船工水手、河海养船户、脚行把头、搬运工、灶户、盐工、专卖商,还有因支持城市生活而出现的商人阶级,这些阶级、阶层是城市经济的主要支柱,许多习俗观念都是他们阶级意识的反映。从政治条件论,天津地接京畿,历来为封建王朝控制之要地,专制政治压抑下,人们养成了稳妥持重的自我抑制型性格。

从历史文化方面考察,天津城市兴起较晚,缺乏深厚的传统文化积淀。有明一代,天津仅是卫所的所在地、漕粮转输地,驻屯的三卫兵和军籍的家属外,进出的运军也是兵。嘉靖、万历以来因抗倭、援朝及后来抵御清兵的军事活动,天津的地位日趋重要,变成了兵站基地,进进出出仍然以兵士为主。卫所军籍家属和以渔盐为生的土著,文化层次普遍不高。清代初期,因漕运和芦盐产销的兴旺,城市经济日趋繁盛,商人(芦盐专卖商和粮商)成为城市主导阶级,其普遍的心理特质为吃苦耐劳,勤奋节俭,注重人情关系网,相应的,也表现出重物质、讲实际的倾向。当一批大盐商子弟转为士绅阶层,更得过往文人士子的推助之力,城市文化层次急遽上升,来势虽强,继发力量单薄,故未能形成大气候。其原因是多方面的,主要是天津不像苏州、扬州、杭州等地文化发展程度高、历史久远,地方文化的持续增长得到中间阶层的广泛支持,换句话说,就是群众基础雄厚。天津的中间阶层是将本逐利的商人，形成年代短，基础不稳固，对传统文化的传承兴趣不浓或者无暇顾及。因为缺乏中间阶级、阶层的推动，士绅阶层努力张扬的传统文化艺术终陷于孤芳自赏的境地。如果说群众基础是根底的话，则天津文化向高层次发展的进程呈现出先天不足的特征。这是17世纪六七十年代到19世纪三四十年代的情况，这一时期是天津城市经济文化的一个难得的自我发展时期。

文化的发展需要长期积累，而在封建社会政治压抑力强、经济发展缓慢的形势下，文化的传递和积聚是缓慢的。偏偏在天津城市传统文化还没有得到充分发育之时，西方资本主义文明以罪恶的鸦片输入和坚船利炮开路，侵入天津，继之开商埠、辟租界，天津变成了北方中西政治、文化冲突的前沿阵地。西方文化侵入的结果，一是使中国传统文化在天津城市的正常发育受阻，本可缓慢成长、壮大的传统文化精神过早地遭遇外来文化的挑战而被迫转入与之并存的文化适应过程，这种变化的出现，使中国传统文化在天津城市居民的性格中又表现为后天亏损。二是资本主义物质文明的传播，开阔了天津人的眼界。清廷和军阀政权的腐败无能，军事和外交的失败，造成政治困境和民族危机，使人民文化心态处于弱势，天津社会生活更处于一种难堪的混杂状态，深受外来势力欺凌压迫的一些下层劳动者，激于民族义愤奋起反抗，以致出现排外行动，积愤之深，其咎当然在洋人。而民族精神则鼓舞一批有良知的中上层读书人和新型知识分子，以及在这些人影响下的青年学子呐喊反抗并身体力行。几个阶级、阶层进行的文化抗拒行动坚持了近百年，一方面体现了天津城市居民文化生存机制的强大，另一方面也确实保卫了城市的既存文化体系，避免了它的迅速解体，否则，天津将会变成北方的香港或澳门。后来，民族觉悟，在共产党的领导下，城市里展开了民族解放的地下斗争。这就是19世纪40年代至20世纪40年代的天津城市生活文化态势，要给它冠以属性的话，那就是半封建、半殖民地化。

三

由于有共同的政治、经济背景，共同的文化传统，共同的习俗风尚，天津城市居民身上必然有整个汉民族（天津居民以汉族为主体）所共有的心理特征。特别重要的一点是，天津土著居民的根在农村，换句话说，城市居民是由农民蜕化而成，他们之间在文化心理上存在着千丝万缕的联系。几千年的自然经济限制了人们的生产关系和交往范围，也限制了人们的视野和思路，从而使中国农民表现出一种较肤浅的性格特征：知足、求实、求稳。这种性格特征表现在城市居民身上，因职业和地位不同而程度不同。中下阶层的商人和劳动者大部分以辛勤劳动和经营求取温饱，他们无财力，无门路，社会地位上升无望，因此，这些人安贫知足，但却以一种谦和而坚毅的态度斤斤计较，追求点滴实惠，铢积寸累，为他日或后人发迹做准备。中上阶层的商人士绅讲求实际，除了追求经济、社会地位等，在生活、消费观念和消费行为上也有表现，即他们不像中小商人，更不像农民那样，过分地抑制愿望，消费观念多样化且具有个性，普遍来说，重视现实的物质享受和精神享受。

就在这些追求享受的人们的影响下，天津人的消费观念和消费行为，普遍地由抑制型向舒展型发展转化。不可否认，家族经济实力有高下，观念转化有迟早，极不平衡，但消费增长程度是居于全国城市前列的。嘉庆、道光时，天津就有两条可观的洋货街，其发展态势可以想见。这表明这座城市居民的心理需求已超越生理和安全的基本需要，在满足这两类需要的同时，也十分注意评价和审美的需要。尤应看到,当西方物质文明传入,以及更早接触到西方文明的闽广、江浙人大批来津之后,天津人对西方文化,首先是物质文明,表现出一种特殊的崇拜心理,表现在消费行为上尤为突出,即好用洋货,这种心理至今不衰。

在近二百年的岁月里,目睹许多大家族经商致富,由富而贵,跻身士绅之列,天津人的观念中遂看重商人。在科举时代,天津人当然不反对读书出仕,但不会白首再入科场,青年科考不中转而从商者很多,寒家弟子更稍稍读书认字,学习珠算之后即直接进入商店,学习生意。这种心理在当时封建制度占主导的社会中,应该说表现了开放、进取的文化精神。不足的是广大的商人文化层次不高,且有一定的封建保守观念,没有走向现代化经营管理的欲求。这一切都是 20 世纪 40 年代以前的情况,新中国成立后,努力发展工业而轻视商业,商人抬不起头,天津人的重商观念受到挫折,最近的发展,表明他们已从创伤中走了出来。

近二百余年中,天津城市生产、生活的条件都相对地好于周围的城镇,因而,天津人的心理上滋生一种安乐享受的潜意识,大部分人如此,自己认识不到,别人也看不出。这种潜意识导致了天津人追求成就动力不强。从心理学的角度而言,成就动机是指推动一个人从事某种工作并取得成就的念头,是人类特有的主要的动机之一。它一般形成于幼年时期,在很大程度上受父母对成就的重视和期望的影响。即以学生而论,成就动机的高低决定学习成绩的优劣。随着个人的成长和社会化的加深,成就动机最终形成时,是多种因素集合作用的结果,其中个人对成功的渴望和对失败的恐惧起着主要作用,而追求的目标是否具有吸引力则起一种诱引作用。天津城市谋生相对容易,生活条件较好,回旋的余地大,失败对个人谋生的威胁不是太严酷,何况在往昔,天津人就以从商为最好的出路,从学生意熬到掌柜,这就是最大的理想。翻检人名辞典、著作引得,很少看到天津籍的古今名人和作者，这种情况是许多天津读书人熟知而不敢言的，原因是太令人尴尬了。

在改革开放逐步深入的今天，正像历史上历次重大转折时期一样，国民性的再认识热潮又一次掀起，譬如，前一时期报刊关于文化心态的诸多议论，都说明人们对改革开放事业的关注是殷切的，期望值是高的。当此时刻，《天津史志》着意组织天津地方居民群体性格方面的文稿，无疑也是出于对地方改革事业的极大关注，殊可钦敬。至于国民性格特征，多态多姿且见仁见智，难衷一是，笔者自揣简陋，避繁就简，避难就易，爰就观念性层面发表一孔之见。当然，就简、就易之论也不当仅此数点。限于篇幅，只能点到而止，适可藏拙，高深之论有待方家学者。笔者野人献曝，望编者、读者见谅。

原载《天津史志》1992年第4期

中式建筑艺术装饰谈

我童年住在一所中西合璧、建筑装饰尚称精致的四合院里。我最喜欢看那些墙上、檐下、门窗间的砖、瓦、木雕，那一排排小人，那笛子、葫芦、花篮，还有鸟兽、花草，看不懂就缠着老祖母和母亲让她们讲。我由此知道了八仙、二十四孝、暗八宝、天官赐福、平升三级等故事和吉祥祠。明白了故事情节就更喜欢看了，为了缩短和小人们的距离，搬不动开顶箱用的高凳，就搬着骨排凳满院转，总想看个仔细真切。有二三年，每逢春季岁修，我就偷偷登上瓦匠师傅用的高梯，上到雕件的跟前看个仔细、看个够。

几户住在城里的亲戚，他们家院里也有这些东西，有两处比我家院中的还多、还好。随母亲串亲戚时除了和般般大的表兄弟、姨姐妹玩耍外，就是端详这些砖、木雕饰，寻找韩湘子在哪里，哪个是王祥卧鱼，往往还露能耐给表兄弟指点讲说，为此表叔和姨夫都夸我喜欢古事，懂得道理多，说他们的儿女和我在一起玩，也学会了许多东西，母亲和表婶等听了都很高兴。约略算来，这一切是将近60年前的往事了。

这60年中经历了日寇侵占时的煎熬，1939年的大水浸泡，国民党二次统治时的物价飞涨，十年的民生凋敝，一些精致的中式建筑疏于修葺，失去了早期的光彩。新中国成立后，房产的合营使国家背上了包袱，无力修缮或是只用不修，一点点不得已的修缮也多是因陋就简，并不考虑如何保护建筑原有风格。时至今日，既然风格已失，拥挤破烂，从市容和居住使用条件考虑，也只能以拆旧建新，使之现代化为唯一良策。有人担心拆旧建新会丢掉历史风貌，使天津失去作为历史文化名城的依据，这种担心不无道理。但是这五六十年的劫难和不负责任的使用，已积重难返；加之街道历年垫高，一些知名古建筑和民居的地基已处在街道水平线以下，十分不利，在原地修缮，恐工程艰难复杂，也会给市政规划造成困难。最好的办法，莫如择有历史价值的古建筑和有文化特征的民居四合院，尽量使用它原有的物料，按规划移地，仿原貌再建，既保存了文化根基，又多些旅游景点。

我国古建筑的文化特征不外乎木架结构，均衡对称的庭院组群布局，丰富多彩的内外艺术处理，此三者构成有机的整体，不可缺一。这就是将个别古建筑及民居移地再建时，须用原物料，仿原风貌的根本原因。三者中，前二者是官式建筑的基本原则，运用中或有变通，不过规模大小、质量高低之分。八等材的模数制已定型化，因其简化建筑设计手续，为历代匠师所遵循。至于内外装饰的艺术处理一项，官式建筑虽已有程式化、图案化的方法和内容，毕竟各地习俗不同，观念亦各异。财力有高低等，使建筑的艺术处理多种多样，千差万别。特别是民居建筑，匠师多是当地的民间艺人，不循旧式，尽量以民间喜闻乐见的题材和造型优美的图案，以精湛雕绘工艺，使装饰达到赏心悦目的效果，为建筑增加美感。正是因为这层道理，笔者越发觉得一些艺术装饰有特性的民居四合院才值得保护，不得已移地再建时，应尽量使用珍贵的原装饰件，以准确再现它的精神及文化功能。

旧时民居艺术装饰内容取材广泛，追求愉悦、吉祥、高雅，体现忠孝仁爱思想，通过历史事件、神话传说、民间故事的形象表现手法，潜移默化人们的伦理思想和行为规范。当然，艺术装饰中也还有反映风水迷信思想的辟邪装饰物，目的在于消灾解厄，本无可厚非，但因其思想基础乃图谶观念，毕竟有害无益。

以笔者多年观览所得，艺术装饰件所用形象图案大致可分为以下八类：

人物：八仙（寓意祝寿）；天官（寓意赐福）；寿星（寓意长寿）；增福财神（寓意多福多财）；童子（寓意多子多孙，百子图为最）；桃园三结义（寓意交友义气）；竹林七贤（寓意高雅、安享清福）；孟母三迁（寓意教子有方）；岳母刺字（寓意爱国）。

动物：鹿（寓意官禄）；猴（寓意封侯）；猫蝶（谐音耄耋，寓意得享高年）；蝙蝠（谐音福，寓意多福）；龟鹤（寓意长寿）；鲇鱼（谐音年，寓意年年有余）；麒麟（寓意送来子孙）；龙凤（寓意吉祥喜悦）。其他有四兽（象、豹、狮、虎）、四灵（龙、凤、麒麟、龟）等。

植物：松竹梅（即岁寒三友，喻节操清高坚贞）；梅兰竹菊（即四君子，喻节操脱俗，不慕荣利）；丹桂（谐音贵，寓意中科名，象征富贵吉祥）；石榴（切开一角露浆果，喻生子、多子）；佛手（谐音福，寓祝福意）；桃（寓祝寿意）；三多（佛手、桃、石榴合为一图案，寓意为多福、多寿、多男）；百事大吉（柏树、柿子、橘合为一图案，以音谐。如换橘为如意，即成百事如意）；莲荷（以莲有神圣境界，佛教用为标志，世俗用喻吉祥。两朵莲花生于一块藕上的图案叫并蒂同心，寓男女好合意。莲花和莲蓬同生，寓意连生贵子）；牡丹（有富贵花之称，用以喻富贵）；葫芦（图案枝蔓绵延，结实累累，似取子孙万代意）；灵芝（从来被认为瑞草，可以使人健康长寿，寓祝寿意）；兰花（古以兰为王者香，用喻人的资质美。兰与灵芝共一图案为芝兰之交，用喻君子之交。兰与桂同在，曰兰桂齐芳，寓意家道兴盛）。

器物：如意（中国典型吉祥物，可以单独成图，也多与他物共一图，如一如意二柿为事事如意，与宝盒、荷花共一图，曰和合如意）；古瓶（谐音平，寓意平安。间有以佛家宝瓶、道家甘露瓶为图案者，皆寓意吉祥。他如瓶中插如意的图案，为平安如意。瓶中插三支戟，旁有竹笙的图案，为平升三级。一瓶三戟一磬一马鞍合为一图，曰吉庆平安）；笙（笙音优美，古有笙磬同音之语，多用以祝夫妻和谐）；笏（向为官阶富贵的象征。曾见一砖雕，图为一胡床上置冠剑，近处笏板横斜，想即描绘笏满床故事者）；爵（隐喻官运亨通。尝见一组小砖雕百子图，内一小儿拉车，车上放冠爵各一，当时未留意，后在一日人著作中见与此相仿的图文，名曰加官晋爵）；古钱（有制钱和铲子币两种图形，制钱有孔，又称钱眼，故蝙蝠与制钱一图为福在眼前。蝙蝠、桃和二枚制钱共一图名福寿双全，牡丹配以十个制钱为十全富贵，盖古钱也称泉，泉、全同音）；佛八宝（法轮、法螺、宝伞、华盖、莲花、宝罐、金鱼、盘长，皆佛家吉祥物，有祈福辟邪意，故民间也往往用之）；暗八仙（也称道八宝，即八仙所持的法物：芭蕉扇、阴阳板、玉笛、葫芦、宝剑、荷花、花篮、渔鼓，属道教吉祥物，有祈福辟邪意，在民间较佛八宝更多见）；聚宝盆（民间吉祥物，寓意多财多宝，其中火蒺藜一种，本是爆炸物，如何成为吉利物件尚待查考，最大的可能是由谐音吉利而来）。

　　文字：常见的是福、禄、寿、喜、财、宝等字，大多用篆体，也有变形的图案字，其中寿字的异形字最多，百寿图为其显例。但笔者尚未见过这类的大型砖、木雕饰件。

　　自然景物：日、月、云、海浪、山、太湖石（有实物及雕刻饰件中形象物两种）等，都是要与其他物象共同成图。如旭日东升是太阳与海水江牙共同组成。云则有程式化的云头，云头与其他吉祥物共一图时多数作变形，以示流动。

　　几何纹：常见的有八角、六角、圆、回回纹、回纹等。回纹图横向连缀可成带，往往用为装饰件的边框图案；纵横双向连缀可成面，往往用作饰件的衬底图案或某些镂空件的纹样。

　　符图纹：卍纹（佛教吉祥标志，有绵延不断之意，如作四方连续图案则成卍字锦纹。建筑的椽子头多绘卍字纹）；盘长（本佛家八宝之一，汉地佛教以之为吉祥符，有事事顺、路路通之意，因图案本身盘曲连接，无头无尾，连绵不断，被古人用为一切好事连延不绝的象征。建筑的门窗框架多用此图案，取镂空形式）；八卦（八卦图寓意玄妙，古人以为除凶消灾的吉祥符，可以驱凶避祟）；囍（形似汉字，实为符纹。民间以喜为五福之一，凡生活中欢快之事都视作喜，喜事相连则作囍。此符纹在生活礼俗中用处颇多，婚俗中用场最广，为婚娶而装饰的房屋和家具所用，也用为砖、木雕饰图案）。

上述艺术装饰图案仅限于瓦木砖石雕刻，他如瓦木大件的艺术造型，木构件的彩绘，如楹联、绘画等也多涉及。此八类图案已囊括了传统建筑艺术装饰的大部分内容。它们寄托人们对吉祥喜庆的渴望，蕴含丰富的哲理内涵，既寄托了人们美好的理想，又发挥着教化功能。传统文化运用之妙，值得仔细品味，认真学习。

上述传统图案只是笔者见到过且尚在记忆中的，它可能是砖雕，砌于墙壁，也可能是木刻，镶于门窗。已忘记和笔者未见过者当还不少。我以读者勿囿于笔者孤陋之见为幸。

拉拉杂杂写了这么长，实则意思很简单：旧城区改造工程中，确有一些精致的民居值得保留，尤其某些艺术装饰件是难得的精湛工艺品，不得已拆迁时，务须妥善保护，以供移地再建之用。

原载《天津卫》1994年第1期

我国的求子习俗

旧时代,天津古文化街的天后宫,俗称娘娘宫,除主神天后圣母外,庙中还供奉了与妇女生产、育幼有关的几位娘娘神,遂使庙中的求子香火久盛不衰,历有年所。

讲到求子,固然与生育观念有关,但最根本的原因还在于我国人民千百年来形成的幸福观,华封三祝多福、多寿、多男子之说,早已深入人心,为人人所企羡。因此,旧时青年男女婚后一两年内得抱头生,当然最好是男孩,这是最为理想的事;如果是女婴,俗称先花后果,也有胜于无。

假如婚后两三年无生育征兆,公婆抱孙心切,固然着急;新妇的父母也会为女儿担心,一怕她会失去公婆的欢心,二怕女婿因此娶妾讨小;就是小夫妻思想上也会有压力的。因为传统观念无子嗣是要绝户的,再者若有兄弟妯娌,各房都有子女,只自己膝下犹虚,岂不难堪。于是求子之心油然而生,也因此产生出种种求子习俗。因传统的看法以不生育是单纯女方的问题,故求子活动也以女方为主。

从习俗上仔细推寻,婚后不育者的求子活动有多种方式。大体分四种:一种是到保佑生育之神面前求子,一种是吃某一种东西,再有是接触某东西,还有一种则是或做某种动作,或获得某种物品,利用巫术方法以祈求生子。

第一种神前求子的做法起自远古。古代人每年春间定期祭高禖。考证古文献,禖、媒、腜相通。按《广雅·释亲》说:"腜,胎也。"简言之,高禖当属女性,且为育龄妇女并已有孕,她具有婚姻和生育的保护神职能。夏人以涂山氏女为高禖，商族以简狄为高禖，周族以姜嫄为高禖。汉魏以后佛道等教流行，又由于宗教世俗化的发展，各地区信仰不同，各有各的神。大致在宋以后，华北广大地区信奉碧霞元君；江浙多信奉送子观音，清人顾禄的《清嘉录》记有二月十九向观音求子的情况；福建则崇拜临水夫人（也称注生娘娘），无子夫妇向她求子，有孕妇女祈求生育平安，此俗且被移民传入台湾省，成为台湾人信奉的重要俗神之一；广东人多供奉金花娘娘，清人徐珂的《清稗类钞》有专条记述；浙东沿海及岛屿则向海神妈祖求子；京津一带则向子孙娘娘求子。

第二种求子做法，即吃某种东西的方式，源起已无从考察，从古代神话传说推寻恐不会太晚出。在我国许多地方流行的洗儿盆里的红蛋、天津地区洗儿盆里的碰头蛋，还有北京嫁女妆奁中的红喜蛋，都是求子少妇设法寻觅的珍贵食物。其珍贵难得之处，就在于人们确信它们有食后使妇女怀孕的神秘功能。在我国有些地方，如河南、安徽、江苏、湖南、贵州，都有食瓜求子的习俗，因此衍生出偷瓜求子（中秋节偷瓜，习俗不禁）和向新婚少妇、婚后数年不孕妇女送瓜的风俗。江西地方中元节富人家请僧道唪经度鬼时，撒包子果品，少妇抢得包子食后可怀孕。湖南侗族妇女于端午节沐浴后包一种背妹粽，煮熟后分吃，这种粽子形如交媾，众多米粒象征子孙繁衍，人们相信吃下准能怀孕。其他像吃枣、吃栗子和喝某地泉水求子的习俗还很多。

天津城市在清代中叶以来从闽广传来喝糖尿求子的习俗。糖尿是盛夏时杂货庄糖包货垛因重压和炎热融化出的黏稠液体，中医以为有滋阴补血作用。旧时，家有婚后少妇，必寻找关系向杂货庄栈房寻觅此物，每日定量用白开水冲服，据说颇为灵验。笔者幼年曾见多人辗转托亲友向先严索要此物，一时店中没有，还得代向他店寻找。当时各大杂货庄均以舍糖尿为善行，只要有存货,来者不拒。20世纪40年代后此俗失传。

第三种求子习俗是接触某种特定的物件,有手摸和身体接触两种方式。所谓特定的物件,主要指男、女生殖器的相似物,似男物者曰男根,似女物者曰女阴。这种男根、女阴大部分是自然物,个别器物的构件因形似而被神秘地认作男女性器。这种习俗实由古性器崇拜转化而来。

广西、云南、贵州、四川各地少数民族都把山间的特定洞穴和特定的小洞孔当做女阴,求子妇女焚香叩拜后,或则进洞摸石头(得石块象征得子),或则向洞中投石块(投入者兆得子)。河南淮阳人祖陵有一小石洞,名子孙窑,不孕妇女入祖庙求子,必用手掏一下子孙窑,认为准会得儿女。东北吉林的少数民族以山石凹处为女阴,在附近地上捡一长石块,以手握之,在石凹处反复摩擦多次,象征交媾,被认为事后可得子。

男根崇拜是继女阴崇拜之后兴起的,这在世界各民族中具有普遍性。在我国五千年前的一些考古文化遗址中就有发现,进入文明社会后各地也不乏此种信仰。有的少数民族以石笋似男根,名曰石祖——曰有木祖、铜祖、瓷祖,这后两种似特制,当更能说明问题。如云南大理九河岸边有一石柱,被白族妇女奉为石祖,妇女多前往求子。其方式在下两例中最为明显。一是哀牢山彝族妇女无子,先到河溪沐浴,洗去不洁,然后要在一种似男根的石柱状物——石龙上坐一下。一是四川木里县大坝乡鸡儿洞内有一天然石柱,当地少数民族妇女婚后不孕,则入洞焚香,拜此石柱后,再在上面坐一坐,仿佛交媾,认为即可有孕得子。在石祖上坐一下以示接触,崇拜男根求子习俗多认为做到这样才能有孕得子。

汉族受封建礼教影响,其男根崇拜比较隐晦。清潘荣陛《帝京岁时纪胜》一书述及摸门钉习俗:"元夕妇女群游,祈免灾咎……又竞往正阳门中洞摸门钉,讖宜男也。"又南京长乐渡玄帝庙有摸铁杆求子习俗，实则都是男根崇拜的表现。无论女阴、男根，少数民族妇女于求子时或手摸或体触，甚至做交媾状，不但没有顾忌，而且认为是吉利事，说明她们的举止反映的是原始性器官崇拜。而汉族的同类习俗，经过礼教的改造，没有体触和委琐的模拟动作，则与汉族的性忌讳、性观念相关联，是宋代理学影响的结果。

第四种求子方式，主要是到庙中在保佑生育神位处拴娃娃。据台湾学者郭立诚研究，拴娃娃本是江北的习俗，最早的记录见于纪昀的《阅微草堂笔记·滦阳消夏录》。笔记中有一则短文，大意是说纪昀本人幼时，常有四五个小男孩和他玩耍，都呼他为弟弟。他渐渐长大，这些小孩不见了。他把这情况告诉给他父亲，他父亲经过一阵思考，说自己原配妻子因无子，常到庙中以彩线拴娃娃，回家后放在卧室，各起乳名，日供餐饮，后原配死去，遂把这批娃娃埋在楼后空地，父亲告诉纪昀，你见到的可能就是他们。事情说得活灵活现，但却十分神秘，有鬼狐气。纪昀生在清雍正初年，则拴娃娃习俗，最晚也当形成于康熙时。

与此习俗相关的是民间故事传说。相传华北某地有个人家，一天，主妇锁上家门去串亲戚，中午被留下吃饭，没得回来，邻人们听得她屋里有小孩哭声，可是大家都知道她夫妇并无儿女，后来才知道是拴来的娃娃饿哭了。习俗是拴来的娃娃要天天按时供饭菜的。

据胡朴安《中华全国风俗志》下编引《寿春岁时记》记载，安徽歙县也有拴娃娃习俗。每年三月十五日，离城七里的四顶山有庙会，主神为碧霞元君，俗呼为泰山奶奶，侧殿供送子娘娘，庙中香火以求子者为最多，神位前满置泥孩，供人抱取。抱泥孩称作偷子，香火道士必索钱，俗称喜钱。此后偷子妇女若有儿女，须买泥孩披红挂彩，鼓乐送至庙中，俗称还子。这条民俗资料记载的只是偷娃娃的习俗。

把拴娃娃求子这一纯属迷信的活动，完全模拟为世俗生活形态者，当属天津天后宫的拴娃娃求子习俗了。其过程是，求子妇女在子孙娘娘神位焚香祷念后，将一小泥娃偷揣在怀内，并口中叨念"孩子，跟娘回家"，回到家中时，还要叨念"孩子咱到家了"，然后秘藏炕头褥下，意思是这孩子就是我的了，任何人都弄不走了。生育儿女后，一方面要到庙还愿，一方面要把这小娃娃送到洗娃娃铺塑成大一点的娃娃，称为娃娃大哥，要给它穿上袄和裤，放在母亲卧室的炕头，每日还要按时供饭菜，随着真弟妹的长大，娃娃大哥也要改塑形象，改换衣着。

笔者幼年时曾在亲戚家见过一尊须发已白、身着长袍马褂、坐在木制小太师椅上的娃娃大哥。那天是娃娃大哥老娘的生日，因中午给它供寿面，才引起我的注意，给它摆饭菜的是侄孙媳。当时那家老幼皆呼之为娃娃大爷。娃娃大哥已熬到爷辈，这信仰不可谓不诚，迷信的世俗生活化不可谓不深了。

另据清末民初流传的《吉林奇俗谈》所记，吉林长白山一带四月二十八庙会，妇女求子者在观音莲座下偷纸糊童子一个，归家置于褥下，俗传准可因此得子。因此，可以肯定远到吉林也有和关内拴娃娃习俗相似的求子活动。所不同者，她们求的是观音菩萨，而不是专门保佑生育的几位娘娘神；她们偷走的不是泥捏的娃娃，而是纸糊的童子。

求子习俗在人类生活文化史上具有普遍性，其表现形式多种多样，上文所述仅为我国各地往昔常见的几种主要形态，而不常见的奇异做法又岂止千百样。求子习俗的形成和发展与以血缘为纽带、以家族为依存基础的自然经济密不可分。因而，这种习俗必将随生产力的增长和文明的逐步发展而消亡。

原载《天津卫》1995年第3期

剃头令与剃头挑子

在古时，汉族男人都蓄发，人们很少理发，需要去掉的毛发都用镊子拔去，偶尔才有人用刀子剃剃边角过多的密发。因用刀时少，用镊时多，故而理发匠人被称做"镊工"。他们多数就住处开业，也为大户及官员上门操作，工具简单，外出时没有什么挑子，大概夹一个小包就可以了。

清王朝金戈铁马，却昧于世理，妄图以落后的社会文化来改变先进的社会文化，进关不久，就颁布了剃发令，以杀头相威胁，强制推行剃发留辫习俗。

鉴于汉人的反对和逃避，当时握有实权的摄政王多尔衮，下令在北京各繁华地点，如正阳门、鼓楼、东四等处，搭起席棚，悬挂起顺治皇帝下令剃发的圣旨抄文，抽调会剃头的八旗军士充当剃头匠人，凡过往行人一概圈进棚内强行剃发留辫，对不愿意改髻为辫者，一律视为反对清廷，当即拉到街上砍头示众，实行"留发不留头，留头不留发"的残暴政策。清廷为彻底推行剃发令，训练了众多的剃头兵，在全国各省府州县的城门、闹市搭棚，强行剃头，还派一些士兵挑着剃头挑子在城乡走街串巷，入户强剃。挑子上也悬挂着那剃发圣旨抄文，凡不剃发者，杀后将头挂在挑子上，威吓广大人民群众。

在执行剃发令的初期，剃头是不收费的，这段时间有多长，笔者疏于考究，估计约终止于顺治十年（1653）前后。因十年以后对剃发的反抗已基本平息，这时才可能有以剃头手艺谋生的匠人。而剃头挑子就以一种大同小异的形式流行于各地。

剃头挑子有一条较精致的扁担，前后两大件。前头是一个有小旗杆和刁斗的圆笼，圆笼分三层，最下层是放炭火盆的，后侧有捅火口，左右两侧有气眼；中层架着一口盛热水的铜锅；上层是一只给顾客洗头的弧形底小铜盆，形状仿佛英国士兵的钢盔。圆笼的前侧有一根高出上层圆笼沿二尺多的木立柱，靠近柱头镶刁斗，这是模仿清代衙署门前的旗杆。当推行剃发令时，这小旗杆挂有木牌，牌上贴黄纸刷印的剃发圣旨；如果杀了人，头就挂在旗杆顶的外侧。挑子的后部是个上窄下宽的长方形四支八杈的木柜，高约一尺余，既是顾客的坐凳，又是放物品的柜屉。柜屉分三层，下层最大，放炭、劈柴、火镰、火石等；中层稍小，放剃刀等用具；上层最小，是放铜钱的。凳面有个长方小孔，顾客给的制钱就由小孔落入小抽屉内。整个挑子漆成红色，有的还漆上黄边线，刁斗漆成黑色。这形制在我们后来人眼中似乎没有什么值得大惊小怪的地方，可在顺治和康熙初年，那特定的年代，这是杀伐的象征，令人恐惧。

经过一番威吓，剃发习俗被多数汉人接受，清统治者很快地取消了圣旨牌，以消除人们的恐惧心理。聪明的理发匠人在挂圣旨牌的地方挂上钢刀布，鐾刀时轻便得用，遮去了旗杆刁斗和圣旨牌的丑恶、恐怖形象。

剃头匠人走街串巷时肩担剃头挑子，左手拿着夹子形状的铁唤头（亦名报君知），右手持一筷子大小的铁棍，不时拨动唤头，让它发出金属震颤声，以代替吆喝。因剃头挑子的圆笼底层有个炭头盆，经常烧着炭火，故而有了一句歇后语："剃头挑子——一头热"，以此讽喻一厢情愿的人和事。

剃头匠人走街串巷揽活计，尽量揽熟主儿，以保持固定生意。在天津就是给商号同仁剃头刮脸，特别是针市街、估衣街的大商号，十天、半月来一次，一干就是一天，还能有午饭，工钱也给得多。如能因此及彼，联系上两三家大商号或内局家，今天这店，明天那铺，就可衣食不愁了。如果一个月再有两三家熟主顾预约给新生儿剃胎头，则工钱、道喜钱、赏钱都不在少数。所以从嘉道以后，天津的剃头业成为邻近各县农民热衷的手艺行业，后来才为宝坻县进城农民所垄断。

20世纪初，天津的剃头房子渐多，街头的剃头棚子和剃头挑子渐少，串商号的也多改提帆布小箱子或保健箱式的皮包。抗战胜利前后，剃头挑子在津基本消失，成为说古了。

原载《天津卫》1996年第1期

汉族年俗的演进

在人类文明史上,中华民族源远流长历史悠久,文化积淀总量多、沉积层深厚,形成文化优势。以节日文化为例,勤劳智慧的中国人民在漫长的岁月中,逐渐形成了许多格调互异、丰富多彩的传统节日,它们体现着中华民族的习俗风尚,全面、集中、形象、典型地反映了中华民族的心理素质、性格特征和理想愿望,是民族文化财富的重要组成部分。从这一意义上说,节日文化是文化研究的一个重要课题,是中国文化史上不可或缺的篇章。

提到夏历新年,它是我国民间最盛大、最欢乐且有着古老传统的民族节日,现在称作"春节"。细考"春节"一词,古今含义不尽相同。秦汉时泛指立春后一段时间为春节,后来历算的进步,五日为一候,一个节气分三候,时间观念趋于精细;南北朝以后,这一泛指之词已很少使用;辛亥革命后实行阳历纪年,以一月一日为新年,称"元旦",遂改夏历正月初一为"春节",相沿至今日。即就今日含义而言,春节一词也有两种概念:一为狭义的,即仅指正月初一一天而言,民间俗称"大年初一";另一概念是广义的,即泛指从"大年三十"到"破五"或更长一点儿到正月十五,即所谓"过年"期间都叫"春节",民间习惯的理解是广义的概念。

从我国社会史看,大约在西周初期就有了年终庆贺农产丰收和祭祀祖先的活动,这可以说是"年"这一节日的滥觞阶段。此后经过悠长渐进发展,到了汉代形成了"年"的节日。那时年俗活动除了庆祝丰收和祭祀祖先外,还要有驱疫疠、除恶鬼的活动。为此,人们要在家门两侧树立用桃木雕刻成人形的神荼、郁垒像并燃烧爆竹。初一辰间祭祀祖先后,向家中老人敬椒柏酒,祝老人健康长寿。全家还要喝桃叶桃枝煮的桃汤,以压邪气。这些家庭内部的活动反映了节日的欢欣、天伦之乐和求吉驱祟的愿望。至于亲友、邻里间的互相拜访、互致节日祝贺,不仅给新春佳节增添几分热闹气氛,也增进了人们的相互了解和友谊。

经魏晋、南北朝、隋唐、五代后,由于生产的发展,文化的进步,新年节日风俗又有了新的演进。首先是驱鬼的傩舞发展成傩戏,既娱神更娱人;而最受人们重视的是除夕夜全家人团圆守岁,这反映了人们重人情、珍惜年华的质朴淳厚心态。为了守岁,除夕夜要点燃红蜡烛终夜不灭,室内摆设暖窖花卉,冷艳温香烘托着欢声笑语,春意满堂。唐以后,新年节日娱乐活动越来越丰富多彩,新年节日的时间持续也延长了,节日的喜庆性质和娱人功能都有明显增加。我们都知道春联在新年节日中有着魅人的装饰意义,它的原始形态是"桃符板"。就是把一对写有吉祥词语的红油漆桃木板挂在门上。据传最早写桃符板的是五代时后蜀亡国之主孟昶。他所写的"新年纳余庆,嘉节号长春"十个字,也就成为我国历史上的第一幅春联。

北宋前期由于雕版印刷与绘画技术相结合,出现了印刷的门神像,后来又有了木版年画。门神像和桃符板相辅使用,两者不仅是为了避凶驱邪,而且有着诱人的装饰、观赏价值,给初春景象增添了喜庆气氛。守岁时,用盘盛各色细果、蜜饯、糖果以供宵夜零食,称作"压岁盘"。后来对拜年客人用盘、盒敬细果、茶食即由压岁盘引发演化而成。除夕夜把苹果、橘子、桂圆等放在小儿枕边,等其元旦晨间睡醒时吃,称作"压岁果子"。

宋代已有纸裹火药制成的鞭炮和起火,由于是手工业生产,较之取自天然竹节要容易得多,因此,放鞭炮的习俗比燃烧爆竹更为普遍,都城开封从除夕到元旦通宵鞭炮"响如雷鸣",把节日欢乐氛围点缀得更加热烈火爆。

宋代还兴起了许多过年时特有的习俗和禁忌,如守岁时要吃"糕"类食品,特别是年糕,祝愿在新的一年里步步高(糕的谐音字);元旦日不能吃生米现做的饭,一定要吃除夕前准备下的饭菜;元旦日不洒扫,必须扫地只能从门口向里扫,以免把吉祥福祉扫出去;在街门前院内放置芝麻秸,祝愿来年生活节节高。祭财神的习俗也是从宋代兴起的,宋朝国势积弱,灾祸、战争频仍,人民对社会安定,生活幸福极为向往,再加上道教的兴盛,促进了民间俗信的盛行,于是出现了上述种种年俗的流行,有的一直传承至今。

明代封建经济进一步发展,人们对生活的热情也随之高涨,过年的种种习俗更是丰富多样。为了节日气氛的红火,在明太祖朱元璋的提倡下贴纸写春联的风气盛行。再有民间自发的娱乐游艺活动遍及城乡各地,居民组织的化装歌舞表演如踩高跷、花鼓会、舞中幡、耍狮子等行春仪式也所在多有。锣鼓喧天、歌声起落,扮装者翩然起舞,观者如山,尾随不散。而各地庙会还有艺人表演的走索、口技、戏法等杂技艺术,吸引着众多的香客游人,够得上一派繁华热闹景象。

清朝是个民族融合时代,汉族的年俗中融入满蒙民俗,如祀神佛要供花糕、萨其马;祭祖先要挂影像。除此,北方年俗中除夕晚餐的团圆饺子和辞岁、拜年时长辈给子孙压岁钱这两项俗例都是清代兴起流传至今的。

源于满语的天津方言词汇

清王朝定鼎北京后,大量满族人拥入北京。这些满人和土著汉人交往,语言是交流的工具,而且当时满文化属于弱势,在交往中满人学习汉文化,首先是学汉文、汉语。同时汉人也向满人学习了许多满语,丰富了汉语词汇。一些满语词进入北京话后,有的仍以原词原义使用,有的是保留满语原词的部分音节(特别是词干部分)或稍加改动,但仍保留原义。有些词在进入北京话后得到引申,使词义更加丰富。这些新词汇是满汉文化融合的结晶。

由于北京话是汉语官话,对各地方言具有大的影响力,这些新的词汇也或多或少地传播到北方各地。天津话在北方本属孤岛型语言,但因"密迩京师",也接受了许多进入北京话的满语新词汇。

清入关至今三百数十年,满汉文化融合的痕迹,人们已习而不察。且满语自辛亥革命后,在关内各地已无人使用,遂使这些新词汇的来源更不易为众人所知晓了。北京学者常瀛生先生所著《北京土话中的满话》一书对北京话的发展史作了全面深入的研究阐述,其中《北京话里的满语词》一节,追本探源,论述精辟独到,于汉语方言研究颇多启发。笔者爰就常先生研究所及,对天津方言中的某些词汇努力爬梳,辑天津方言中源于满语的词汇若干条,虽涉学步之嫌,总属从别一地方方言的角度探讨满语影响力。笔者以为,如有更多的人仿照常先生开创的研究模式,搜集地方土话方言中源于满语的词汇,则不独对方言研究大有益处，于满汉两民族文化融合的研究也会提供具有根本性的理论说明。

笔者搜集天津方言中源于满语的词汇，均参照常先生在著作中提供的珍贵资料，结合天津方言的具体特点进行说明。排序依据天津方言词汇的汉语拼音顺序。

1. 把合　满语词 bahambi，原意为取得、捞着。这个动词词干 baha 以原状进入了北京话，被说成 bǎha（bǎ 重读，ha 轻声），其义为占有、搂取。天津话则说成 bǎhe（bǎ 重读，he 轻声），意指不合理的占有，且有贪多之意。例如：他没个够，见什么把合什么。

2. 掰差　满语词 baicambi，原意为察看。此词以词干入北京话，被说成 bāicha（bāi 重读，cha 轻声），意为查看、检察。天津话说成 bāica（bāi 重读，ca 轻声），有查清、分辨清之意。例如：这件事总得设法掰差清，不能让好人背黑锅。

3. 脖梗子　满语 gen，原意为脖颈。此词进入北京话后与汉语结合，说成脖 gèng 子，意指颈项的后部。天津话说成 bógǒngzi（zi 轻声），但有时也说成 bógěngr（即脖梗儿）。

4. 巴不得儿　满语话 bahaci，原意为巴不得（一声）。北京话以就盼着、恨不能……才好为 bābude（bā 重读，bude 轻声）。天津话说成 bābudeir（bā 重读，budeir 轻声）。例如：他太喜欢那女同学了，巴不得儿对方说愿意嫁给他。

5. 敞开儿　满语词 cangkai，原意为只管、随便、不限。此词进入北京话被说成 chǎngkāi，有任意、尽量的意思。天津话则说成 cāngkair（cāng 重读，kair 儿化）。例如：咱今天准备的都是低度名酒，大家敞开儿喝。

6. 抻练　满语词 cendembi，原意为考试、试探。这个词的词干 cende，同时又是重读音节，进入北京话后，最初被说成 chēnde（chēn 重读，de 轻声），后来又转呼为 chēnlin（chēn 重读，lin 轻声），有用难题试探对方知识能力之意。此词传入天津可能稍晚，天津话与后来转呼词相一致。例如：这些算题我都会，你抻练（读如岑）不短我。

7. 耷拉　满语词 dalajambi，原意为下垂，是常用的口语词。后来以词干进入北京话，说成 dāla（dā 重读，la 轻声），向下垂着的意思，天津话此词音义一如北京话。例如：老李大概遇上为难事，愁得脑袋都耷拉了。

8. 叨登　满语词 teodembi，原意为挪来挪去。进入北京话被说成 dāoteng（dāo 重读，teng 轻声），除原意外，又引申为翻腾、旧事重提等意思。天津话则说成 dāodeng（dāo 重读，deng 轻声）。例如：书排得好好的，他都给叨登乱了。

9. 德合勒　满语词 dehele，掼跤用语，即以腿钩对手的腿，使他摔倒。北京话原封不动地采用满语原音义，说成 dēhēlē（三音节皆阴平，无轻声）。天津话则读为 déhélè（无轻声）。例如：巴图尔使了个德合勒，老张一撤腿就躲过去了。

10. 嘚嘚　满语词 dardan，原意为全身颤抖。进入北京话后被说成 dēidei（后一音节为轻声），是指人身因冷因病颤抖的样子。天津话意义一如北京话。例如：中午一变天儿，没法儿添衣裳，冻得我全身打嘚嘚。

11. 叮当　满语词 gengge gangga，原意为穷伶仃。此词进入北京话后，以讹传讹，发生音转，由 gengrgangr 变成 dingrdangr，皆发阴平声，加儿化韵，用来形容人一贫如洗。此词传入天津，则与汉语结合说成穷得 díngdāng 响（无轻声），更加形象生动。例如：他家解放前坐吃山空，穷得叮当响，解放了才有了转机。

12. 嘟噜　满语词 duksurembi，是口语词，原意为板着脸。此词进入北京话后被说成 dūlu（dū 重读，lu 轻声），指人不高兴时面部难看的表情。天津话则说成 dùlu（lu 轻声）。例如：像谁欠你八百吊似的，整天嘟噜着脸子。

13. 翻呲　满语词 fancambi，原意为发怒、生气。此词入北京话说成 fānzhe（fān 重读，zhe 轻声），意指生气、发怒、闹脾气、翻脸。传入天津后被说成 fānci（ci 轻声），汉字写成翻呲；有时只就"翻"字加以儿化，说成"翻儿"；由"翻"又派生出一个"翻车"的新词，这三个词在天津话中都是指人发怒而对旁人发脾气或翻脸。例如：大伙儿正说说笑笑，他翻呲了，弄得不欢而散。

14. 个扭　满语词 ganio，原意为怪异、奇特。这个词进入北京话后被说成 gèniu（gè 重读，niu 轻声），意指人的脾气古怪，不合群；有时为加重表达，要重叠使用，说成 gegeniuniu 的。天津话此词读音一如北京话，含义也基本与北京话相同，但在使用上有所引申，比如在正常情况下，某人竟节外生枝，提出难题，人们就说他出个扭。例如：大伙儿在一起干得挺好，就是老黄总出个扭，弄得都恶俗他。

15. 各色　满语词 encu gese，原意为特殊，另外的样子。此词进入北京话时，单取后一满语词，说成 gèsè（皆重读，无轻声），多指人的性格与众不同，当然也可用于其他情况的描述，一般不外乎是个别另样之意，对音字写作"各色"。天津话把一切不合事理人情的事都叫 gèsè（也无轻声）。例如：买衣裳，样子别太各色了，穿出去太扎眼。

16. 胳肢　满语词 gejihesembi，原意为搔腋下。此词入北京话时，取其词干 geji 而说成 gézhi（gé 重读，zhi 轻声），意指用手抓人腋下，令人发痒的取笑动作。天津话则说成 gézi（gé 重读，zi 轻声），除原意外，引申到人全身。例如：这孩子老爱胳肢人，让人难提防。

17. 哈呼　满语词 hahursambi，原意为以言语压派人，即怒斥之意。这个词的词干，同时又是重音音节，进入北京话。以大声斥责为 hǎhu（hǎ 重读，hu 轻声），汉字写作"哈呼"。天津话则说成 hāhu（hā 重读，hu 轻声）。例如：这位教师教育不得法，总哈呼学生。

18. 哈喇　满语 har，原意为辣气刺鼻。进入北京话后说成 hāla（hā 重读，la 轻声），意指油脂或油炸食品放置日久，产生的怪味气。天津话此词音义与北京话相同，但用时往往说"哈喇味"。例如：这油饼不能吃了，都有哈喇味啦！

19. 海龙　满语词 hailun，原意为水獭。北京话以带针毛的水獭皮为 hǎilong（hǎi 重读，long 轻声），汉字则写作"海龙"。此词传入天津后，字虽写作"海龙"，读音则为 hǎirong（hǎi 重读，rong 轻声）。近六七十年，天津人很少用"海龙"一词，而直说"水獭"，如水獭大衣、水獭帽子等。

20. 饸饹　满语词 halu，原意为细粉。此词入北京话后说成 héle（hé 重读，le 轻声），意指轧制的面条，往往说成饸饹面。北京人吃此种面条都拌炸酱。天津话也说 héle（hé 重读，le 轻声）。天津人吃饸饹面的方法是从冀中传入的，面是荞麦面或高粱面加适量榆树皮面和成，用饸饹床子轧入开水中煮熟，拌卤和炒菜。

21. 恨得　满语词 hendumbi，原意为讲说。此词入北京话后说成 hēnde（hēn 重读，de 轻声），意为斥责、数落，汉字写作"恨得"。天津话此词意义一如北京话，唯多指对小孩而言。例如：这孩子不好好念书，刚刚又让他爸爸恨得一通。也有写作"恨答"者。

22. 虎势　满语词 husun，原意为力、力气。此词入北京话后被说成 hǔshi（hǔ 重读，shi 轻声），汉字写作"虎势"，意指人体强壮有力，唯多用于形容孩子身体健壮。天津话此词音义与北京话相同。例如：张家那个胖小子长得真虎势。

23. 卡步裆　满语词 gabtan，原意为步射。此词进入北京话时产生音转，n 发 ng 音，g 变成 k，t 变为 d，遂读为 kábudāng（ká 重读，bu 轻声，dāng 重读）。这是由步射须两腿分立，作骑马蹲裆式而联系到人体的裆，恰好满语词音转后的 tang 与汉语的裆接近，乃有这一满汉合璧词出现。天津话音义与北京话相同。只是近五六十年，人们以此名词粗俗，很少使用，就更无人明了它的形成原因了。

24. 刳嚓 满语词 kuwacarambi，原意为刳去里面，即将物品刮了一层又刮一层。以词干入北京话，说成 kuācha（kuā 重读，cha 轻声），仍用其原意。天津话则说成 kuāca（kuā 重读，ca 轻声）。例如：锅底煳成这样子，得慢慢刳嚓，别弄漏了。

25. 扝 满语词 kuwaici，原意为撇脚，指脚向外侧倾斜（或向内侧倾斜）。只以词干入北京话，读为 kuǎi，仍用原意。天津话此词音义与北京话同，只是多连用，说成"扝扝着"，前一字重读，后一字轻声。例如：她扝着脚走道儿，鞋坏得特别快。

26. 拉乎 满语词 lahu，原意为打猎没本事。以原貌入北京话，读为 lǎhu（lǎ 重读，hu 轻声），有办事不力、不用心、抓不紧等意思，汉字写作"拉忽"。以北京话的音义传入天津，有拉乎和拉喝两种读法和写法。"忽"、"乎"音相同，而"乎"、"喝"在词中都是轻声，小有出入是可能的，主要是含义相同，即说明它们是一个词。例如：小李办事太拉喝，把原定的期限给耽误了。

27. 邋里邋遢 满语词 letelata，原意为衣破下垂，即衣衫不整之意。北京话 lēte（lē 重读，te 轻声）、lāta（lā 重读，ta 轻声），即衣服破烂之意。天津话则说成 lālilāta（两个 lā 音皆重读同，li 和 ta 皆轻声）。例如：大李是怎么混的，衣服邋里邋遢，什么样子。

28. 狼炕 满语词 langlang（seme），原意为大口大口地吃，意思是猛吃猛喝。进入北京话被说成 lánghe（láng 重读，he 轻声),意思是吃饭时贪多,且动作不雅。此词传入天津时有音转,被说成 lángke(láng 重读,ke 轻声),汉字写作"躴骯"。例如:这个人吃饭太躴骯,早晚得得胃病。

29. 力巴　满语词 albatu,原意为钝谬村粗,即粗俗之意。早期北京人即以此满语原封不动地使用,说成 ālebatū(ā 重读,leba 轻声,tū 重读),后来演化为"力巴头"。此词传入天津则简化为"力巴"(lì 重读,ba 轻声),除仍有粗俗原意外,又引申出"外行"新义。清末民初此词在天津流行,每以从农村来的学徒或学生意人为小力巴。

30. 咧咧　满语词 leolembi,原意为谈论。后业北京话以无聊的谈论为 lēle(前一 lē 重读,后一 le 轻声),并特加贬义词"瞎"字,说成"瞎 lēle",汉字写作"瞎嘞嘞"。天津话此词出现音转,说成 liēlie(前一 liē 音节重读,后一 lie 音节轻声),汉字写作"咧咧"。以乱说、说无聊的话为瞎咧咧;小儿不停小声啼哭往往也叫咧咧。例如:大伙儿多紧张啊,你帮帮忙多好,净在这儿瞎咧咧。

31. 妈虎子　满语词 mahu,原意为鬼脸。即做成神怪或禽兽面孔的假面具。进入北京话说成"妈虎子"。传说妈虎子是面目狰狞,专吃小孩的鬼怪。旧时小孩不听话或哭闹,大人则说"妈虎子来了",用以吓唬孩子。此词原封不动传入天津,说成 māhuzi(mā 重读,huzi 轻声),也有人说成"老妈猴子"。"虎子"、"猴子"都是轻声,音近含混。例如:别哭了,看把妈虎子引来!

32. 麻利　满语词 lali,原意为爽利,就是利落、迅捷的意思。北京话最初即用满语原词,说成 láli(lá 重读,li 轻声);后来将其转说为 máli(má 重读,li 轻声),其义专指敏捷、利落,汉字写作麻利。传入天津的即"麻利"一词,音义同北京话。例如:她手底下可麻利了,到家不一会儿就把饭做得了。

33. 磨蹭　满语词 moco，原意为拙钝，即办事拖拉之意。进入北京话后说成 mócuo（mó 重读，cuo 轻声），后又说成 móceng（mó 重读，ceng 轻声），汉字写作"磨蹭"，有办事慢、不利落之意。"磨蹭"一词传入天津，音义与北京话相一致。有时可连用，说成"磨磨蹭蹭"。例如：照你这样磨蹭，这趟车准得耽误。

34. 洒　满语词 sabumbi，原意为看见。这个词以词干的重读部分入北京话，被说成 sǎ，意思是用眼一看，通常写成"一洒"。天津话此词与北京话音义一致。例如：这块石头儿是假货，我用眼一洒就瞧出来了。

35. 萨其马　满语词 sacima，原为一种野果加糖做成的点心。北京糕点店仿其方法制作的一种点心，就叫萨其马。20 世纪 40 年代以前，天津的糕点店年节期间生产的一种蜜供也叫萨其马。

36. 撒散　满语词 sasunakuoho，原意为四分五裂。北京话只取其主要词素说成 sásun（sá 重读，sun 轻声），有分散、撒出去、消耗尽等意思。此词传入天津，则被说成 sásàn（sá 重读，sàn 也可轻声），意思是把财物大量消耗或给他人。例如：老王没有后人，他知道自己没几年活头了，把好多东西都撒散给了亲友。

37. 勺刀　满语词 sodombi，原意为马行不稳。此词入北京话时发生音转，被说成 sháodao（sháo 重读，dao 轻声），指人言语颠三倒四、行动不稳重，汉字写作"勺倒"或"勺刀"。人们说话时常常连用，说成"勺勺刀刀"（均重读）。此词传入天津，其音义一如北京话。例如：你稳重点儿，都四十大几了，别总勺勺刀刀的。

38. 帅　满语词 suwai，原意为身材细高，有秀气的意思。此词几乎原封不动进入北京话，被说成 shuài，汉字有"率"和

"帅"两种写法，其含义比"美"程度更深。此词在天津话中被说成suāi，有俏皮、潇洒之意。近年人们常把它说成"帅气"。例如：这小伙子本来就长得满好，一打扮就更帅了。

39. 胎嘻　满语词taiha，原意为长毛细狗。此词入北京话被说成tāihai（tāi重读，hai轻声），是形容别人丑模样的词，一般只开玩笑无恶意，偶尔在个别场合（如坏人的造作）则含有挖苦之意。此词在天津话中读法一如北京话，用法也是上述两种情况都有。例如：大家这么忙，你穿得整整齐齐，在这儿一坐，真够胎嘻的。

40. 挺　满语词ten，原意为很、极、非常，是个副词。此词入北京话时n音转发ng音。遂变成teng，又再转成tǐng，汉字写作"挺"。这个词不仅在北京流行，据专家说，我国三北地区几乎都用这个词。天津口语中凡表达很、非常、极等意思的时候，几乎都用"挺"字，如饭挺好吃、花挺香等。近三四十年因受书面语的影响，口语中才有"非常美"、"极漂亮"之类形容词，"挺"字用的少了。

41. 窝合　满语词wehe，原意为石头，满族赶车人以此呼声提醒骡马注意地面石头。此词进入北京话后说成wōhe（wō重读，he轻声）。这一词汇实为对驾车牲畜的指挥呼号，其他尚有dēi、dā、yū。这种呼号至少在三北地区是统一使用的。

42. 瞎诌白咧　满语词balai，原意为狂妄。此词入北京话时说成bālie，前加汉语"瞎诌"，遂成一个汉满合璧的新词，意思是狂言妄语、不可信的话。此合璧词传入天津，被说成xiā zōu bái lie，汉字写作"瞎诌白咧"。例如：你看不出来吗，他又瞎诌白咧了。

43. 央个　满语词yangdumbi，原意为请托，即求情的意思。此词以词干yang入北京话后，被说成yāngge（yāng重读，ge轻声）。天津话以不得已向人乞求为央个，恰与北京话读音相同，正说明这个词是从北京传来。例如：他不通情理，我才不去央个他呢。

44. 咋唬 满语词 cahu，原意为泼妇。此词进入北京话时被说成 zhāhu（zhā 重读，hu 轻声），指人说话不礼貌，大呼小叫，汉字写作"咋唬"或"咋呼"。此词传入天津被说成 zāhu（zà 重读，hu 轻声），除原有说话不礼貌、大呼小叫的含义外，还引申为虚张声势之意。对虚张声势逞能的人则用"咋咋唬唬"来刻画。例如：这中午大家都想歇一会儿，你一个劲儿地咋唬，多烦人。

45. 侧歪 满语词 jailambi，原意为躲避、躲闪。北京话管闪身躲避之类的动作叫 zhāiwai（zhāi 重读，wai 轻声），汉字写作"侧歪"，有时也当倾斜讲。它可能是用满语的词干 jai 加汉语的"歪"组成的满汉合璧词。此词传入天津则被说成 zāiwai（zāi 重读，wai 轻声）。例如：一个人骑车朝我撞来了，我一侧歪身子，倚在墙上，车是过去了，可弄了一身土。

46. 撞客 满语词 jangkulambi，原意为遇邪、鬼祟缠身。此词以词干同时又是重读的部分入北京话，被说成 zhuàngke（zhuàng 重读，ke 轻声），即遇上邪魔，汉字写作"撞客"。此词在天津话中则说成 zuàngke（zuǎng 重读，ke 轻声），含义与北京话相同。从现代科学角度论，撞客现象实属癔症的一种，不是什么鬼怪邪祟。

（本文引用的满语词汇系用 P. G. Von Mollendorff 氏拉丁字母拼写法转写；汉语词汇则用汉语拼音字母标音。）

原载《天津史志》1996 年第 2、3 期

古俗"泰山石敢当"信仰的由来

笔者童年曾见几个僻静里巷墙上刻字"泰山石敢当"。彼时,二伯母住在西门里周顺胡同,门口一段路两侧长墙深院,宅门附近就镶有这五字刻砖。心想,这几个字是什么意思?作什么用?问父兄,他们可能嫌我年幼,不愿深讲,只说是用来镇妖驱邪的。当时幼稚的心灵不识妖邪是何物,也就置诸脑后,不去管它了。

20世纪50年代初,笔者分配到天津市历史博物馆工作。那时博物馆正值草创期,全力征集地方文物、文献资料。曾就"泰山石敢当"旧俗向郑毅生师(即郑天挺教授)请益,谈话中,郑老介绍了史游《急就篇》和王象之《舆地纪胜》两书中有关石敢当的记载,并谆嘱笔者务必为博物馆集一块这种刻石或刻砖,以为这古老民俗信仰保留遗存。这之后,笔者遵照郑师指点的线索,较全面地了解了石敢当的由来和它在不同时代、不时地区的民俗形态。同时,几次设法征集这种五字刻砖,但都因须破墙剔砖,涉及工程、费用等问题,非博物馆力所能及而未果,遂使这一古老民间信仰的见证物至今在博物馆文物库中付诸缺如。

近一二年来,城市建设和平房改造工程大兴,是个难得的机会,有许多历史的或民俗的文物可以觅集。馆中几位青年文史工作者向我征求意见,我向他们讲了些应该征集的或拍照的史迹和民俗项目,其中就有石敢当。为此,我向他们介绍了石敢当的由来和表现形态。现在借《天津史志》宝贵的版面,也向史志界同志介绍一下,吁请众同道留意本区、县相关信仰的表现形态,并为文保部门和博物馆提供征集线索。

提起"泰山石敢当",还得从《急就篇》一书谈起。这本汉魏时期的学生启蒙读物中有"师猛虎石敢当……"一句话。唐代学者颜师古注云:"敢当,言所当无敌也。"相传汉以前有一位石姓猛将,英勇无敌手,一人当关,万人莫开。后世民间立石于街巷路口,刻上其姓氏,以为压鬼镇邪。据此,则石敢当是一位勇猛的战将,死后被民间奉为神灵,把他姓名刻在石上,立于路口,以驱赶邪祟。为了增加对鬼邪的威慑力,在石敢当的姓名前又冠上"泰山"二字,以表示这种体现正义的神力是东岳大帝和石敢当两位一体的,就更威力无边了。

石敢当驱妖镇邪的信仰始于何时已无从查考,但据《急就篇》,估计不会晚于汉元帝时(即公元前一世纪中叶)。何时冠以"泰山"二字就无从查考了。宋人王象之的《舆地纪胜》有一则记载:北宋仁宗庆历四年(1044),福建莆田发现一块唐代宗大历五年(770)的石敢当石牌,这是古书中记载最早的石敢当实物。此时,尚无"泰山"二字。据此,则唐代宗以前当无"泰山石敢当"一称。山东民俗学家谈,因冠有"泰山"二字,此一信仰在山东最为盛行,特别是泰安人,对此信仰尤其感到自豪,因为东岳泰山就在自己家乡。还有一段神话把这位猛将附会为某泰安富户的上门女婿。这大概可算作地区争名人效应的一个较早例子了。当地一则古老传说讲,一个妖怪到处缠磨大姑娘、小媳妇,还扬言:"我天不怕,地不怕,就怕泰山石敢当。"于是受害人家都到泰安请石敢当去驱妖,石敢当一到,妖怪就跑了。如此,石敢当终年应邀在外,他妻子想个法子,说:"你长年在外,也不是长方。既然妖怪怕你,你就用纸写个名字,叫邀请你的人带回,贴在墙上就行了。"这个法子果然灵验,妖怪一见石敢当的名帖就跑了。天长日久,人们就在村口或宅院立个刻有"泰山石敢当"五字的石碑,由此渐渐形成了民俗信仰。这则神话故事很有趣,也很重要，它从发生学的角度说明了石敢当信仰的源起。

石敢当这一民间信仰，流行于以汉族为主的广大地区，其中以山东、河北、江苏、浙江、安徽、四川、云南、广东、福建、台湾等地尤为普遍。据东北人士谈，在清代，这种信仰传入了东北各少数民族地区。这一信仰的表现形态，在各地不尽相同：元、明时期，山东、河北兴立小型将军石像于街巷间；而有的地方石材少，只刻"石敢当"三字于小块石头上，镶在墙上；大概是从清代，各地普遍采用刻五个字的小石碑形式；台湾则是石头上刻"泰山石敢当止风止煞"，立于村寨路口或院墙间；天津无山，用石材困难，则以砖代石，刻端正楷书"泰山石敢当"五字，镶于墙上，间或有用篆隶字者，惟不能用草体字。据说淮南一带，一律采用石刻五字形式，而天津也是用此形式，只是变通一下，以砖代石罢了，是否也反映了明初移民造成的文化传播？这里小记存疑，就教于大家。

"泰山石敢当"信仰是我国汉族地区的古老民俗。它随着中国传统文化的向境外传播，东传到了朝鲜半岛、日本；由闽粤南部传到了东南亚各国。日本民俗学界把它归于"石神信仰"项下，以柳田国男先生为首的日本民俗学者，有三四位都在自己的著作中探讨了石敢当信仰问题，足见这一古俗在日本的影响力。

"泰山石敢当"是一种比较原始的民间信仰，它源于"万物有灵论"和"灵魂崇拜"。在"万物有灵"观念支配下，人们将飞来的横祸归于妖魔作怪，又幻想以另一种体现正义的灵物来驱除妖邪，安慰自己，鼓舞勇气和信心，这就是"泰山石敢当"这一类民间信仰的辩证唯物主义实质。

原载《天津史志》1997年第1期

《消逝的职业》序

本人记忆大约三年前，本馆领导曾向天津市某出版社表达了合作出版一些历史图片集的意向，以使馆藏的众多珍贵历史照片公之于世，供社会各方同好研究使用，惜乎未得到相关方面的回应而作罢。

今者，百花文艺出版社决定出版齐放先生汇编的《消逝的职业》一书，相知同仁额手称庆。付梓之际，编者来索弁言，本人自知谫陋，之所以不避谫痴之讥而欣然命笔者，端在多年搜罗、守护之"孤本"，终经几位有心人考证、注释而影印传世，得以发挥社会效益。

《消逝的职业》一书汇集京津沪三地图书馆、博物馆所藏的清末民初旧照片，是一部以旧时的劳作负贩行业为描述对象的历史图片集。全书涉及旧社会的商业、手工业、服务业等百余行当，收图片二百余幅，每幅图片都有或简或详的诠释文字。写作者大部分是三地图博系统的青年业务人员，一种社会责任感和历史责任感，引领他们坚持实事求是的科学态度，在充分占有材料的情况下，从文化分析的角度取精用弘，以随笔杂记文体，对六七十年前的城市行业习俗、生活风尚作要言不烦的介绍和剖析，一般篇幅不长，多则五六百字，少则二三十言，文直事核，朴实自然。从某些重要行当的相关文字看，如"剃头的"、"拉洋车的"、"修脚的"等几篇，作者征文考献，从行业历史、行规、江湖春典（即黑话，南方称为"切口"）等做原原本本的讲述，生动具体，考订有理有据，融知识性、趣味性于一炉，是值得仔细咀嚼的。

人类有寻根的愿望和需要。通过研究往事以了解过去。谁对过去有深刻的理解,谁就能应付自如地驾驭当代,并能对未来做出理想安排。历史学和社会文化研究就是帮助人们认识过去的大学问。

《消逝的职业》所介绍的行当,用民间成语说就叫作"五行八作"。这些个体劳动者,在旧社会一向被统治阶级叫作"贩夫走卒"而受到蔑视。他们所从事的生产经营,多数没有店铺门面,没有字号,或是挑担推车走街串巷,或是赶集市、趁庙会摆摊设点,或者到人市等候雇用,出卖劳力。这些人风尘碌碌,胼手胝足,凭着自己的劳动挣个血汗钱,终年挣扎在饥饿线上。他们的经营情景、遭际辛苦,现今五十岁以下的人多未经见,更无从理解。

再者,这些五行八作的个体劳动者,为了对付统治者,也为了同行互助,曾组成各种行帮。为了使行帮保持巩固,其内部都有很多帮规、戒律、仪注、行话和江湖通用的春典。而这些帮规、习俗、戒律、黑话等,又大多带有封建的、迷信的色彩,光怪陆离,神秘莫测,多少年来令人迷惑不解。何况某些行帮,例如算卦的(春典总称"巾行"),卖野药的(春典总称"皮行"),都是仗伶牙俐齿,变换手法施骗术,谋取不义之财,他们那种十足的江湖气,不免令人望而生畏。

时世变迁,昔日的五行八作、三教九流和各种行帮大部分已成历史陈迹。但是社会历史是不能割断的,认识过去,研究因"年深岁改,人不能认"(曹雪芹语)的往昔人物、名物、社会相,是十分必要的。而这些研究,无疑有赖于文献资料。

《消逝的职业》的最珍贵处,就在它的图文并茂。图是今天年轻人未曾见闻的往昔许多社会现实的"录像",为读者提供的是直观感受;文是对图像的介绍,告诉大家的是所涉事物的文化内涵。尽管一部分行业的介绍、解说似嫌过略，但编写的青年同道毕竟做了许多索隐探微的工作，他们的艰辛努力，使读者很容易地从字里行间感受到强烈的历史感和浓重的生活气息。可以说，该书既是一本知识性、趣味性的读物，又是可供学者参考的资料书。值此文化史研究高潮频起，社会史研究方兴未艾之际，《消逝的职业》的出版是很有意义的，对这些研究也是会有所贡献的。同时，作为一本内容独特的书，它也标志着百花文艺出版社在拓宽图书选题方面所做的探索和尝试取得了可喜的成就，是很值得庆贺的。

原载《消逝的职业》百花文艺出版社，
1998年10月第1版

对旧方志中风俗篇章的几点议论

笔者有幸参加"中国(海峡两岸)地方史志比较研究讨论会"这一学术盛事,完全由于天津市地方志编委会秘书长郭凤岐先生的热情相邀,使我有了向与会各位学者、专家学习的大好机会。

本人原向大会提交的发言提纲是《天津近代民俗研究》,意在借向大家汇报我所在单位——天津市历史博物馆——研究近代天津地区民俗的工作情况,谈谈传统方志中风俗记载的一些问题。

大会第一天听了几位教授、专家学理的或实践的高水平发言,正在冥想重新构建腹稿时,郭先生飞柬嘱我多就传统方志中风俗描述的方式方法、今日新方志中民俗篇章的项目设置这两大方面谈谈我个人的认识。老朋友出了个大题目,重要的题目,不愧是史志界斵轮老手。说它大是就我的学识而言,水平有限,要谈论传统方志中风俗记载的诸多问题,实非力所能及。说它重要,全在于方今盛世修志,传统志书有一定的参考价值,对旧志书方方面面理解得越深刻,对今日的修志工作越有帮助。我想郭先生的深刻用意即在于此。面对如此大题,笔者自揣学力不逮,但老友之命难违。又一想,我作为半路修行的民俗学工作者,因使用旧方志中的风俗资料,不时翻检旧志书,于某些志书的体例、门类、资料稽考、事实描摹等每有个人的一些看法,特别是对许多清修志书中风俗篇章的子项设置和习俗形态的描述等方面失于程式化或未见允当处颇多感触,且每与学侣论及,今兹讨论会文章汇为专集,爰就平日读志觉或可商酌之处为文,以附骥尾。

一

方志为我国特有之典籍。它源远流长、种类多样、卷帙浩繁,尤为重要的是,其内容涉及广泛,研究价值极高,素为中外学者重视。即以"风俗"一项而言,就留下许多宝贵的记述。

"风俗"项目在旧方志中的地位是随着方志的逐步发展而确立的。从发展进程看,方志早有地理派与历史派之分。地理派发祥较早。两派侧重点不同:地理派把方志当做地理书来写,侧重疆域、山川、物产、风俗等。而历史派则主张以历史沿革、文献、人物为主要内容。我们认定最早把风俗写进方志的是地理派,远者不论,晋人常璩的《华阳国志》在几个分志中,对蜀地土著民以及"胡虏"的风俗做了许多描述,就是个显例。又如萧梁宗懔的《荆楚岁时记》,专记荆楚地区风俗,已具门类心性质。

再进一步则是在方志中列出"风俗"篇章,使其成为独立而必有的项目。据(已故)北师大张紫晨教授研究,这种编写体例是从宋代逐渐兴盛,而该体例趋于定型代表之一是南宋孝宗乾道五年(1169)周淙所修《乾道临安志》。它在第二卷中把"风俗"与"沿革"、"州境"、"户口"、"廨舍"、"坊市"、"物产"等并列。此后方志记述风俗渐成通例,而且内容也渐趋详备。

明代自初年就注重修志。永乐十六年(1418)颁布《纂修志书凡例》后,修志之风大盛,地方志数量激增。也就在这情况下,开始出现了将"风俗"列为专卷的方志编写体例,这种做法不仅扩大了相关记述的篇幅,而且提高了"风俗"的地位。一些典型的代表作都出在江南财赋之区。如正德元年（1506）《姑苏志》将卷十三列为"风俗"；正德七年（1512）《松江府志》将卷四列为"风俗"；嘉靖二十七年（1548）《江阴县志》将卷四列为"风俗记"；隆庆元年（1567）《仪真县志》将卷十一列为"风俗考"。此外，《福州府志》、《建宁府志》、《新昌县志》、《河南通志》等也仿效撰写"风俗"专卷。到清代这种体例更为普遍。朱彝尊撰《日下旧闻》列"风俗门"，乾隆时其子朱昆田增补为《日下旧闻考》一百六十卷，"风俗门"有三卷之多，内容极为详尽，李家瑞在编写《北平风俗类征》时多所援引。明清两代，特别是清代重视修志，且不少著名文人参加编写，成为中国历史上修志的鼎盛时期。

"风俗"在方志中地位不断提高，其原因是多方面的，例如生活力的提高、社会生活的改善和多样化，这两方面导致民俗文化的活跃。再如，明中叶以后资本主义萌芽，以及清初以来边徼多事，两者合力促成了近代民族观念的萌生和乡土观念的再认定，而方志恰好是民族性和地域性社会生活的集中反映，修志的终极意义全在于对民族性、地域性的认可和激励。故方志中写入风俗是社会的需要，是事理的必然。这是笔者从民俗研究角度一得之愚，当否，诸祈指正。

二

我们搜集、引用民俗资料，经常翻检的多是清代乾嘉以来所修方志，偶尔有民国年间所修，即所谓"铅印本"。后者虽云新修，但条目和文字受清修方志的影响很明显，优劣与共，因而下文讨论，更多的是兼论二者。

我们通常见到的方志书对社会习俗的记述，从内容项目看，绝大多数不外乎：岁时风俗；人生仪礼：生育、冠礼、婚礼、丧礼、祭祀、其他；生活习俗：衣、食、住、行；家庭、生产、社交；民间口承文艺；方言、谚语等六个方面。此六方面及其子目设置并习俗事象的具体描述等，笔者以为，都存在一个"个人决定"的问题，也就是说全凭编写者个人的水平（认识水平、写作水平）和兴趣，内容的取舍和描述的详略，随意性是很大的。下面一一分叙：

民间信仰向为民俗的重要内容，按理不能略而不记，但大多数清修方志都不涉及这一问题，探究其原因，借口可能就是一句古训"子不语怪力乱神"。实则这是一种不实事求是的态度，读志者万勿因无记载而以为此地无民间信仰活动。

前述六大方面，虽说尚不全面，但已基本涵盖了民俗文化的主要内容。有的志书在项目取舍上是很随意的。譬如乾隆四年（1739）《蔚县志》就没有"岁时风俗"这一大项，也没有生活习俗方面的记述。我们总不能说某某地方的人从来不过年过节，也没有衣食住行种种活动，果真如此，不成了天大笑话。如果以为衣食住行、年节都是平常事，不足费我笔墨，则民俗的地域特征、变异情况又何从探寻，志书立民俗篇、民俗卷的意义又何在呢。总之，清修方志编写者对民俗事象的随意取舍是很多见的，我想这种情况，在志书的其他门类也有，这就留下缺陷。

人生仪礼中的冠礼是古礼俗之一种，在广大汉族地区已失去传承。一些志书拘泥于《周礼》"礼之大端，不过冠婚丧祭"，在冠礼已乏具体事象可资描述时，仍牵强为说，如光绪十六年（1890）刻本《定兴县志》，竟以早婚之"具衣冠，习礼仪，童子当此，俨然有成人风"充作对于冠礼的记述；而1932年（民国二十一年）铅印本《徐水县新志》"冠礼"条云："古者男子二十为成人之始，届时设筵，集亲友，命名加冠"，这是古俗的简单介绍,而不是对传承中习俗的描述。上述两者牵强误导,有自欺欺人之嫌。

我们通常所说的民俗事象是指民俗的物化和行为化,对民俗活动的记述,首先是描述物化、行为化的过程和形态。清修方志中对民俗形态的描述,现在看来,是过于简练,某些用词又过于程式化,非专业读者难于读懂。举一例,以证我言不虚。雍正十三年(1735)刻本《朔州志》"岁时"之"八月"条云:"十五日中秋夜设瓜果、月饼、香纸拜月,亲友相馈,已而聚饮。"短短二十余字,涉及四项活动、三种物品、四部分人,还有两批未具体指明的物品,这些都是含混不清的,可以提出一连串的疑问。设瓜果等于何处?谁设?谁拜月?如何拜?馈何物?何时馈?何许人聚饮?饮于何处?民俗地域性强,常人根据常识去解读它是可以的,但肯定会有出入。如是研究,则必须考证深究,以符真实。

旧方志关于风俗的记述有两个最为至关重要而又不为众人注意的问题,就是民俗的地域性和历史性不鲜明。民俗的区域也称"民俗带",是指同一民俗的传播地带;而任何一种民俗事象,都与一定的历史条件相联系,并有所处时代的特征。此即"地域性"和"历史性"。一个县的地方很大,一种习俗往往县东是这样,隔条河、隔座山,县西就是另一形态。譬如,清代北京城东西分属大兴、宛平两县,许多方言就有差异,东城叫水桶的,西城则说水筲。同是一座北京城,今天交通方便了,而且有许多外省人迁入,形成五方杂处格局,旧的民俗带已极模糊,正在酝酿更大的新民俗带,这一切反映的是北京城的民俗时代特征。旧方志的编写者对这种地域性、历史性是不留心的,这样的民俗描述是不准确、不科学的。

最后是方音问题。旧方志中多有记录民间歌谣和俚语、俗谚的。这是好传统,为后人保存了珍贵的语言资料。问题是这些歌谣、谚语用的都是方言,而方言是和方音相辅而行的。没了方音的方言,尽管可以写出汉字,但用普通话读出来,外地人不懂,本地人可能也不懂。我们的旧方志对方言词汇都没有注出方音。我们也理解,限于当时的学术、技术条件,科学地标出方音是办不到的。这是个大的遗憾,以致使我们没有办法准确地利用它们。这一遗憾在这些方志未经科学地整理、注释的情况下,是无法弥补的。

笔者不揣固陋,对旧志做了许多挑剔。所见如此,然当有可议处,幸同好不弃,有以教我。

附 件

下面的"方志书民俗篇章内容编写参考提纲"是笔者妄拟的,抛砖引玉,经大家议论修改,俾供编写民俗志参考。

一、衣食住

(一)衣

1. 服装

(1)名称和种类(有性别、身份、时间、场合、用途等区分,种类包括帽、巾、鞋、袜等)。

(2)服装的质料和式样。

(3)制作方法

2. 装饰品

(1)首饰(种类、名称、样式、质地、佩戴方法)。

(2)发式(名称、梳结方法,亦包括化妆品)。

(3)纹身、纹面及其他部位的装饰。

3. 禁忌和迷信

（二）饮食

1. 日常进食的时间、次数，主食种类，副食材料和制作方法，并主炊者、食具、座位安排等。

2. 节庆食俗：专用食品、制作方法、待客方法、食具、座位安置。

3. 月子饭：主副种类、原料、进餐次数、忌讳。

4. 调味品种类和地区性口味、嗜好。

5. 干腌渍食品的种类和制备。

6. 点心的种类和制作。

7. 地方风味小吃种类、名称、原料和制法。

8. 饮料的种类。

9. 水果种类和小食品。

10. 饮食禁忌或迷信。

（三）居住

1. 对住宅自然条件的选择。

2. 建筑材料的种类、用途。

3. 住宅的布局结构，房屋的配置、名称、位置、用途。

4. 供神佛、祖先的地方。

5. 厨、灶或火塘以及灶神的供奉。

6. 家具种类、名称、用途。

7. 防护设施种类、名称、用途。

8. 建筑与修缮工程的情况和相关仪式。

9. 租赁情况。

10. 厌胜物和禁忌。

二、社会生活

1. 村落的起源和历史传说以及自然条件、历史上重大事件和灾祸。

2. 村落的范围和组织

(1) 居民的权利和义务。

(2) 村落的公共设施名称和作用。

(3) 村规和制裁办法。

3. 各种集团组织

(1) 集团组织（职业的、互助的、妇女的、文娱的）。

(2) 各集团的社会作用。

4. 家族和亲族

(1) 家族成员和称谓（含当面称和对外称）。

(2) 家族成员的地位（家长权力、主妇权限、子女地位、养子情况）。

5. 亲族关系

(1) 同族各家关系、姻亲关系。

(2) 非血缘亲族关系（干亲、奶亲、师徒、结义）。

(3) 邻里关系和交往。

三、生产

1. 农业（土地自然条件、所有权、作物种类、农具、仪式和信仰）。

2. 林业（山林自然条件、所有权、生产全过程、果木栽培、其他经济林、信仰、仪式、禁忌）。

3. 渔业（渔场情况、鱼种类、渔具制作使用、捕捞方式、渔产品加工、信仰、仪式、禁忌。当包括水产养殖）。

4. 狩猎（猎场情况、猎物种类、猎具、集体活动的组织和指挥、猎物处理和分配方法、信仰、仪式、禁忌）。

5. 养蚕（蚕的种类，饲养过程，用具，缫丝的过程、方法、用具，信仰，仪式，禁忌）。

6. 牧业（牧场条件、所有制、牧畜种类、放牧方式、牧民生活习俗、行业仪式、禁忌。当包括家禽、家畜及饲养业）。

7. 手工业（个体或作坊、作坊的生产关系、手工业种类、原材料来源、工匠种类、技术传授、师徒关系、行业活动、仪式、信仰、切口、禁忌、有关传说）。

四、交易

1. 实物交换的场地、常见的交换物种类、计量办法、价值的规定。

2. 通用的货币种类、名称、单位、价值。

3. 集市的种类、名称、日期、顾客范围、商品种类、仪式和禁忌、其他作用。

4. 批发商的种类、规模、销货方式、中介人及佣金。

5. 商店店堂形式、人员分工、招牌或幌子、服务、名店、老字号、著名商品。

五、交通运输

1. 陆路交通条件，各种设施（旅店、饭店、车马店、渡口、茶棚）的数量、规模、经营情况。

2. 水路通航情况，船只类型、载重量、通航地、里程、码头、关卡的位置和规模，船家的生活习俗，行船的禁忌、仪式。

3. 运输

（1）人力搬运方式（顶、杠、背、抬、拉、推、划船、拉纤)、搬运用具、搬运物种类、组织与分工、运费、劳动号子。

(2) 畜力运输方式(驮、拉),运具种类、样式,运输物种类。

(3) 有关运输业的习俗、切口、信仰、仪式、禁忌、特有的搬运技巧。

六、人生仪礼

1. 从诞生到成年

(1) 诞生：产房的选择和安置、助产人、助产方法、忌讳、对助产人的酬谢、对新生儿的处理、胎衣和脐带的处理、通知外婆家的方式、难产等的应急处理、母子的护理方法、产妇饮食、丈夫应做什么、如何哺乳、产妇何时恢复正常行动、月子中的禁忌。

(2) 与婴孩有关的仪式：有无出生后洗礼,怎样命名,满月、百岁、周岁的仪礼,外婆家和其他亲友祝贺方式,祝婴孩健康长寿的各种活动并衣物、饰品。

(3) 冠礼：人到多大为成年,有什么仪式(如割礼、拨牙、纹身、纹面、改装束)、何人主持、何人参加、成年礼的意义、成年后权利、服饰和发型的变化。

2. 婚礼

(1) 订婚、结婚的年龄。

(2) 怎样选择和确定配偶：选择配偶的机会和方式,择偶的标准。

(3) 订婚的程序：媒人、订婚的仪式、订婚后双方交往和礼仪。

(4) 结婚日的选定并婚礼的全部仪程。

(5) 婚后的各种仪式、活动。

（6）新婚服装、妆奁、特有的婚礼用物。

（7）婚后住何处（夫家、女家和新立家）。

（8）其他婚配形态（典妻、招夫养夫、拉帮套、转房婚、童养媳、招赘、冥婚）。

3. 丧礼

（1）人死后的处理方式（沐浴、整容、穿寿衣）：何人做，用棺木否，棺的处理，停尸何处，方向如何定。

（2）报丧方式，丧礼的备办，亲属孝服问题，停灵期长短，停灵期的道场，吊唁或其他仪式，家人哭丧情况。

（3）选墓地情况，葬的方式及陪葬品。

（4）出殡仪式内容（哀乐、丧乐、丧礼仪仗和用具的名称、样式），墓碑及其样式，不同年龄、性别的人丧礼有什么区别，丧礼中的禁忌。

（5）人们对阴界的种种信仰，对亡灵的关怀和祝祷。

七、岁时风俗

1. 一年中有哪些节日，它们的日期、名称、仪式，节日的饮食、服饰，节日的准备（如办年货、扫房），节日的供品、礼品，节日的亲友交往。

2. 节日起源、沿革，节日活动与社会生活的关系，各个节日活动的不同性质和目的，及其社会功能。

3. 节日的祭祀活动、祭祀对象（祖先、各种神、自然物、历史人物），节日与宗教信仰的关系。

4. 地方特有的大型节日活动，参加者的范围，活动的中心地点，人流、物流情况。

八、民间艺术、游艺和体育竞技

1. 民间戏曲的种类与名称，流行的地域范围，有哪些剧目、剧本，表演环境，道具、服装、乐器种类，化装与脸谱，技艺的传授方式、师徒关系，表演收入。

2. 民间曲艺的种类名称，流行地域范围，表演人的性别、年龄、社会名声，有无曲本，演出地点、时间，所用乐器，道具、服装的名称、质地、样式，技艺的传授，演出收入情况。

3. 杂技与马戏的种类和名称，表演者的性别、年龄、社会名声，技艺传授情况，艺人的流动演出范围，服装、道具的种类、样式。

4. 民间音乐或歌曲、乐曲的种类、名称，有无曲谱、曲牌，流行的地域范围，乐器的种类与名称，歌手的经历与名声，民乐的传承方式，有无群众性的节日歌唱活动。

5. 民间舞蹈的种类与名称，乐曲、歌曲、伴舞情况，流行地域，化装及道具情况，传承方式。

6. 民间美术的种类与名称，制作工艺，工具，技艺的传承，有无职业艺人和家族，关于技艺和艺术品的传说。

7. 民间体育与竞技的种类和名称，活动情况，参与者、竞赛者的身份，胜败的标准和认定办法，竞技与节日的关系。

8. 娱乐与游戏的种类与名称，活动形式与参加者，场地（室内或室外），人数（个人或集体），有否用具。

九、信仰

1. 祭祖先：地点、主持人、参加者、祭品、祭器、仪式、乐器。

2. 对特别信仰对象的祭祀（项目同上条）。

3. 一般信仰对象有哪些。
4. 家中供神的情况。
5. 灵异传说和崇信的情况。
6. 大型宗教的信仰情况,代表性寺庙、教堂。

十、语言

1. 习惯语
(1) 客套话。
(2) 咒骂话。
(3) 口头禅。
2. 流行语
(1) 政治流行语。
(2) 俚俗流行语。

原载《海峡两岸地方史志比较研究文集》
天津社会科学出版社,1998年10月第1版。

"妈祖狂欢节"刍议

从人类文化史看,许多国家或民族,特别是欧美各国都有自己多姿多彩的狂欢活动,即所谓的狂欢节。推究历史,它可能源于古代的祀神活动,形成于中世纪,近代开始盛行。

现在,世界上形成了几处有吸引力的狂欢节。以意大利滨海城市维亚雷焦的狂欢节为例。它是欧洲狂欢节活动两大中心之一,每年二月中旬举行,节前全城装点,焕然一新,处处彩旗、彩带、气球飘扬,入夜则灯火辉煌如昼。节日期间男女老少盛装出动,纵情游乐。活动项目繁多,无不引人入胜。其中化装游行、滑稽高跷尤为热闹。最惹人动情的是数十辆大型彩车载各种角色,模拟社会百态,小丑的嬉笑怒骂,极幽默辛辣之能事,代众人宣泄心中块垒,人们频频报以掌声和喝彩。而散在各广场的化装舞会、露天剧场,还有各种球赛和海滨游泳活动无不欢快紧张,高潮迭起。城区热闹处数日通宵达旦,游人流连忘返。节期前后旬日间,商业物畅其流,服务业中全市二百余家旅馆以及大小餐厅酒吧游客爆满,甚至私人别墅和近郊农舍也都做起了接待生意。狂欢节不仅给当地人民带来欢乐,也为社会创造了可观的旅游收入。

在我国各兄弟民族中,如壮族的歌圩节、傣族的泼水节、彝族的火把节、布依族的跳花会等,无论从声势的热烈、娱乐形式的丰富多彩、内容的欢快动人等几方面看,都带有狂欢活动的性质。汉族社会由于秦汉以来统治阶级及其知识层在政治文化中运用礼乐教化的潜控，任何个人意识和个人情感的宣泄都是违礼的。他们讲求温柔敦厚，要求人们"喜不形于色，笑不过于狂"，这种矜庄与拘谨的作风束缚了人性，汉民族历史上长期无狂欢的记录，有的只是被压迫者的揭竿而起。

倒是元杂剧兴起后，民间艺人利用喜剧手法，通过即兴表演的游艺活动，造就出狂欢的美感效果，这已是封建晚期，市民意识萌兴时的事了。比附斟酌，天津皇会实为狂欢活动的显例。它是天后（即妈祖）诞辰大型庙会中的盛大歌舞游行表演，用时髦术语说，它起的是搭台作用。可是，这台搭得挺大，它调动起三北运河沿线，甚至浙闽的客商和进香人（类似外国的朝圣者）。皇会期间，天津俨然中国北方圣城。历史上皇会场面的盛大热烈、各项社火表演的精彩动人，乾隆时举人杨无怪在那文风亦庄亦谐的《皇会论》中刻画得淋漓尽致。天津皇会声势浩大，文化内涵丰富，其强大的娱乐作用，可以满足广大群众的审美和情感宣泄的需要，与世界各地狂欢节并无二致，其形式和大部分内容是可以援引利用的。

改革开放政策引领天津走向世界，为此，需要做的事情很多。譬如城市文化认同方面，就可以运用民俗工程把天津传统皇会中众多歌舞游艺项目加以规划设计，去粗取精，缩小其神秘色彩，强化其世俗文化角色功能，借重天后诞辰之期，把断绝半个多世纪的皇会办成有世界意义的"妈祖狂欢节"，一则在港澳台和世界华侨中起情谊融通，促进认同的作用；二则形成巨大的旅游吸引力，借机广结国际友人，让世界认识天津；三则每年一度或两三年一度的狂欢活动是一次高度的文化组合，能增强社会稳定力和亲近感，这是建设城市的无形动力。刍荛之言，谨供各方参考。

原载《今晚报》1999年5月17日

对《南开区志·厢风卫俗》的议论

《天津市南开区区志》在评审后,写志诸先生斟酌各方意见,校订经年,准备梓行之际,承负责同志垂询,笔者获睹民俗篇校订稿。就原蓝本而言,民俗篇描述详尽,文字流畅,是问题较少的篇章,但校订工作仍十分认真。对一些民俗形态或则补充细节,或则加以注释,特别是几经搜求,选用了多帧极具价值的历史民俗照片,图为文作解、作证,收图文并茂之效,此一做法即在国内民俗学专著也属罕见,足证主事诸先生精益求精,黾勉从事之精神,钦敬之余,联想二三事,发为小议论。

天津是历史文化名城,不独传统文化底蕴深厚,就是在七七事变前近百年间对外来文明的汲取也多得占先声。追溯城市历史只六百余年。初始金元两代虽有建置,但都史迹模糊,譬如城市轮廓、社会生活风貌等,多因缺乏信实史料而难以说清。明初在海河上游两河汇合处置卫建城,天津史迹始逐渐清晰。所谓"算盘城"的形制轮廓由此确立,城内有衙署、店坊和民舍,构成了城市中心地带,是此后数百年间天津人繁衍、创造的大舞台。军政政令由此出,财富在此聚积,社会知识阶层在此活动,与此同时,别具特性的地域文化在此酝酿、构建。它体现的是中国封建社会城市的主要职能。

南开区作为现代大都市天津市的一个行政区,它的辖区恰恰包括了天津老城的全境。因此记述建城以来数百年间天津区域文化特性及其演进轨迹,是南开区区志应有之义,责无旁贷,他区也难以越俎代庖。即将梓行的《南开区志》确实做到了这一点，并且可以说是比较成功的。即以该书第二篇《南开瑰宝》和第十二篇《厢风卫俗》为例，前者写了"南开之最"等九章三十七节；后者则分别描摹了"居住民俗"等六章三十四节。篇目编纂得体，结构谨严，文字通畅。且服从教化的目的，收入了更多的民间文化资料，使保存地区社会文化史料的规模相应扩大。体现了编写诸先生对家乡——天津——区域文化的情感与理解，以耳熟能详的亲身体验发为文字，记事评俗，流露的都是乡人真情，堪称信史。尤以《南开瑰宝》一篇以全新的结构集中笔墨记述了老城风物，引人遐想，为本志增辉不少，推而广之，当不乏借鉴意义。

明朝初年以淮河、汾水两大流域移民充实天津三卫，他们中一大部分人定居卫城中，成为城市生活文化传承的主体。随着经济活动的展开，大批漕运人员和商贾的往来和寄居，从而又融入了江浙、河北、山东以及闽粤等地的民间生活文化，在北方大地独具多元文化背景的天津民俗文化于兹形成。

都市人类学认为，城市有维持和传承自己区域文化体系的功能，其作用是以城市中心为主导的；这种区域文化体系因包含了精英文化，相对其附近的农村文化而言，它是大传统，是正统的，往往为农民所称羡和借鉴。

天津民俗文化的根基在天津老城（严格说其范围应包括城东门外、北门外沿河繁华的商业街区，北门及沿河街区今属红桥区），换句话说，今日南开区老城保存的天津民俗文化历史久远，虽有变异，但基本形态历历可寻，够得上原汁原味。因此，由《南开区志》着力描摹这一性格鲜明的天津习俗风情，是当然之理，不容推卸。现在《南开区志》没有辜负众多天津人的期盼。撰稿人都是青年，他们热爱乡土文化，熟悉乡邦文献，又兼具学科基础知识，对一些民俗事象（如诞生礼、婚礼）娓娓道来，绘影绘声，读之令人忘倦。《厢风卫俗》洋洋洒洒，文字十分喜人，是《南开区志》的精华篇章，为区志增色添彩。

《南开区志·厢风卫俗》篇完整、信实地记述了天津民俗，看似完成的是南开区志编写任务，实际解决的是天津市编志工作中的大问题。试想，六百年间，天津城市中心地带由老城及附郭街区逐渐增拓，成为今日红桥、河北、河东、河西、和平、南开六区。除老城一隅外，其增拓的广大地区相对老城而言，它们一是附郭地，二是天津孤岛方言的流行区，三是天津民俗文化的辐射区。就区域文化体系而言，老城是大传统所在，各区无疑是天津区域文化的子传统。换言之，各区民俗文化中大传统的辐射占主流，由于多种原因，必有不同程度的变异情况存在。可以设想，描摹天津民俗大传统的《厢风卫俗》写成之前，辐射区民俗志的编写，将因缺乏与主流民俗形态（即大传统）的比较研究而难题颇多，即或勇挑重担，奋力钻研，也难免事倍功半。今者《厢风卫俗》篇的写定，为各兄弟区区志民俗篇的编写提供了主流传统形态的信实资料。各兄弟区的民俗志可在此基础上，运用比较民俗学的理论和方法，以确定本区哪些民俗事象是沿袭了主流传承，哪些是变异的，哪些是外地传进的，从而论及变异演化的机理，可以省去许多资料搜集、调查采访、考证等工夫，收事半功倍之效。因而可以说《厢风卫俗》篇为各区民俗志的编写准备了参照系，功不可泯。

从民俗学学科观点论，《厢风卫俗》篇涉及居住习俗、人生仪礼、岁时节庆、民间信仰、服饰习俗、家庭习俗等六方面，应该说比较全面地描述了中国民俗中的主要问题。由于运用的资料十分丰富，多处连带述及章节目录未涉及的某些事象，弥补了些许遗憾。从总体而论，视为佳作应该是无疑议的。

原载《天津史志》2000 年第 2 期

试论传统年画的文化性质和功能

年画，顾名思义，是过年时贴用的一种点缀节日气氛的绘画。从属性看，它是一种以民间风俗为主要表现内容的民间绘画。描写社会风俗习尚，底层人民生产、生活、社会意识和希求愿望等。学术界多数专家认定汉代的神荼、郁垒为其滥觞。两千余年间，在历代民间画工和千千万万的底层人民的爱护下，它得到了充分发展，形成多种艺术风格，以自己特有的魅力服务于文化生活。就其产生于民间，流传于民间，渊源古老这一点而言，在某种意义上，它是我国传统绘画的根。

年画是风俗画

推本溯源，年画始于汉代神荼郁垒。《荆楚岁时记》："岁旦绘二神贴户左右，左神荼，右郁垒，俗谓之门神。"门神见于实际生活中的，是广义巫术信念的产物。显然，人们相信门神可以守门户，防恶鬼入宅，扩而大之，它具有避免厄运、招来幸福好运，驱恶避邪、保佑平安的功能。相传汉以后所绘神荼为白脸喜相，郁垒为红脸怒相，正反映了人们迎吉驱邪的意愿。唐以秦琼、尉迟恭为门神，宋以后门神趋于多样，甲胄武士之外，四角尚衬以戟磬、瓶鞍、蝠蟢、爵禄等谐音物象的图案，以讨吉祥，门神画的广义巫术性质昭然可见。

宋以后，以底层人民为对象的娃娃、仕女画或专门描写村社生活的风俗画,与门神画一脉相承,在大量喜庆题材的作品中,都可依稀探寻到巫术影响民俗事象和民俗意识留下的痕迹,即如基于相似律的象征手法。如以石榴象征多子,以芝麻的节节开花象征步步高升。人们还超越象征物的类比,在谐音的事物间建立起联系:如以"瓶"与平安的"平"相联系,以"蝠"与"福"相联系,以"鱼"与富余的"余"相联系,以"莲子"与连连生子相联系,以"冠"谐"官",以"鹿"谐"禄"等。民间画工巧妙地运用谐音,创作出许多生动形象,寄托民众美好愿望,为他们喜闻乐见的年画。上述两种手法,为各地年画所普遍使用,杨柳青年画也不乏其例。譬如画一个娃娃抱着鲤鱼,衬以莲花、荷叶、莲蓬,也就是传承了一二百年,享誉中外的《连生贵子、连年有余》。同样,缸鱼画《连年有余》,一泓绿波,一条金鳞鲇鱼,两片荷叶,一朵莲花而已,然而它确能抓住人心。一张粉本刻成大小不同规格的几种画面,在几代人的年月里跨地行销。

年画在民间的长久流传不衰,可能有多方面因素,诸如故事情节的娱人性,画面的丰满、对称,色彩的绚丽等,但更关键的因素还在于它所包蕴的植根于古老文化的民俗意识及广义巫术观念,使年画具有形象、直观等特点,且与底层人民的生活习惯、文化水准、审美心理相适应,换句话说,年画的民俗性特征,保证了它历久常新,进而——正如前面述及的——能够跨时空地传布。

年画在底层社会文化中占重要地位

年画这一民间绘画形式,是民间画工艺术才能的结晶。这些人往往是多面手;他们既创造着物质文明,又创造着精神文明;他们的作品昭示的是底层文化价值。

民间画工卖画为生，而底层人民对于质朴、形象、直观的民间绘画十分渴求。因此，年画的生产者尽力迎合底层人民，特别是在人口中占多数的农民的心理、欣赏习惯和购买能力。年画艺术流传的这两千余年间，以封建社会时期为主。那时底层人民，尤其是贫苦农民深受压迫，缺乏文化知识，艰辛操劳，从无文化生活可言。既或是识字者，身处穷乡僻壤，也很难见到书籍。如果说他们还有接触到文化产品的可能，那大概也就是一年一更新的年画了。因此，年画在农民和城镇底层人民的文化生活中占有重要位置。

只要购买力允许，每逢过年，人们总是要买上几张贴在屋中，以随时"看画儿"。另外，在年前的一段时间里，城乡集市上总有一批逛年画摊的人，在挂满年画的铺画、摊点逐张地看，看了这摊看那摊。笔者记忆中，20世纪30年代中后期，天津市旧城西的西大湾子一带，是历年的年画市场，看画的中老年底层劳动者和老年妇女们在店门大敞、寒冷空旷的铺面中，对壁上的样品聚精会神地看着，对于小说、戏出题材的画尤为着意。看不懂时，往往会向身旁的陌生人请教，遇到能解些的，大家会自动围上来听，你一言、我一语，希望能把情节解说清楚。如果都不了解，有时还把在场的小学生拉过去认画面题目和人物名字，倘若解决了，那些老人们凭记问之学，就能有一番高谈阔论。从他们认真的态度，不难想到他们是多么渴望通过这些可以直观感受的物象学到自己还不了解的东西。逛年画市场，对这底层劳动人民来说，可算是一次难得的文化享受。年画题材丰富多样，且往往有很大的销量，这对于向底层人民传播文化知识，以及培植和加强民间艺术力量，无疑起到了难于估量的巨大作用。因此，对年画在传统社会生活中的地位应有一个正确的认识，就是在今天，我们轻易地放弃年画阵地也是不可取的。

从民俗趣味到民族意识的参与

传统木板年画是我国民间艺术的一枝奇花瑶草，是重要的民俗文化遗产。历史上，大大小小的年画产地，遍及大半国土。由于各地经济、文化发展不同，年画的艺术风格、题材内容也都各有特色。清中叶以后，内忧外患，时局动乱，社会经济日趋衰落。传统的社会意识在震颤中发生变化，民族意识抬头。在商业萧条中，木板年画普遍遭受沉重打击。为了维持营业，一些地方的年画作坊降低工本以利竞争，故质量有所下降。但处在民族生存斗争前沿地区的天津、苏州等地，画工和作坊主从忧患意识出发，绘制了一些与时事有关的画稿，并刻印发行，如杨柳青刻印的《天津万国桥》、苏州发行的《上海火车站》等，流露出人们希望通过学习新的科学技术来救国自强的情绪。另外，随着反侵略斗争的高涨，一种描写底层人民英勇斗争事迹的年画应时而出，如杨柳青印刷的《火烧望海楼》、《刘提督水战得胜全图》等。仅此数例已足说明，在社会深切变动中，乡里社会的民俗意识已退居次要地位，而让位于政治意识。政治、历史题材的年画的流通，显然反映了底层人民强烈的参与要求，是与当时国内外斗争的激烈程度相契合的。这些年画是反帝、反侵略斗争的形象见证物，是我们今天进行国情和历史教育的重要材料，亟须广为搜求和深入研究。

以上三端，卑无高见，野人献曝，祈诸方家指正。

三 乡史稽沉

华鼎元及《津门征献诗》

明清之际是中国社会急剧变化的时代，天津城市经过清初近百年的发展，至乾嘉时期已成为北方一大商业中心，随之教育、文化、艺术都有了空前的繁荣。读书人著述之风高涨，著作多集中在康熙至同治朝约二百年间。

从《天津县新志·艺文》对清人著述的简要介绍中，我们可以看到一种新的发展迹象，那就是一部分作者一改过去代圣人立言或标榜清高以吟风弄月为能事的文风，开始向市民主体意识倾斜，用较多的笔墨记叙社会生活和市民心态。虽然商品经济、市民主体意识深层的本质上的联系是那样复杂和微妙，而开拓者的认识还十分模糊，但他们的行动显然意在从多种视角认识社会、认识乡土。华长卿、华鼎元父子于此致力尤多。华长卿一生著作近五十种，涉及文史哲多种专业，记事论世，参以见闻，有征而信，当另文介绍。

长卿仲子华鼎元一生熟于乡土掌故，辑著六七种，大半事关津门风物。遗憾的是，所著《津门通典》八卷、《緘斋诗存》一卷原稿已佚，只存书目。所幸尚有《津门征献诗》八首、《津门征迹诗》一卷刊刻行世。两书内容旁搜远绍，雅俗并辑，举凡咸同以前的津地人物事迹、古迹形胜、市井风物，巨细咸备。特别是《津门征献诗》，内容丰富翔实，是研究天津地方历史、社会风俗、文学艺术史的重要参考资料。

华鼎元字问三，号文珊，增贡生出身，自幼随侍其父，深得家学。初任刑部司务，后任苏州府海防同知。从咸丰四年（1854）辑著《津门征献诗》，至同治三年（1864），历时十年始成。

《津门征献诗》计七言绝句一百二十首。一首诗歌颂一位乡里古人，上起明代，下迄咸同，"尤以忠孝为先，次及宦绩、学行、文苑、隐逸，末卷则专收烈女，凡得一百二十人"，"知名之人，大略备于是矣"（《天津县新志·华长卿传》）。编辑形式是以诗为纲，诗后附传志、行状及诸家文集笔记杂著等的相关载记，最后是"缄斋杂识"一段文字。缄斋是华鼎元的书室名号，这一段文字是华鼎元综合前录各种文献材料写成的，叙事简要，议论持平。诗后书文，少则二三种，几百字，多则数十种，近万字。即以卷四《查解元为仁》一诗为例，摘抄各家著述文字四十种，一万余字，举凡查为仁的生平事迹、文艺思想、美学观点、家庭生活、交游宾友等庶几齐备，搜求之苦，当可想见了。这些文献内容丰富、信息量大，为社会学、民俗学、文艺学、文化人类学等多学科研究提供了不可多得的资料。在肯定《津门征献诗》学术文献价值的同时，也应看到作者受传统意识的禁锢，对孝子（第一卷收孝子一十五人）、忠臣，特别是烈女、节妇（第八卷收节孝妇女三十一人）作了过分颂扬，表现出一种理学家的人格追求。

《津门征献诗》虽有一定学术文献价值，但因刻印不多，流传不广，故而鲜为人知。天津市历史博物馆藏有此书初刻本，为清光绪丙戌十二年（1886）苏州谢文翰斋刻印，细毛边纸本，四册一函。俞樾署签，目录前依次有俞樾、沈兆沄、樊彬、冯伯年序文四篇。

原载《天津日报》1989年7月30日

天津人反侵略的心声
——爱国文人华长卿诗文

华长卿（1805—1881）是清代天津著名爱国文人。他原名长懋，字枚宗，号梅庄，晚年又号米斋老人。童年随舅父沈兆沄读书，十四五岁后随董怀新学作诗文，在乡里小有文名。二十岁成秀才，嗣后专从梅树君学诗，道光十一年（1831）中举人。华氏自十九世华文炳由浙绍北迁，康熙二年（1663）卜居天津以来，世代书香，至长卿时家藏书籍三万余卷；而长卿三位老师又都是津门饱学之士，家学的渊源，名师的指点，对于长卿日后的学问、操守起着决定性的影响。

道光二十一年至咸丰元年（1851）十年间，华长卿居金陵，为沈兆沄江安粮道署处理公私文书，因此，南船北马，就便得游苏、浙、皖、赣、鄂、豫、鲁、晋各地，"所至纵览其山川，详察其风土，凡有记载，托以诗歌"。所著《梅庄诗钞》（刻本）十六卷，选诗一千三百一十首，其中七至十六卷计诗七百零四首，皆此十年旅途中得意之作。值得提出的是，道光二十五年在金陵刊行的《甃言集》，是华长卿在鸦片战争前后六年间所作，揭露鸦片流毒，痛斥侵略者的残暴，鞭挞清政府的投降媚外政策，同时对禁烟派官员和英勇抗击英国侵略军的爱国军民作了热情的颂扬。他以铿锵犀利的文笔写下了认识鸦片战争实质、启迪爱国主义精神的不朽诗篇。诗集的开篇几首均作于天津，反映了天津人民禁烟、反抗侵略的爱国心声。

咸丰三年，华长卿选授奉天开原县训导。作《学宫九十九赞》,赞历代学案中先贤先儒九十九人的学行事迹,期学子奉为楷模。他还广泛结交当地读书人,希望他们互相切磨。经二十五六年的努力倡导,开原人读书之风蔚起。光绪五年(1879),华长卿以耳疾辞官,县学全体生员敬送"久道化成"匾,表示感激、颂扬心意。按清代官制,县学有训导二人,职位在教谕之下,是二流角色。华长卿以知命之年,辞家远赴近徼之地,一片热诚为穷乡僻壤的教育事业恪尽职守,冷板凳一坐就是二十六年,是多么难能可贵,赢得开原人民的爱护和敬仰绝非偶然。他的风范体现了天津人热诚待人、勇于任事的雄浑性格。我们从他一生学行中看到,中国传统礼乐文化——道德和美学的冲突与融合——给予他个人承受,并造就了他忧师而风流的高尚人格。

华长卿一生好学,尤其受益于友朋观摩之助,这使他致力的学术领域扩大了,文化心态跟上了时代脚步。但他毕竟是封建社会的人,生平撰述谨守汉学家法,以考据见长。研究经学注重训诂,研究古史注重表志。据《时还读我书屋文钞·开原征书启》一文,截至咸丰四年十月,长卿已撰成书籍三十八种,一百三十卷。《天津县新志·艺文》著录长卿撰述四十四种,其中刻本四种,存四种;抄本二十五种,存二十四种;稿本二种,存二种;仅存书目者十三种。著述内容涉及经学、文字学、音韵学、史学、方志学、谱牒学、舆地、泉货、文论等,另有文抄、诗抄、词抄各一种。他是天津人中著述最多的一人。

20世纪50年代中期,天津市历史博物馆图书资料室征集到小游仙馆抄本《时还读我书屋文钞》一函四册,计文四十一篇,不分卷。除《学宫九十九赞》一篇外,均经朱、墨两次句读点订,并多处附有高凌雯校注笺,抄手笔误也贴红笺小楷纠正,一切似为刊刻做准备。所可疑者,《天津县新志·艺文》载此书抄本七卷,今馆藏抄本不分卷,此疑点之一。又《新志》谓"是集原名《东观室文钞》",馆藏抄本中《开原征书启》的注文详列三十八种著述名称,内有《东观室文钞》四卷;而此抄本之一册的封皮衬页附有长卿孙辈某人(笔者据多种情况推测此人是华世铎)笺注,谓"先祖文钞中年名曰西岳山房,晚年解组归里后,自题斋额曰时还读我书屋,故改曰《时还读我书屋文钞》";近代名书法家华世奎之父华承彦在宣统元年(1909)续辑的《华氏晴云派天津支宗谱》中,详列长卿著述书目,也列有《西岳山房文钞》四卷,如是,则一书三名,此疑点之二。就天津市历史博物馆所藏此抄本而言,书名已定,可疑者是卷帙问题,是否即此四册,想知情人均已谢世,个中原委难以说清,只有存疑了。

原载《天津日报》1989年8月27日

王又朴的经世致用之学

王又朴字从先,别号介山,清康熙二十年(1681)出生于江苏仪征,六岁来津,从此隶北籍为天津人。雍正元年(1723)中进士,时已四十二三岁。雍正帝召见时,他以忧国之心奏停捐纳事,得雍正允许,又朴因以名噪都下。

雍正四年后,两次代理河东(即山西省)盐运使,他革除旧弊,整修渠堰,增加盐产,却因与权臣党羽意见相左,被劾去官。乾隆五年(1740),六十岁,署西安府丞,督修城垣有功,得皇帝允准,转任江南。任职泰州、庐州时,又督修河堤,开挖运河,造福百姓。乾隆十四年,近七十岁,以衰老请退,先遣眷返津,卜居杨村。三年后又只身赴泰州,参加当年未竟的修筑百里堤道工程,经七年完成,归来天津时,已七十八岁了。勤于事业的人从来不会以老废自居。他又转向桑梓教育事业,建议复兴三取书院,并亲自主持延师训课事宜。

王又朴一生黾勉读书,学而有成。成进士前已擅长古文、律体诗,且写成《中庸总说》等三四种著述,与朱轼、方苞等经学、古文名家有师友之谊,深得教益。《天津县新志·艺文》载王又朴著作计十四种:刻书行世者十二种,《论语广义》及《河东盐法志》两种仅存书目;王又朴晚年结集的《诗礼堂全集》也收十四种,无前述两种,那么他毕生当有著述十六种。

天津市历史博物馆藏有《诗礼堂全集》一部,毛边纸本,计四函三十五册。书版非一时一地刻成,早不过乾隆元年,晚者为乾隆二十六年，《诗礼堂全集》大概就是这时结集的。其中《易翼述信》十二卷，是晚年精心之作，被编入《四库全书》，他也因此名列《国朝学案小识》，成为经学家。《史记读法》二卷和《介山古文》五卷都是遵循桐城义法的精心结撰，均经方苞点定。《杂纂》二卷，是随笔条记之文，经说史论，风土传闻皆所收录，卷上即记有泥沽、葛沽贝壳堤事，认为是海水东退遗迹。《介山自定年谱》一卷，记述个人生平行事，美恶并书，连自己青年时与婢女相恋事也不隐饰，可见坦诚豁达之度。

综观王又朴一生读书、行事，深刻体现为中国士大夫人格的一种弘扬进程。四十岁以前读书、教学，安于贫困；成进士后，在当时"遵经致用"学风和朱、方等师友影响下，讲求经世致用，身体力行；为官期间，利民恤民，勇于任事，必底于成。在他身上，体现了中国文化优秀传统的道德实践和人格精神。

原载《天津日报》1989年9月24日

樊彬的珍本《畿辅碑目》

樊彬字质夫，号文卿，天津籍，清嘉庆元年（1796）生人。幼年丧父，苦读，年未二十成秀才，屡次进京与试不中，一度在山西为幕宾，后辗转在湖北任县官，仕途坎坷，请假北归，寄寓北京，读书著述。光绪七年（1881）卒，年八十六。

樊彬生平笃嗜民俗、掌故、金石文字。二十余岁时写成《津门小令》百首，描摹天津风俗，为学人所传诵。其他诗词文章富有文采，晚年结集成《问青阁诗文集》。半世殚精竭虑搜罗海内碑刻至两千余种，其中多有为当时收藏名家所未经见者，仿孙星衍《寰宇访碑录》体例写成《畿辅碑目》两卷、《畿辅待访碑目》两卷。

《畿辅碑目》收当时直隶行省（约今河北省大部分）全境存世的周秦至元代碑刻、墓志、经幢、造像记、摩崖刻字、砖瓦文字、砚铭、琴铭等一千余种，按年代编排，分记名称、刻字或立碑年月、书写人姓名、所在地点等项。其中包括北京国子监存的《石鼓文》、《兰亭序》、《争座位书》，天津安氏《书谱》，房山雷音洞《大般若经》、《大华严经》等。即以碑刻而论，少者仅一石二字，多者如《大般若经》共镌石一千五百六十面。而体量最小者莫过于谢枋得《卜卦砚铭》。上卷周至唐末，下卷五代至元末。

《畿辅待访碑目》辑录直隶各县方志和文人著作中所记有名称而无传本的碑刻、墓志、经幢、塔铭等，共四百五六十种，体例一如《畿辅碑目》，上卷自汉至五代，下卷自宋至元。由于编辑过程近二十年，其已列入待访的碑刻间有出土者，如沧州元代《修仵龙池碑》、文安唐大中二年（848）《张仁宪碑》等八九种，均注明"已出"字样。

从这两种碑目的编辑成书，可以想见樊彬搜集碑拓和资料之精勤广博，跟踪学术信息的专心及时，一种锲而不舍的精神令人敬佩。

《畿辅碑目》辑成后，未能及时刊刻，有传抄本行世，为学人所使用。民国二十二年（1933），天津河北第一博物馆于院刊第一次公开刊印。1935年秋刊印单行本，书名《天津樊文卿先生畿辅碑目》，毛边纸本，墨单栏，铅字，单鱼尾，上花口，下粗黑口。书前有樊彬自序及清代名书法家莫友芝于咸丰十年（1860）秋稿本杀青前写的序，书后有樊彬甥孙天津姚彤彰民国二十二年、二十四年两段跋文，说明出版经过及希望学人续辑之意。惜此书刊印不多，五十年后的今天已成珍本。

原载《天津日报》1989年11月19日

沈兆沄和《篷窗随录》

沈兆沄字云巢，号拙安，天津籍，清乾隆四十八年（1783）生。嘉庆二十二年（1817）成进士。先后任苏州、江宁知府，整饬粮漕积弊，群称廉能。咸丰间任河南、浙江按察使、布政使，七十八岁时以老病告归。光绪二年（1876）卒，享年九十四，谥文和，清国史馆为之立传。

沈兆沄一生著述近二十种，自任河南按察使后陆续结集的有《织帘书屋诗钞》、《篷窗随录》、《篷窗吟》、《敬止述闻》、《易义辑闻》、《义利法戒录》、《咏史诗钞》、《织帘书屋文钞》等十种。除后一种未刊外，前九种均有刻本行世。

沈兆沄生逢清朝国势日衰之际，政权腐败，列强接踵入侵，供职之地烽燧连天，苍生无托，一种忧国忧民之情和民族气节扭结一处，发为心声，辑著各书都具有现实的社会道德内容和深沉的忧患意识，虽拈韵抒怀也多惓惓之词。

《篷窗随录》十四卷，另有《附录》二卷、《续录》二卷。任江安粮道期间，每年督运漕粮南北往返，舟中余暇就所携书翻阅抄撮，历十一二年之久始得成帙，咸丰七年（1857）雕版刊行。绵纸本，合为八册，四周双栏，板心刻书名、页码。《随录》所辑涉及农田水利、钱谷税收、河运漕政等亟待解决的实际问题，幻想以此唤醒朝野励精图治。其中水利章奏文字极具学术价值。《附录》辑中药民间验方数十种，均非日常经见者，也有参考、发掘之价值。

原载《天津日报》1989 年 12 月 17 日

梅成栋和《吟斋笔存》

有清一代天津文坛出诗人，故有"诗薮"之美誉。其中承前启后之人，恐非梅成栋莫属。

梅成栋字树君，号吟斋，清乾隆四十一年（1776）生。梅氏家族明永乐时自常州迁天津，世为望族。成栋父梅履端工书法，善画兰竹，有名于时；母朱氏为名诗人朱导江之女。成栋幼承家学，稍长从舅父朱仰文学诗，20岁成秀才，嘉庆五年（1800）中举人，与《津门百咏》作者崔旭同出清代著名诗人张船山之门，京师文坛传为佳话。此后屡次会试不中，乃授徒自给，家境虽艰，然侠骨热肠。道光十五年（1835）大旱，四境流亡农民涌入天津，成栋上书官府建议设粥厂煮赈，并亲自策划，流民借此得活。

梅成栋精通掌故，关心乡里人文教化。道光七年就水西庄旧迹结梅花诗社，集津门文人学士，使"野茶馆"的流风余韵再次培植了津门文坛重诗的风气。道光八年与侯肇安、王天锡倡立辅仁书院，主讲席近十年，造就许多人才。

道光十六年，梅成栋应大名知府陶凫芗之邀主讲当地天雄书院并襄助辑著《畿辅诗传》一书。不久选授永平府学训导。道光二十四年夏，病卒于任所，年六十有九。

梅成栋一生学行谨严，待人以诚，是中国传统文人"志在兼济，行在独善"的理想人格的奉行者。他的诗文大率表彰义行，张扬正气，光大道德。

生平诗文多数散佚，刊刻行世者只《欲起竹间楼存稿》四卷、《树君诗钞》一卷、《吟斋笔存》三卷而已。曾辑明代以来地方文人、闺秀二百一十六人诗为《津门诗钞》三十卷，搜辑之富，堪称大观，亦有刊本行世。

据沈兆沄《梅成栋传》载，《吟斋笔存》原稿四卷，仿诗话体例随笔条记而成。民国十六年（1927）天津金钺纠讹补脱刻成三卷，计一册，绵纸本，四周双边，对鱼尾，书口中间刻书名、页码，下部象鼻处有"屏庐丛刻"字样。书前冠以成栋自记弁言一篇，后附金钺跋两则。

原载《天津日报》1990年1月4日

查氏一门著作宏富

津地俗语每谓富有者有"阔查",此语实有所本。"查"盖指清代中叶以前的天津望族水西庄查氏。查氏原籍北京宛平,至查日乾(1667—1741)迁津。日乾初任天津钞关(即北大关)书办,后投天津大盐商遂闲堂张霖名下领长芦京师盐一万引,因善于筹划,每年获利十余万两,遂成富户,乃于天津旧城西约三里处的南运河南岸择地起筑私家园林——水西庄。

水西庄地广百亩,自雍正元年(1723)兴建,至十一年初具规模,此后于乾隆四年(1739)又建园中之园——小水西,二十三年再扩建介园,三十六年乾隆驻跸时赐名"芥园"(自此遂成地名流传至今)。园林建成后,查日乾及其长子查为仁、次子查为义、三子查礼于此游憩,款接南北才人名士。宾主聚首,或拈韵分题,或折纸挥毫,或商酌古史文献,或鉴赏鼎彝字画,园内唱和,园外传诵,乃有"野茶馆"的流风余韵传之民间,推动天津地方文化向深邃、雅致的高层次发展,"阔查"一词也因此传遍天津,成为俗语。

查氏家族富而好文,追求内质美,男女皆擅诗词,一家和悦旷达,各人的诗词文章不乏清秀淡约的才性之美,非一般富商家族可比。兹就查氏一门著述简略介绍如下:

查日乾撰《左传臆说》四卷、《史腴》四卷,惜皆不传。长子查为仁(1695—1749)字心谷,号莲坡,别号蔗塘。因会试下部狱九年,获释后绝意仕进,隐居水西庄与各地才人唱酬自娱。

撰《蔗塘未完稿》，收平生诗文十一卷，另有《花影庵杂记》一卷，《莲坡诗话》三卷。最重要的研究性著作是和厉鹗合作的《绝妙好词笺》，被收入《四库全书》。次子查为义撰《集堂诗草》，惜已不存。三子查礼（1716—1782）字恂叔，号俭堂，历官西南各地，由四川布政使升湖南巡抚，未及赴任，病卒于北京。少年即负诗名，著有《铜鼓书堂遗稿》三十二卷，与水西庄宾友共八人辑《沽上题襟集》八卷。为仁次子查善和撰《铁云诗稿》、《东轩诗草》，亦皆不传。为仁女查容端等有《兰闺清韵》诗稿传世。为仁孙查诚撰《天游阁诗钞》，稿已不存。为义孙查彬撰《小息舫诗草》、《周易经史汇参》、《周易集说》等。为义曾孙查久勤撰《韵学辨字》，已佚。

其中《铜鼓书堂遗稿》有乾隆五十七年刻本，四周单边，出口刻书名，纸本四册为一帙。前有姻弟杭世骏乾隆三十五年序一篇，尾附查礼子查淳于乾隆五十三年冬写的后序一篇，叙查氏家族历史及查礼生平事甚详。

原载《天津日报》1990年2月11日

记游诗名家金玉冈

金玉冈字西昆，号芥舟，晚年号黄竹老人，清康熙五十年（1711）生。祖籍浙江。金玉冈少时席丰而慕文，风标高尚。博览群书，精通百家，工诗善画。家产给了弟弟，自己贫居晏如。他性喜游历，出游时笔墨随身，到处卖画为食宿旅游之资。遍访黄山、九华、天台、雁荡、栖霞诸名山。至普陀，瞻海天佛国胜境；西出嘉峪关，眺祁连积雪，历青海藏区；东渡鸭绿江，越长白，览柳边山川。乾隆三十八年（1773）卒于广东电白，年六十有三。

金玉冈不慕富贵，不合流俗，恣情名山邃谷间，是清代中前期天津文人中游踪最广之一人。幽邈异境，开拓胸臆，成就了艺术思维与审美观念，故而，他也是清代中前期天津文人中诗书画皆享盛誉之一人。他书法深得唐初虞世南、薛稷笔趣，绘画有元倪瓒潇洒之致。惜作品随游踪散在各地，天津市历史博物馆多年搜求，仅得指头画立幅一轴，笔墨简洁精练，弥足珍贵。他的诗主性灵说，尽得意境韵致之美。梅成栋辑《津门诗钞》曾谓"沽上诗人前有张笨山，后有黄竹老人"，可见成就之高。游历所至必有题咏，一生诗作无算，结集者仅记游诗草四五种，约两千余首，无疑是他游历中才思驰骋的结晶。诗书画的结合使他的文学艺术活动独具魅力，而渊博的学识和高超的形象思维能力，应该说是得力于读书和万里遨游。晚年游粤前家居城内西北隅，小筑园林，与三津名士时相唱和，作为一种文化现象，可谓为当时封建社会高层文化的代表。

　　金玉冈手稿结集为《黄竹山房诗钞》三十卷，《田盘记游草》一卷，《天台雁荡记游》一卷，《粤东草》一卷。嘉道间梅成栋从手稿选定七百余首，玉冈侄曾孙金溁于道光二十六年（1846）刻成《黄竹山房诗钞》十二卷。因当邳县恒素轩刻板漫漶错讹，且印刷不多，民国三十二年（1943）六世从孙金钺删校后合为六卷，在津重新付梓，计二册。金钺又从玉冈友朋集中辑录乃祖诗二百余首成《黄竹山房诗钞补》（附《田盘记游》）一册。二者皆绵纸朱文，四边双栏，花口刻书名、卷数、页码。此即今日能见到的金氏家刻本。而玉冈手稿原件于梅氏选定后，不戒于火，悉付焚如，实属可惜。

原载《天津日报》1990年4月8日

诗才如青莲的张霔

张霔字念艺,号帆史,又号笨山,别号秋水道人,清顺治十六年(1659)生,康熙四十三年(1704)卒。张氏家族世居河北抚宁,霔伯父张明予业盐长芦,其父张闻予随兄操持盐务事,遂迁天津,霔即天津生人。

霔生而敏悟,年十二能临钟王法书,十六岁有诗名。以廪贡生官内阁中书舍人,其间多次参加乡试不第,遂绝意仕进。张氏一门家业昌大,富贵鼎盛,霔独不贪荣华,淡泊处之。家有别墅视之如敝屣,自筑屋三岔河口附近,陋若农舍,额曰"帆斋",读书其中。霔生平避车马客,惟与三五贫士为文字知交。当时北游俊彦如赵秋谷、姜西溟、朱彝尊、汪士铉、吴莲洋等,皆慕霔名,时有诗文投赠。尝与本城文士龙震、梁洪、黄谦、大悲院僧人世高、香林院道士王野鹤共结草堂社,唱酬不辍。

霔诗学李白,飘忽清拔。梅树君《津门诗钞·笨山舍人诗》评云:"栋尝论津人诗三家,前有帆斋,中有虹亭(即于豹文,乾隆时人,进士,有《南冈诗草》十六卷),后有芥舟(即金玉冈)……笨山诗如凤鹄摩天,春鸿戏海……"书法古逸苍劲,小楷有十三行韵致,草书得张旭笔意。

综观张霔学行诸端,无论才识、志行,执著追求的是一种高扬的清秀淡约的传统人格美,为古代天津地方文化艺术的发扬做出了贡献。

张霔青年时期的诗作尽毁于火,后复积至万首,计诗文集七种，贮之石匣，自谓五十岁后删定，岂期四十六岁溘然谢世，天若假年，当有更多的才性佳构留飨后人。生前结集诸作，已佚者为《弋虫轩诗》、《读汉书绝句》、《秦游集》、《帆斋逸稿》四种；《绿艳亭诗文稿》八卷，编辑《天津县新志》时尚得见抄本，今又数十年，屡经世变，存否难卜；《读晋书绝句》二卷有刻本行世。天津市历史博物馆曾购得旧绅李子明藏《读晋书绝句》手稿本二册，诗字两绝，弥足珍贵。

原载《天津日报》1990年5月6日

忧患诗人杨光仪

杨光仪字香吟，晚号庸叟。祖籍静海，后迁天津。生于道光二年（1822）。年未二十即成秀才，咸丰二年（1852）三十一岁中举人，选补东光县教谕。此后十一次参加会试不中，绝意仕进后主讲辅仁书院，当时天津士子多出其门下。咸丰同治以来国事多艰，书院拮据难于维持，光仪减少自己束脩，以弥缝困难。他家无恒产，安贫乐道，淡泊自守。

鸦片战争以来时局险恶，社会黑暗，忧患成为普遍的大众意识。而耿介如杨光仪，其忧国患民之情，较之常人何啻十百倍，郁结为难于化解的块垒。他通过诗文发抒崇高的意绪，勾画理想的人生，特别是作诗成了他阐发情怀、推敲世事的重要形式，因此，光仪诗集每多悲愤之作，非一般文人墨客流连风光者可比。其师张式芸在一首诗中着力刻画了光仪的人格精神："诗从忧患得，语总性灵镌。……生值乱离际，痛深家国间。有心回世运，无力济时艰。予亦同兹愤，长歌出涕潸。"《天津县新志》在述及光仪与南北名流讲道论艺之后，特意指出："人谓光仪诗格独高"，最为公允确切。原因是他的诗代表着内忧外患煎迫下的群众意识。

光绪二十六年（1900）夏光仪卧病危城中，八国联军炮弹击中居室，天花板岌岌欲坠，光仪泰然处之，歌咏自遣。阴历八月卒，享年七十九。

杨光仪一生诗文之作堪称宏富，惜存者不多。已结集者计：

《耄学斋晬语》一卷，系晚年阅历有得之作，门人徐士銮刊于浙中，印行无多，且板早散失，已属无从搜求之书；《津门诗续钞稿》收道光以来六十七家诗，八国联军陷天津，城内文人书稿多有损失，赖此稿犹可窥见鳞爪，辑《天津县新志》时抄稿尚存，今又数十年，存否难卜；《碧琅玕馆文钞》三卷，辑《天津县新志》时抄本尚在，时至今日但愿犹存世间；《碧琅玕馆诗钞》四卷，纸本，两册，光绪元年杭州任有容斋刻板，四周双栏，花口，单上鱼尾，前有张式芸序一篇，梅宝璐序一篇，梅宝璐、于士祐、孟继坤等诗友题词十三种，后附门生徐士銮跋一篇，记校录刊印之始末；《碧琅玕馆诗续钞》四卷，纸本，两册，光绪九年徐士銮校刊于杭州，册页制度一如《诗钞》，后附徐跋一篇。后两书天津历史博物馆有藏本。

原载《天津日报》1990年6月4日

记载八国联军暴行的书

1900年7月14日清晨五点钟，天津城被八国联军中的日、俄、英、美、法五国军队攻破（更凶残的德国兵是后来到达的），从此，天津城区陷于联军的恐怖占领达两年之久。在此期间，以传播近代文明相标榜的联军却干出了许多烧杀抢掠奸淫等伤天害理的事，既玷污了上帝和大神的圣洁，也丢尽了资本主义文明的脸。乡人著述中系统记录其事者仅刘孟扬所著《天津拳匪变乱纪事》一书。

刘孟扬字伯年，号清醒居士，回族，天津籍，光绪三年（1877）生人。秀才出身，青年时即留心社会政治，曾充《大公报》编辑，自办《民兴报》、《商报》、《天津午报》等。后转入政界，历任直隶稽征局局长、天津警察厅督察长、天津县县知事。北伐后任天津市自治监理处处长、天津贫民救济院院长等职。日寇侵华期间曾供职伪治安总署，死于1943年。

联军侵华时刘年仅二十二三岁。其书上卷逐日记述义和团在津活动以及和联军交战情况。下卷题名《津城陷后闻见录》，自城陷后至拆毁城垣止，凡联军暴行及督统衙门种种傲慢措置，有闻必录。综观全书，刘孟扬虽站在地主资产阶级立场，对义和团运动持否定态度，甚者歪曲义和团反帝斗争为"拳匪变乱"，但其民族意识未泯。光绪二十七年夏，刘作下卷弁言："自津城失陷后，一切情形触目伤心，从六月二十日以后已无心逐日记载……然自二十以后所见所闻，尤有惨于失城时者。津民何辜，遭此荼毒。若无所记载，以昭示后来……恐时过境迁……无复求雪国耻之思，实为我国前途大可忧者也。"虽所记不详，然后之读者，"足以知所戒惧"，显然刘当时是把自己与中华民族的存亡荣辱联系在一起的。

刘书下卷所记联军暴行，以开卷几则为例："自城破后，城内外几乎连日有被焚之处，因门旁粘贴拳匪字条（即义和团标语）者居多……以北门外迤东被灾情形为最惨，人被杀死者不少"；"每日洋兵串行街巷，携带洋枪，三五成群，向各家索取鸡鸭、西瓜、鸡蛋等物，稍不如意即开枪轰击。并搜抢首饰、洋钱、时辰表等件，翻箱倒箧，不堪至扰，稍一阻止即动手伤人，或竟开枪轰击，有被击死者"；"各处洋兵肆行搜索物件，皆设立支应局，以供给洋兵食物……河东一带时有洋兵强奸妇女事件，他处也有之……由是各处居民多携眷向他方逃避"；"洋兵屡在街巷抓人，充当苦力，或拉船，或扛抬物件"；"洋兵每在街戏侮行人……不从者则挥拳即打。"仅此数例，即足以说明当年侵占天津的各国军队风纪之窳败及官兵之残暴无理。刘书卷下所载和瓦德西《拳乱笔话》、威尔《使馆被围记》所记洋兵在京津的种种罪行，戳穿了侵略军的文明假面具。对于这些罪恶行径，中国人民当永志不忘。《天津拳匪变乱纪事》全书两册，民兴报馆铅印，系采用古书装帧设计，四边双栏，花口，前有作者自序，并附图十三帧。下册附《天津城垣考》等与八国联军侵华史事有关的载记六篇。

原载《天津日报》1990 年 7 月 29 日

继承家学的梅宝璐

梅宝璐字小树,诗人梅成栋之子,清嘉庆二十一年(1816)生。少年随父居永平任所,秉承家学,早有诗名。30岁以后在津续起梅花诗社,主盟骚坛。然频年科考不利,43岁后不再参加乡试,以秀才终老。37岁时应其父好友石元善之聘,以幕宾身份相从近三十年,遍历冀南代北各州府,襄赞诸事重在阐扬正气,尤其注意培植士林文风。在蔚州三载,重建文昌阁,复兴地方胜迹。综观石元善半生政绩,多赖小树一人筹划总持。从这一角度说,梅宝璐具备才智,慷慨任事,确是绝好行政人才。而难能可贵者,其襟怀坦荡,无骄矜之气,唯以诗词古文寄托情怀,虽案牍劳形,不废吟咏。就此而论,梅宝璐又体现着中国知识分子无名利心、无身家念的高洁情操和才性风流的传统人格本色。

同治十三年(1874)春梅宝璐59岁辞幕归里,母老妻亡,家事纷纭,所幸者儿女能克绍家风。他"难除结习诗千首,耽咏权为退院僧",时与好友杨光仪、于士祜、乐亭史梦兰相唱和;与于阿璞、徐寿庄诗柬往还于天津、沧州、蔚州道途间。梅宝璐另一继承家学之处是步武其父之编订《津门诗钞》,一生为友朋多人编订诗著,见载记者有徐寿庄诗稿(集名仓猝间未能查出)、杨光仪《碧琅玕馆诗钞》四卷、金芥舟《黄竹山房诗全稿》(此稿未见传世)、山阴女史周湘湄《千里楼诗稿》等。梅宝璐一生诗作无算,晚年结集者仅《闻妙香馆诗钞》二卷,据《天津县新志》作者估计,存诗十之二三而已。

梅宝璐生平遇合有些事可反映他诗品、人品之高，值得述及的一件是光绪八九年间朝鲜贡使闵翰山、越南星使阮荷亭返国途中先后道出津门，慕小树诗名，以诗投赠，小树以诗相酬，遂相与订交。阮荷亭且出越南赖德公主《妙莲诗集》部分诗作请小树为之题记。此三人唱酬之作及题记全文皆刊《闻妙香馆诗钞》下卷。光绪十七年，小树以病逝，年七十六。

《闻妙香馆诗钞》上下二卷合为一册，绵纸本，四边双栏，花口，刻书名、卷帙、页码，前有同治十二年张鲁泉序，后附光绪十三年史梦兰跋，跋文于天津知府宫太守刊行小树诗集事记之甚详。

原载《天津日报》1990年8月26日

龚望藏《欲起竹间楼文集》抄本

今年春天，笔者在写《梅成栋和〈吟斋笔存〉》一文时曾提到《欲起竹间楼存稿》，此文于风物版32期刊出后不久，名书法家龚望老先生掷函相告：《欲起竹间楼文集》四卷尚有传抄本存世，为龚老珍藏。近一年间为写"乡人著述"栏目，每为前人诗文著作的未能刊行、稿本的散佚而咨嗟惋惜，今者获悉《欲起竹间楼文集》尚存世间，百五十年骚坛主将梅成栋的著作平添一种，私心为之一喜。夏初龚老复转托戏剧编导名家李邦佐先生持抄本全函走送于笔者，并嘱写篇短文，作简单介绍。

龚老所藏《欲起竹间楼文集》传抄本计四卷，卷各为一册，共四册，毛边纸本，朱栏八行，四周双边，恭楷抄写，行二十五字，字迹工整。卷一以序为主，收文三十四篇。卷二以寿言及传为主，收文二十四篇。卷三收坊巷人物事迹、烈妇节略、碑记、游记等二十九篇。卷四以赞、诔、祭文为主，收文十七篇。全稿计一百零四篇。另有附存文十四篇。前有道光七年（1827）张世光序一篇，道光己酉（二十九年）廖炳奎序一篇。末册附民国辛酉（十年，1921）高凌雯后记一篇。据廖序，知此文集系梅成栋谢世后，由其子梅宝璐浼廖炳奎就积稿"兢兢检择"而成，得一百零四篇。20世纪20年代初，高凌雯得饶荻生藏本，因传抄失序，收文篇数亦溢出，乃重为编次，"仍还一百零四篇之旧"，而将廖所删去者及续得者十四篇附卷末。是则龚老先生所藏抄本为高凌雯重订本，距今已七十年，从款式、字迹等看，应属难得的精抄本了。如饶藏本尚存，两相对校，当会明了传抄以及高凌雯重订的某些情况。据龚老先生言，此集系旧藏者急于出手，龚老多方筹措以高价购得，俾使前修呕心沥血之作不致沦入糊壁覆瓿之厄，为桑梓文化做了大好事。至于此集所收文章的文献价值，也应该说是十分珍贵的，举凡民生的艰难、社会的动荡、妇女地位卑微的危害、读书人的责任感、世俗风尘的义士胸怀，以及里巷弱民的诚笃任事等，均有论及，善者扬之，恶者斥之。这一切反映了梅成栋心目中人格的价值境界，也使我们对嘉庆、道光年间天津民间生活、社会心理有比较深刻的了解。因此，《欲起竹间楼文集》传抄本也是一部极具价值的文献资料。

原载《天津日报》1990年9月23日

爱国教育家严修及其遗著

严修字范孙,清咸丰十年(1860)三月生人,今年是他诞生130周年。严氏家族原籍浙江慈溪,康熙中迁津,卜居城西北隅文昌宫西,至今故居仍在。光绪八年(1882)乡试中举,次年考取进士,改庶吉士。散馆授编修,充国史馆协修,会典馆详校官。光绪二十年任贵州学政,主张废除科举制度。光绪二十三年首创贵州经世学堂,增加算学、格致等近代科技知识和英文,实际上开戊戌变法之先声。变法失败后致力于天津地方教育。辟私宅办敬业中学堂(即南开中学前身),又联络地方士绅创办民立第一、第二小学堂,并通过林墨青协助地方当局兴办多处官立小学、半日学堂等,还在私宅办女子小学、蒙养园。光绪三十年任直隶学校司总办,掌管全省学务,设劝学所,开办天津模范小学、北洋师范、女子师范学堂、法政学堂等。三十一年任学部侍郎,在员司中灌输新思想、新作风,廉洁俭朴。辛亥革命后袁世凯及黎元洪、段祺瑞均曾以要职相邀,皆婉辞不就。民国八年(1919)与张伯苓共同兴办南开大学。后与赵元礼等人倡立城南诗社、崇化学会,对弘扬优秀传统文化功不可泯。他倡办新型学堂,特别是提倡女子教育和幼儿教育都是先行者,在中国教育史上应大书特书。

严修学通经史,工古文及近体诗,尤擅联语、诗钟,生平著述宏富。结集刊行者有《严范孙先生古近体诗存稿》、《影印蟫香馆手札》、《蟫香馆使黔日记》、《蟫香馆别记》等四五种。其中手札及日记均为影印本，字迹秀逸有六朝书法韵致。《蟫香馆别记》粉纸铅印本一册，四周双栏，花口，单上鱼尾，十行，行二十五字。门人陈中岳辑，前有赵元礼序一，后有陈中岳跋一。文仿笔记体，共九十四则，凡为学之要，为政之道，师友之谊，以及联句唱和之作，友朋雅谑趣文，中岳随侍左右，有闻必录，上起严宅避难，下迄民国十八年逝前作自挽诗，严修之为人行事，流风余韵，历历如睹，为天津文坛一难得之佳构。

原载《天津日报》1990年10月21日

赵元礼晚年著书

赵元礼字体仁，又字幼梅，别署藏斋，祖籍天津。清同治七年（1868）生于平谷县之西鹿角村。幼年在三河郭氏家塾读书，于此结识严修。21岁成秀才，此后五应乡试不第。其间主持严修家馆。义和团反帝战后，直隶总督袁世凯推行新政，元礼出而协助周学熙办理工艺学堂事务，后奉派去日本考察实业。归来后主持冀南棉产区调查及筹建纱厂事宜。宣统元年（1909）任滦州矿地公司经理、开滦矿务局秘书。此后协助周学熙弟兄创办北京市自来水公司及唐山华新纱厂。民国七年（1918）当选直隶省国会参议员，出任直隶省银行监理官、中国红十字会天津分会会长等职。

赵元礼以博学、勇于任事受知于官僚政要，退职后关心地方社会公益、文教事业，亲朋故旧之困乏者必解囊相助。幼年同窗李锡三客死天津，元礼经纪其丧，送其柩还通州，抚恤其孀妻痴子。即此一例，可见文人气质的赵元礼具有侠义肝肠，体现了天津人的性格特征。

赵元礼工古文，尤深于诗学。晚年与严修、林墨青结城南诗社，与章一山、杨味云结俦社，与方尔谦、郭啸麓结星二会，相与商榷文史，导扬风雅，于三津诗坛之继成存绪、沾溉后学，功不可泯。元礼作字师法重在写意的苏体，所书大字妙在藏锋，淳古劲秀。与华世奎、严修、孟广慧并列，为40年代前天津书法四大家，人称"华严孟赵"。

赵元礼诗文著作宏富，大半成于晚年，其勤于为学虽老弥笃之精神，令人敬佩。诗作付梓者十三册，总名《藏斋集》。《藏斋诗话》一册是他诗歌美学的集中阐发。《藏斋随笔》一种，天津市历史博物馆仅收藏至九笔，有否十笔、十一笔，久觅不得见。按之九笔成时已是民国二十八年，元礼即于当年谢世，或者即此九笔而已，皆 1934 年以后写成。此书仿《容斋随笔》体例，一事一则，友朋投赠诗文，读书阅世心得，间及近代科学知识、欧美日本之风俗艺文，取材不拘一格，描摹议论中每见精义粹语，盖亦赵元礼特有生活经历之反映。书皆连史纸本，铅印，册页制度一如刻板书，上花口印书名，上单鱼尾，下小黑口，四周双栏，每页十一行，行二十六字。随笔一书搜罗颇富，于研究天津近代文化史、社会史有重要参考价值。

原载《天津日报》1990 年 11 月 18 日

王守恂和《政俗沿革记》

王守恂字仁安,别号阮南,晚年自署拙老人,天津人。清同治三年(1864)生。光绪八年(1881)举秀才,此后从师梅宝璐、杨光仪,十五年中举人,二十四年中进士。他四岁时父亲亡故,家道日衰。中秀才后授馆以补家用,同时阅读了大量藏书。光绪二十三年参与编辑《时务通考》,有机会研读当时西洋各种科学译本书籍,留心新学知识。中进士后任职刑部,因而究心法律。光绪三十年充法律馆纂修,具有近代意义的《刑律奸非罪草案》即由守恂主持编成,同时完成《大清律名例与日本刑律总纲对照表并附说明书》之专案研究。三十一年奉派出洋考察刑律,归来后任巡警部郎中等职。辛亥革命后任内务部顾问、浙江钱塘道道尹。后北归充直隶烟酒事务局会办。晚年家居,与闻天津修志局事,分任编纂,对《天津县新志》之成书,颇有贡献。民国二十五年(1936)谢世,享年七十三。

王守恂弱冠负文名,从政后不废吟咏撰述之事。他讲学重在培养人格精神,然必以辞章和悦性情,一生奉行,至老弥坚。王守恂著述等身,惜中年诗文散失各地,收录者仅其得意之作。民国九年结集箧藏诸稿,校理之任,初则委之中表兄弟金钺,嗣由门生王赓伦继成之。托诸枣梨者有《王仁安集》一至四集,其中文稿、笔记两种记人、记事、论学包涵丰富。另一部重要撰述《政俗沿革记》十六卷,原为他参与编修《天津县新志》的一些采访手记,后由门人赵生甫敷衍成书,经守恂删改并由金钺勘校定稿。此书对今天研究、了解中国近代史、天津地方史、民情风俗、掌故旧闻极具传信价值。《政俗沿革记》一函四册,白绵纸本,四周单栏,上大黑口,下小黑口,单鱼尾,其下刻卷码。前有金钺序、王守恂自述各一。

原载《天津日报》1990 年 12 月 16 日

方志学家高凌雯

高凌雯字彤皆,天津人,清咸丰十一年(1861)生。青年时,屡次参加乡试不中,光绪十九年(1893),年三十三岁始成举人。后入国子监为候补博士,光绪三十一年任普通司主事。高氏家族世居天津城西永丰屯(即今红桥区西大湾子南一带),邻里多属劳苦人民,累世文盲,凌雯对之颇为同情;加之清末外侮日深,兴学救国之说甚嚣尘上,凌雯亦深受影响,亦力主兴学。光绪二十七年,天津城厢尚在八国联军"都统衙门"控制下,凌雯与林墨青就稽古书院旧址,建立普通学堂,后改名天津官立中学堂(即津人俗称之官立中、铃铛阁中学)。

辛亥革命后,无职家居。民国四年(1915)秋,徐世昌以乡里文献日就湮灭,倡议修志,乃由严修主持,延请华璧臣、李嗣香、乔亦香、刘幼樵、赵幼梅、高凌雯屡次商酌。翌年,开局采访,公推凌雯主持。凌雯经三年搜求,举凡官府档案、旧家朱卷、大族谱牒、乡人著作、碑刻、人物传述以及外地复函等资料,皆大致就绪,乃于民国八年着手编辑,由凌雯与王仁安分任其责,而以张君寿协助凌雯分纂,赵生甫为仁安分纂。

高凌雯分任者计职官、科举、人物、艺文、碑刻、旧迹、物产等十一类,今日读之,确有史事详备、文字功深之感。全书民国十一年脱稿,十二年付梓,十三年刻成,定名《天津县新志》,计二十八卷。

高凌雯以后半生的精力,从事天津地方文史方志工作,广搜博采，参校考证，对于旧志书、文人载记作过重要的纠谬补缺的工作。一生著述多关系天津文史，传世作品有《天津诗人小集》、《天津士族科名谱》、《天津文汇》、《志余随笔》等六七种。《志余随笔》一书六卷，索隐阐微，功力深邃，谓其与明清诸多著名方志学著作堪可颉颃，不为过誉。《志余随笔》一函二册，纸本，民国二十五年屏庐续刻本，四周双栏，花口，双鱼尾，中刻书名、卷数、页码。前有凌雯识一，后有金钺跋一。

高凌雯民国三十四年谢世，享年八十五。

原载《天津日报》1991年1月13日

诗文有新意的张克家[1]

张克家字仲佳，清道光二十四年（1844）生。张氏自康熙时业盐起家，世代书香，祖父张巩固、父张芝庭皆津门饱学之儒。克家七岁随祖父读四书，承家学，惟屡试不中。咸丰十年（1860）后，天津几经变乱，谋生日艰，克家乃先后佐幕津郡及辽东奉天（今沈阳市），因而延误科考。及光绪十七年（1891）中举，已届四十八岁。后以知县试用，历任直隶督练公所参议、探访局提调、直隶警务公所顾问。民国四年（1915）任北洋发审处法官、禁烟处处长等职。虽官职卑微，然廉洁自守，处事方正，于当时社会风气之败坏每有烦言。格于性情及时局，民国八年前后退职家居，以诗文明志寄情，作《字羡老说》一文，以"羡老"自称，用现代汉语释名，盖即"活够了的老头子"，可见忧国、激愤之情愫。

克家性情耿介，不善应酬世务，一生交游惟硕学之士，而以乔亦香、高凌雯、华世奎、王守恂、赵元礼最为相知。《乔亦香同年六十晋一寿序》叙克家与此数友"抵掌天下之故……俯仰兴衰之会，古今同叹，下至闾巷琐屑，一言一行，恶则口诛，善则心赏"，其扬清激浊之豪情仿佛可见。克家诗文半属与诸友唱和议论之作，半属感事伤时之什。"甘棠遗爱古今同，佳话原期洗

---

[1] 本文原题《诗文有新意的作者——张克家》。

耳听。地已无皮何况树,庭槐犹欲自镌名。"克家题注:"奉天衙署有贪吏镌名于庭槐,诗以哀之。"细味三四句虽语含讥诮,但不失诗教讽谏温柔敦厚美学传统。诗《今子夜歌》八首,于剪发、天足等民初妇女解放新动向热情颂扬;而词作更多描写新事物之作,留声机、电灯、电扇、汽车、消防队等均以旧典写新意,清丽可人。以《望江南》谱写之"南市好"十二首,为我们留得民国十年前后天津南市市井风情之好资料。

克家诗文之作,先后于民国八年至十一年数年间结集为《如法受持馆诗》一册,《续刊如法受持馆诗》一册,《如法受持馆诗余》一册,《如法受持馆文》四卷二册。均连史纸本,铅印,四周双栏,花口,每页十行,行二十四字(诗余册为二十二字)。文集及诗余册前有克家自序。

原载《天津日报》1991 年 3 月 10 日

华世奎生平和诗集

华世奎字璧臣,清同治二年(1863)生人,因在伯叔兄弟中排行第七,就官以来,津人多以华七爷称之。华氏家族清顺治三年(1646)自浙江北迁,寄籍东安,至康熙二年(1663)有名华文炳者率族人卜居天津。后人以经营芦盐致富,世为津地望族,八大家之一,人称"南华",以区别于明嘉靖时因居官落户天津的怡翼派"北华"一支。

南华族人富而好学,著作等身的爱国文人华长卿是世奎的族叔祖。世奎幼承家学,稍长受业于硕儒杨光仪。光绪五年(1879)经学政祁世长取为县学庠生;十一年以优贡考取八旗官学教习,转内阁中书;十九年中举人,升管理诰敕房事务、军机章京;二十八年升三品衔军机领班。华世奎品端学粹;锐敏有定见,且勇于任事,经祁世长识拔遂得平步青云。旧制军机无薪俸,以收受外官赇遗为活,世奎入值后首议改革,奏入报可,一时尽郤苞苴。于此可见世奎为人行事之一斑。光绪末年,清廷为推进宪政,视干练有为的世奎为挽救危亡、变通政治的骨干大员,一再委以要职。宣统三年(1911)四月庆王奕劻组成亲贵内阁,以世奎为阁丞,综理阁务,职务仅在总、协理大臣下。同年九月罢亲贵内阁,以袁世凯为完全内阁总理大臣,世奎仍为阁丞,赏加正二品衔。这后十年间的宠命优渥对世奎后半生的政治态度影响至深,以致许多行事均以前清遗民自居,招致物议。

民国成立后,世奎退隐家居,惟以诗文、书法自娱。亲友如严修、王仁安、高凌雯、林墨青、赵元礼、乔亦香等皆一时开明士绅，相互提携，诗酒唱和之外，不忘地方文教、公益慈善事业。世奎继严修之后，推动城南诗社活动，主持崇化学会及文庙保管事宜，并将当时市政府接济个人的每月生活费千元，扫数拨归学会及文庙使用，直至日寇占领天津，这一待遇中断为止。民国二十八年（1939）天津大水，哀鸿遍野，世奎以七十余高龄奔走呼号，运用个人影响，仅通过硕学名绅章一山一次即募得赈款千元。华世奎热心桑梓公益，从某种意义上讲，体现了他独善与兼济人格的和谐统一。

华世奎是天津著名书法家之一，体宗颜鲁公，所作南皮两烈女碑有名于世。诗文古朴无华，虽不乏应酬之作，却往往借机生发人格美的追求与张扬。晚年亲手删订并精楷录成的《思闇诗集》得诗三百一十五首，于民国三十二年影印成一册，白绵纸本，墨单栏，每面六行，行二十字，单鱼尾，花口。前有郭则沄、高毓浵序各一，后附长男华泽传跋一。

华世奎于民国三十年去世，享年七十八岁。

原载《天津日报》1991年7月28日

徐士銮和《敬乡笔述》

徐士銮字苑卿,又字沅青,天津人,清道光十三年(1833)生人,与北洋政府总统徐世昌同族,是世昌的曾叔祖。士銮幼承家学,稍长从当时硕学名儒杨香吟学制艺文字。咸丰八年(1858)乡试成举人,十一年为内阁中书,旋升典籍,再升侍读。同治十一年(1872)外调浙江台州知府,为政平易近民,任职九年致力文教,奸究绝迹,深受台州士民崇敬。光绪七年(1881)49岁时引疾自请休致。

徐士銮仕京师时与诸名士游,探讨掌故,有著作刊刻。归里后,闭门谢客,一心读书著述,至老弗懈,除掌故之学外,尤致力于乡里故实。

综合士銮后三十年著作,计有:《医方丛话》八卷,辑古今书籍所载验方而成,刻于光绪十五年;《宋艳》十二卷,是读《宋史》札记议论文字,意在诫官僚士子情欲之私,刊于光绪十七年(以上两书均为徐氏蝶园私刻本,天津市历史博物馆藏有《宋艳》一书的精抄、精校本);《古泉丛考》四卷,集春秋至唐末货币,经张君寿校订,由金浚宣收入《屏庐丛刻》中。

最具功力者是《敬乡笔述》八卷,记桑梓遗闻轶事、诗文、掌故,实为致仕后精勤之作。

通读《敬乡笔述》全书,不难发现多数篇目皆有针对性。当咸同时,吴惠元主修《续天津县志》,以局势动荡,传闻互异,加之仓猝成书,未遑精审,多有讹舛缺略;而徐士銮担任挂名的分校工作，不愿因《续志》诸病而受实责，于是专写了《笔述》，以厘正《续志》之缺讹，不使后人一误再误。书中征引颇富，涉及朝廷及地方档案者，当是宦京师时留心录辑；另及清初以来众多的文人笔记，每非经见之书。凡关涉地方文献者，无不录存，其功力之勤，当可依稀想见。《笔述》尚辑存了许多《津门诗钞》未曾收录的津人诗作，供续编津门诗钞一类诗集时选用。高凌雯编写《天津县新志》时参考了《笔述》，士銮订正各事于《新志》中已改正，可谓苦心已酬，功在桑梓。其阶级的局限性，应以历史的观点对待之。

《敬乡笔述》一书原以钞本流传，民国二十一年（1932）由徐世昌的堂弟徐世章刊印成书，是为徐氏濠园刊本。一帙四册，白绵纸蓝印本，花口，上单鱼尾，中刻书名、卷数、页码。前有未署名之《天津徐沅青先生小传》，高凌雯撰写《天津徐沅青先生小传》，光绪二十四年杨香吟撰《敬乡笔述序》，以及引自《天津县新志·艺文》的关于《敬乡笔述》八卷的介绍文字一段。书后附士銮自志一，民国二十年族曾孙徐世章跋一。市历史博物馆藏此书二部，其一为著名教育家黄兢履旧藏，钤有藏书印记多处。

另来新夏教授主编之《天津风土丛书》收《敬乡笔述》一册，由张守谦先生点校，小32开横排本，极便阅读。天津古籍出版社1986年出版。

士銮晚年，世乱齿衰，意兴索然。民国四年谢世，享年八十三。

原载《天津日报》1991年9月22日

辛亥名人刘大同

今年适逢辛亥革命八十周年,十月又为武昌首义纪念月份。在纪念天津的辛亥名人白雅雨、王钟声诸先生之时,我们也不应忘记追随中山先生多年,流寓津门,始终忠于民主革命,反蒋反日的刘建封先生。

刘建封又名刘大同,号芝叟,又号风道人。清同治四年(1865)生于山东诸城临浯乡(今属安丘县)。清末秀才。光绪三十四年(1908)四五月间,以候补知县出任奉吉勘界委员,与设治委员、同知李廷玉(天津人),设治委员、知州张凤台等勘测奉吉两省省界及边界。自咸丰八年(1858)《瑷珲条约》后,黑龙江以北、吉林省以东国土屡遭帝俄蚕食;光绪二十一年后,又成俄日窥边之势,当此疆土日蹙之际,刘、李、张三人奉命勘界,自是爱国之举。

刘建封受命踏勘吉林省敦化东南一带边陲及长白山。他率测绘人员及队兵,历时三月,在东西长600里、南北宽360里的地域内详勘并树立界牌。其间历经艰险,于坠马受伤未痊之际,冒大雾径登天池,踏遍长白诸峰,探明了长白山全貌和三江(鸭绿江、图们江、松花江)之源。

张凤台《长白汇征录》、李廷玉《长白设治兼勘分奉吉界线书》、刘建封《长白山江岗志略》等,对于长白地区的历史和当时状况作了清晰的记述,考证翔实,字里行间表露出强烈的爱国思想,对于开发山区、保卫边疆极具参考价值。《长白山江岗志略》一书凡十万字，内容丰富，举凡历史沿革、江山气势、山水释名、奇异景观、山珍特产无不包罗，为今天考察长白山自然资源、风土人情，开发山区提供了有科学价值的依据。

宣统元年（1909）东三省于敦化以东设安图、抚松两县，刘建封出任安图第一任知县。任职期间，发展农业，招民开垦；设林政局，立教育公所、商务公所，开办邮政。在任三年，政声卓著。及武昌起义，刘建封随即响应，举义旗于安图，成立大同共和国，后因之改名刘大同。由于势单力薄，终被清赵尔巽军击败。刘乃东渡日本，参加同盟会，辗转流寓天津。刘大同此后追随中山先生在日本、上海、广州、香港、天津进行革命活动。中山先生逝世后，他仍为革命奔忙，屡遭特务追捕。李济深等成立福建人民政府时，刘原拟派人往贺，以蒋介石阻拦未果，特通电响应。西安事变前后，刘在津主办《渤海日报》，进行反蒋、抗日宣传。日寇侵占期间，曾要求刘承认伪满政权，刘当面撕毁日人文件，并口咏诗句"任他风雪十分苦，不受东皇半点恩"以明志。

刘大同精于诗词、书画，字画笔润悉数捐献旅津山东医院（今河西骨科医院前身）。除前述《长白山江岗志略》外，尚有诗集《梅花吟》、《岭南吟》和弹词《复太古》、《醒迷魂》等著作行世。新中国成立后，中央人民政府副主席李济深曾来津相晤，共贺全国胜利。

刘大同1952年病逝于济南，享年八十八岁。

原载《天津日报》1991年10月20日

乡里文献刻书家——金钺

金钺字浚宣,斋名屏庐,兼以为号。清光绪十八年(1892)生人。监生出身,清末曾任民政部员外郎。辛亥革命后耻为袁世凯政权服务,赋闲家居,以读书自娱。金氏家族清初自浙迁津,经营芦盐起家,然一门笃志劬学,代有著名文人,著作亦多可传。自金钺上推,其八世祖金平、七世祖金大中、六世祖金玉冈、六世祖姑金至元、四世祖金铨皆以学行、诗文享盛名于当时。

金钺幼承家学,能诗文,工八分书,善绘事,尤精墨竹,于旧学则致力许氏《说文》。家居后与京津知名士绅严修、章钰、赵元礼、王仁安、高凌雯诗文往还,在诸友帮助下收罗旧籍,尤重乡邦文献。30岁后,以辑刻乡贤著作为己任,辑《屏庐丛刻》、《天津诗人小集》、《金氏家集四种》,校订《天津文钞》,编《许学四种》,并出资刻印行世。《屏庐丛刻》两函十二册,刻乡人著述,如王又朴《诗礼堂杂纂》、查为仁《莲坡诗话》、查礼《铜鼓书堂词话》、梅成栋《吟斋笔存》、杨光仪《耄学斋晬语》、徐士銮《古泉丛考》等,共十五种。对于时人、挚友著作,其难于梓行者,也乐于资助刊刻,《王仁安集》先后四集即由金钺一力承担,所费不赀。此种输家资刊行桑梓文献的义行,在近世也不多见,难能可贵。

金钺诗文著作,30岁后进入丰产期。民国七年(1918)《戊午吟草》成书,十年《辛酉杂纂》成书。其他刊行者尚有《屏庐文稿》及《屏庐题画》两种。其中最能反映金钺读书功力和社会理想、人格理想的莫过于《辛酉杂纂》。此书包括《漫简》二卷、《屏庐臆说》一卷、《偶语百联》一卷。《漫简》为读书笔记，内容诚如作者自跋所言，"借人言以见己意，或观物理而写我心，或因此而悟彼，或由小而推大，语短而情或长，笔拙而理或切"，表现出对继承、效法过去经验的经验型人格特征的认知。《臆说》十五篇，也是读书札记，议论尤深。《偶语》是作者读丙部诸书，如《老子》、《庄子》、《关尹子》、《孙子》、《抱朴子》及《菜根谭》时，摘其原句拼缀而成的联语，对仗工整，韵律也多巧合，真可谓匠心独运。较之《漫简》，后两者颇有理学家论道口吻，主张顺情顺理、戒私欲以救时，可能是对清末以来中国社会问题的一种士人忧患意识的消极反映。

《辛酉杂纂》一帙四册，白绵纸仿宋字刻本，双栏，单页八行，行十七字，花口，上单鱼尾，中刻书名、页码。《漫简》及《臆说》皆前有王仁安序，后附金钺自跋；《偶语》前有章钰序，后有作者自记。每册首页皆钤有"天津金氏雕印"长方形篆字朱文印记。

金钺1972年谢世，享年八十岁。一生刻书数十种，为天津地方文献的保存与传布做出了重要贡献。

原载《天津日报》1991年11月17日

杨承烈及其《开方粹》

杨承烈字藕舲，天津籍，清道光二十二年（1842）生。其父杨家麟为顺义县训导，承烈随侍衙署，幼禀庭训，劬学工文，兼喜演算之术。年未及二十补县学诸生。此后六次乡试不第。顺义士子念其父死家贫，乃醵资为承烈捐得典史一职。而承烈性情方鲠，虽文场屡屡失意，宁以束脩微薄的塾师维生，不肯就买来之官职。他清贫自守，不降志辱身。

杨承烈致力于《九章算术》，尤喜天文历法推步之学，遍读中外古今数学名著。尝夜登高台观测星度，他测算日月食初亏、食甚、复满等时刻，都相当准确，说明他的预报推算已达较高水平。同治十三年（1874）明诏以算学取士。青年士子有志于算学者咸来就学于杨承烈门下，天津近代著名教育家李金藻即承烈得意门生。自康熙年间西方数学知识传入中土，我国古代数学进入中西融通的新阶段，中经梅文鼎、李善兰的发扬光大，至此时已可颉颃欧美。杨承烈积一生心力，博览苦思，成为清末数学大家，为津门研究数学之先导。承烈鉴于元代数学家朱世杰《四元玉鉴》所列《古法七乘方图》及近代数学家华蘅芳《行素轩算稿》中《开方古义》均有不足处，乃仿华氏意径，探索其究竟，补其欠缺，以尽应用之捷便，于光绪二十三年（1897）秋，写成《开方粹》一卷。

《开方粹》较之《开方古义》数表更为完备，兼及天元术（中国古代数学列方程的方法）诸乘方、代数各次式、方积求边、直积带纵减纵各式进位完商之妙，更为简捷明了。

《开方粹》一书原有光绪三十四年石印本行世，但流传甚少。民国三十二年（1943）李金藻令其外孙女婿杨宇澄出资仿原书铅印行世。铅印本李金藻题写封面，前有影印杨承烈半身遗像，李金藻序及承烈自识各一篇，后附李金藻跋、杨宇澄跋各一篇。

杨承烈光绪三十四年春谢世，未及见《开方粹》之印行。享年六十七岁。

原载《天津日报》1991年12月15日

清季贫民教育家李金海

李金海字北溟，清道光十五年（1835）生人。李氏家族明季自江西南昌北迁，世居天津南门里，至金海已八世。金海父李青田是当时著名塾师，光绪二十四五年间任内阁学士的华金寿考取秀才前即受业于青田。金海幼承家教，好学能文，咸丰七年（1857）与华金寿同时补县学生员。同治元年（1862）就馆于城西沈氏家塾，此后屡次乡试，年逾四十未得成就。

道光末年国事日非。咸丰十年，华金寿在一篇序文中称誉金海"语必惊人，言必洞理，而论及天下大势，思深虑远，指画详明"，华氏的描述情景兼及，令人不难从中想见金海议论时之慷慨激昂，也反映了封建末世广大群众挽救危亡的政治参与意识。至于抗敌救国，金海以为当务之急不外练兵、严海防、兴水利、屯田、清厘盐课以筹饷，其次则为兴学培养人才。

李金海爱国爱乡，一生身体力行。同治十一年三月《上李相国节略》一文，向李鸿章详陈筹设海防、兴修津南水利、以淮军屯田种稻为练兵筹饷之计。而《策问天津屯田水利得失》一文，以天津附近地形、河道、历次水患为前提，详析开引河、辟水田、栽果蔬、养鱼、收蒲苇之利，初步设计了开引河、官沟的技术方案，估算了工程量、进度和所需人力、财力。金海以为津沽水力是设险以守京畿、水患永弭、粮饷永足、稻麦永登的一劳永逸之计。光绪初年淮军于津南开减河、行屯垦之事，恐与李金海的一再建言不无关系。光绪元年（1875）金海与娄允符、严克宽、杨香吟等人倡建会文书院，得知府马绳武及道员丁寿昌的支持，二年建成。嗣于会文书院内立会文总塾和崇正总塾。金海晚年专任会文总塾塾师，教授寒畯子弟，成就多人，后来全力兴办新型学校的林墨青即出于金海门下。李金海可称之为天津早期的贫民教育家。

李金海遵家训，文不留稿。门生沈士鋆、高增奎于塾中窃抄同治九年（庚午）至十一年（壬申）三年间文稿，辑成《庚壬存余录》一卷，于民国七年由其子李兆奎铅印出版。连史纸，线装，花口，单鱼尾。

笔者据所见材料推算，李金海谢世当在光绪二十四五年之际。

原载《天津日报》1992年1月12日

姚承恩及其《朗山诗草》

姚承恩字桐云,号朗山,天津人,清乾隆六十年(1795)生。其父姚逢年历官皖南,承恩随宦读书衙署,十余岁诗文已斐然可观。嘉庆十八年(1813)父卒于任,奉母携弟回籍,入府学。道光二年(1822)中举人,十三年成进士,年已三十九。分发河南,补授遂平知县,调充河南乡试同考官,再调舞阳知县。旋丁母忧。服阕谒选,发奉天省,以知县差委代理奉天府治中,负责满汉合号院试,考取录送公忠从事,阖郡称服。道光二十六年补盖平知县。县境濒海,山汊易藏奸宄,素称难治,莅任之初即捕获巨盗多人,一境肃然。然承恩素主文治,乃捐廉创建辰州学宫,延山长,厚膏奖,每月身亲课试,文风大兴,居民乂安。其间曾札调辽阳州,处理当地回民与鲁籍客民争北溪湖(即今本溪市)煤利互相残杀案。承恩矢公矢慎,不数日化险为夷,民间得平安过年,士民感戴,具呈乞留辽阳,以格于成例而作罢。寻调任承德县(当时奉天府府治所在地,今沈阳市旧城区)。时承德为东北首邑,晋商多于此设立票号,市侩往往借贷多赍携而逃遁,晋商多人被累,无从控诉。承恩接篆不久,有客进言,但请关提惩一儆百,所追原金悉举以奉赠,承恩但以"负债责偿,例有明文,投案必办,若取其非分,吾不为也"答之,说客叹服。承恩一生居官亲民,清慎勤俭,明于听断,于盛京刑部素有廉能之誉。咸丰元年(1851)秋卒于任,年五十七。

承恩由皖返津后,与弟承丰同受学于梅成栋,诗文乃大进。

道光间重修芥园既成,梅成栋倡立梅花诗社觞咏其间,承恩为诗社成员,屡与盛会,行歌游诣,所作古近体诗,简穆深厚,时见才气,亦有风致。当时津郡诗坛承乾嘉余绪,名士尚多,承恩与里人华长卿、徐文焕,曲阜孔绣山,宝坻高继珩时相唱和。从形式论,虽有诗酒闲意趣之嫌,实则于切磋学问、砥砺人品,大有裨益。此数人以自己言行张扬人格正气,于忧患中承受着历史与道德的冲突,承担着自己的历史使命。姚承恩一生潜心一志,浩然自守,虽无大波大澜之举措,毕竟显示了刚直不阿、磊落行事的人格力量,无愧于其上级在诔诗中所言"循吏如公堪立传"。

姚承恩有遗集名《朗山诗草》,收古近体诗百数十首,词三阕。上海中华书局民国十一年(1922)仿宋活字版排印,毛边纸本,四周单栏,每页十一行,行二十一字,花口,上单鱼尾,中间印书名、页码。前有其弟承丰《承德公本传》一文,另收华鼎元《津门征献诗·咏姚明府承恩》所引各书载记全文。

卞白眉的气节

60多年前，天津金融业有一位著名的银行家，他就是当时中国银行天津分行经理卞白眉。卞白眉任津行经理历时20年，统辖华北六省二市中国银行各分支行业务，诸多措施行事，殚精竭虑，意在维护金融业和民族工商业的稳定和发展。京津沦陷后，他屡次拒绝日寇对银行法币资财的掠夺。这一切凸显了一个仁人志士的爱国胸怀和敬业精神。

第一次世界大战后，英镑汇价高涨，进口棉纱布折合银两计算，成本高于原订货价，订购进口棉纱布各商号亏损严重，亏欠洋行贷款约百万两。此事轰动一时，引起各方关注，外商希望中国银行协助解决，各商号也希望中行协助渡过难关。在各方力量推动下，1921年2月28日卞白眉拜访汇丰和麦加利两银行经理，商讨解决办法。议定由商号筹集70万两存入中行，定期20年，所欠洋行贷款由中行以利息分期偿还。当年10月初，各方无异议，共同签订合同，棉纱布亏欠事件得以圆满解决，商家渡过难关。

天津开埠以来，出口贸易一直由洋行操纵。卞白眉为扶持华商经营外贸业务，征得总行同意，于1923年在天津分行开办外汇业务。此外还拨专款100万元，开办内地押汇业务，并在华北各省分支行设仓库，以便客商就地办理抵押贷款、押汇贷款和出口押汇贷款等业务，外销土特产品，服务周到，客户称便。中行业务因此与日俱增，赢利也增加不少。

九一八后,日本对我国的侵略掠夺加剧,致使华北各地纱布厂陷入困境。天津分行辖区郑州的豫丰纱厂欠中行400余万元。为维护该厂不致倒闭,卞白眉报请总行同意,由河南省府批准,于1935年11月接管纱厂,债务股权由中行清理,改组董事会,卞白眉自任董事长,厂长及全体职工留用。1936年又相继出资接办晋、陕两省纱布厂三处,以挽救民族工商业。这种魄力和心胸,今日也属难能可贵。

为维护社会稳定,保护银行信誉,卞白眉以惊人的举措坚持兑现,两次平息了京津挤兑风潮。1921年11月15日,北洋政府各种债券相继到期,北京中交两行发生挤兑。16日天津分行也发生挤兑,当天即兑出现洋160余万元。17日改为每人限兑十元。省长担心社会骚动,卞白眉多方筹措现洋,并请海关和天津1300余家米面铺照收中交两行钞票。至20日,挤兑风潮即见平息。12月1日取消限额兑换的规定,不足半月,兑现风潮彻底平息。

另一次挤兑风潮发生在1935年春节后。事件缘起是日本在华特务机关借国际市场白银提价之机,暗中指使日本浪人、朝鲜人到京津两地中行挤兑。卞白眉深知日本侵略者扰乱金融的恶毒用心,通令华北各分支行大量吸收现洋存款运至京津,增加库存准备,用以抵挡兑现压力;又通过外交与日本交涉,限制朝鲜人挤兑。这样双管齐下,终于制止了日本侵略者的阴谋,又一次平息了京津挤兑风潮。

京津沦陷后,伪币尚未发行,日寇急需大量法币以抢购物资,最初是要求中交两行向日本银行透支300万元法币,继而日本兴中公司又要求银行公会和河北省银行为其筹集300万元。日本侵略者出言恫吓,卞毫不畏惧,答以筹集困难,不能大量供应。8月30日,日寇又提出以金票300万元调换法币300万元,但中行对金票不能动用。汉奸曹汝霖向卞劝说，卞以若此办理中交两行恐难于维持为由，又一次拒绝了日本侵略者的要求。9月19日，日本特务机关长喜多又派曹汝霖拜访卞白眉，提出由河北省银行加发钞票，然后以金票调换法币，卞以这种办法问题更多为由，第四次拒绝日寇掠夺法币的图谋。12月16日，汉奸王克敏来津与卞白眉商讨成立联合准备银行，卞告以不入股，不交出全部准备金，不能限定发行日和发行额，使王极为尴尬。12月23日，伪华北政权在北平召集各行负责人开会，责令认交联合准备银行股金，中行为450万元，卞白眉拒以分行经理无权签字认股，最后王克敏示意卞白眉签注"尽量筹集"四字，卞乃签了"卞白眉尽量筹集"七字，以示并非代表中行。签字后他心情极坏，在此日日记中加一标题"卞白眉精神死亡日"，日记最后的一段文字是："签字后难受之至，从前之我已于今日死，此后仅行尸走肉，活死人耳。"卞白眉临危不惧，五次拒绝以资财资敌，最后在受威逼的情况下宁辱自身，不伤国格，表现了崇高的人格气节。

原载《天津日报》1997年11月26日

民间口语与陆公堤

天津市及其附近平原地势是西北高,东南低。这一地势特征在民间口语中有生动的刻画。一般情况,张贵庄东南各乡居民把进城(即市区)说做"上去";市区西北各乡居民则把进城说做"下卫"。即就市区而论也是西北高、东南低。因此,市内居民直到50年代初仍把旧城区及其西北一带叫作"上头";旧城区东南的日、法、英、德租界地(即今和平、河西两区)叫做"下头";旧城区人去租界地叫"下去"。一句话,"上"、"下"反映着地势的高低走向。

在一望无垠缓缓低下的平原、沼泽地间,在几条河的汇合处有一片不算大的高阜地。580年前建天津卫城时最大限度地利用了这块高阜地。河,给这块高阜地带来通航济运的经济效益和生活方便;但洪涝之年,上游积水下泄会对这里构成威胁。

明朝万历三十二年(1604)六七月间,华北地区暴雨成灾,各河洪水滚滚奔来,南运河水冲决教场南堤,城外村落尽成泽国,人民死伤、财产损失难以数计,是建城以来二百年间最严重的一次水灾,引起了官民的极大重视。灾后,清军同知陆敏捷建议并主持修筑了绕西、南两面的护城堤,以御水患。事后,居民崇功颂德称为"陆公堤",又因夹堤垂柳成荫,也称"柳林堤"。

陆公堤北起藏经阁(今红桥区铃铛阁中学前),至南运河西大湾段南岸,与西城护城河平行迤逦而南,至王家台附近转而东南折,至西南角太平庄附近,在南城护城河外东去,直抵东南角闸口南海河岸。从津城形势看,西、南两侧地势低洼,于此筑堤防患,当能发挥效用。但是,由于明末政治腐败、社会动乱,以及清初对城南洼地的开发、建设,冲淡了人们对水患的记忆,致使陆公堤这一防洪工程日就圮败。经过近140年的演变,至乾隆初年此堤已完全消失。据已故范恩锟教授考证,其遗迹依稀可循者有两段:一是从藏经阁至王家台一段,即今西关大街北侧的永明寺街、横街子以及南侧的延长部分;一是从王家台附近东南折至西南角太平庄段,约略即今南大道一线及其延长部分。

几百年过去了,物换星移,天津平原西北高、东南低的地势没有改变,洪涝灾害依旧威胁津门。考稽湮没无闻的陆公堤,使我们对所居城市的地势特征有个更清楚的认识,有益发展建设和改造。

原载《天津日报》1989年1月26日

运河采风记

五月中旬，笔者因采录运河航运旧俗之便，遍访德州、临清、济宁诸城市，发现此数城市虽远在山东，但大运河流贯其地，把它们与天津联结在一起，无论城市发展、城市职能、居民生活习俗都与天津有惊人的相似之处，特别是居民在心态传承上，对天津的情感既深厚又稳固。爰叙数事，或有助于读者对家乡文化风貌的认识。

大运河南起杭州，北至通州，全长约 1800 公里，自明永乐十三年（1415）疏浚成功至清道光四年（1824）河道梗阻止，断续通航近 400 年。

永乐皇帝于修浚运河的同时，先后于德州、天津、临清设卫筑城，以保护河道及滨海地带。及运河通航，于全程五处置仓，储运漕粮，而临清、德州、天津五居其三。随着漕船的源源北来，以及搭载南方土产额限的一再放宽，三地的商业、服务行业及手工业得以迅速发展，城市日趋繁盛。适在清代康雍乾三朝，三地都进入封建经济、文化兴盛时期。由于舟楫之便，临清、德州两地最繁华的商业、手工业街区都分布在城外的运河码头附近，一如天津早期繁华区之西大湾子、北门外、东门外。当时的临清是"北起塔湾，南至头闸口，绵亘数里，市肆栉比"，衙署和富户则在此西北的城内，情况也与天津相似。

天津有因集市而得名的街区，如肉市口、驴市口等；有因某种专业店铺聚集形成的街道，如针市街、锅店街等。临清城外此类街区约十余处，如锅市街、白布巷、油篓巷、竹竿巷、箍桶巷、马市街、碗市街、粮市、炭厂、皮巷、线子市、牛市口、羊市口，较之天津有过之而无不及，足证当时工商业繁荣已达相当程度。

德州西接临清，北近天津，工商业稍逊于两地，但饮食等服务行业则比较发达，运河码头车马店、饭铺比比皆是。即以饮食而言，有许多有名小吃：回民五香烧羊肉、德州羊肠、砂锅小菜、绿豆丸子、德州灌肠、五香脱骨扒鸡、桂花豆包、回民糖耳朵等。其中德州扒鸡已有两百多年历史，是运河线上的风味名品，盛名至今不衰。无独有偶的是德州回民和天津回民一样，在发展当地饮食文化方面做出了重要贡献。

漕船的南北往返，密切了三地关系。物资交流，居民贸易，向来是双向的互利的。临清自明代以来盛产棉花，但粮产不敷，秋粮自天津溯河而至。德州、临清所需百货大部分贩自天津。而临清的土布、棉花、皮张，德州的瓦器、瓜菜、草编织物大量运销天津。他如临清的哈达、粉绢也是通过天津远销内蒙古、西藏的。

随着商业的发展，三地人口流动量增大。首先是互有常住客商、贩夫。常住临清的天津粮、杂、棉商人尤多，因此，临清店铺往往以天津供货商家字号命名，有的就是天津字号的分店。由于天津客商多，临清不仅市容风貌宛如天津，就是饮食也富有天津风味。乾隆皇帝对天津城市生活文化是太熟悉了，他一到临清就敏锐地觉察到天津对临清城市生活的影响，脱口而出称临清为"小天津"。对于这一绰号，当地人至今犹津津乐道。

这种现象说明一种漫长的以天津为刺激源的文化向性行为，在临清形成社会认知、群众情感。在和临清人、德州人接触中感受到他们对天津人的亲切感和信任感，对天津城市生活文化的喜闻乐见，既往的运河为我们培育了美好的情愫。

今天我们和德州、临清的人民一样，企望着大运河的再一次畅通。

原载《天津日报》1990年7月1日

历博收藏的三份慰安妇文献

　　1964年初,笔者受命筹备"南市地区变迁史展览"。与笔者一道工作的是宋献金先生(已故商界闻人宋则久先生裔孙)和顾静芬女士,他们都是十分精明而有责任心的青年。我们"白手起家",广泛进行调查、采访和展品的搜集,历时四月,汇集到以今日观之也属重要的史事线索、资料,包括遗迹照片和某些遗物,弥足珍贵。我们依据这些史料和新中国成立后建设的新事新貌,于当年6月编定《南市地区社会变迁展览计划》(草稿),不意正当工作开始之际,展览因故暂停。"南市展"的资料、遗物和待翻拍的照片等尽行按账妥善封存,留待后用。以后经过了"文化大革命",便不知下落。

　　前年,日本侵略军慰安妇问题被重新提出后,东亚曾受日军强征慰安妇的各国,纷纷谴责并要求道歉、赔偿,沸沸扬扬之际,笔者想到"南市展"有关慰安妇的文献,不禁为其下落不明而扼腕。今年夏季,历史博物馆修葺办公楼,二十几年来屡经搬迁而未曾翻检,而今堆积在僻静角落的一些箱匣得到了整理,笔者梦想多年的事终于发生了:在这些箱匣中"南市展"的资料、文物幸得十存一二。有关慰安妇问题的资料文献和被强征赴日劳工死亡名册竟得以幸存,又是不幸中之大幸。这是"破四旧"时有心人为我们留下的,揭露日本帝国主义侵略罪行的有力证物。现结合个人尚能回忆起的调查材料,就这几份文献材料做尽可能详尽的介绍。

文献材料之一：天津"特别市政府警察局"《为呈报劝遣妓女赴河南慰劳经过情形》。

即伪市警察局主送伪市政府的呈文原稿件。稿纸朱栏十行，共四页。首页右侧印旧式公文程式各栏目。交办拟稿日期为民国三十三年（1944）六月五日。拟稿员王少轩，秘书主任李焕×，秘书高之麟，保安科长张纯一，第五股长来×威，五人均盖有名章，显然都是经办人员。伪局长闫家琦于6日签行并盖名章。首页及第二、三页骑缝处均钤有伪警局印；首页天头处盖圆形"急"字蓝戳记。从办理情况看，伪警局确是认真而迅速处理的。从稿件内容看，此次"劝遣"妓女赴河南慰劳经过情况大体如下：

民国三十三年五月三十日，日本军天津防卫司令部通知伪警察局，要天津派一百五十名妓女赶赴河南慰劳军士（文稿虽未提及是哪国的军士，但可以肯定是指日本军人，否则日本人也不会如文件所记载的那样操心费力）。任务"一月为期"，且许以"凡有押账及领家者均即取消，皆为自由身"，"应从速办理，二三日即当启行"。伪警局接此通知后，由保安科出面召集乐户业联合会及各分会，委以劝遣工作，既以自由身为诱饵，"自愿前往者共二百九十口"。"经警察医院及防卫司令部所派土埼军医官先后检验，除有性病者外，共计无病妓女八十六口"，另有其中个别人的家属十一人。此九十七人当即被拘禁在南市华安街（？）伪警察医院，"六月四日下午四时由伪警察医院出发时"，除"妓女刘秀珍突发急性肠胃病未能同往"而得脱此苦厄外，其余九十六人并乐户联合会职员二人、差役五人（后七人皆恶霸地痞之流），由日寇"防卫司令部派中井进曹长率兵十名，载重车四辆"，押送至天津东站，伪警局派"警察队十名沿途护送"，"五时登车赴北京，转赴河南"。呈文含混简单，是人走后向伪市长张仁蠡报告已办完日寇指派的任务，兼以表功而已，如何"劝遣"的，这些人的具体去处，可能的遭遇等，在此文中是见不到的。至于日寇许诺的"取销押账"一事，文稿中只说"共计四万七千元"，待"拟定办法，再行呈请核示"，显然是推诿之词，恐对恶霸窑主的利益是不肯也不敢轻易触动的。文稿注明附"赴河南妓女名册"、"家族随行名表"、"派定随行人员名表"各一份，我们在征集时均未见到。

我们在调查、采访中曾着意寻找这批赴河南的妇女（实即中国籍慰安妇）的点滴线索，以便进一步了解种种情况。但是街道介绍的老年男女居民在谈话时都有顾忌，闪闪躲躲，不肯谈具体的人和事，即或说点情况，也都用"据说"、"听人传说"之类来淡化，以减轻自己的责任。不过，几个人都说："听说这些人在河南生活苦透了。""最后让日本人轰出来。""两手空空，沿铁路线要饭，向老家天津走。""有的本来就叫鬼子折腾得够呛，道上加病带饿，撂在了外头。"我们想了解死亡的情况和大致数字。有人说："听说，连死在当地的，在外头三停，糟践了一停。"可又有人说："听人传说，有人憷头向回走，从良的，留在外头混的，还有死的，真正回到天津的没有一半。"我们采访时做记录的软皮笔记本至今未找到，被采访人的姓名、住址和准确的原话，在此都无从提供了。上述引号中的话，都是我个人的记忆，话语或有小出入，情况则基本无出入。慰安妇问题关系被迫参加的妇女名誉问题，十分敏感，在60年代已是"传说"了。我们今天只能以"传说"为信史，因为日本侵略军的残暴是世人尽知的，慰安妇的遭遇可以想见。

文献材料之二：《警察局开会提议事项》。蓝条格复写绵纸，四页，每页十二行，每行字数不一。硬笔复写。从文件内容看，计分三部分：

第一部分：召集天津各乐户联合会代表及各有妓女的旅店经理，于昭和二十年（1945）五月三十一日上午十时到大经路元纬路对过天津防卫司令部慰安所办事处开会的通知。

第二部分：在五月三十一日上午会上，为成立慰安所办事处，并强行登记各乐户联合会所有妓女取保不得私立迁移，以备随时慰劳的安排事项，并附有铺保格式和于当年六月一日填发的慰安会员证实物样本。

第三部分：乐户联合会总会东站会馆职员名册。该会馆实即慰安所办事处辖下的妓馆（地址在改建前的车站出口右侧一片简陋的楼房内）。总管为恶霸窑主刘春和；日本人佐野担任指导；翻译是薛少华。另设会计、卖票、看守、公役、厨房、女佣等。

我们在东站一带小饭铺中采访年岁较大的服务员，得知刘春和是敌伪时期天津乐户业的第二号人物，是作恶多端的汉奸恶霸。会馆住有中日妓女，都穿和服，终日接待日本军官及士兵。军官来时坐汽车，有日本从军妓出迎。兵士都是排队而来，由中国妓女接待，一待几个钟头，胡喊乱叫声闻户外。每逢这种时候，汉奸狗腿子都如临大敌，挎枪在门口巡逻，门前道路不许中国人通行。会馆对中国妓女看管极严，妓女偶尔出来到小饭馆买点饭菜，都有挎枪的狗腿子跟着。证之，设有看守二人，则此说不假。

文献材料之三：《选送慰劳妓女花名清册》。封面盖"天津特别市政府警察局警察医院钤记"。内红条格纸四页，每页十行。横栏列营业场所、姓名、年岁、籍贯、住址、家族人数、备考七项。计登记妓女杨美蓉等二十六名。封三书"中华民国三十四年七月七日"，加盖和封面相同的警察医院钤记。

此二十六名妓女从年岁分，计十八岁一人；十九岁五人；二十岁一人；二十一岁二人；二十二岁五人；二十三岁二人；二十四岁三人；二十五岁三人；二十七岁一人；二十八岁一人；二十九岁一人；三十二岁一人。从籍贯论，计天津十九人；上海三人；沈阳二人；北京一人；河北省一人。至于选派的种种细节，所去何地，何日起程等，都无从得知。我们在华安街一带调查。访问中，一街道妇女说："听说是去了河南。"还有一位大娘说："听说一个人从铁闷子车门缝跳车，摔坏了腿，要饭爬回了天津。"我们知道的仅此而已。

1965年夏天，我在东郊"四清"分团工作。一天下午，博物馆办公室来电要我回馆，协助解决外单位外调问题。交谈中得知：那位跳车摔坏腿的妓女，回津后继续在西门外营皮肉生涯，供养弟弟上学。新中国成立后，弟弟大学毕业，在南开区当干部，在城市"四清"运动中申请入党，因讳言姐姐的身世历史，久久不能通过，不得已才讲清了姐姐的全部历史和被选送慰劳日本侵略军并中途跳车的事。南开区到市公安局调档核实名单，追寻文献下落，找到笔者。我除写了一份证明材料外，还把这位妇女的名字补记在我们的调查记录本上。此事说明，街道大娘的"传说"不是空穴来风，而是有事实根据的。可惜的是那记录本找不到了，而事隔三十年，即便面对花名册，我也想不起是哪一位肯牺牲自己而供弟弟读书上进了。

天津市文史研究馆出版了揭露日本侵略军在我国种种暴行的书籍多种，是进行爱国主义教育的极好教材。我们把上述三种文献材料，借文史馆刊物《天津文史》宝贵版面加以介绍，供各界研究参考。并以此文悼念和我一道工作，为征集这些文献资料做出贡献的已故的宋献金先生。

原载《天津文史》1995年第1期

海河与大直沽

从天津城市发展的生态环境和历史进程看,海河对天津的发展至关重要。元代以前,在今旧城周围数十里范围内曾存在着军粮城、泥沽、小南河、双港、柳口(即杨柳青)等村镇,但无论在时间或空间上都与天津城市的形成和发展隔越较大,不去谈论它们。即以金代末年在海河线上设置的直沽寨论,其核心地带的准确地望何在,范围、走向又如何,至今未见可资凭借的原始资料,治天津史地的诸学者的几种说法,只是本诸情理的揣测而已,均不足以为定论。

元世祖忽必烈至元十九年(1282)一意推行海漕,海运江南粮赋以供给中央财政,北方的海运终点,史传记载多为直沽。至仁宗延祐三年(1316)始改直沽为海津镇。据此可知元代前期仍以直沽寨称此海运终点地,泛称直沽。考之海河一线以直沽命名者,只大直沽、小直沽两处。大直沽之名今犹在使用,有具体地域范围可指说;小直沽之名虽已消失,但有确切资料可据以指说其地望,即今南开区天后宫沿河一带。据此可以说泛称直沽的地区是以海河一线为依托,以大、小直沽为两端,东南、西北走向的跨河狭长地带。它是天津城市的胚胎,也预示了从13世纪初设直沽寨起至今八百年间天津城市发展的地缘态势。

元代推行海运,直沽是终点,作为码头的大直沽得到发展,"舟车攸会,聚落始繁,有宫观,有接运厅,有临清万户府"。宫观主要指灵慈宫,是海船到达和返航时酬神的地方。后两者都是元廷派出的办事机构。每年春夏数百万石粮米交卸，漕运使司和中书省都派驻干练官员，还有承担转输的大批运军和戍防的军队，动辄数千人。即以漕运使司的职权而言，所辖直沽海运米仓就散在军粮城，广通仓则在南仓、北仓一带，杨村码头也是它的卸粮处，偌大范围内的相关活动都系之于大直沽的接运厅和临清万户府。无疑，这时的海津镇已成为北方的海漕枢纽。有如此紧张繁忙的人流存在，难以数计的物流在此进出，势必促进其他服务性行当的运营，可以想象，这时的大直沽已繁荣发展成这一地区的政治、经济中心。由于直沽寨历史的朦胧不清和金王朝经济发展水平所限，我们大致可以设想：彼时以大直沽为中心的海津镇因空前的繁荣在天津城市发展进程上留下了最早的一笔光辉史，为土著所津津乐道。

明永乐初，在三岔河口东南设置天津三卫，修建卫城。永乐十三年（1415）实行河漕，大运河成为南北货物交流的重要孔道。卫城北门外南运河尾闾经三岔河口至东门外海河沿岸为漕船商舶停靠码头，天津卫成为北方的商品集散中心，卫城北门外到东门外天后宫附近沿河地带后来居上，代替大直沽成为新的中心区，并开始了城市重心沿河向西北移动的发展态势，这一发展为清康乾时期天津城市经济的继续增长奠定了基础。与此同时，远离城区，作为海运码头的大直沽在城市中的地位不显要了。但它仍不失为一较大的村落。

迨《北京条约》天津被迫开埠后，各国相继在城区东南沿海河强划租界地，沿河建立码头仓库和加工厂，城市发展出现重心东归的趋势。此后，由于中外资本对租界地的开发，海河航运的经营，使相对沉寂了三四百年的海河生命线得以重新活跃起来。城市东归之势日渐加强，20世纪二三十年代一度达到高潮，以劝业场一带为中心的商业区繁华程度超过了以官银号为中心的旧城商业区；一向仗海大道联系着的"海下"地区也因永利、久大的建立而有了新的发展。

新中国成立后，政府对海河的开发建设势头强劲，陆上建设早已越过大直沽向东南延伸，今天已到达滨河地带，这一切在天津城市史上是辉煌的大发展。在这大发展的进程中，大直沽这一有着六七百年历史的古老聚落，进入了天津城市规划日程，对旧区的改造将是旧貌换新颜，给居民带来生活方便和文化心理的健康愉悦。

原载《天津日报》1998年3月14日

天津文庙为何无正门

我国传统建筑，一般都是一个完整的封闭体系。在平面布局上，讲究从南到北的直贯中轴线，和以主体建筑为中心的东西两侧均衡对称。这种布局方法，纵横结合，构成深而富于变化的空间，形成安静舒适的生活、活动环境。从气势看，它庄严雄伟，契合中国古代社会宗法和礼制制度的需要，因此，宫殿、王府、衙署、圣庙、祠堂、寺观等建筑，大多运用这种布局方法。

崇祀大成至圣先师孔子的文庙是遍及中华各地的具有固定形制的典型建筑。按礼制，由南面的正门向北，经泮池、泮桥、棂星门、大成门，至二层院大成殿，形成高潮，最后收尾于第三层院的崇圣祠。而东西牌楼、掖门、石碑、两庑等均衡地坐落在中轴线两侧。这三进院落，层层递进，南起北收，抑扬顿挫，起伏有致，一气贯通，体现了建筑群的整体美。

不过，有些地方的文庙没有那应建在整个建筑群最南端的正门，而代之以一面高大的"照壁"（民间俗称"影壁"，就文庙礼制而言，这面照壁墙应称"万仞宫墙"），人们出入只能走东西两箭道的侧门。没有正门，就连祭祀等大典，主祭、与祭的地方官员、士绅都得走侧门，这未免太不惬人意了。

既然是有固定模式的礼制建筑，为何不建正门，破坏了中轴线一气贯通的原则，又违背传统仪礼？原来，不知从什么时候起，有了一种约定俗成的礼法，即殿试一甲第一名的状元回原籍祭祀孔子后，府县文庙才能拆开万仞宫墙，启建文庙正门，而将照壁改建在正门外的对面,并在正门两侧一定距离外立"官员、军民人等至此下马"的碑石。至此,文庙的礼制才算齐备,官员、士绅的进出也就心安理得、自在风光了。至于初建或重修文庙,由本地籍健在的状元公主祭后,亦可建立正门。只是苦了那些未出过状元的行省和府的文庙,地方上没能人,永远风光不起来,只有认头走侧门了。据此推断,这种约定俗成倒是意存激励,让学风不盛的地方的官员热衷教化,让士绅们劝学、兴学躬行不辍,确是个好办法。

草此文时,溽暑难挨,未能翻检书垛,不便妄言清康熙以后"十八行省"文庙的具体情况。回忆平日阅读所及,可以肯定地说,清光绪年间奉天、吉林、黑龙江、台湾、新疆改省后,当地都未出过状元。所以东北三省及台湾四个省府的文府都未开正门。至今哈尔滨市文庙附近的老居民谈及此事,仍感慨系之,深以为憾。

说到咱们天津,惭愧得很,天津府县文庙从明英宗正统(1436—1449)年间建立后,到清光绪末年废止科举,约四百五六十年,始终未开正门。

天津素有"文风鼎盛"之誉,可本城从无一个士子考中过状元;而天津府属各州县,只南皮县有张之万中清道光二十七年(1847)丁未科状元,但不知何故,未曾致祭而惠及天津文庙。笔者曾请天津社科院历史所前所长罗澍伟先生释疑,罗先生调查相关文献,了无痕迹。只《续碑传集》、《清史稿》中记张之万籍贯为"直隶(今河北省)南皮",不曾说他隶籍天津府。我们知道清代地方政区实行行省、府、县制。读书人参加科举考试,必详报籍贯,特别是"童子试",必须县试、府试、院试三个阶段都通过,才能取得生员(秀才)资格,入府、县学宫读书。据此,张之万隶籍直隶省天津府南皮县,为取得秀才资格,必应童子试，其中府试、院试都避不开天津府这一层籍贯关系。再者，张之万即便乡试是在直隶省城保定考的，其籍贯也必填报天津府南皮县，绝不能径报直隶南皮而省去天津府这一层。现在直写直隶南皮，显然不是因寄籍（即不报原籍，而以暂居地为籍贯）问题。斟酌再三，只有张之万有贡生身份，曾在国子监读书，并在那里参加乡试这一种情况，似乎可以解释此事。因为贡生是已"贡献"给封建王朝的人才，与地方再无任何关系；写哪省哪县，只是表明原籍而已，没有必要详说地方区划的隶属关系。不过，因无法核查文献，这只是揣想。如果张之万确是某一种名目的贡生，那么，天津真是失之交臂，好端端一个状元的荣名，不知便宜了哪个地方，以致天津文庙未能沾此光宠而开正门，成为憾事。

所幸者，时势变迁，戊戌变法失败后，地方有识之士严修、林墨青、张伯苓等不计一己及地方私利，以国家、民族为重，锐意倡办现代教育，建立了大、中、小各级名校，为国家培养了许多饮誉中外的专家学者。现今，他们中的不少人已年近古稀，却仍身在学术前沿，为国家的富强而奋力拼搏。这些人的声名、才情超出昔日状元公，可十倍、百倍计，他们给天津带来的声誉是空前的，当代天津人与有荣焉。文庙的中轴线虽未打通，可我们关注的焦点早已不在这里。古训曰"知耻近乎勇"，宫墙尤在，留此存照。

原载《天津卫》1999年1～2期

附录一：
"南市地区变迁史展览"计划提纲
（1964年6月，天津市历史博物馆）

说　明

南市地区是在六七十年前，随着帝国主义侵入天津和经济掠夺逐渐深化而形成、发展起来的。因靠近日、法租界地，是进行房地产和商业投机的好地方，所以被官僚、军阀、富商视作肥肉，争先恐后大量投资，填坑盖房；为满足投机商人腐朽、寄生生活的需要，这里相继出现了许多专供剥削者寄生享受的行当，诸如饭店、妓院、澡堂、戏院等等。就这样，南市成为寄生性营生的繁荣的地带。

由于帝国主义、反动派的需要，南市盘踞了大量的地痞、恶霸。而这批棍痞也仗恃着与帝国主义、反动官僚的勾结以及与青帮的关系，鱼肉人民，横行不法。因而，南市的社会生活的许多方面，都带上了浓厚的封建把头把持下的凶暴、淫虐的色彩，成为旧中国靡乱社会的缩影。

居住在这里或在这里谋生的广大劳动人民，没有任何保障，任人凌辱、压榨和折磨。在那黑暗、漫长的岁月里，不知有多少人被害，含怨死去，不知有多少家庭被迫妻女离散……

人民革命的胜利，使南市的黑暗消失了。在党的领导下，清算了敌人的罪恶，医治了留下的创伤，并开始了巨大的建设工作。南市出现了新天地。

根据现有的史料，我们认为它是今昔对比、忆苦思甜，进行社会主义教育的好题材。我们依凭着粗浅的分析，初步确定了展览内容。希望透过它，使人们不忘辛酸的往事，认清旧社会的罪恶，并从动人心弦的新建设受到鼓舞，从而提高社会主义觉悟，激发斗志，加强阶级和阶级斗争的观点，在社会主义革命和社会主义建设事业中做出更大的贡献。

本文资料来源

一、从和平区文化馆搜集了有关南市的资料四十四份，计有：

恶霸流氓的诈骗活动材料，李淑纯的控诉、妓女的改造，官僚、军阀在南市的房屋投资，南市百货商场建设初期的经营变化，南市旅店业十年变革情况介绍，南市振兴公寓新中国成立前后的概况，南市长江浴馆新中国成立后发展变化概况，耿长苓的材料，南市小学新中国成立前后的变化，和平区摊贩合作商店小组经验交流会，和平区兴安路人民公社扫盲工作报告，南市民主建政等材料，南市大型工商业在"五反"运动中的"五毒"资料，轧片工厂十年来的发展情况，恶霸张玉堂的判决书，恶霸李万有、王金才，烟馆片断，杨孟雄回忆录，打掉国民党的气焰，李健的材料，护送煤船采购武器，枪毙王登弟，尹树章回忆录，侯太和的材料（共三份），伪"国大"选举黑幕之一，展览提纲，三轮运输安老院工人汪俊武回忆录，南市今昔展览讲解词，阎金贵老大爷访问记，一个妓女的回忆，在毛主席的亲切关怀下，第二轴承厂十年来的成就，汇文学校校史，女六中学校史，谈谈宝光小学，天津解放前夕的形形色色，第四机床厂发展变动情况，第八内燃机配件厂发展情况，"三不管"的来源，老职工冯广太访问记，群众市场服务员王松平的今昔，访问老艺人杨俊臣。

二、从公安局档案中抄录的材料，计有：

青帮始今简录索引，天津史义普济社的起源，普安协会、华北内河航运公会、天津安清道义会,"十大股"的发展,共济社的组织系统表,大恶霸康世清、李天然、李万有、刘宝珍的材料,青帮罪恶发展史,大恶霸袁文会、王金才、孙玉清、张春荣、张玉棠、穆怀明、李天然、李万有的材料。另有:公安局六处出版的"学习材料"两份。

三、此外,尚有:

市政协赵遂初写的《我所知道的"三不管"》,清和街办事处来老婶于顺起的材料,民政局妓院材料(五份),二十中学做的南市调查,房地产管理局萨摸科编著《关于天津的报告》,房地产管理局工作十年,访问杨俊臣、赵佩茹、韩俊卿、常连安、周志良、阎德山等记录材料,以及摘录公安局、法院、兴安路人民公社卷宗中的材料,共约五百万字。

四、在法院、公安局、民政局、兴安路人民公社、和平区法院、清和街派出所等机关翻阅档案约五百卷。

本展览计划提纲草稿计提出:

模型1件,彩塑群像2套,彩塑2件,图表22件,文件资料63件,各类绘画78件,照片144张,实物147件,估计实际展线约需120~140米。

提纲目录

引言

第一部分 旧"南市"

 第一单元 "南市"的形成和发展

  第一组 早期的"南市"

  第二组 "南市"的畸形发展

   一、官僚军阀、富商巨贾在"南市"的投机掠夺

二、剥削阶级的糜烂生活及其对"南市"畸形发展的影响
　第二单元　帝国主义、反动派对"南市"人民的政治迫害
　　第一组　反动统治机构星罗棋布
　　第二组　恶霸、地痞仗恃帝国主义、反动派势力，欺压人民
　　第三组　抓捕华工，残害人民
　　第四组　凌虐妇女，罪恶滔天
　第三单元　反动统治阶级对"南市"人民的经济掠夺
　　第一组　横征暴敛、高利盘剥
　　第二组　飞帖打网，敲诈勒索
　　第三组　设赌局、开烟馆，巧取豪夺
　第四单元　反动统治阶级在文化上摧残民间艺术，毒害人民思想
　　第一组　摧残民间艺术，剥夺艺人生存权利
　　第二组　反动、淫秽、荒诞的书刊、戏曲、电影泛滥成灾
　　第三组　宣传封建迷信，麻痹人民斗志
　第五单元　在反动统治阶级长期统治下，社会道德日益败坏
第二部分　新"南市"
　序幕　天津解放，中华人民共和国成立
　第一单元　打垮反动派，人民翻了身
　　第一组　铲除汉奸、恶霸，人人拍手称快
　　第二组　选举代表，人民当家做主
　　第三组　打击烟毒犯，肃清烟毒害
　　第四组　摧毁"活地狱"，跳出"害人坑"
　第二单元　新天地，新面貌
　　第一组　幸福的社会，幸福的生活
　　第二组　崭新的风貌，崭新的人
　第三单元　永远不要忘记阶级斗争
结束语

引　言

这里展出的是天津南市地方变迁史。

作为天津都市聚落一部分的"南市",是在六七十年前开始形成的。在这几十年的漫长岁月里,"南市"是旧中国靡乱社会的缩影,是帝国主义、反动派祸乱中国的巢穴之一,是霸痞盘踞、鱼肉人民的地方。在这里,人民没有保障,任人凌辱、压榨和折磨,不知有多少人含怨而死,多少家庭被迫妻女离散,成为人间悲剧。

由于官僚、霸、痞的勾结,特别由于霸痞的盘踞,"南市"社会生活的许多方面都带上了封建把头把持下的凶暴、淫虐的色彩,这里成为一切罪恶的渊薮。

人民革命的胜利,像拨开云雾见晴天一样,"南市"的黑暗消失了。通过一系列的政治运动,种种罪恶受到清算和惩处。在党的领导下,医治了反动派留下的满目疮痍,换了新天地,在中国人民革命史诗中增添了生动、灿烂的篇章。

这一巨大的变化是今昔对比、忆苦思甜,进行阶级教育的好课题。为此,我们组织了这一展览。由于水平和资料的限制,缺点和不足之处在所难免,愿大家给我们大力支持,努力提高展出质量,让它在社会主义教育运动中发挥更大的作用。

第一部分　旧"南市"

第一单元　"南市"的形成和发展

第一组　早期的"南市"

说明:"南市"位于天津旧城区东南,面积约 1.14 平方公里。在清朝末年时,仅闸口街、芦庄子一带有些住户,其他地方都是水坑和荒地。1900年八国联军侵入天津,侯家后一带的繁荣区遭到洗劫后一些妓院、落子馆开始迁到这里,江湖艺人和小摊贩也相继而来,逐渐形成市场。因它位于旧城之南,人们就叫它"南市"。

"南市"靠近日本和法国租界地,日人久有侵占之意,但因其他帝国主义的反对未能得逞。腐化无能的清廷官吏慑于帝国主义威力,对"南市"地方不敢进行管辖,日、法领事也因该地未正式划入租界地,不敢公开管辖,因而这一地方发生了凶杀抢劫案件时,无人过问,所以人们又把它叫做"三不管"。

鸟瞰图:清光绪二十三年(1897)天津城厢图

沙盘:1903年"南市"地方形势图

地图:清宣统二年(1910)"南市"形势图

照片组:早期"南市"、"三不管"情况

文献:《政俗沿革记》(第一册)

《益世报》(1916年10月26日第11版)

萨摸科:《关于天津的报告》底稿

(其他:拟于近人文集或日人著作中找)

第二组 "南市"的畸形发展

一、官僚、军阀、富商巨贾在"南市"的投机掠夺

说明:在五六十年前,天津日、法租界内的投机商业日渐兴盛,靠近日租界地的"南市"地方也相应有了发展,当时的官僚、军阀和富商巨贾看出有利可图,许多人来到"南市"经营房地产和店铺。房地产公司如雨后春笋,先后有荣业、利津、清和、东兴、慎益等十余家建立。大军阀李纯、李馨兄弟经营东兴公司,十几年间盖房七千余间。清末反动官僚荣禄开办荣业公司,买地盖房,直到解放时尚有房产两千六百余间,地一百七十

六亩。这些房产中的大部分是为店铺,甚至是为妓院盖的,于是"南市"出现了许多专供寄生者挥霍享乐的饭庄、戏院、澡堂、旅店和大批的妓院。随着这些行业的增加,街道房屋向纵深发展,于是原来处处水塘、芦苇丛生的荒凉地带很快地发展成街市纵横、房屋栉比的闹市。

实物:李纯、荣禄的房地契纸

照片:李纯的房产一部分

照片:翠柏村胡同面貌

照片:荣禄房产的一部分

地图:八大公司房产分布示意图

表:八大公司房地产投资、产业、收益统计

实物:八大公司租约、收租单

照片组:"南市"最早的戏院、饭庄、旅店、澡堂、妓院的外景

实物:上述各店铺的合同、印章、账册等

地图:"三不管"市场位置迁移过程

照片组:几次迁移地段情景:闸口街、中华后

照片组:上权仙首善街一带

照片组:清和街群众饮食市场和东兴市场

二、剥削阶级的糜烂生活及其对"南市"畸形发展的影响

说明:到1920年前后,在"南市"这块地方出现了不少阔绰的,专供军阀、官僚、富商淫乐、享受的妓院、饭庄、烟馆、旅馆和澡堂。大军阀张作霖等人甚至以妓院"天宝班"作为政治交易的场所,狐假虎威的天宝班窑主小李妈也成为炙手可热的人物。在她的操纵下,这些专供剥削者淫乐的场所进一步增多。同时,以英商平和洋行买办杜克臣为首的几十个买办和资本家,也在"南市"成立了俱乐部性质的"行商分所",终日宴饮、狂嫖

滥赌。军阀、富商等寄生者在这里长期的纸醉金迷的无耻的生活，刺激了妓院、饭庄等的畸形发展，从此，淫靡、腐朽的社会风尚笼罩着整个"南市"。"南市"成了"毁人炉"。

　　白描国画：大军阀张作霖、张宗昌、孟恩远等出入天宝班

　　水粉画：大军阀张作霖、张宗昌、孟恩远等在天宝班抽大烟，搞政治交易

　　照片：天宝班旧址

　　资料：天宝班和蚨生祥银号的有关情况

　　白描国画：行商分所买办李全泰在东方饭店大摆宴席

　　水粉画：买办资本家在行商分所狂赌

　　照片：行商分所旧址（清和街39号，今和平区药材公司）

　　资料：行商分所的有关情况

　　分布图：妓院、烟馆、赌局的分布情况（最猖狂时即日本统治时期）

　　统计表：妓院、书场、饭庄、旅店、茶社的统计数字（新中国成立前国民党统治时期）

　第二单元　帝国主义、反动派对"南市"人民的政治迫害

　　第一组　反动统治机构星罗棋布

　　说明："南市"地方面积不大，由于社会的畸形发展，人烟稠密。居民多是受尽欺压、受尽剥削的劳动人民。作恶多端的帝国主义、反动派为了残酷地统治人民，在这片不大的土地上安置了许多公开的机构和不公开的组织，派驻了大批军、警、宪、特，对挣扎在生存线上的劳苦而善良的人民进行着恐怖、血腥的统治。

　　示意图：日伪时期"南市"反动机构分布情况（附统计数字）

　　示意图：国民党统治时期"南市"反动机构分布情况（附统

计数字）

照片组：上述两时期反动机构外景（包括派出所、保公所、忠义普及社、宪兵队等）

实物：特务恶霸的凶器：手铐、脚镣、手撑子、冰镩子、匕首、二人夺、钢丝鞭子等

第二组　恶霸、地痞仗恃帝国主义反动派势力，欺压人民

说明：清初以来，随着漕运的兴盛，粮漕转输地天津，成为华北青帮的主要码头，游手好闲之徒多参加青帮，名曰"在家里"。民国以来，青帮为帝国主义、军阀所控制，成为反动组织。大恶霸青帮头子袁文会，先后和日寇及国民党反动派勾结，形成亦官亦霸的局面，仗恃这一特殊势力，在"南市"广收徒众，密布党羽，使之成为恶霸、青帮分子的天下。官吏和霸、痞相互勾结，欺压人民，无恶不为。许多的人则是在恶霸、地痞罪恶行径所造成的恐怖气氛中终日提心吊胆，避之唯恐不及。这经年累日的长期精神折磨，也不下于横加的灾祸。旧社会"南市"的人民，就是在这种万恶的处境中挣扎、生存着。

画：青帮头子袁文会摆香堂广收徒众

实物：青帮头子袁文会摆香堂用的祖师牌、烛台、香炉等

实物：普安协会的证章

实物：普安协会的书籍

表："南市"青帮组织系统、首要分子、徒众人数统计

图表："南市"恶霸、地痞等其时官方职务，以及与反动官僚关系示意图

照片：普安协会旧址

民谚："闭门家中坐，祸从天上来"

实物：南市恶霸张春荣强迫群众集资给挂的金字匾

水墨画：恶霸王金才逼逐相声演员史文翰，不许其在天津登

台演出

水墨画：恶霸房主孙怀德痛殴无辜房客张光明

水墨画：恶霸薛振芳强迫面铺掌柜戴孝，为他的狗装殓

水墨画：汉奸、恶霸袁文会在水灾中抢掠妇女

第三组　抓捕华工，残害人民

说明：日本帝国主义在侵华战争中，受到中国人民持久战的战略消耗，人力、物力日益不足。为了补充生产人员，在发动战争后不久，即以天津为主要据点，在华北各地大规模"招募"华工。在"招募"过程中，汉奸、恶霸甘心事敌，为虎作伥，做尽了祸害同胞的坏事。汉奸、恶霸袁文会和他的徒众还在劳动人民聚集的"南市"设立黑店和办事处，抓捕同胞，强迫充当华工，在集中待发期间，汉奸、恶霸们抢掠财物，克扣伙食费用，限制自由，甚至加以鞭笞和杀害。

被抓运送出国的同胞们，大多数人在极端恶劣的劳动和生活条件下，被折磨惨死。千千万万的无辜同胞，妻离子散，家破人亡，这是日本帝国主义和汉奸、恶霸欠人民的一笔血债。

套色木刻：警察密布，练绳连锁，押送劳胞上闷子车

套色木刻：日寇指挥汉奸、恶霸在"南市"拦路抓捕华工

实物：本溪湖煤铁公司"招募"华工广告

实物：奉天千金寨"招工"广告

实物：南满铁道株式会社"招工许可愿"二张

实物：南满铁道株式会社"华工证明书"

反动文件：大东公司天津支店长川岛铁太郎为申请在"南市"开办劳动者介绍所和劳动者宿泊所事给伪"公安局"呈文两件

反动文件：日本陆军机关长就开办两所事给伪"市长"潘毓桂公函

反动文件：伪"市长"潘毓桂就开办两所事给伪"警局"的训令（指令给予支持）

反动文件：伪"市长"张仁蠡给伪"警局"训令（要"警局"在华工由塘沽登船出国时派队到现场戒备事）

照片：劳动者介绍所及劳动者宿泊所旧址（二张）

反动文件：伪"第一警署署长"张贤刚给伪"警局长"呈文（报告大东公司在"南市"抓华工有威逼利诱、限制自由等事）

反动文件：伪"第二警署署长"给伪"警局"呈文（报告义和公司工头高传进等打死华工赵玉惠，私自掩埋灭迹事）

反动文件：高传进等人口供（承认打死赵玉惠）

照片：荣吉街85号大东公司"招募"华工办理处旧址

照片：南门里袁文会"招募"华工会记栈旧址

照片：和平路纯厚里3号袁文会扣押华工处所旧址

照片：光明里6号楼上袁文会扣押华工处所旧址

文件：劳胞王镜峰给黄敬市长的信（控诉袁文会抓华工罪行及其本人被抓情况）

文件：宝坻县东乡白刘氏控告袁文会的信

文件：华工李树桂妻子在伪"法院"控告袁文会的状纸

国画四幅：李树桂一家过津误住袁文会抓华工黑店，深夜被抓；李妻向伪"法院"控告，后者拒不受理，营救无门；旅费耗尽，妻女乞讨，迢迢回乡；李母思子惨死

文件：第二批劳工姓名册

文件：第四、七、十二批死亡劳胞名册（三本）

第四组　凌虐妇女，罪恶滔天

说明：娼妓制度是阶级社会的罪恶产物。它的存在不仅使沦落风尘的妓女任人蹂躏，尝尽人间辛酸，更严重威胁着穷苦妇女的切身权利，败坏着社会风气。新中国成立前几十年间，"南市"

始终是妓院麇集的地方。许多罪大恶极的窑主也盘踞在"南市"，先后和日伪、国民党反动官吏相勾结，控制着乐户事务所，在合法的名义下，买卖幼女、妇女，虐害妓女，做尽了人间凶残、淫暴的坏事。尤其令人发指的是这批汉奸、恶霸为了取媚日寇，竟在津成立"慰安事务所"，强迫已受尽凌辱的妓女"慰劳"日寇，制造了许多惨剧，引起了社会的极大愤慨。

照片：燕乐后妓院丛聚

照片：庆云后妓院丛聚

照片：翠柏村或枫叶村胡同全景

照片：青楼巷妓院小房子景象

反动文件：乐户事务所简章

反动文件：乐户事务所会员名册

反动文件：乐户事务所职员名册

反动文件：乐户事务所选举时呈报伪"警局"请派员参加文

反动文件：伪"一分局"鲍馨运呈伪"警局"报告乐户事务所选举时派员保护情况文

报照：妓女自杀消息报导

实物：恶霸窑主李万有、张玉堂等人毒打妓女用的皮鞭、板子、藤条、搓板

文件：妓女胡俊英等人的控诉书

着色国画五幅：李小香三四岁时被卖入李万有的妓院；七八岁时被迫学戏，动辄遭鞭打；十三四岁被迫操业，为窑主赚下财产；二十七八岁时有病不能操业赚钱时遭毒打；病死时凄惨景况

反动文件：伪"警局"开会成立慰安事务所提议事项

反动文件：慰安事务所开会确定"慰劳"办法提议事项

实物：慰安事务所会员证

实物：慰安事务所保证书

照片：慰安事务所东站会馆旧址

反动文件：选送慰劳妓女花名清册

反动文件：天津乐户总会东站会馆职员名册

水彩画：伪"公安"医院门前警宪森严，押送妓女上汽车

水彩画：某妓女在去河南途中跳火车逃跑，跌断腿，爬行求救

水彩画：数十妓女遭日寇蹂躏后被逐出，沿途要饭回津

反动文件：伪"警局"向伪"市府"报告押送妓女86人去河南事文

文件：妓女赵银凤、林秋痕的控诉书

第三单元　反动统治阶级对"南市"人民的经济掠夺

第一组　横征暴敛，高利盘剥

说明：在旧"南市"，反动官僚和地痞、恶霸紧密勾结，任其对劳动人民进行敲骨吸髓的经济榨取。巧立名目，横征暴敛，高利贷的剥削更是残酷，形式多样，本利纠缠，吸尽了劳动者的膏血。

表：日伪、国民党两时期摊派、征敛情况统计

实物：壮丁抽签通知书

反动文件：忠义普济社要求敛款的申请公函

照片：乐户事务所章程（税额、捐额部分）

照片：和平路袁文会会德号印子房旧址

实物：会德号放印子钱的札子（复制）

实物：会德号放印子钱用的图章（复制）

实物：妇女王桂福借款签下的卖身契（二件）

第二组　飞帖打网，敲诈勒索

说明：恶霸、地痞们除和官吏勾结，以官府名义、公益名义

任意征敛，进行俵分外，还依仗个人势力，借口婚、丧、喜、寿，向商店住户分送请帖，勒索财物，并视送礼多少分别对待，不送礼或送礼较少的，必然遭受他们的寻衅迫害。恶霸、地痞的"飞帖打网"是人民的沉重负担，是群众精神上的严重威胁。

实物：汉奸、特务、恶霸等飞帖打网的请帖

实物：商号给特务、恶霸等送礼的有关账目

漫画组：伪警、恶霸等吃饭、坐车、洗澡、理发、买东西不付款的事

第三组　设赌局、开烟馆，巧取豪夺

说明：设赌局、开烟馆是反动统治阶级对人民巧取豪夺的一种毒辣手段。七七事变后，日寇为了麻痹人民及进行经济掠夺，大量制造和贩运毒品。"南市"的大烟馆、"白面房"如雨后毒蕈应运而生。染有这种嗜好的人沉沦自陷，倾家荡产。当时"南市"一带暴死街头者日有数十起。抗战胜利后，国民党反动政府名义上虽也禁烟，而却在暗中继续包庇贩卖，毒害人民。恶霸们在"南市"广立赌局，巧设圈套，威逼利诱，骗取人民财物，使受害者走投无路而轻生自杀的惨剧经常发生。

国画：赌局内混乱情况（要能反映局内赌徒互争、流氓打架、赌输者押典财物等）

照片：沈阳道新津里17号袁文会花会赌场旧址

照片：光明里18号二楼赌场旧址

照片：鸿义栈赌场旧址

照片：华安街兴隆里1条3号刘宝珍赌场旧址

实物：常见的几种赌具：骰子、宝盒、牌九、花会、麻将

水彩画：李七庄一农民卖牛葬母款被骗输光，上吊遇救

水彩画：卖羊肠小贩被骗输光货本，上吊而死

连环画：周子敬打花会迷途忘返；卖机器、房子继续打花

会；卖女儿继续打花会；精神失常得了疯狂症

反动文件：伪"天津特别市"戒烟布告（即准许种大烟）

实物：国民党禁烟局卖大烟的账目

照片：建物大街慎兴里烟馆旧址

照片：闸口街白面馆旧址

照片：扎吗啡的妇女和小孩

彩塑群像：抽白面者各种丑态

实物：各种烟具、烟土、烟膏、白面等

画：胜利旅馆服务员张璧臣因抽白面奄奄一息，店主要把他扔出去。

画：艺人高五姑吸毒上瘾，贫病交加，死于街头。

第四单元　反动统治阶级
在文化上摧残民间艺术，毒害人民思想

第一组　摧残民间艺术，剥夺艺人生存权利

说明：反动统治阶级对广大群众喜闻乐见的真正的艺术横加摧残，使许多可贵的民间艺术濒于绝种。艺人们在旧社会被列入"下九流"，横遭歧视，谈不上基本权利。搭班唱戏，又要受资本家的层层剥削，以致无法维持生活，不少艺人被迫转做小贩，拉洋车，卖苦力，挣扎在死亡线上。

画：兵痞砸戏院

画：杨俊臣唱《临江驿》讽刺坏官吏遭殴打

画：常宝堃说相声讽刺社会被逮捕

画：王金才殴打无辜艺人秦佩贤

照片：玉林春小戏院

文照：《大明律》或《大清律例》中歧视艺人的条文部分

彩塑：金钢钻带病演出惨死台上

彩塑：银达子跪在台口为金钢钻乞求棺木

实物：银达子拉过的洋车

实物：杨俊臣卖馃子用的篮子

实物：于德海卖糖时用的盒子

第二组　反动、淫秽、荒诞的书刊、戏曲、电影泛滥成灾

说明：反动统治阶级为了巩固其罪恶统治，腐蚀人民思想，麻痹人民斗志，鼓励和制造了大量反动、淫秽、荒诞的书刊、戏曲和电影。疯狂地宣扬封建主义、资本主义没落腐朽的糜烂生活、道德观、人生观，戕害着人民群众的身心健康。"南市"，这个旧天津的缩影，可以说是受其毒害的一个典型。

实物：反动、淫秽、荒诞的小说、小人书、画报、油印小册子

表：日伪、国民党时期流行的反动、淫秽、荒诞书刊目录

照片：出租或出售上述各类书刊的书铺旧址（附出租、出售商店统计数字）

实物：反动、淫秽、荒诞电影的说明书（包括《欲焰》、《火烧红莲寺》、《初恋》、《荡妇》、《水性杨花》、《雨暴花残》等）

照片剪贴：《粉墨筝琶》、《艳尸》、《牡丹花下》、《魂断蓝桥》等几部影片的广告画

实物：《妓女告状》、《小上坟》、《插杆打王八》等剧本

表：日伪、国民党时期最流行的反动、淫秽、荒诞影目

表：日伪、国民党时期最流行的反动、淫秽、荒诞戏目

画片：东兴市场小书场面貌

画：受害典型事例（须进一步详细调查），包括小孩好打群架；流氓作风招摇过市；羡慕剑仙，沉迷上山修道；影响身心健康而留有宿疾者；偷盗、抢劫，危害社会秩序者

第三组　宣传封建迷信，麻痹人民斗志

说明：跳仙、看相、算命都是为反动统治阶级服务的工具。它们通过各种骗人的手法宣扬宿命论，掩盖阶级斗争的实质。蛊惑人民安于现状，忍受剥削。这种封建迷信的流毒，在旧"南市"既深且广，有严重的危害性，我们必须认清其反动本质，向它的残余影响做坚决斗争。

黑白画：巫婆跳仙骗人情景

实物：佛像、锡箔、黄表封筒、迷信的图录

实物：香水、香药

画：受害者的事例

实物：报君知

实物：六爻、罗盘

实物：八卦

实物：奇门遁甲

书册：方观承《玄关》

书册：《麻衣神相全篇》

书册：《阴宅三要地理五诀》

书册：《命相秘诀》

实物：八字红帖（流年或合婚的）

表：摘录、注释方观承《玄关》中的某些术语，以揭露它的欺人手法

第五单元　在反动阶级长期统治下，社会道德日益败坏

说明：在反动阶级长期统治下，旧"南市"的社会风气异常龌龊险诈。恶霸、流氓、地痞、无赖，蝇营狗苟，处心积虑地欺压群众，坑、蒙、拐、骗等罪恶事件层出不穷，使"南市"更加糜烂。人民群众提心吊胆，人人自危，精神遭受着严重的威胁。

巨幅国画：集中表现"南市"下层社会各种损人利己、坑骗

行为所造成的混乱情况

剪报照：坑、蒙、拐、骗层出不穷的各种消息报导

字牌："三不管，逛一逛，除了吃折箩，全上当"

连环画：王松平被骗当"白钱"：在小饭摊学徒，衣不蔽体；"白钱"利用金钱进行引诱，教其偷盗方法；王松平当上"白钱"，偷了别人的财物；偷人东西后，担心和内疚

连环画：王玉英被迫沦落妓院：王玉英夫妇来津住小店，有流氓向她敲诈钱财；在王玉英家中用白面栽赃，再向王玉英勒索；王玉英丈夫气闷生病，无钱医治，当卖一空；王玉英被逼沦入妓院

第二部分　新"南市"

序幕

毛主席语录："一百多年以来，我们的先人以不屈不挠的斗争反对内外压迫者，从来没有停止过……以人民解放战争和人民大革命打倒了内外压迫者，宣布中华人民共和国的成立。我们的民族将从此列入爱好和平自由的世界各民族的大家庭，以勇敢而勤劳的姿态工作着，创造自己的文明和幸福，同时也促进世界的和平和自由。我们的民族将再也不是一个被人侮辱的民族了，我们已经站起来了。"

——摘自《中国人民政治协商会议第一届全体会议纪念刊》

巨幅国画：以解放桥为近景，旭日东升为远景，描绘河水和两岸楼房映着早霞，象征解放和光明的到来。

巨幅照片：毛主席在天安门上宣布中华人民共和国成立

巨幅照片：天津人民庆祝开国大典会场全景

巨幅照片：天津人民庆祝开国大典游行盛况

复制实物：天安门广场升起的第一面国旗
彩塑群像：南市人民载歌载舞欢庆解放的场面

第一单元 打垮反动派，人民翻了身

毛主席语录："中国人民将会看见，中国的命运一经操在人民自己的手里，中国就将如太阳升起在东方那样，以自己的辉煌的光焰普照大地，迅速地荡涤反动政府留下来的污泥浊水，治好战争的创伤，建设起一个崭新的强盛的名副其实的中华人民民主共和国。"

——摘自《中国人民政治协商会议第一届全体会议纪念刊》

第一组 铲除汉奸、恶霸、人人拍手称快

说明：1949年初天津解放，人民政府当即采取了许多伸张正义、打击邪恶势力的措施，继而在轰轰烈烈的镇压反革命运动中，镇压了大汉奸、大恶霸袁文会、张春荣、王金才等，并逮捕法办了作恶多端的地痞流氓，根本肃清了反动势力。从此，人们再也不用担心任何飞来的横祸，幸福和欢笑笼罩了"南市"。

文件：《中华人民共和国惩治反革命条例》
实物：天津市军事管制委员会《布告》
文件：天津各界代表大会关于惩治反革命的《决议案》
照片：黄敬市长在天津市镇压反革命广播大会作报告
照片："南市"人民收听镇压反革命广播会情况
照片："南市"地方人民举行控诉反革命分子罪行大会
照片：检举反革命分子的检举信
照片：汉奸、大恶霸袁文会被镇压
照片：恶霸张春荣、王金才、孙玉清等被镇压
实物：上述四犯的《判决书》
照片：镇压反革命，人人拍手称快

第二组　选举代表，人民当家做主

说明：在旧社会漫长凄苦的年月里，善良、正直的人民任人宰割，无法掌握自己的命运。今天，人民成了社会的主人，他们选举自己的代表，决定国家大计，并以主人翁的姿态，用自己的聪明才智，为建设社会主义，建设新"南市"贡献自己的巨大力量。

文件：《中华人民共和国宪法》

文件：《中华人民共和国选举法》

照片：天津市第一届人民代表大会会场

报照：天津市第一届人民代表大会的有关报导

照片："南市"公布选民名单

照片："南市"人民投票行使民主权利

照片：当选代表韩俊卿、银达子、冯广太、杨俊臣

照片：韩俊卿、银达子等代表参加政治活动

照片：韩俊卿出席最高国务会议，和领袖合影

实物：当选代表的代表证

实物：出席最高国务会议的通知书

实物：银达子被评为先进工作者的奖状、奖章

第三组　打击烟毒犯，肃清烟毒害

说明：新中国成立后，为了保护人民身体健康，恢复和发展生产，天津市人民政府根据中央肃清毒品的指示，结合天津情况，组成禁烟禁毒委员会，查禁烟毒。同时成立戒烟所，帮助吸毒群众认真戒除不良嗜好，解除了他们身体上和精神上的苦痛。为了根绝毒品，又于1952年利用"三反"、"五反"运动所造成的有利条件，大张旗鼓地开展了群众性肃毒运动，本着严厉惩办和改造教育相结合的方针，镇压了少数罪大恶极的制毒、贩毒分子，至此，在中国历史上流毒百年的祸害，已彻底根绝。

文件：华北人民政府《训令》二件（颁布《华北禁烟禁毒办法》）

文件：天津市人民政府《训令》（抄发《华北禁烟禁毒办法》）

文件：天津市禁烟禁毒委员会肃清毒品流行工作《草案》

文件：天津市禁烟禁毒宣传《纲要》

照片：禁烟禁毒宣传活动（演戏和街头宣传）

照片：肃毒运动公审大会

照片：镇压大毒品贩康世清

文件：镇压大毒品贩康世清的《判决书》

照片组：逮捕法办一批毒品贩

照片：广兴大街126号昔日土膏店、今戏装生产合作社

文件：成立戒烟所的决议和办法

实物：戒烟所的档案表报格式

戒除烟毒的典型人物及有关文物须另作调查选定。

受害者本人或社会上感谢和拥护禁毒政策的文件、信件待搜集

第四组　摧毁"活地狱"，跳出"害人坑"

说明：人民政府为在天津彻底消灭娼妓制度，采取了加强教育、严格管理、逐步消灭的办法。经过一系列复杂、细致的工作，镇压了蹂躏妇女的罪大恶极的恶霸窑主。至1951年底，数千年来罪恶的娼妓制度在"南市"永远绝迹了。

对于那些饱受摧残，陷入人间地狱的妇女，拯救她们脱离火坑，帮助她们结婚、就业。对少数暗娼游妓进行了收容改造，指导她们走上新的生活道路。

文件：关于严格限制妓院的文件材料

照片：镇压恶霸窑主李万有、李天然、张玉堂

文件：镇压李万有、李天然、张玉堂时的《判决书》

照片：昔日乐户事务所、今东兴街小学

照片：翠柏村妓院今日变成工厂

照片或其他：妓女胡俊英安家就业，走上新的生活道路（待调查征集）

照片：街道积极分子田玉文工作情况

实物：田玉文的代表证、奖章、奖状

照片：张淑文当选居民小组长，积极工作情况

搜集当事人或社会上对取缔妓院事表示感谢和拥护的文字和信件

第二单元　新天地，新面貌

第一组　幸福的社会，幸福的生活

说明：新中国成立以来短短的十几年内，人民政府在"南市"进行了大规模的建设工作，修建了给水、排水管道，整修了街道市容，整顿了环境卫生，新建和扩建了市场、商场。在正确的方针指导下，文教卫生事业迅速发展。人民群众在这里愉快的学习，愉快地劳动，过着幸福美满的生活。随着祖国社会主义建设事业的迅速发展，"南市"将会变得更加繁荣，更加美好。

照片：新修的平坦马路

照片、表：新修的排水工程和统计数字

照片、表：新建给水工程或水站和统计数字

照片组：新建的百货商场及其营业情况（顾客挑选商品、携货走出商场等）

照片：整修好的饮食市场外景

实物：饮食市场全国卫生三等奖奖状

照片组：十八中、女六中新建的数学楼

照片组：新建或扩建的小学校（待选定）

照片组：中小学学生学习、生活、课外活动情况

表：中小学学生新中国成立前后对比统计

照片：职工业校学习情况

表：职工业校历年毕业统计

职工们经过学习，对生产、工作有贡献的典型事例待征集

照片组：几个幼儿园、托儿所内儿童生活情况，附统计数字

照片组：几个诊疗所治疗情况，附统计数字

照片组：防疫站人员入户工作

照片组：文化馆、图书馆、阅览室的活动情况

照片组：扩建和改建的戏院、影院内景

照片组：戏院上演新戏情况

照片组：韩俊卿、银达子参加会演获奖

照片：常连安家庭三代相声专场演出

照片：杨俊臣家新翻修的房屋

照片：在人民银行储蓄所柜前的储户们

表：储蓄数字对比（自解放至今选三四个关键年头，反映增长情况）

第二组　崭新的风貌，崭新的人

说明：社会制度改变了，人的精神风貌也在变，经过历次政治运动和社会主义教育，人们的思想觉悟大大提高。过去坑、蒙、拐、骗层出不穷的旧"南市"，如今吹遍舍己为公、拾金不昧、邻里互助之风。特别是通过大学毛主席著作，人们的思想面貌又出现了崭新的气象，涌现出许多动人的事迹。从人的精神风貌的变化中，我们深刻体会到社会主义制度的优越性以及它的强大生产力，同时也看到了幸福、美好的未来。

照片：拾款1865元归还原主的成记饭馆服务员杨兰亭

实物：失主送给杨兰亭的谢仪——大镜子
照片：芦庄子小学一拾手表学生和失主合影
实物：失主送给小学生的钢笔
实物：失主给小学生的感谢信
画：吴玉申跳入河中救小孩出水
照片：吴玉申和被救小孩合影
实物：厂内给吴玉申的表扬大字报、光荣花
画：庞爱平深夜屹立桥头观察汛情，全身被雨淋透
字牌："听毛主席的话，读毛主席的书，按毛主席的指示办事"
照片：清和街派出所治保人员学习毛主席著作情况
实物：学习毛主席著作时写的日记
实物：学习毛主席著作时写的心得和诗
表：学习前后思想变化、好人好事统计
画：张玉英午夜搀扶有病老人逐街逐巷认家门
照片：张玉英本人
实物：老人的儿子给张玉英的感谢信和表扬大字报
画：马新明冒雨帮助邻居搬出危房
照片：马新明近影
实物：马新明学习主席著作写的心得
画：张凤英坐三轮护送同院妇女去医院
照片：张凤英在街道打扫环境
实物：妇代会奖状
实物：1964年卫生奖状
实物：治保会奖状

另搜集有关青年上山下乡支援农业、建设农村的事例

第三单元 永远不要忘记阶级斗争

表：××户勤区关于近几年来阶级斗争部分情况统计：五类分子坚持反动立场进行破坏活动的，1959年为18％，1962年上升到35％；资产阶级分子抗拒社会主义改造、进行投机倒把等活动的，1959年为21％，1962年上升到43％；在资本主义的进攻下，新滋生的资产阶级分子有3名小业主闹单干、搞投机，企图走资本主义道路的1959年为6％，1962年上升到40％

表：××派出所1963年关于迷信活动的部分统计：巫婆11名，神汉2名，算卦的14名，念经的6名

实物：巫婆、神汉，跳神、念经用的金刀圣母牌位、香炉、烛台、水陆、宝塔、礼簿

案例：妄想卷土重来，写了八十余封恐吓信的反革命分子朱义安

照片：朱义安

示意图：散发反动信件的示意图

实物：判决书；反动信件；手枪；子弹；图章

"南市"慎益街新平巷五号洗劫案抢匪集团

照片：五匪

照片：室内翻箱倒柜情况

照片：行抢时捆人用的绳子、毛巾

实物：行抢时用的刀（二把）

实物：口供

实物：逮捕证

实物：《判决书》

盗窃粮票面值3686斤的盗窃、贪污分子阎德仁

照片：阎德仁

画：鬼鬼祟祟盗窃粮票；在黑市向小孩或农民倒卖粮票

实物：《判决书》

实物：《执行通知》

实物：实物收入凭证

实物：缴款凭证

实物：三种贪污手法的数字说明 16 张（有阎德仁签字及手印）

实物：阎德仁涂改造假的粮卡

实物：从居民处收回的粮本

总计获利 6 千多元的投机倒把分子李子良、冯志辉

照片：李子良

照片：冯志辉

画：在冯家，二人收拾套购来的自行车零件；赴夏津县李家户公社机械厂倒卖自行车零件；李子良去上海套购自行车；二人被捕

实物：逮捕证

实物：《判决书》

实物：自行车执照

投机诈骗分子时文元

照片：时文元

画：在柳河加工厂私制四台变压器，窃出厂外倒卖；在天津渔具厂套购纱包、线等物资

实物：欺骗信；冒充单位名义所开退款单；时文元私制变压器原料、成本核算单

杀人未遂、腐化堕落的变质分子乔玉峰

照片：乔玉峰

照片：砍人的刀；潜逃后给他妻子的信；作案现场摄影

画：担任会计，在柜台上工作；穿戴一新，与行为不当的人一起逛马路；与爱人住旅馆，吃吃喝喝；鬼鬼祟祟，贪污公款；濮吉萍被砍，挣扎、扭打情况；抓获归案

强奸幼女的流氓分子王维栋

照片：王维栋

实物：《判决书》；指挥棍；花卡子、花手绢；和平区教育局开除《通知》

结束语

通过展览，大家看到了旧"南市"的形形色色，看到了劳动人民在牛鬼蛇神重重压迫下暗无天日的血泪生活，也看到了新中国成立以来新"南市"翻天覆地的巨大变化。目前，"南市"和其他地区一样，正在沿着社会主义的康庄大道阔步前进。但是阶级敌人是不甘心死亡的，阶级斗争并未熄灭。我们应该时刻提高革命警惕，防止敌人的一切破坏阴谋，在党和伟大领袖毛主席的正确领导下，奋发图强，自力更生，把"南市"建设得更加美好，把祖国建设得更加富强。并且高举无产阶级国际主义的旗帜，为实现世界无产阶级革命，为全人类的彻底解放而英勇奋斗。

"近代天津民俗展览"提纲草稿

天津市历史博物馆陈列部古代组
1982年11月

关于提纲草稿的几点说明

一、本提纲编排的内容定名为"近代天津民俗展览"。利用馆藏清代地方民俗文物（包括本身虽是外地物产，但在天津也流行的民间用物在内），从介绍民俗知识入手，在认识旧社会、旧风俗的基础上，引导观众正确理解民俗的实质；民俗的形成、演化的规律；移风易俗、建设社会主义新民俗的重要意义。

二、本提纲草稿采用细目并列形式，不作主题、副题等多层编排，以图清晰了然。每项细目前冠以介绍文字，交代此一类问题的历史情况，在地方上的表现形式和意义，并适当结合具体情况，用唯物主义的观点说明民俗的某一特征和对它应有的认识。

三、本提纲草稿细目设置和文物取舍的原则是：（一）公开展出其效果弊多于利者，无论问题如何重要，文物如何典型，概不收入。（二）从民俗学角度考虑，问题虽然重要，但文物资料不足，暂时略而不收。（三）虽系民俗学重要内容，但以展览手段不易体现者，亦暂不收入。

四、提纲草稿细目的排列以先实后虚为原则。从介绍土著的来源开始，而后经济生活方面各问题，最后介绍与文化生活有关的各内容，各成独立单元；在适当地方结合具体情况，说明某些问题的关联。

五、各项展品的小说明。除说明本项展品所反映的问题的历史发展情况外,着重说明它在地方习俗中的地位、用法和对居民思想、观点、行为的影响。

六、除起源早而延续流行至今的某些习俗和文物外,本提纲草稿的一切说明文字的叙述时间下限一般为近代,最晚不超过20世纪30年代。近三四十年间,某些习俗正处在急剧演化阶段,起源和内容涉及的问题比较复杂,由于缺乏调查研究,故暂未叙及。

七、提纲草稿中有仅提出展品名称而无小说明者,系因未见具体文物,一时难于写定文字,有待后来补写。

"应当明确地认识到,只有确切地了解人类全部发展过程所创造的文化,只有对这种文化加以改造,才能建设无产阶级的文化,没有这样的认识,我们就不能完成这项任务。"

——列宁:《青年团的任务》(1920年10月2日)

前　言

民俗属于上层建筑,是社会意识诸形态之一。它的内容广泛,主要指一个民族在物质文化、精神文化、婚姻家庭等社会生活方面的传统。

民俗是历史的产物,一经形成,便支配着人们的意识,起着社会性的功能,有的且可升华为科学性知识。只要产生它的土壤和气候没有根本变化,它就会继续存在。因此,它具有一定的稳定性和保守性,并且由于在不同历史条件下分别形成,又表现出古今掺杂的特征。

我国汉族的民俗多彩多姿,反映了汉族人民的集体智慧和共同的心理状态。天津是汉族聚居区，是近三百年间凭借漕运和芦盐产销争遽发展起来的工商业城市。封建经济的作用在民俗的许多方面留有明显的痕迹。对它们加以研究，有重要的学术价值和现实意义。现就本馆搜求所及，编成"近代天津民俗展览"，目的在于介绍民俗基本知识，丰富我们的文化生活；特别是希望通过展览，引起大家对移风易俗和树立社会主义新民俗的重视。

我们必须对现存的风俗习惯做全面的调查研究，汲取精华，去其糟粕。务使健康有益内容，得到保存，从而推陈出新；对封建迷信、有害的内容，加以批判，坚决革除。为确立既有传统民族形式，又有社会主义内容的新民俗提供科学依据，为建设高度的社会主义精神文明开创道路。

展览内容

一、土著关于祖籍的传说

二、城市经济活动

三、房屋与陈设

四、服饰、装束

五、生活日用品

六、婚姻和生育

七、民间信仰

八、民间节日风俗

九、民间医药

十、民间游戏

十一、民间艺术

一、土著关于祖籍的传说

天津最早的居民来自何地已不可考。经过元末战争,这里人烟寥落。明初建立天津三卫时,大量从山西、安徽移来人户,开始形成都市。因此,近几百年间,地方居民关于祖籍问题一直流传着两种传说:"我们祖上是随燕王扫北来的,落了户";"我们祖上是从山西大槐树村来的"。两大批外地迁民充实了天津户口,再加上漕运和商业活动,五方杂处的局面渐次形成。就在漕运、盐产、商业等城市经济基础上,各地迁民在社会生活实践中融合成新的群体——天津土著居民,形成了自己一套完整的心理状态和风俗习惯。四五百年来,虽屡经变革、扬弃,仍能顽强传承,影响至今。而汾水和淮河两地遗风,早已融汇一体,只能在仔细的考察中,发现蛛丝马迹了。

文照:县志关于梅满儿、黄胜徙津记载

说明:这是明初卫指挥梅满儿、黄胜率卫所兵及家属从安徽来津驻扎的记载。他们后来都落了户,成为天津的土著居民。

照片:山西洪洞县迁民遗迹——大槐树旧址

说明:古大槐树遗址在今山西省洪洞县贾村广济寺。明初迁民即以此寺为集合地,在此登记造册,发给凭证、川资,分遣上道。人们父子相传:"问我祖先来何处?山西洪洞大槐树。"由明初至今已六百年,许多老人犹津津乐道祖先来自大槐树处的故事。以一树为遗爱之物,记念之深,可谓难能。这是一种比乡土观念深得多,近乎民族观念的心理表现。

文抄:王笃诚《大槐树七绝五首》之一:"幽燕豫鲁并滁和,异派同流认未讹。故老相传谈轶事,问君足指果如何。"原注云:"相传当日迁者之裔,左右足之小指其甲必作复形,非槐下迁者无是

也,传闻如斯,聊当故实。"(引自《增广山西洪洞古大槐树志》)

说明:津地也有同样说法,说明待补。

表:《天津土语中安徽淮南话例表》

名词
- 巴掌——手掌。"给他两巴掌,还对吗?"
- 补丁——衣服、鞋袜上的缝补处。孩子的裤上有个补丁。
- 草约(yāo)子——草编成的绳子。"用草约子把木箱缠好。"
- 开春——第二年春开。"开春地里的活儿就多了。"
- 茅厕——厕所。"请问,附近有茅厕吗?"
- 瓯子——盛茶水的小碗。"来一小瓯子吧。"
- 尿(suī)——小便。
- 土墩子——土堆。津俗大石头块叫石头墩子。
- 心思——心上挂念的事。
- 牙狗——公狗。
- 嘴巴子——两颊。"牙痛,嘴巴子都肿了。"

动词
- 睄(biāo)——跟踪窥看。"当时特务总睄着我们。"
- 插嘴——抢着发言,打断他人的话。
- 祧(diào)——制作皮衣服。"天冷了,赶快把皮袄祧上。"
- 盯——专心看着人或物。"他老盯着我。"
- 发呆——眼直视。
- 翻白眼——让问题难住,眼睛上看,白眼珠大部露出。"题目太难,孩子们直翻白眼。"
- 掐(qiā)——用指甲下按或使物断。"这小孩儿掐人生疼。"
- 浆(jiāng)——衣服、被面上粉浆。"浆过的衣裳就是平整。"
- 纳——针脚短而密的缝纫法。如"纳鞋底儿"
- 撵——在后面追赶。"狗撵鸭子呱呱叫。"
- 乔——板材干缩上屈。"桌面儿乔了。"
- 相干——指有无关联。"这事与你不相干。"
- 灒(zàn)——污水溅在衣、物上。"这下子可灒卷了。"
- 作对——有意制造矛盾,形成对立。"他老是跟我作对。"

天津惯用儿化。

<table>
<tr><td rowspan="9">形容词</td><td>绷硬</td><td>——硬而平直。"这布夹子还绷硬的。"</td></tr>
<tr><td>不几的</td><td>——有些的意思,多用来形容味道。"这杏酸不几几的。"</td></tr>
<tr><td>伏帖</td><td>——事物处理得平稳严密,也说伏伏帖帖。</td></tr>
<tr><td>忸怩</td><td>——含羞,举动不自然的样子。也可展开成为"忸忸怩怩"。</td></tr>
<tr><td>麇糟</td><td>——心里烦乱。"你来给我添麇糟。"</td></tr>
<tr><td>强梁</td><td>——性情刚暴、有决断。"他性子强梁得很,别人的话听不进去。"</td></tr>
<tr><td>煞好的</td><td>——很好的。"这盆儿花儿煞好的。"</td></tr>
<tr><td>乌涂</td><td>——水或食物温而不烫。"别喝乌涂水。"亦作兀秃。</td></tr>
<tr><td>甸甸的</td><td>——感觉到的重量。淮南话前接"重"字,天津土语前接"沉"字。"这丫头真胖,抱着沉甸甸的。"</td></tr>
</table>

说明:表列语汇是仓促中搜集到的。数量不多,但已足可看出这是大规模迁民在新地区居民语言上留下的痕迹。

二、城市经济活动

依据史料和民间传说的描述,我们可以肯定从清初以来,天津城市经济十分活跃。漕运、长芦盐的产销对天津城市经济的繁荣起着极其重要的作用,其他手工业作坊和商业店铺的经营也相当兴盛。

当时河运是经济动脉,商业区沿南运河和海河沿岸展开,由北门外到东门外沿河一线,是商业、手工业的集中地带。以三岔河口为中心,斗店、南货行在它的西边,娘娘宫和盐坨地在它的东侧。这时,专业商店集中的街道出现:肉市口、茶店口、竹竿巷、估衣街、锅店街、洋货街,共约十余处,还有各地在津的会馆等也都分布在它的周围。多方面经济活动,加速了五方杂处局面的发展。商业,特别是盐业的活跃,对天津地方风俗的影响是严重的：以商人为尊为贵；以耍人为能；以挥霍为荣；以生产、技术为下贱，以致这些观念残存至今。

画照：《潞河督运图》（三岔河口至东盐坨）

说明：这是清代乾隆年间，天津城市繁华区三岔河口附近的真实写照。河里是一片繁忙的漕、盐运输，陆上是宫南北大街店铺密集，行人熙熙攘攘的景象。它同时也是一帧颇饶意趣的风俗画，提供了许多可贵的民俗材料。

文抄：樊彬《津门小令》一首："津门好，水陆好生涯，桂蠹文犀洋货局；天吴紫凤估衣街，金粉认招牌。"

表：三岔河口一带街市居民职业构成统计（以《津门保甲图》材料为依据）

说明：待补

实物：酒铺布幌子（带"开市大吉"字样）

说明：幌子古名"望子"。始于何时已不可考，但知唐朝酒店已有标帜叫"酒旗"，疑即幌子的开始。宋时酒铺挂布"酒帘"，此后店铺都挂布"望子"。也间有木制的。

"开市大吉"是店铺开始时使用的吉利语。不事铺张、节俭从事的做法，说明这是一个小店或小摊儿。天津旧俗大商号开市是要扎门彩、放鞭炮、请客的，也不会把一时用的吉利语和已被公认的行业标识联系在一起。

实物：酱园幌子（伏酱陈醋）

说明：中国有句俗谚："开门七件事，油盐柴米酱醋茶。"酱、醋是酱园出售的主要商品，以此为幌子，是强调了酱园的特点和重要，最恰当不过了。至于"伏"、"陈"，意在强调商品的高质量，又是一派商家口吻。

实物：钱铺幌子

说明：这是取当时通用货币——制钱的样子做成的幌子，它爽直地告诉人们这里是钱铺。

钱铺是使用银两和制钱的时代，经营零整互兑，从中赚取佣金和差额的小型银钱业铺面。

实物：靴鞋铺幌子

说明：这是清代靴鞋铺的幌子，尖头靴是武备院式，在清代极为时兴。据说穿这样式的靴子可以表示自己是来自京师，也即有些来历的意思。其实各地无不仿制，而天津仿制得最为得体。

其时天津的帽子瓜皮帽、观音斗、将军盔样式新、做工细，最受人们欢迎，以致有"京靴卫帽"的奖誉，这反映了人们在穿靴戴帽问题上的一种风尚。

实物：膏药店幌子

说明：此种幌子也是模仿商品样式的一种范例，一见即知是膏药店的招牌。

旧时，在天津这种店铺门前都设有膏药锅，生着炭火，熬着热膏药。患者可随时入店贴大片膏药进行治疗。俟药凉可揭下更换。因药热并贴的面积较大，患者确感病痛减轻，且花钱不多，所以生意往往很是忙碌，出售成贴膏药的业务反居次要了。但揭下的药又重新放入锅内熬化，再给别人贴用，一是药效可能减低，二是不够卫生，因此，它的顾主多是不得已的穷苦劳动人民。新中国成立后即被取缔。

实物：烟铺幌子（烟魁）

说明：这是烟铺的幌子。魁表示它的烟质量是第一等的。这种烟铺经营的是旧式烟袋用烟，有旱烟、锭子烟、水烟，还有为旱烟增加香味的兰花瓣等。天津的土语叫"烟儿铺"。

实物：烟袋铺幌子

说明：待补

漫画：盐店捞面——白吃（歇后语）

说明：清代长芦盐由盐商专卖，因此，他们敢于明目张胆地掺假使水。盐商的外店栈房内都有一片泥墙，每逢掌柜派吃饭吃捞面时，学生意的店伙就把苇席铺在地上，倒几千斤盐，吃完捞面，把大锅煮面的热汤倒在盐上，店伙们轮流用木锨把湿盐向泥墙甩去，面汤是黏的，很容易把墙上的黄土粘去。面汤、黄土给盐包增加了分量，一顿捞面的花费，就都转到了农民身上，后来就留下了这样一句歇后语："盐店捞面——白吃。"得便宜的没个够，他们吃捞面是经常的事。也因此盐店都是春秋两季修泥墙。请看，盐商的钱就是来得这么容易，这么肮脏。

文抄：崔旭《津门百咏·醝商》一首："盐筴长芦此要津，风天气色属商人。铜穴金山须吏事，大宅连云递旧新。"（摘自本馆藏手抄本《津门百咏》）

表：清代天津一般商号组织制度及名称

领东的门市家（名称为地方土语）：

东家——掌柜的
- 卖货手（分大同事、小同事、学生意的三等）
- 走街的（一般为大同事）
- 账房先生
- 伙友
- 外柜（货栈、有大同事、学生意的、伙友）

说明：东家即资方。掌柜的是经理。卖货手即售货员。走街的负责对外联系，购进货物、结算账目等。账房先生即会计，也兼管总务。伙友是杂务工。货栈和门市部不在一处的才设外柜，负责货栈。学生意的得在门市只吃饭不拿月钱白干三年，白天应付门市干杂活，早晚还得为掌柜的、大同事、账房先生等铺床叠被倒夜器，如中途不被辞退，三年期满叫"学出来了"，即可升小同事，进入商人行列。学生意的必须住在店内叫"上宿"，要回家只能占用停止营业后、睡觉前短短两三个钟头。本店业务不扩大，而和东家或掌柜的又无特殊关系，小同事很难升成大同事。只有被别店掌柜的看中，拉出本店，才能升迁。大同事只有接受新东家委托时（俗称"领东"）才有机会当上掌柜的。

天津商业中有一种"忌三爷"的习俗，即禁止东家的"少爷"、"舅爷"、"姑爷"在店内担任职务，免去许多矛盾，以利经营。这是家族力量在社会上起作用时的一种约束办法。

实物：黑漆藤子斗

说明：这是清代粮店（后来叫米面铺）用来量米豆的"门市斗"。装满后，用一木板将高出斗口的粮食刮平，就是一斗。由于各地经济发展不平衡和历代赋税制度变更频繁，清代各地都有自己的度量衡标准。天津邻近北京，量器斗和当时法定斗一样。

实物：盘子秤

说明：清代中叶以来，天津商号因出售商品质地、品种、形式不同，而用秤亦有不同。一般称二十斤以内物品的小秤有钩子秤和盘子秤两种。盘子秤又可分为方盘、圆盘、畚箕盘等四五种。如卖鱼小贩用方畚箕盘，卖面用弧底圆盘；卖水果的用平底圆盘，摆成金字塔状，然后称重量，包装时轻拿轻放，避免磕碰，造成伤皮。用秤方法如此细分，是在当时物质条件下，为服务周到计，以便招徕顾客。

实物：戥子

说明：戥子也写作"等子"。是一种称量药品、金银等物的小秤。最重可以称到"两"，最轻称到"分"。到70年代末，它的计量单位已改为"克"。

实物：货郎鼓

说明：旧时货郎在走街串巷兜售货品时手中摇的一种长柄小鼓，俗名"货郎鼓"。因所卖针线、脂粉等物买主多是妇女，因而古名"唤娇娘"。

实物：唤头

说明：唤头是旧时走街串巷剃头匠人所用代替吆喝的工具。用铁钉从两钳上口拨挑，可发出悠扬、持久的震颤声音。

实物：报君知

说明：报君知是旧时算命瞎子在街头兜揽生意时敲击的小铜锣。拎动和敲打均由一只手完成。

三、房屋与陈设

房屋和陈设，是民俗学的重要内容，它反映人们的物质文化生活水平以及与之相关的生活特点。

建筑用材一般是以当地的资源为主。天津旧城区灰砖房为主。大部分是"卫南洼"的砖。那里长期取土，留下的水塘，就是今日的水上公园和许许多多的养鱼池。木料则多运自外地。郊区绝大部分是就地取土和芦苇，盖苇把顶土坯房。

房屋建筑技术和分类取决于材料和人们的经济能力。旧时天津兴四合院和三合院，梁架讲"四梁八柱"。由于商业财富的聚积骤起骤落，不易持久，天津人对房产的修建、养护是粗疏的。这就是天津没保留下来瑰丽的园林和宏阔的住宅的一个主要原因。

住房内一半地方为火炕所占，余地不多。桌椅、柜等陈设得十分拥挤。家具制作一般比较粗糙。庭院比较狭窄，没有什么布置。

图：天津典型四合院住宅鸟瞰（附平面图）

说明：俟选定典型后，据以补写

图：天津典型三合院住宅剖视（主要表现四梁八柱柁架特点）

说明：俟选定后补写

照片：天津旧式居室陈设

说明：俟选定后补写

照片：天津旧式店铺罩棚院

说明：俟选定后补写

照片：津郊土房外观（也可拼成一组，附室内灶台）

说明：天津地势低洼，再加明清以来统治阶级不重视对海河水系的治理，水灾频仍。为了减少损失和便于修整，天津郊区绝大部分住房是土坯墙、苇把顶。墙里外抹泥，顶铺麦秸草泥，一切就地取材。为了防雨水冲刷，个别屋顶加抹青灰。而大多数在檐下四周用芦头或高粱秸做附加层，叫"裉山"。有的并用不同材料堆出"福"、"喜"等吉祥字样。这种把保护性措施和建筑装饰结合在一起的做法，体现了劳动人民的智巧和乐观的生活情趣。

模型：火炕

说明：睡火炕原是北方少数民族的风俗。传到中原汉族居住区后，它和锅灶结合在一起，做饭和暖炕一举两得。里外间式，灶在外间，叫灶台。单间式，炕头处有一凹窑放锅做饭，平时用箱式木盖盖住，上面可睡人，叫做"锅台箱子"。这种炕灶，一般是烧草和作物秸秆，旧时津郊苇草多，也有烧苇子的。

实物：青砖台架荷花缸

说明：待补

四、服饰、装束

天津地方居民以汉族为主体。汉族本来有自己历史悠久、独具特色的民族服饰，清入关后，民族融合加速，汉族服饰吸收了满族服装的部分结构样式和艺术特点,延续采用达三百年。

清初以来的民间服饰,除男人长袍及妇女裤裙外,基本是比较可身的"短打"(此是吴语,天津土语已儿化),便于操作。只是女服形式变化较多,并附刺绣、彩条等纹饰。

至于服色,津俗男子夏日用白或灰,冬天以黑为主,妇女服色较多,中年以下逢喜庆日、春节多穿红色。老年妇女则白、黑、蓝分季而用,唯衣边裤脚有别色镶沿,免去了色彩的单调。裤脚处无论男女一律用腿带束紧。

关于发式,男人为满式长辫,已婚妇女梳"卫头",姑娘在头后正中编单辫子,长可一二尺。少女可梳双丫髻或刘海式。

实物:小儿百家衣

说明:天津旧俗,小儿周岁前后,母亲向邻里乞取零碎布帛,按正方形拼合制成小衣,传说穿之可以长寿多福。有人说,这种做法是以俗谚"受尽苦中苦,方为人上人"为信条的。穿百家衣象征着经历了一段苦难的生活,预示来日的多福多寿,是苦难的人民幻想子女辈能翻身过好日子的心理反应,遂成民间流传的风俗。津俗不止做"百家衣",也有做"百家被"者。

实物:小儿蓝紫裤

说明:蓝紫开裆裤裤腿是用两色布(夏日用绸)——一蓝色,一紫色,由姑姑在侄儿"百晬儿"或周岁时,特意做成。有俚歌:"姑蓝紫(谐"拦子"音),永不死。"旧社会医药科学不发达,婴儿死亡率高,"拦子"是阻止孩子死亡,盼他长命百岁,平平安安长大成人之意。这就是自然条件的影响支持了人们迷信观念的典型体现。至于姑母祝愿娘家子侄成长,有其历史社会根源。旧社会,妇女经济不独立,社会地位低下,如果子侄众多,娘家兄弟人丁旺,家业兴旺,她就有了好靠山,在公婆面前有体面,妯娌行中腰板硬。

实物：百岁锁

说明：津俗婴儿出生百日叫"百晬儿"，妇女有意念成"百岁"，是希望婴儿能平安成长之意，为此，是日举行庆贺，招待亲友。来贺的亲友，特别是婴儿的外婆家必须送些婴儿穿戴的衣被、服饰等物。"百岁儿锁"是必有的礼物，上面多镌刻"长命百岁"等吉祥词，用五彩线做带，挂在婴儿项上。祝愿婴儿平安成长是无可非议的，但为此大肆铺张，正是旧时商业都市不良风尚的表露。尤其是外婆家给"头生的"男婴所送礼品之重，近乎嫁女的妆奁，可见一种习俗、观念对人影响之深了。

实物：小儿坎肩

说明："坎肩"一词是北方方言，南方叫"背心"，古称"半臂"。旧时天津风俗，初夏可给小儿单穿坎肩；中秋后，天气渐凉，除上衣外，再加坎肩，保护胸腹不受风吹；冬日穿棉坎肩，增加胸腹处棉衣厚度。

成年人穿坎肩，目的是一样的。冬天劳动人民穿棉坎肩，主要是为了两臂轻松，便于操作。

实物：小儿兜肚

说明：兜肚是束挂在胸前的一种贴身小衣。用尺余方布做成，一角剪为内向弧形，叫"兜肚嘴儿"，绣有吉祥文字或花纹。用线绳挂在项上，旁侧两角在后腰结扎，用防风吹胸腹。兜肚起源较早，古称"抹胸"。

津俗，小儿出生即戴兜肚，四五岁前盛暑之日，可以裸体，只戴兜肚。由于长期佩戴成为习惯，偶一摘掉，肚腹即感不适，故而旧时成年人也都戴兜肚。

版画：《莲年有余》

说明：从此画可见兜肚的使用方法和小儿夏日只戴兜肚的习俗。

实物：绣花围嘴

说明：围嘴是给婴儿围在项下，接唾液或饭菜汤的。小儿由于小脑尚未发育完全，抑制功能差，口腔肌肉比较松弛，唾液容易流出。用围嘴承接唾液，以免沾污上衣。冬天穿棉衣，难于日日更换，就更需要此物。

此种衣物多是外婆家所送，为了体面，制作一般是很精致的。

实物：小儿夹被

说明：这是为初生婴儿做的被子，津俗叫做"小夹被儿"。它和通见的被子的用法不一样，下角可以兜上，包住婴儿的腿脚，防止进风。

津俗，妇女多怕小儿被风吹而得病，总是要比天气需要的给孩子穿得多、盖得多。俗谚说"捂着点儿好"，捂就是多穿、多盖，不受凉风。

实物：小儿薄棉袜

说明：通常是为怀抱小儿冬日穿用的。

实物：大红绣龙海水江牙长衫

说明：待补

实物：大红洋绉天蓝云肩绣花女褂

说明：待补

实物：红罗百褶裙

说明：裙在清代是南方汉族妇女的下裳。百褶裙是常见的一种裙式。前面当中无褶处称作"马面"，上面可绣花。此裙红色无花，是民间中年以下妇女的吉服。天津妇女穿裙是学南方习俗，套在裤外又称"裤裙"。

实物：红缎绣龙裤裙

说明：待补

实物：淡清春绸青边绣花大袖女褂

说明：待补

实物：慈青绣龙裤裙

说明：待补

实物：雪青洋绉青缎云肩大袖女褂

说明：待补

实物：清大镶大沿妇女常服

说明：待补

实物：白纱青边纳罗女褂

说明：待补

实物：红腿带子

说明：旧时连裆裤比较肥大，再加当时除外衣外，不再有紧身衣裤，特别是北方冬日穿棉裤后，顺裤脚进凉风，因此在踝骨上部用布带将裤脚扎紧。此种布带（后来为线带）津俗叫"腿带子"。长期扎用可致腓部变形，显得细弱。腿带有宽、狭之分，妇女用的都是宽型。红腿带是装新或公婆在堂的妇女春节时的用物。

实物：紧腰儿

说明：待补

实物：阑干辫子

说明：津俗叫辫子，用丝织成，是江浙特产。辫子的种类和花色极其多样，是妇女衣边、裤腿镶沿的饰物。

图：妇女发式（卫头、单辫、双丫髻、刘海式以及老年妇女的纂头）

说明：（即在各项图下标明名称，不另作其他文字说明）

实物：慈青绣龙外氅

说明：待补

实物：青纱氅衣

说明：待补

实物：满人外套褂子

说明：待补

实物：男用寿字香囊

说明：香囊是旧时系在身上的饰物，内装香料、药物等，用来驱虫祛臭。囊亦叫荷包。一般都有绣花纹饰，寿字的多是年龄较大的人佩带的。

实物：油靴

说明：在近代橡胶制雨鞋传入我国之前，民间使用的雨鞋为油靴。布底、布面、高腰，帮用桐油油过，靴底钉大帽铁钉，故又称"钉鞋"。兼具趟泥和防滑的作用。

五、生活日用品

旧时五光十色、包罗万象的生活日用品，大多是手工业产品，有的还具有完美的工艺品性质，是我国各族人民智慧的结晶。由于物质条件、工艺技术的差异，各地日用物产都带有地方特色。随着小商品生产的分化和国内市场的扩展，各地互通有无，使人民日常生活更加丰富多彩和方便应手。更由于物质条件的改善和技术的提高，新的生活用具不断出现。许多旧时的日用品因而成为我们借以研究当时工艺思想、生产技术、风俗、礼制的重要民俗文物。可以通过它们认识历史、认识我们民族的优秀文化传统。这里展出的这些文物很难确定它的准确产地，但它们在天津确曾流行一时，反映出许多思想、习俗的问题，是需要我们认真研究的。

实物：捶布石、棒槌

说明：旧时洗被里、炕单、夏布衣服，上浆后半干时，叠成折，放在平整的石面上用木棒槌捶击，使布面挺脱、平整，它的作用等于今日的烫熨。这石块津俗叫"捶布石"，捶击的木棒叫"棒槌"。当时几乎家家有此两种工具，夏日使用最勤。

实物：熨斗

说明：熨斗的历史很早，根据出土物，可以知道汉唐的熨斗斗壁较矮，呈浅盘状。清代的斗壁高，斗内可以放更多的木炭，持续燃烧熨平衣物。

实物：烙铁

说明：烙铁是在炉火上烧热后，用来烫熨衣物边沿和缝。前尖部分即为烫熨中缝而设计。

实物：汤壶

说明：汤壶古名"汤婆子"。旧时，冬日室内用炭火盆取暖，室温不高，夜间更冷。为了睡得舒服，简便易行的办法是使用锡或铜制的汤壶，灌入热水，放置被筒内，使腿脚温暖。

实物：瓷枕

说明：瓷器的发明是我们祖先对人类文明做出的重大贡献之一。出土的瓷枕多属磁州窑产品。晚近使用的瓷枕多属粗瓷。

津地使用的瓷枕多做卧猫形，故也叫"瓷猫"。耳部或臀部有孔，夏天可灌入凉水，俗谓装凉水的瓷枕可解暑热引起的头晕、发眼等疾病。

实物：红漆皮枕

说明：瓷枕、木枕、皮枕都是夏日的枕具。红漆皮枕一般是暑天结婚时装新的必备品。有的女方妆奁丰富的，即或在冬日也备有皮枕，留做暑热时用。

实物：红布绣花方枕套

说明：旧时布枕为长柱袋状。两端呈正方形，叫"枕头地"，一般都有绣花装饰。填充物即装入此袋,外面不再有枕套。为了保持清洁,用与枕长同宽的布绕缠后缝住,留两端枕头地在外,平时常洗此布即可。大约四五十年前开始为扁方式枕所代替,今日已很少见到。

红布枕多是装新用物,青年妇女春节时也用。

实物:小儿枕套

说明:小儿用枕和成年人用的长方柱形枕大体一样,只是因为小儿肩膀窄,枕头地做成扁长状,降低高度,便于小儿安睡。

实物:象牙梳子

说明:梳子出现较早,战国象牙梳已极精致,说明那时它已有一段发展过程。齿疏的是梳子,用以梳通乱发;齿密的是篦子,用以刮去发上油泥、头屑,并使头发整齐平伏。剪发后,容易洗头,篦子已被淘汰。旧时民间使用的梳子多为木制,有大小之分;角制的一般较小。篦子多是竹制。牙制的梳、篦大多是妆奁用物。梳子津俗叫"栊子"。

实物:绣花油氁(tā)儿

说明:旧时天津妇女为使头发油亮、平伏,多在梳理时,使用头油。油含桂花香精,俗称"桂花油"。油氁儿是向发上擦油的用具。正面用丝绸并绣花鸟纹饰,背面用布,用布夹子做夹层,起挺脱作用。

实物:绣花粉扑儿

说明:粉扑是妇女化妆用具,古时是用丝棉制成叫"粉絮"。明清以来,北方蚕桑稀少,遂改绸布缝制。正面用绸并有精巧刺绣。背面用布,两层间夹以薄棉一层。用布图其质地粗,有绒毛,用棉则取轻软有厚度,总之是为了便于沾粉向面部扑打。

实物:粉线荷包

说明:粉线荷包俗称"粉线包儿",内装大白粉,线绳可以左右拉动，在衣料上根据剪裁、缝制的需要，拉出明显的线痕，以便加工，其功用一如今日的划粉。

粉线荷包作为一种女红用具，形制多样：有鱼形、桃形、石榴形等，都反映传统的吉祥观念。因可以长期使用，一般都做得很精巧，往往是很好的女红工艺品。

实物：盖碗

说明：古人饮茶是茶与水同煮，故谓煎茶。清代以来很少煎煮，改为沸水冲泡，盖碗就是冲泡用的茶具。

盖碗的用法是先将茶叶一小撮放入瓷碗，冲少量沸水，盖上碗盖，几分钟后已有相当茶汁浸出，即以沸水注满。此时，浓香扑鼻，味也醇厚，用以奉客，最为得宜。

盖碗有几种特点：一是可以保持茶香，使之不易随热气蒸发；二是茶叶不易随水流入口内；三是有托碟，拿用方便，故此，在旧时是敬客的专用茶具。

实物：宜兴陶壶

说明：江苏宜兴县丁蜀镇所产陶器质坚耐用，紫砂工艺陶更为著名。有壶、杯、花盆等，造型大方，合菱、竹扁等装饰，极富民族风格。据传宜兴陶壶炎夏贮茶不易变味，因而旧时津中老者好以此陶壶沏茶。且在品茶时以细绒布轻轻擦拭壶面，天长日久产生光泽，叫"玩熟了"。

实物：大长烟袋（孙菊仙遗物）

说明：使用这种长烟袋，主要是为了防止尼古丁和水的混合液进入口腔，是一种比较卫生的方法。但是，由于烟袋管过长，须用较大的吸力，故有较多的烟气进入呼吸道，可能给用者造成在当时看来不很明显的害处。

使用这种长烟袋须用一种较长的火纸卷儿（津俗叫"火煤儿"）点燃，或请他人代点。清中叶以后，官僚或富商家的妇女好用此种烟袋,她们都是让女仆代点。

这支烟袋是清末天津京剧演员孙菊仙遗物。

实物:水烟袋

说明:水烟袋有一盛水槽,用的是一种特制细烟丝。吸烟时,烟气经过水槽,得到过滤,进到呼吸道内的烟气所含尼古丁比普通烟袋要少,是一种比较卫生的吸烟用具。但由于装烟丝量少,而且须经常换水,不如普通烟袋携带方便,故此不受劳动人民欢迎。水烟袋的应用,说明我国人民早在一百多年前就开始注意吸烟的卫生问题了。

实物:鼻烟壶、鼻烟碟

说明:鼻烟是一种烟草制品。用油分较高、香味较好的晒烟叶掺入甘草等几种药材,研磨制成粉末,经一定贮存期后,始能吸用。它不需点燃,以手粘烟末轻轻吸入鼻内即可。

鼻烟平时装在一玻璃制成的小瓶内,这是一种工艺品,叫"鼻烟壶"。吸时,先将烟末倒在一个圆形浅盘上,即"鼻烟碟",有牙制和骨制两种。吸鼻烟的人,十有八九好玩赏鼻烟壶,甚至以此自相标榜。

实物:羽扇

说明:扇子是我国先民最早发明的。传说早在殷商时期,就有了用大型禽类羽毛做成的扇子,因形如手掌,故称"掌扇",后来这种羽扇为读书人和道士所专用。近百年来,天津一般人家中年妇女也好用羽扇。据传,是由于羽扇的风柔和不伤身体,而轻缓的摇动,又表现了端庄、娴静的封建社会女性美。

实物:铜火盆

说明:在煤炭工业没兴起的旧时代,天津冬季取暖除烧火炕外,还主要用到炭火盆。火盆烧用木炭,先在院内或通风处将木灰点燃,待碳酸气减少后,搬进屋内,添炭时仍须搬出。实际室内气味仍然很重，故窗上都有漏斗形"气眼"。

实物：铜手炉

说明：待补

实物：布掸子

说明：旧时，天津人从外面回到家中，先得用布掸子从上到下把衣、帽、鞋用力抽打一番，意在掸掉从街头带来的尘土。布掸子平时用红布，也可用蓝、紫、果绿等色，忌用白或灰色。但家有丧事，则一切忌用红色。富有而好事的往往换用白布，殡葬完了再换灰或蓝色，有的则直接改用蓝色布了事。颜色的禁忌，是和某种事态联系着的审美观念，并已成为习俗，各民族都有自己的惯例，它和封建迷信毫无关系。旧时天津风俗在色彩的崇尚和禁忌方面表现最为突出，容易被人曲解为封建迷信。目前，这种习俗的影响已大为削弱。

实物：扳指

说明：扳指亦写作"搬指"、"班指"。古时多是用象牙或兽骨制作，套在右手拇指上作为射箭时勾弦之用。本为军人或猎户所专有，后来也当作男性手上饰物，以示英武。旧时，天津商人或混星子身穿绫罗、手挑扳指，酒后茶余以此比富，出尽丑态，却相习成风。再后来用玉石翡翠做的扳指渐多，致使小贩和手工业者也有机会戴此物，不过这时扳指已失去原始意义。五六十年前，举凡游手好闲之人，人手一只，招摇过市。扳指遂成"混混儿"的同义词，也就在这时，带扳指的人逐渐减少，以至绝迹。

实物：痒痒挠儿

说明：痒痒挠儿古名"搔杖"，是由佛教用具演化而来。柄长二三尺，一端做手掌形，有五齿，持之可以自搔后背痒处，故而又叫"不求人"，老年人多好用它。一般是竹制品，有的雕刻镂空，做工精细，成为工艺品。

实物：掏耳毛儿、耳挖勺儿

说明：两物都可以深入耳孔，掏出耳屎，天津土语叫"掏耳朵"。天津人掏耳朵的习惯，由来已久。医学上认为这是一种不卫生、容易导致耳病的坏习惯。

实物：蛐蛐罐

说明：蛐蛐是天津土语，是蟋蟀的土名。旧时天津人好养蟋蟀，就放养在这种陶器中。常见的即是这种灰色瓦罐，考究的是宜兴紫砂陶罐。

雄性蟋蟀善鸣、好斗。自明中叶以来民间好养蟋蟀，听其夜鸣。有的且下圈（斗蟋蟀的大盆）赌博，以小虫相咬的胜负赌金钱的输赢。斗蟋蟀以及类似的其他赌博，原是封建剥削阶级精神空虚、寻求寄托的表现，最后必然贻害农民和手工业者。天津人好养蟋蟀、斗蟋蟀，正有力证明了这一点。

实物：蛐蛐儿葫芦

说明：夏日养蟋蟀用陶罐，晚秋孳生的蟋蟀都是放在这种经过加工的葫芦内，以便揣在腰间，借人体温度，保护它过冬。当温度适宜时，一阵清脆的叫声，给喂养人带来喜悦。四五十年前曾流行过一种用薄铁片制成的蛐蛐盒，上有小玻璃窗可供观赏。

实物：酒筹（升官图型）

说明：古时饮酒逐人进行，一轮曰一巡，用筹子记巡数，叫"酒筹"。后来，读书人为助酒兴，想出许多赌酒的方法：作诗、对联语、猜谜等，有的还把原来单纯记数的酒筹，改为赌酒的工具，"状元筹"、"升官图"等是常见的赌胜酒筹。胜者免饮、败者罚饮，皆有定量。酒筹的形式、内容、玩法多种多样。天津旧俗，中等以上人家多有此物，否则认为是"缺点儿"。

实物：如意

说明：如意本是佛教用具，梵语对音阿那律。很早即已传入我国。最初两端均做手指形，用以搔痒，可如人意，故得此汉语名称。后来柄端改作心形，有竹、木、玉、石、铜、铁、骨等形制。和尚平时手持可供指画，讲经时也持如意，上记经文，起备忘作用。

近代如意用木、玉等制成，头做灵芝或云形，柄微曲，长一尺余。因其吉祥，供玩赏陈设之用。天津旧俗，小康以上人家多喜在屋中摆设如意，一是图吉祥，二是表阔绰。嫁女妆奁中，也多备有如意，预祝新夫妇事事如意、年年如意。

实物：插屏

说明：插屏是旧时室内陈设品。多摆堂屋正中案上。一般分底座及屏风框两部分，屏风框中镶大理石或白底彩绘瓷屏，配上几件旧式瓷器，显得格外典雅有致。

实物：黄花梨木小桌（待选）
　　　黄花梨木方几（待选）

说明：明中叶以后，由于海外交通的发展，东南亚一带的木材和花梨、紫檀等大料输入我国。这些木材质地坚实，强度高，纹理优美，色泽好，制作时可采用较细小的构件和精密的榫卯，还可进行精致的雕饰、镂空。特别是在清代，小器作工匠往往精心制作。这种家具除满足生活起居需用外，还和整个建筑连为一体，它会根据建筑物的形式、开间和使用要求，来考虑式样、尺寸，进行配套。这些家具简洁素雅的风格，表现了民间相当一部分人的审美观念和匠人的精巧工艺。

实物：雕云龙紫檀木案（待选）

说明：紫檀木俗称红木，产于我国南部及亚洲热带地区。木呈棕红色，坚重细致，在我国多用来制作优质家具或乐器。此案雕刻精细多变化，形制考究，显是富室陈设之物。

实物：名刺

说明：天津土语叫"名片儿"。古代无纸时用竹木片削成，上写本人姓名，拜访通名时用。西汉叫"谒"、东汉时叫"刺"，后虽用纸，仍相沿叫刺。近代除写姓名外，兼写别号、籍贯、铺户名称、本人职务、住址等。五六十年前由写改印，新中国成立后，因用处不多被淘汰。

实物：花梨木拜匣

说明：旧时士绅出门拜访亲友，往往由仆从带有名帖，到达时先送上名帖，表示礼貌周全。放名帖的盒子就叫拜匣。后来，此俗传入民间，一般人家也在应酬中使用名帖和拜匣。拜匣多为一般木料制成。

实物：漆拜匣

说明：漆器是我国劳动人民杰出的创造，经过不断地丰富和发展，成为精美的工艺品，它丰富了我国人民的物质文化生活。

漆器坚牢耐用，极宜装饰花纹，为群众所乐用。天津所用漆器都是南方产品，当时经营南方土特产的店铺叫"南货局"。漆拜匣是一般人家使用的。

实物：皮护书

说明：护书是清代官场中用来存放拜帖、文书等物的多层皮夹。因它便于携带，后来天津的经纪人也好用此物，存各来往客户的货单和账条。皮制护书是比较考究的，是早期的制品。到近七八十年前普及时，护书已大部分是漆布做成的了。

实物：砚台

说明：待补

实物：竹雕松下三老笔筒

说明：待补

实物：皮雕手枕

说明：待补

实物：毛笔、墨盒（可系在腰间的）

说明：待补

六、婚姻和生育

两千年来汉族婚姻的成立，全仗"父母之命，媒妁之言"，条件是"门当户对"。从民俗角度考察，其形式属于"买卖婚姻"，男方的"聘礼"就是代价。即此数种限制，不知割断了多少青年男女爱悦之情，又断送了多少美丽的青春。

旧时，天津的婚俗即以此为基础，借口"一辈子就这一件大事"，大肆铺张。从送定礼到分大小，繁文缛节不下二十余项，凡此种种，其目的无非向社会表示此一对男女的结合。在那重门第、财势的社会里，尤其是要表明此两家（族）的裙带关系，这是婚姻的社会政治意义，铺张正是为了向社会显示家（族）力量。时移势迁，旧式婚姻的社会基础今已不复存在。今天，纯真的爱情应以庄严朴素的仪式加以肯定，不宜再行已失去意义的繁琐礼俗，更不应铺张浪费。

和婚姻密切关联的就是生育制度。"多子多孙"观念有它的历史社会背景。古代的劳动人民把自己的未来幸福寄托在子孙身上，然而事实往往适得其反。天津盛行"五男二女"之说，这是"大全人"的典型条件。多子观念给我们造成了近百年来的人口压力，成为国家贫穷落后的一个重要原因。生产关系变了，多子观念的社会根源不存在了，现在，应以国家、社会的利益为重，改变旧的观念，树立新的生育制度。

实物：红盖头

说明：红盖头是旧时婚礼中蒙在新娘头上的丝绸制方巾，有的地区叫做"盖巾"。宋时已有此礼，目的何在，并无定论。揣情度理，盖旧时婚姻是父母之命，男女不曾相见，婚礼完成后方始挑去盖头，在盛装之下乍露芳容，令新郎为之惊喜，借以促进新婚夫妇之爱情。故恋爱婚姻盛行之后，无此必要，此礼即废。

实物：婚礼用日月铜镜

说明：待补

实物：龙凤蜡

说明：这是旧时婚礼中点的特制蜡烛。用动物油脂（牛、羊油）制成，表面粘贴杂色的油制龙凤，以增加喜庆气氛，同时也隐喻新婚夫妇是才能、人品出众的人。

绘画：和合二仙图

说明：和合二仙是民间传说中象征夫妇相爱的神。宋时杭州称它为"万回哥哥"。原为一像，后改为二像。二像身穿绿衣，蓬头笑面，一持荷花，一持圆盒，取"和合谐好"之意。津俗旧式婚礼多悬挂和合二仙像，借喻吉祥。

实物：喜果

说明：喜果是旧时婚礼中的装饰物，有桃、苹果、葫芦等多种。一般是放在新娘妆奁的箱、盒或洞房中还空着的箱匣、抽屉内，表示衣服、器物繁多，装满箱笼。各有说法：葫芦是预祝新夫妇儿女众多、子孙万代。桃代表寿。苹果借"平"字音，转意平安如意，具装饰意，却也是妄加附会的产物。

实物：喜桶

说明：待补

实物：红绿对手帕

说明：这是旧时婚礼中特制的妆奁物品。红男绿女，新婚夫妇一人一件，但男方不使用，仅供点缀而已。此种女红大都是女方亲手做成。

实物：缎地绣金鱼大手帕

说明：这种大手帕，多数是妆奁之物。如是一般人家姑娘，刺绣都出自本人之手。可供男方亲友女眷了解新妇女红精巧程度。

版画：《白头偕老》行屏

说明：待补

实物：子孙筷子

说明：旧式婚礼拜天地后，新婚夫妇吃子孙扁食用的特制筷子叫"子孙筷子"，一般是红漆描金纹饰。以"子孙"为名，不外乎预祝新婚夫妇多儿多女，反映了人们的多子观念。

实物：枣、栗子、花生

说明：旧俗儿女结婚时，两家贴"喜字"外，还要在陪嫁衣物或装新被褥中放枣、栗子、花生三种果物。这三种果物连读谐"早立子"、"花着生"等吉祥语，祈祝早育、多产。人们对待生育的这种态度来自小农经济的需要，也受儒家观念影响。这种陈旧的生育观念至今仍在起作用，严重影响着计划生育工作的顺利展开，这就需要我们对它有一个正确的认识，以便把它的消极影响清除干净。

版画：《连生贵子》或《莲笙桂子》

说明：待补

七、民间信仰

宗教信仰是人类社会发展一定阶段的历史现象。在生产极端低下，科学极端不发达的原始社会，人们不能掌握自己的命运，认为自然界和人的生死祸福都由神主宰。神灵观念由是产生，崇拜和信仰也随之而来。在这里，我们可以清楚地看到神灵是人按照自己的样貌、特征创造的。这种观念和信仰逐步肇端了最初的宗教形式。所以宗教是历史的产物，有它产生的认识根源和社会根源。进入阶级社会以后，统治阶级的剥削压迫是宗教和各种信仰得以存在、发展的阶级根源。

我国由于封建社会长期停滞，统治阶级神道设教影响深远，遂使宗教信仰特别是迷信活动广为泛滥。天津城市五方杂处，各种信仰表现得更为突出。举凡鬼神崇拜、祖先崇拜、灵物崇拜以及跳神、算命、看风水等迷信活动都极盛行，它深入社会生活各个领域，影响是多方面的，危害是严重的。

在社会主义社会中，随着剥削制度和剥削阶级的消灭，宗教存在的阶级根源已经基本消失。由于人们意识的发展总是落后于社会存在，旧思想、旧习惯不可能在短期内彻底消除，宗教信仰仍将在一定范围内长期存在。党和政府的政策是保护宗教信仰自由，目的在于调动信教群众的积极能动性，为建设现代化的社会主义强国而共同奋斗；同时，坚决打击一切在宗教外衣掩盖下的违法犯罪活动和反革命破坏活动，以及各种不属于宗教范围的、危害国家利益和人民生命财产安全的迷信活动。最后，通过社会主义物质文明和精神文明的逐步发展，逐步消除宗教得以存在的社会根源和认识根源，为宗教的自然消亡创造客观条件。

经典引文：

"相当长的时期以来，人们一直用迷信来说明历史，而我们现在是用历史来说明迷信。"

——马克思：《论犹太人问题》（1848年秋）

实物：弥勒佛像

说明："弥勒"是梵文 Maitreya 音译的简称。是佛教菩萨，姓弥勒，名阿逸多，在龙华树下继承释迦牟尼的佛位而成佛。我国五代梁时奉化县禅宗游方僧契此，出语无定，随处寝卧，常以杖挑一布袋，四处化缘，乞求布施，人称"布袋和尚"。死后，杭州各庙塑其像，抚膝袒胸，开口而笑，佩布袋于身旁，传说就是弥勒佛化身。津俗以弥勒佛像憨厚喜庆，惹人发笑，多乐于陈设，也有当做佛像供奉的。

实物：木鱼

说明：木鱼本是佛教法器。有两种：长者叫"梆子"，用以报时；圆者叫"木鱼"，常置于神殿、佛堂，诵经时敲击。

旧时，天津中等以上人家妇女佞佛，往往自备木鱼于内室，早晚诵经时敲击，以调音节。木鱼今已成迷信之遗迹，只于古乐演奏中偶一用之而已。

实物：菩提念珠

说明：念珠也称"佛珠"，津俗叫"数珠"。是佛教徒念佛号或经咒时用来计数的工具。通常是用香木车成小圆粒，贯穿成串，也有用草木子或玛瑙、玉石制成的。粒数有一百零八、五十四、二十七、一十八等数种。此串是用桑科菩提树的无花果穿成，是佛教徒认为最适宜的一种念珠。

实物：蒲团

说明：蒲团是用蒲草编成的圆形垫具。佛教、道教信徒打坐或跪拜时多用此物，以免直接接触地面。津地旧俗，多数人家都备有此物，烧香敬神时用；年节喜庆之日，晚辈向长辈行跪拜礼时也用。大多数都绷有红布外罩，增加庄重、喜庆气氛。

实物：十八子

说明：十八子就是十八粒一串的念珠。有的用果核制成，有的用香木制成，后者也往往戴在腕间当香串用。

实物：紫檀木佛龛

说明：天津旧俗封建迷信严重，人们除向寺庙拜祷外，有的人家自辟佛堂，设龛供奉佛像和神位。经济生产可以艰苦些，但佛龛却要讲究，不如此不足以表示对神佛的虔敬。

天津风俗，佛像主要供观音菩萨；神像则供全神像和"五大家"。这些神佛分属佛、道两教。信徒对教义和功行毫无所知，只是焚香、叩头，纯属封建统治者神道设教、愚弄人民的一套手法。

"五大家"即所谓胡（狐狸）、黄（黄鼠狼）、白（刺猬）、柳（蛇）、灰（老鼠），它们都是天津地区常见的动物。有的毁坏作物，有的偷吃小家禽、家畜，有的形象丑恶令人害怕，人们受它们扰害而难于防范，只能认为它们神奇诡秘，视为精灵，赋予它们人性，尊之为神，焚香上供，祈祷不再与人为祟。这一具体事例充分说明宗教、迷信是社会压迫、自然压迫和愚昧无知的必然产物。

实物：天地君亲师牌位

说明："天地君亲师"是中国封建统治阶级神道设施最典型的例证。它集中了自然力量和社会力量的代表，形成五位一体的偶像。用它把人们的思想、感情、言行束缚在封建统治者所容许的范围内。天津旧俗人家如果不供其他神佛时，至少要供天地君亲师牌位。平时可以不烧香，但阴历初一、十五要焚香祭祀；初二、十六晚要上供，叫"牙祭"。

实物：灶王神祃

说明：天津旧俗，家家在灶头立木架供奉灶王神祃，尊之为"灶王爷"。传说灶君掌管一家祸福，并在每年年末上天向玉帝诉说一家人善恶。而阴历腊月二十三糖瓜祭灶之举就是为了贿买灶王，希望他能"上天言好事"、"回宫降吉祥"。

灶王的传说可能和古代纪念熟食有关，后被封建统治阶级加以利用，用来钳制人们的言行，遂发展成一种封建迷信。灶王神祃有两种：人家供的是有灶王奶奶的，店铺供的只灶王一个。因旧时店铺只有男职工，灶王带眷属不便，从这一点即可证明，神是人仿照自己的情况创造的。

实物：神主

说明：在封建社会里，为了维系家族制度，特别重视对祖先的祭祀。人死后，子孙为它立一小木牌，书写姓名、官阶、生卒年月，名叫"神主"，古名"木主"，北方大部地区称之为"牌位"，唯有天津叫做"灵牌儿"。

悼念先人，从而激励我们自己，这是中国人民的优良传统习俗，而设家庙、立神主是以鬼神观念为基础的唯心主义思想反映。

实物：家庙

说明：封建社会中地主阶级为维护手中的族权，多在家族居住地建立宗祠，作为节日祭祀祖先，平日供奉木主，决定族内大事的处所。天津土语叫"祠堂"。天津地方地狭人稠，地价较高，难于占用大片土地建筑宗祠，而是用木料做一庑殿模型，把一族或一支的先人木主放在里面，叫做"家庙"。这种模型式家庙至多占一间大房子，气派显然小得多。这种做法固然属因地制宜，不得已之举，但也表明封建家族观念在这时已开始动摇，不再像先前那样在人们心目中占重要位置了，人们宁可把更多的钱挥霍掉，也不会盖祠堂的。所以家庙是族权没落的象征物。

实物：送子娘娘像前小泥娃娃

说明：旧时人们以多子为幸福，道教就迎合这一心理，编造出"送子娘娘"这一神位，硬说她可以为向她求子的人们送去儿子。

旧时，天津娘娘宫里就供有送子娘娘。神像前堆放着许多二寸大小的泥娃娃，婚后二三年未孕妇女，在婆婆的怂恿下到庙中偷小泥娃娃，口中还得暗暗说些哄小孩的话，带回家中，此后如侥幸生了孩子，就得到庙中烧香还愿，给道士送一笔钱，同时还得花钱再捏些小泥娃娃放在送子娘娘像前。这一套迷信活动叫作"拴娃娃"。

实物：娃娃大哥

说明：拴娃娃之后，如果真生了儿子就排行第二，长兄的地位留给小泥娃娃，叫做"娃娃大哥"。这时须请人给它塑一较大的泥像，随着真弟妹的成长，娃娃大哥也由幼年而青年，由青年而成年，甚至成为老者。弟妹有了子女，它就是娃娃大爷、娃娃大舅。特别是家中吃饭时，那做母亲的总得给它也摆放一份饭菜，待如真人。旧社会的迷信活动自欺欺人，达到如此地步，都是生产力落后、认识不开化的结果。

版画：《送子娘娘》（杨柳青版画三裁）

说明：关于送子娘娘的迷信活动已在前面做了简单说明。既没有送子娘娘，就谈不上送子娘娘灵不灵的问题。须知天津旧俗，青年妇女婚后不孕，婆母心急如焚，请大夫、打听偏方，努力医治，再有就是动员新妇去拴娃娃。经多方治疗和滋补，十有七八能怀孕生下子女，不过这功劳落在送子娘娘身上。人间医药的疗效是真实的，送子娘娘的灵验，是欺人之谈。

照片：海神天后塑像

说明：待补

照片：东门外娘娘宫（待选定）

说明：待补

文抄：杨无怪《皇会论》或王徽音《娘娘庙进香》诗（待选定）

说明：待补

绘画：皇会图（复制品）

说明：待补

模型：皇会四驾辇

说明：待补

八、民间节日风俗

我国历史悠久，各族人民在生产斗争和长期的社会实践，特别是在原始的生产斗争中，祝愿捕猎胜利、祝愿丰收、庆祝丰收，或者纪念在斗争中做出贡献的人物，由此产生了早期的民间节日。因此，每个民间节日，都有其美好的传说、独特的情趣和深广的群众基础。

我国现存的许多民间节日，虽然起源很早，但都定型于以农业经济为基础的封建社会，它反映的是农民的思想、观念和习俗。由于封建统治者的需要，许多节日活动的内容蒙上了层层迷信的面纱。扯下这些面纱，就可以看清民间节日的丰容———一种浪漫吉庆、欢乐的盛会。

民俗功能有它特殊的延续性，民俗是上层建筑意识诸形态之一，对经济基础而言，有其相对独立性，并遵循其自身的规律有所继承和发展，特别是当旧时代生产关系残余部分仍在起作用时，旧的习俗就可以延续下来，再有一部分人确实把它们视为精神上的慰藉力量。因此，新中国成立虽已三十多年，许多旧的节日风俗内容，尽管有改变，但短期内不会被摈弃。

天津地区民间节日的形式、内容与各地大同小异，但踵事增华，讲排场、求丰盛，充分反映了城市经济的生产关系和财富集中程度对习俗的影响。

实物：时宪书

说明：清代至新中国成立前，民间印刷的历书都叫"时宪书"。原来清顺治二年（1645）颁行汤若望制订的"时宪历"，遂有"时宪"之名。乾隆七年（1742）改用戴进贤"癸卯历"，同时避乾隆弘历讳，改称"时宪书"。此种历书即在辛亥革命后的三十年间仍以农历为主，除月、日外，还有干支纪日、二十四节气、七十二候等因应中原农业需要的内容。同时还有星相、卦爻等迷信的内容。

表：天津岁时旧俗活动（待编）

说明：待补

创作画：清明扫墓、踏青

说明：清明是我国旧历法二十四节气之一。在古代，清明前后民间活动极多。扫墓风俗，传说始自春秋时代，沿袭下来，除了祭祀自己的祖先外，对历史上为人民立过功、做过好事的人物也都要祭拜。再者，清明时节气候转暖，在一冬深居简出之后，人们结伴到郊外春游、插柳（即植树），可振作精神。自乾隆年间，天津城西芥园一带，因有水西庄园林之胜，遂成春游踏青去处，而野茶馆文会和大觉庵花圃生意，也由此兴起。

实物：朱砂神判

说明：天津旧俗，端午节在室门张贴黄纸朱砂绘制的钟馗像，称作"朱砂判子"，传说它能打鬼、驱除邪祟。钟馗传说已有千年，所谓打鬼、消灭天下妖孽的说法，实际是人民对当时社会丑恶现象满怀憎恨的心理的朴素反映，幻想能有像钟馗这样的人物主持公道，替大家驱除邪恶势力，保障生活的安定幸福。如果和驱除五毒、戴老虎坠等联系在一起，则可以看出，在天气转热的端午节，人们是决心要发动一场讲求卫生、消灭害虫、预防疾病的清洁扫除活动的。这在节前紧张的打扫、过水等细节中可以得到充分证明。

剪纸：蝎子、剪刀

说明：天津旧俗，端午节家家在门框开门一侧贴一剪刀剪蝎子的剪纸。剪子用银色纸或黑色纸剪成，蝎子用绿纸。剪刀两刃处有空当，粘贴时把蝎子尾部插入此处，表示把蝎子消灭掉。这种形象有趣的剪纸，起一种标语口号的作用，告诉人们要坚决消灭各种害虫，不能让它进入人们的居住环境。它反映一种讲卫生、消灭害虫的要求，不能认为是封建迷信。

实物：五毒衣

说明：津俗端午节给四五岁以下儿童穿黄色、绣有五毒纹饰的小衣裤，传说这样既不生病，也不受蚊叮虫咬。实际是提醒家长要注意卫生。五毒是指蝎子、蛇、蜈蚣、壁虎、蟾蜍。它们不都是有害之物，不过令人望而生厌而已，此外，也确可伤害无知婴儿，所以有此不好的名声。

实物：老虎坠儿

说明：老虎坠儿天津土语叫"老虎褡裢儿"。端午节时给婴儿系在背后衣领上。据传老虎是百兽之王，各种"活物儿"（即小生物）见它都远远离去，带上此象征物，小儿就不会受到伤害。从其他几件具体而微的模型看，扫帚、畚箕都是打扫用具，可见带老虎坠儿显然寄托讲求卫生、希望婴儿健康成长的良好意愿。

模型：粽子

说明：粽子起源很早，晋代周处《风土记》中已有记载，原名"角黍"。天津旧俗端午节吃粽子，多用糯米制成，间有用黄米包制的，中包红枣或豆馅。糕点店卖一种面制"炉粽子"多做送"节礼"之用。天津风俗，注重"三节"、"两寿"，端午节就是"三节"之一，亲友互相馈送节礼，借机探望，然亦难免铺张之讥。

绘画：《乞巧图》

说明：旧时民间风俗，妇女于阴历七月七日夜间向织女乞求智巧。始于何时难于肯定，但知南北朝时已有此风俗。后来的流行形式是：日间把一碗水放在庭院中，经长时落尘，水面结成薄膜，夜晚，姑娘们各持绣花针，轻轻放在水面，针浮者为巧，针沉者不巧。旧时津地少女多好行乞巧之戏，它表明妇女对劳动和技术的热爱，希望自己能像传说中的织女一样聪明和工巧。

绘画：《拜月图》

说明："一年明月今宵多"。北宋都城东京（今河南开封）每年中秋夜民间祭月。相沿至近代，名曰拜月。形式是：月亮升起后，露天设几案，立"月光祃"，供月饼、瓜果等物，由主妇焚香跪拜。禁男人拜月，有俗谚云"男不拜月，女不祭灶"。归省的少妇此日必须回到婆家和丈夫团聚。

模型：月饼

说明：月饼是中秋节祭拜月亮时的主要供品，祭拜后由全家分食。在人们的观念中月饼象征团圆，因此有的人家把祭拜月亮时用的大月饼留到春节时做敬神的供品，希望能因此受神佛的保佑，全家永远团圆欢乐。当然，月饼也是节日间亲友相互馈遗的礼品。

实物：月饼模

说明：天津旧俗，节日食品除向糕点店购买外，家中还要做一些，供小孩吃，做得好的也在邻里中互赠。自制月饼叫做"家常烙"。因此旧家庭中多备有月饼模。模子图案是以传说中的月殿、桂树、捣药兔形象为主。模子有大小，家庭用的多属小型。

模型：糖兔儿爷

说明：津地旧俗，中秋节糕点店卖糖制立形兔首人身像，叫"兔儿爷"，供儿童吃、玩，亦作为礼物互赠亲友。民间关于嫦娥、吴刚的神话传说不多，倒是有捣药兔的故事，这大概就是月饼上有捣药兔、糖食中有兔儿爷等的原因。

实物：兔儿鞋

说明：天津妇女在中秋节好给小孩穿兔儿鞋。鞋前端略似兔子头形，鞋帮有刺绣花卉，桃、苹果等图案，形制、颜色十分有趣。传说穿此兔儿鞋，小孩腿脚健壮，跑得快。猜想这可能和捣药兔的故事传说有关。

版画：《九九图》（宫笺）

说明：旧时读书人在冬至数九后画"九九图"，有的用符号逐日记录阴、晴、风、雪等气象；有的写诗词、成语、戏名等，一日一笔，故又叫"消寒图"。总之，九九图是旧社会读书人冬日消遣的一种游戏。

实物：《九九消寒图》

说明：这是逐日纪录气象的一种消寒图。

版画：《堆雪人》

说明：天津旧俗，数九天大雪后，儿童在庭院或街头把雪堆成端坐人形，眉目俱全，美其名曰"雪弥勒"，堆得好的十分逗人。这种活动乃基于儿童好动、好玩雪的特点，而达到的效果则是既锻炼了儿童的体质，又清扫了地面的积雪。

版画：《武门神》

说明：旧俗门上贴神像，传说可以镇邪，称"门神"。据《三教源流搜神大全》记载，门神有两种：神荼（左）、郁垒（右），形象丑怪凶恶；唐初大将秦叔宝和尉迟敬德的画像，也即武门神。古人春节贴门神确有迷信色彩，但到晚近则装饰意义明显增强，试看威武雄壮的形象、金碧辉煌的颜色，给传统的节日增添多少欢乐的气氛。这幅门神是为庄院或店铺大车门贴用的。

版画：《天官门神》（对幅）

说明：天官是道教所奉的三官之一，传说司赐福。门神是宅门的保护神，用以镇邪。这里把二者合而为一，是画商适应人们祈福避邪心理，创造出来的新神，与和尚、道士宣传的迷信毫无关联。这显然是晚近时期作为节日装饰而出现的一种门神画。

版画：《门童》（三裁）

说明：门童是画商为妇女卧室创造的门神。那活泼而稚气的形象令人喜爱。它的装饰意义就更加明显了。

门对："一夜连双岁，五更分二年。"

说明：天津旧俗农历春节，人家好在卧室门上贴这副对联，十个字是用白描手法记叙了除夕夜守岁的情景和那可以区分年月的时刻的重要意义。

门对："六畜兴旺，五谷丰登。"

说明：这是农历春节时，农村常用的门对。它反映了农民们希望来年风调雨顺、农牧业丰收的心理。

门对："生意兴隆通四海，财源茂盛达三江。"

说明：这是旧时春节，天津商号常用的门对。

实物：财神神祃

说明：财神是道教所奉的神，也称"赵公元帅"。相传他姓赵名公明，秦时得道于终南山，能为人降福，求财必应，故尊为财神。天津是商业都市，商人贪财逐利，认为供奉财神即可发财，因此影响社会风气，每年农历正月初二清晨，家家给财神神祃烧香上供，名为"敬财神"。当此之时，卖水的挑来两筲水，曰"进财水"，预祝今年钱财如流水进入家中；卖柴火小贩隔门把一小束苇草或高粱秸投入院内，叫"进财（柴）"。而店铺敬财神更是隆重，由掌柜以下依次叩头默祝。尤其可笑处，邻近各店互相监视，谁都不愿比别人晚了，据说晚了财神被人请去，自己就落了空。宗教迷信对人们思想影响之大，竟达到如此地步。今日听来已成笑话，而当时确是事实。

剪纸：《肥猪拱门》

说明：天津旧俗，春节时，居民往往在屋门的玻璃窗上左右对贴用黑蜡光纸剪成的肥猪，猪背驮着聚宝盆，用此预祝可有较多的财物进家。这种剪纸体现了农民的思想：肥猪全身是宝，从这个意义讲确是聚宝盆。城市居民用体现农民意识的风俗物，正说明在小农经济的汪洋大海中，城市与农村的千丝万缕的联系。

剪纸：《聚宝盆》

说明：天津旧俗，春节时，居民好在屋门上贴用红纸剪成的聚宝盆，表示他们对新的一年的希望。据记载，聚宝盆出自明代沈万三家，曾取入宫廷，屡试不验。

剪纸：《挂钱儿》

说明：天津旧俗，春节时，居民好在住屋的窗上贴挂钱儿，俗名"吊钱儿"。上有吉祥语"五谷丰登"、"人财两旺"、"合家欢乐"等。有的在挂钱上加贴金纸福字，颜色火爆而形式古朴，和聚宝盆、肥猪拱门等剪纸构成一幅颇有意趣的图画，点缀着旧式民居建筑，增加着春节的欢快气氛。

实物：鞭炮（鞭、两响、盒子复制品）

说明：在我国，节日燃放鞭炮、烟花的历史是很早的。最初是焚烧竹筒，使它爆裂发声，故称"爆竹"。后来有了火药改为竹筒装药引爆。到了宋代出现纸制鞭炮、烟花。后来又有了盒子，点燃后陆续现出一幅幅戏曲人物图像，十分精巧。放烟花、盒子是灯节活动的一项主要内容。

传说最初燃放爆竹是为了驱逐恶鬼，让新的一年生活、生产能顺利，越到后来，这种意义越淡薄而点缀意义加大。日本侵华战争前百余年间，天津北门外竹竿巷、估衣街一带一直是灯节放灯和放花炮的主要街区，各商号争奇斗胜，灯彩、烟花相映成趣，使市民大饱眼福。然而"灯花红处泪花红"，就在这热闹中，不知有多少人正在啼饥号寒，挣扎在死亡线上，这才是旧社会城市经济畸形发展的真实情景。

照片或绘画：放盒子（待选定，画也可用明代木刻画代替）

模型：年糕

说明：一年一度的春节，人们兴高采烈，准备的食品数量丰盛，花样翻新，但一定要蒸年糕，这是因为"糕"、"高"同音。吃年糕寓意生活能一年比一年高。

模型：汤圆

说明：农历正月十五吃汤圆是我国民间传统习俗，传说始于北宋。各地制作不同，但都认为它象征团圆，为群众所喜爱。

汤圆津地土语叫"元宵"。有糯米（津地叫"江米"）面和高粱面（津地叫"秫米面"）两种。糕点店（津俗旧称"茶食店"）售卖的是糯米面的，所包糖馅品种多样，故称"什锦元宵"。它们用笸箕摇制，煮熟后松软可口。小贩和人家自制都用高粱面，是包糖馅后，手捋而成，煮后膨胀不明显，略显硬实。和粽子、月饼一样，元宵是春节时亲友互致礼品的主要品种，当时出售以个计。

实物：鱼灯

说明：旧时，春节的灯彩五光十色，形式各异。天津人最重视"金鱼灯"，据说原因主要在于"鱼"、"余"同音，物质生活有余是人们的愿望，故借此谐音，寄托幻想。此外，形象也很惹人喜爱。而灯节前后，晚间小孩提灯玩耍，且歌且行，灯大都是舅父所送，叫"长命灯"。

实物：走马灯

说明：春节放灯，争奇斗艳。特别引人注意的是"走马灯"。它利用空气对流原理，使立轴转动，影像随之旋转，造成连续不断、互相追逐的效果。尤其是战将故事，前面的有似败将，后面精致器皿，有的是带釉小蛐蛐罐，有的是大酒盅，有的是小茶瓯儿，可见它的简便易行达到何等程度。

这种疗法近一二十年已为现代医学所吸收，这是好事，但它在民间反被遗忘。一味相信西医西药，对某些病来说，未免舍近求远了。

照片或绘画：挤红点、捽脖子

说明：挤红点（主要在前额或太阳穴）、捽脖子（分前后两个部位）也都是利用淤血的原理，达到治病的目的。对感冒引起的头疼、咳嗽比较有效，因经济易行，很受群众欢迎。只是由于挤红点后形象不雅，特别是在几十年前一些行为不端的女人以此为必要的装扮，玷污了这一疗法，令人望而却步，近二三十年用这疗法的大为减少。

实物：鲨鱼舌（即海螵蛸）

说明：鲨鱼舌是天津土语，指的是乌贼石灰质内壳，也叫"乌贼骨"，本草称它"海螵蛸"。含有石灰质和角质，味咸，性微温，有止血、收敛作用。旧时，天津人家多备有此物，放在明显易取处，以备不时之需。用时把它刮成粉末，敷在伤处，时间不长，即可止血。因此，旧时人家吃墨斗鱼，都把鲨鱼舌洗净、晾干，收藏备用。

实物：红糖、姜

说明：生姜末红糖水是天津人治因风寒引起的肚腹疼痛的偏方，十分灵验。如确知是寒气进入肠胃，可去掉姜皮，只用姜肉，则属热性，效力更大。再有，有些老人往往在子女从寒风中归来时，特意沏姜糖水"赶寒气"，可见天津人对它的信服了。因此，旧时生姜和红砂糖是家家必备之物，一时短缺，邻里都慨然肯助。

实物：串铃

说明：宋时称串行村镇的治病医生为郎中，他们不便使用市的紧紧追赶,儿童们最为喜爱。

版画:年年有余(缸鱼)

说明:"缸鱼"是旧时春节贴在水缸附近墙上的一种年画,一条大鲇鱼,谐音"年年有余"的吉祥语。谐音取意的做法,在汉族民俗物象中经常见到,而天津人民对这方法的利用,从形式的多样性到数量都十分突出。

九、民间医药

医药作为人类与自然作斗争的手段,历史是久远的。原始的医药活动都带有驱除邪祟的观念和形式,沿袭发展成为后来的民间医药。

我国的民间医药有它的优良传统,它主要来自劳动人民几千年的实践,在和各种迷信治病方法的竞争中始终占据主导地位,为民众保健起到有益的作用。它的特点:一是方法简便易行,人人可以自己动手;二是草药就地取材,不需更多代价。民间俗谚云:"偏方治大病。"一些土方土法确实很有疗效。即如天津民间的几种偏方,已从民俗的范畴进入传统知识,有的近几十年内已上升为现代医学的理疗手段。显然,民间医药是值得发掘、研究、继承的重要领域。

实物:火罐

照片:患者拔火罐

说明:拔火罐原是民间一种简易有效的治疗方法。它主要是通过罐口的吸附作用,造成患处皮肤局部淤血,达到治疗目的。对关节炎、神经痛等症有缓解作用。因其简便易行,可以自己动手,且不需要其他药物,天津的劳动人民是喜欢用这种疗法的。四五十年前,几乎家家有火罐。而所谓火罐,并不是什么特制的声兜揽业务,就把串铃套在食指上连续摇晃。

天津作为一个城市,有开业医生,有在药店的"坐堂医生",故不重视串街的郎中,再加确有医德不佳、医术不高的人,因此,以偏概全,全称之为"卖野药的",虽然串铃声声,却无人问津。一些家住城内的名声不大的医生只能到附近村镇去摇串铃。应该说,在当时的条件下,这些人为劳动人民的健康是做了有益的贡献的。

实物:五加皮酒

说明:五加皮酒是高粱酒浸泡中药五加皮制成,是天津地方著名特产药酒。

五加皮也称"南五加皮",中医入药,性温、味辛,功能为祛风湿、壮筋骨,主治风寒湿痹、筋骨拘挛等症。

天津地势低洼,冬季阴冷潮湿,加以城内房屋湫隘,风湿症是旧时的地方病。人们饮用五加皮酒缓解此病症,因讲求泡制,遂成天津著名特产。

十、民间游戏

天津地方民间游戏名目繁多。就人数论,有的只一人活动,有的可多人参与。就性别论,有的适于女性或女性惯于玩耍,有的适于男性或男性惯于玩耍。当然,这些游戏绝大多数是十五六岁以下儿童的玩耍项目,且多包含竞赛意义,有的是要凭机智勇敢进行争夺。从运动量来说,女孩子的游戏项目活动量小、轻缓,不能脱离"端庄"这一封建道德标准,男孩子的活动量稍大,但一般读书人、买卖人的子弟,也不许在街头巷尾"疯跑"。至于适于成年人的有益身心健康的活动,除象棋、围棋外,别无其他。如果有人想做些体质锻炼,至多是踢毽、抖空竹,即便如此，让老人看见还要受"呲喝"，邻里也会议论，因为这是一种"不务正业"的表现。应该说，旧时的民间游戏也和其他民俗事象一样，既取决于当时的物质条件，又受各种思想、观点和习惯的制约。

实物：空竹（双轴）

说明：空竹，天津土语叫"闷葫芦"。有单轴、双轴两种。按两端共鸣箱气室数量定名，如"十响"、"十二响"等。因运动量稍大，天津旧俗，儿童多在冬日抖空竹。特别是在春节前后，处处可闻空竹之声。清越的音响，此高彼下，越发增加了春节的欢乐气氛。抖时有的可以做各种花样技巧，为男孩所喜爱。每年春节，娘娘宫摊贩的空竹极其畅销。

实物：蜈蚣风筝

说明：放风筝是民间喜爱的一种游戏。秋间，在空旷地方，三五成群的儿童比赛，看谁放得高。蜈蚣风筝是一种大型风筝，首尾外中间的节数可多可少，升高后随风摇曳起伏，极为壮观。

实物：仙鹤风筝

说明：丹顶鹤是我国稀有大型涉禽，民间极其珍视，往往作为各种造型艺术的重要题材。天津人称它"仙鹤"。为了平衡，风筝的结构要求对称，仙鹤的形象，难于对称，这需要比较高的技术，在间架结构上求得平衡。

实物：风筝车子

说明：放风筝用的牵引线就缠绕在风筝车子上面。有竹制和木制两种。一般是四柱，比较大的往往是二柱。旧时放大型风筝往往让它在天上飘浮几个小时，也带有比赛性质。这时就可以把这种二柱车子平放在地上，用砖石压住，人可以解放双手，需要时牵牵引线即可。

版画：《放风筝》

说明：待补

实物：鸡毛毽

说明：据《帝京景物略》记载，踢毽子至晚始于明代中叶。它原料易得，制作简单，玩起来不需要大的场地，甚是方便。而且踢法多种多样，可以一人活动，也可以多人传递着踢；可以单纯踢次数，也可以踢花样，作为全身运动，是一种少长咸宜、受人欢迎的游戏。天津旧俗，秋冬两季，儿童多做踢毽游戏，女孩子尤喜踢毽，这是她们在封建思想容许的范围内，避开跑、跳等过分举止，进行锻炼的一种方法。时至今日，踢毽仍不失为一种好的锻炼形式。

实物：抓子儿荷包

说明：抓子儿是天津女孩子好玩的一种游戏。它锻炼孩子们脑、手、眼配合的综合反应能力，以及敏捷灵巧的操作能力。玩具一般都是女孩子们亲手制作，内部有的装沙子，有的装谷粒。

文抄：抓子儿儿歌（歌词待选）

说明：女孩子们在抓子时，口念儿歌，一方面记数，一方面向对手挑战。歌词有的带韵，有的无韵，一般是节奏性强，起着鼓舞情绪、活跃气氛的作用。

实物：太平鼓

说明：太平鼓可能起源于唐代。北宋末，汴都街市以之为演唱伴奏，称为"打断"。明清以来，民间用为春节、元宵节的助兴乐器。歌舞、击鼓出自一人，所以也称"单鼓"。舞者左手持鼓，并不时摇、抖，右手指弹击，开成节奏，配合歌舞。旧时，天津妇女平日家居无事，敲太平鼓作乐。它也代表了一个时代的人们的情趣。

鼓身有圆形和八角形几种，鼓面用料各地不同，东北和北京因满族风习影响，多蒙羊皮，天津则糊高丽纸，并加彩画。这又是物质条件的一种反映。

十一、民间艺术

民间艺术是一种由劳动人民创造、流传于劳动人民中间的艺术。它包括歌谣、音乐、戏剧、舞蹈和造型艺术，体现人民的劳动活动和生活方式，表现他们的感情和观念，因此，在民俗学上占极其重要的地位。

天津的民间艺术丰富多彩，版画、泥人、剪纸、法鼓、十番、大乐、时调、快板，它们五彩缤纷，绚丽夺目，凝聚着浓厚的地方风情。透过这些民间艺术的花朵，我们可以考察历史、认识社会，了解广大群众的智慧和创造力。

版画：《牛郎织女》（宫笺墨稿）

说明：整张宫笺纸印制的版画横幅叫"宫笺"。墨稿是为刻制版画木板而绘的画稿。杨柳青版画约创始于明代后期，极盛于清代。它线条生动，形象地运用夸张中显细腻，色彩淡雅调和，是我国三大著名版画中受文人画影响程度最深的一种。清代同治、光绪年间最盛时，以杨柳青为中心的几十个村庄男女老幼都会画年画，民间艺术能在如此大范围内展开，此为仅见。原因就在于它深受东北、西北农民欢迎，销路大，更不断扩大生产，遂成这一带农村秋冬农闲时的主要副业。

版画：《大富贵亦寿考图》（暂用此件，待看画面后选定）

说明：经画墨线、套色印刷后，人工着色，即成成品。

照片：杨柳青版画作坊实景

说明：待补

实物：杨柳青版画生产所用木板和各种工具

说明：待补

实物：天津剪纸（具体展品待选定）

说明：剪纸是中国民间传统装饰艺术的一种。唐以前用丝帛剪成花鸟当头饰。后来改用红纸剪成花草、动物、人物、吉祥字词，贴在门窗上。至于妇女刺绣用的底样，俗称"花样子"，都是用白纸剪成。

天津剪纸，已有二百余年历史。随销路扩大，于百余年前改用刀刻，一刻成十余张。轮廓简单而不失生动，刀法刚健清新。为婚礼制作的大幅作品，十分精巧，体现了剪纸艺人的高超技艺和审美观念。（此项展品可选择不同题材二三十种，编排展出）

实物：天津剪纸工人用工具（全套）

说明：这是天津剪纸作坊艺人的用具，主要为蜡板、刻刀和拍子。

实物：泥人张前二代作品（待选定）

说明：待补

实物：天津法鼓（从1936年皇会照片中选定）

说明：法鼓原指佛寺的大鼓，顾名思义，是为酬神演奏的，音乐和谐、庄严、深沉。天津法鼓是皇会的一项重要表演节目。据传开始于大觉庵村的"金音法鼓"，至今已二百余年历史。法鼓由鼓、钹、铙、铬子、铛等五种乐器组成。曲子有《老西河》、《常远点》等数十种。《常远点》是出皇会时在进行中调整步伐的曲子，有时还需起舞，故有"耍铙"、"飞铙"等名目。法鼓节奏丰富多样，急徐高低，最受群众欢迎。

照片：天津大乐（用1936年皇会照片）

说明：天津大乐是具有悠久历史和浓郁地方色彩的吹打乐。最初也是皇会的组成项目之一。它的功能在于表现神力的庄严伟大。旧时以十二人为一班，乐器的分配为喇叭一对、号筒一对、唢呐一对、铜锣一对、钹一对、铜鼓一个、大鼓一个，以唢呐为主。大乐的曲牌甚多,旧时常演奏的只二三十首,如《浪淘沙》、《金蟾闹》等。

照片:天津十番(用1936年皇会照片)

说明:十番是天津民间合奏乐名,至今已流传二百年。它用管、笛、箫、弦、云锣、汤锣、木鱼、大鼓、扬琴等乐器演奏,也叫"十番鼓"。天津十番声调轻快,情绪火爆。曲牌数十种,《下西风》是代表性曲目之一。

文抄:天津大乐、天津十番曲谱(新旧两种)

说明:待补

录音:天津大乐、天津十番(请天津古乐研究会选定录制)

(这项展出需用播放设备)

照片:天津时调(请市曲艺团协助解决并录音)

说明:天津时调约形成于乾隆、嘉庆年间,在天津附近广为流行,是满足商人和手工业者兴趣的一种曲艺。它源于民间小曲,以靠山调为基本曲调,一人演唱,并无说白。曲词用天津土语,刻画人物生动有趣。伴奏一至三人,乐器有三弦、四胡、琵琶等。曲目都为短篇。

文抄:天津时调曲谱唱词(曲谱要新旧两种)

录音:天津时调唱词(与曲艺团联系解决)

结束语

我国历史悠久,文化灿烂,民俗文物资料浩如烟海。它们记录着历史,是祖国文化宝库的珍品,在学术研究、宣传教育上占有重要地位。

《近代天津民俗展览》是为介绍民俗知识,科学地说明风俗改革的必要性而做的粗浅尝试。为我们的专业知识水平所限,难免有不当之处,更由于文物收藏、搜求比较薄弱,使问题的解释不能深入,致有断烂之感。知难而做,正是为了克服不足,求得进步,热切希望大家给予指正和支持。

我国民俗学研究落后,除了极"左"路线的干扰破坏以外,还有我们主观上认识不足、重视不够等原因。何况由于社会发展,风俗习惯不断遭到淘汰,致使许多民俗文物消失、典型遗迹泯没,这是祖国文化遗产不可弥补的损失。为此,竭诚吁请广大同志帮助我们及时抢救、搜集地方民俗文物和文献资料,以丰富、充实馆藏和有关陈列内容。

我们相信大家在认识旧传统、旧社会的同时,会结合现实生活中的新情况、新问题,从理论高度和政治高度理解建设社会主义精神文明的重要意义和作用,为移风易俗做出应有的努力。

对于大力支持这一展览的兄弟单位和同志谨致谢意。

附录二：
天津鱼行祖师——张邋遢

天津是河海交汇之区，四境又多池塘、洼淀，盛产鱼、虾、蟹。天津卫人喜吃鱼虾已出了名，贴饽饽熬鱼是天津人的美餐。因此，卖鱼虾的小贩特多，他们当中的多数人在鱼虾旺季卖鱼、虾、蟹，淡季卖菜。

前清嘉庆道光年间，有一位姓张的卖鱼小贩，没有名字。同行因其须发不剃，衣服不洁，共送外号张邋遢。

张邋遢性格迂缓，火上了房，他还是慢慢腾腾。上市趸货本应早起，他却是日日起迟，上市时已天光大亮，市上的鱼鲜多为精明强干的人早早趸走。张能趸到的不光数量不多，而且多是些死的、小的、红了眼儿的、掉了鳞。因为卖的货不招人爱，赚利也就不多，全家老小衣食不周。父母的责备，妻子的埋怨，使张邋遢不得不渐渐改变了迂缓、懒散的习性，每天早早上市。但本钱不多，没有力量趸大篓子的活鱼卖，仍是趸那成色差点儿的货。不过他现在是先挑回家中，把大小好坏，分等分路，再用清水一捞。工夫没有白下的，经过捯饬，就显得整齐干净，招人爱了。价钱固然是比没捯饬的贵点儿，可比那活的贱得多，大家也就抢着买。日子长了，一则是家中的日子有起色，二则是本钱也比先前多了。

本钱大了，他就改趸活鱼、大鱼，挑选分路后，木盆放水，鱼得水流动，延长了气脉，张便趁鲜卖大价儿。尽管价钱贵，城里的官户和北门外的大商号都等着买他的货，显见赚利就比别的人多，慢慢大富起来，自己干了个鱼行。

张邋遢由卖点儿臭鱼烂虾，不得温饱，变成本大利厚的鱼行掌柜，同行的人都纳闷儿。有的猜想他得了外财，有的说他准是受了高人指点。有好事的问他发家的缘由和干买卖的路数，他不光不说真情实话，反倒顺着外边的传说编造了一套玄虚话。说他自己一天清早儿上市，遇见一个破衣烂衫，还瘸条腿的老头儿躺在道边，看着冻得要死，是他发善心把老头儿背到大关浮桥桥膀子①下背风。老头儿苏醒后，酬谢他一粒红丸药，教他每日放在鱼篓中，死鱼可活，小鱼可大。所以，他卖的鱼个个活，大小也整齐。还说老头儿和他分手时，不知从哪儿又多出一根木柺来，走远了看后影儿，就像画上的李铁拐似的。并借此替自己吹乎说，李铁拐赐药是仙人们对他平时忠厚孝顺的恩典。他说得活灵活现，同行们还都真信了。但也有人仿佛是从他卖鱼的家伙儿②上悟出点儿道理，也用木盆放水盛鱼，确是能卖个大价码儿。学他这方法的越来越多，后来，他死了以后，同行中就立他为天津鱼行的祖师。鱼店、海货铺都供他的牌位。因无名字，只写"祖师爷张之位"。行中同仁偶然提到张邋遢这一外号，如被掌柜听到必受斥责，都因为"邋遢"一词有贬义，怕祖师爷听见之后不高兴，怪罪下来，于店铺经营不利。

原载《天津民风》1981年第2期

---

① 桥膀子：天津土语，指桥身和岸堤连接处，也包括桥下河坡滩地。
② 家伙儿：天津土语，即工具、设备之意。

天津神医王十二

清朝道光咸丰年间,天津西城外有一位姓王的医生,是家传旧学,他本人读遍了《本草》、《脉理》诸书。各种疑难杂症,别位大夫束手无策的,或是眼看要断气送上床板的,把他请到,只要他切脉后,答应给开方下药的,就准能短期治好。有的病人尽管精神、气色还好,可是他不给开方下药了,多是死症。找别人治,也是百里难活一二。因此,在天津,每当人们谈到事情向坏处发展,无法挽救时,往往用一句歇后语:王十二不下药——死症。可见王十二诊脉、下药的把握有多大了。

王十二,是因为他在兄弟中排行第十二。人们当面称他王十二爷,背后顺口叫他王十二,时间长了,知道他名字的人倒不多了。他不光医道好,人性也好,有求必应。特别是附近的邻居求到门上,无论是刮风下雨、严冬深夜,都是随请随到。贫苦之家,还不收脉礼①,因而极受人们尊敬。

王十二医术精良,脉礼收入大,家中日子比起上几代火爆得多。王十二出诊有自备的车轿。生活的优裕和排场,引起了住家附近锅伙②中混星子③的嫉恨。他们定计毁坏王十二的名声。办

---

① 脉礼:天津土语,脉音 mò,即诊费。
② 锅伙:天津土语,清代乾嘉以后,天津市面出现的一种凶残成性、专恃暴力、敲诈勒索的地痞流氓集团。他们同居伙食,自称锅伙。
③ 混星子:天津土语。锅伙成员自称混混儿,但小有区别,为首者称寨主,一般成员称混星子。

法是：由会武术、身强力壮的某甲用栀子水洗澡，将全身染黄，冒充黄病，伺王十二出诊回来，拦路求医。混星子们不懂药性，满以为这样做可以骗过王十二的眼睛，无论给某甲开方下药也好，还是不开方下药也罢，他们都可以在众人之中散布王十二没看出某甲病情真假的谣言，借此达到他们败坏王十二医道名气的目的。

坏主意商量定，一天上午，快到饭口时分，某甲用热栀子水洗澡，足足泡了一阵子，出来后满身蜡黄。当远远看到王十二的车越走越近时，由几个人用一扇门板抬着某甲，拦车请求医治。某甲愁眉苦脸、哼哼唧唧，装出一副病痛之状；其他的人净说些哀苦的话，为的是让王十二确信某甲是得的黄病，从而做出错误的诊断。王十二下车仔细摸脉、观察后，叹了口气说："唉，好好的年纪儿，是白糟蹋了。"转身告诉锅伙中人说："你们这位弟兄的病深了，可能熬不到夜里，给他准备准备后事吧，我不下药了！"说完上车走了。这时，混星子们就乘机对围观的人群洋洋得意地说出真情，扒（bā）王十二的医道。他们哪知道栀子有毒，用量过大可以致命呢？就在某甲回家吃中饭时，毒性发作了：头晕、呕心、胸闷气短，某甲害怕了。他的妻子让孩子去锅伙中找来弟兄，把某甲抬到王十二家，大家一口一声"十二爷"，磕头如捣蒜地恳求救命。王十二这时才心平气和地说明自己早已诊断出不是黄病，是中了栀子毒，拦路求医时，毒气已归五脏，无法救药了。还指出是有人存心为难，没害成外人，反害了自己人。混星子们无法，只得把某甲抬回，为他准备后事。果然没到黑响儿就咽了气。

某甲岁数正当年，身强力壮像似铁打的，乍不生[①]死了，街

---

① 乍不生：天津土语，即突然的意思。

坊邻居都纳闷儿，打听真情，锅伙中人自觉脸面无光，闪躲、支吾，不愿说出究里情由。有人当时在街上听过他们的喧嚷，可是也不敢提起自己的所见所闻。后来，还是某甲的妻子怨恨混星子们无事生非，害了她的丈夫，一五一十地说出了真情。

事情一点点儿传开了，王十二的名声不光没败坏，相反，人们把他的医道看得更神了，王十二的名气更大了。

关于皇姑庵的传说

天津这地方，从明朝建卫以来，日渐兴旺，到清朝初年改成天津府，河陆码头，成了重地。衙门和绅商官户都住在城里。说到城外，从北门外大关起，经三岔河口到东门外沿河两岸，尽是些栈房和铺面，车往人来，十分繁华。南门外是洼地，夏秋积水，村落不多。唯独西关外，靠近南运河，临近西南各县，村庄较多。大盐商查家就在西关外芥园盖了一座当时天津最大的私家园林——水西庄。园内有假山、亭台、楼阁，景致幽雅。园旁有火神庙；东南有村叫永丰屯，住户不多，有些人家卖花儿为生。水西庄的景致和永丰屯的花，吸引了一些文墨人经常来这一带游玩、饮酒赋诗。

有一年，乾隆皇帝南巡，路过天津，听说西关外景致好，就把水西庄做了行宫。一天午后，他带领一名小太监，便服走出了花园，到永丰屯闲游看花。天气暖，人发乏，又渴又累，信步走进一篱笆小院，寻（xín）水喝，歇歇腿儿。这家住户，老夫妻已五十几岁，为人忠厚老成，跟前只有一个姑娘。见进院一老一少，衣履儿整洁，面目舒展，言谈有礼，说话带京腔，急呼女儿烧水，并拿出秫米面枣饼子，让客人垫一垫。①

乾隆皇帝生长深宫，吃惯了山珍海味，今天乍尝到这秫米面枣饼子倒蛮新鲜。他一边吃，一边问东问西。还情不自禁地露出

---

① 垫一垫：天津土语，非吃饭时，吃少许食物充饥，俗说垫一垫。

是打京里来的。老夫妇虽没多想，毕竟留了点儿心眼儿，说天津府县官员这好那好，还说托当今皇上的洪福，风调雨顺，歌颂了一通。乾隆听了，十分高兴。临走时，想送点儿物件给这家人，可是身上既没有钱，也没有什么小物件。犹豫了会儿，把身上穿的布面黄缎子里的马褂脱下，让小太监叠好，送给了老头儿。同时告诉这位老花农："遇到为难的事就到京里去找我。"还说："京里哪个门楼大，哪儿就是我的家。"说完带着小太监很快地走了。留下的马褂儿和话，老实的农家夫妇，只是过意不去，没有想到更多的事儿。倒是那位俊俏伶俐的姑娘从父母的学说中，听出了客人的话里还有话。她听人说过黄缎子是朝廷官服用料，她猜想这位寻水喝的客人，一准是为官作宦的。她还想既然门楼最大，会不会是位什么王爷。对啊，这些日子不是传说皇上出巡，路过这里吗，跟随的王公大臣还会少吗？准是位王爷。她把自己的猜想向爹娘述说了一遍。老夫妻想想闺女的话有道理，挺高兴。一则是自己的闺女聪明伶俐，有见解；二则是皇亲国戚仗势欺人的多，今天遇上这样一位随和的王爷，总是点福气。可是，很快地又害怕了，老两口叨念才刚说错了什么话没有，再有这件马褂也不能让外人知道，免得惹是非、找麻烦，把它包得严严的，收得好好的，从没穿过。

　　随着年龄增长，这位姑娘出息得更俊俏、更水灵了。上炕剪子，下地铲子，挺能干，村里的婶子大娘没一个不夸好的。日子长了，附近的混混儿闻风抄气儿地也知道了，起了歹心，让人向姑娘的爹递个话儿：想娶做小。许了好多好处，同意就下彩礼，不同意就抢人，定下日子听回信。这口信像晴天霹雳，愁得老两口吃不下、喝不下，没心思过了。姑娘也是终日哭哭啼啼，想寻死。可又一想，自己死了爹娘怎么办，还得活下去，帮爹娘把这场大祸搪过去。想个什么办法呢，姑娘可走了心思。告状，官府和恶霸是串通的，不光制不了坏人，倒许吃眼前亏。托人情动势力，叫恶霸知难而退，又哪儿找这样有钱有势的亲友去呢？日限一天比一天近，全村的人也跟着这一家灾难，愁得没法儿。姑娘的娘白天求菩萨，晚上拜北斗，祷告神佛，希望消灾去难。

烧香求神的事，提醒了姑娘，索性铰下头发当尼姑，在家立个佛堂，一则可以打消混混儿抢亲的念头，二则可以照料爹娘，等爹娘百年之后，找个庙一住就算了。主意拿定，说做就做，自己就把头发剪光了。姑娘不得已的作为，激起全村人的义愤，特别是小伙子们就主张文的不成，动武的。

传话儿的人，也是个地痞，他真按日子来了。他满以为这差事万无一失，一听说姑娘落了发，这坏蛋就要发作，看看篱笆院外小伙子们的神情架势，他没敢发作，灰不溜地走了。混混儿吃了个憋气，扬言等姑娘头发长起来，还是来抢。还瞅冷子来人看看情况，给添点儿腻。村里公众虽说有提防，可是"不怕贼偷，就怕贼想着"，天长日久防不胜防，怎么办？姑娘想起来了，上北京找那位住最大门楼的寻水客人去吧。三口人可是反复地商量了一阵子，筹划了盘缠钱①，老头儿带上那件马褂，进京了。临走时和村邻说了许多好话，托付大家照顾娘儿俩。

老头到北京城，在街上蹓了东，蹓了西，专找大门楼儿，也看不出哪个最大。向上年纪的老人打听打听，有的说这个王府门楼儿最大，有的说那个王府门楼最高，有的竟说紫禁城门楼儿最大。老头儿拿出那件马褂给大家看，有热心的找来了在宫里待过的老太监，因为他听得多，见得广，让他认一认。可好了，据老太监说是皇上私访穿的马褂儿。是皇上的又怎么办？紫禁城那么好进？求老太监想想法儿吧，日子可长了，盘缠也花光了，仗着

---

① 盘缠钱：天津土话。即外出旅行用的路费和花销钱。

这些热心的老者们周济度日。一天，来了个太监模样的年轻人，要看看马褂儿。原来这年轻人就是那年跟随乾隆皇帝逛永丰屯的小太监。他看了马褂，问了进京的原因，老花农把根本源流说了一遍，这太监嘱咐老头儿耐心等着。说完他走了，老头可犯了掂对，等着，吃吗啊？家里也不知怎么样了。第二天，又有人找这位老花农，说是顺天府的师爷，安置了老头儿的吃喝、住处，态度毕恭毕敬。老头儿心里再急也没办法了，等吧。

　　过了些日子，旨意下来了：封姑娘为公主，由天津府在永丰屯建庙，赐名皇姑庵，供公主清修居住，供养父母；混混儿由地方拘捕治罪。顺天府派人把老头儿送回天津。地方上忙着建庙，好事的来打听新闻，永丰屯可热闹了几个月。后来，就在永丰屯这个大村庄中，分出了个小村子——皇姑庵，这地名一直保留到现在。在前清时候，老人们一提起这件传说，总是把乾隆皇帝的恩典说个没有完，其实他一个子儿也没有花，更没在皇姑身上做什么德行事儿。

胡御玑乡祠题壁

天津城里北门东有浙绍会馆，俗称乡祠。乾隆十一年（1746）春，一天来一福建口音的人，约有四十岁，只带书匣和简单行李，要求寄宿。乡祠主持僧原籍浙江，因闽、浙邻省，是大同乡，慷然应允，安置在后院北屋住下。

此人住下后，不见外出，也不和寄宿客人来往，院内相遇，也很少应酬言语。因此，此人姓字名谁，无人知晓。他日间抱被大睡，夜里点灯读书，边看边写、直到天明，一般住客和僧人都把他看成怪人。但是，偶然接触，却是态度可亲，言语风趣，特别好谈经世致用之学，举凡山经水志、草木金石，无所不通，无所不晓。在攀谈中知道他北来是想远游晋、陕，以便饱览风光，博采民情。因此，个别的寄居士子对他十分敬重，认为这个人造诣深，抱负大，想方设法和他接近。他一向是夜读，如果这时有人过屋造访，拿着书或自己的文章向他请教，他一边侃侃而谈，一边用大砚池研墨，研浓的墨汁都倒在一个大瓦罐内，罐口用油布包裹，很是严密。有好事的人问墨汁的用项，含糊回答："有大用处。"日子长了，竟存了满满一瓦罐。

一天晚间，几个年轻读书人又来他屋请教。今天，他和平日不一样，不谈学问，却说了些如何读书，如何做人的道理。谈到很晚，青年们辞出后，他也闭门熄灯了。

第二天清晨，许多人还没起床，只听小和尚在院内嚷嚷，说："那个古怪的念书人走了，屋里粉墙上还写了几个大字呢。"

人都有好奇心，大家忙着穿衣，下地，赶到后院一看，屋内无人，书匣、行李也没有了，迎面的粉墙上写着四个黑亮的大字"进德修业"。字体谨严，纯仿欧阳询。上款处写："乾隆十一年四月五日"，下款题"晋安胡御玑书"。地上墨点淋漓，瓦罐已空，瓦盆一个，也剩墨不多了。墙根立长竹竿一根，下头绑麻坯儿一团，墨汁未干。字大二尺多，离地一丈三四尺，高墙破笔，不知如何写成。眼看劲秀的字体，就连往日看他别扭的人，也赞不绝口。到这时，人们方才知道那个古怪人名叫胡御玑。

  胡御玑走后，音信全无，乡祠主持僧读书好古，又以胡为人不俗，对四个大字精心保护。从此，天津府城内又多了一处胜迹，路过天津的仕宦多到乡祠一游，看看题壁大字，听听传闻。近几十年，天津城市人口日多，古建筑拆改成为民房，二百四十年的古迹，荡然无存，只是在民间还留下了这一档子传说。

李黑姑的冤案

清朝道光初年,北城根有一户王姓人家,只母、子、儿媳三口。儿子王大为人窝囊,没有嘛能耐,干散活儿,日挣日吃。娶李廷栋之女黑姑为妻。黑姑才十八九岁,精明能干,除了打茶做饭,料理家务之外,并做点外活,帮助丈夫维持日子①。邻里都说王大算是有个傻福气,摊上个好帮手。王大的娘,也就是黑姑的婆婆,打从王大七八岁就守节,可是生活上并不检点,把娘家的邻居孙二认做干儿,实际上是姘靠。因此,邻居对王大母子都瞧不起。

孙二在长芦盐运使署当差,和盐商的账房、外柜勾勾搭搭,很有来路。弄来钱,就到王家和黑姑的婆婆吃喝鬼混,让黑姑做饭做菜,奔走侍候。二人丑态秽声,毫无顾忌,孙二有时还说些不入耳的话调戏黑姑。因此,黑姑处处留意,严加防范。哪知道,她的婆婆反而顺着孙二,虐待黑姑,破衣烂衫,不给饭吃,王大也站在他娘一边,说媳妇不好。

一天,王大的娘抓个碴儿②,把王大赶出家门,不许回来。她假装疼儿媳妇,怕黑姑自己睡害怕,搬到儿媳妇房中来做伴。睡到半夜,这位婆婆起身开门,把孙二放了进来,意图奸污黑姑,黑姑反抗,三人打成一团。黑姑身小力薄,自知不敌二人,

---

① 日子:天津土语,即家庭生计。
② 抓个碴儿:天津土语,即寻衅找借口。

把平日藏在身边的做活剪子抄起来捅咽喉自杀。出了人命，事闹大了，孙二跑了。

　　为了掩盖真情，王大的娘串通地保，说是王大夫妻口角，黑姑一时心窄自杀。在黑姑没咽气前，把真情都一五一十地告诉了前来看闺女的娘家妈。黑姑死后，娘家不饶，告到天津县，知县蒋某是个监生出身，听孙二是盐运使署的得力差役，存心偏袒。盐运使是个旗人，据传说叫扎什么来着，也问县里打招呼，包庇孙二。李家的状纸递到县署，蒋知县不光不受理，反说黑姑是凶悍泼妇。

　　事情传开了，议论纷纷，群情愤愤不平。正好黑姑的哥哥李二在书院当厨子，找教谕写了一篇有力的状子，再次上告。知县蒋某迫于市面上的舆论，不得已把孙二逮来，做样子打了一顿，关了些日子。另外呢，县里的差役找黑姑的哥哥李二，进行威吓，就此了事，不许再告。就这样，坏人得到包庇，逍遥法外，好人受冤屈，无处申诉，堂堂朝廷的命官竟和地痞流氓一个鼻眼出气，世道还能好？就在后来不久，经盐运使扎某的推荐，蒋知县改调新职，升了官。

一件褥套
——某竹货铺发家的传说

前清咸丰同治年间,大关北,河北大街有一家竹货铺,传说中忘掉了字号。它专门经营南方的竹货,过去生意兴隆、赚过些钱。可是,好景不长,因为南边有战争,货源接不上;再加天津地方办团练、立义民局,捐项接二连三地来,买卖少、开销大,买卖难做了。虽然前些年赚过些钱,有点儿底儿,可以维持一阵子,不过赚到手的钱又耗出去,终归不是事儿。老掌柜某人为此可真走了心思。

就在这年夏天,一个晚上,天气闷热,老掌柜在院内罩棚下凉快,有两三个学买卖的在旁侍候着。他在盘算柜上的生意,越想心越烦,越烦越出汗,更睡不了。夜深了,学买卖的年轻人困得抬不起头、站不稳身,老掌柜没睡,再困,也得侍候着。就在这时,外边有人叫门甚急,声音低沉,还有小声的话音儿,似乎不止一个人。老掌柜可吓坏了,他也不热了,上牙打下牙,哆嗦个不停;三个学买卖的青年人倒是不困了,他们没经过这种事儿,更没有主意。这时,叫门声越来越紧,老掌柜吓得一句整话也说不了了,连说带比画地让学买卖的拿着棍子去开门。这几个青年也只好一人抄根棍子,壮着胆子去开门。大门开时,年青人也留了心眼,都闪在门扇后,怕首当其冲受了伤。没想到,头一个儿进来的是一个八九岁的小子,穿土布衣裳,满脸的土,加上汗都和了泥。后面一个彪形大汉,背着个大褥套,进来后就把门关上了。大汉要熄了罩棚下的灯,到里边说话,没办法,几个人硬着头皮吹了灯,来到后院客房。一个学买卖的点上了灯,再看这大汉也是一脸泥、一身土,可以想到这大人孩子赶路儿很急。也就在这当儿,大汉放下了褡套,向老掌柜抱拳行礼,叫老掌柜放心、不要害怕,说自己是安善良民,进来不是为了抢劫。听说话是京东口音。虽然一时还闹不清大汉的来意,看来不像要行凶抢劫的,竹货铺的几个人心情稳住了点儿,请大汉坐下来说。大汉不坐,希望很快说完了还要上路。老掌柜赶紧问有什么吩咐,同时表白能办到的尽力遵命办好。

这时,大汉方才说出了来意:原因是行李沉重,还带个孩子,赶路不便,想把行李寄放在殷实铺户里,等回程时再取走。正好隔门缝儿见有灯光,知道有人未睡,才叫门的。还说,半夜叫门想来吓得够呛,日后必当重谢。说完拉着小子就往外走。遇见这突如其来的蹊跷事儿,老掌柜心里七上八下:寄存吧,可能有后患;不寄存,眼前就可能大祸临头,还是先躲过一阵是一阵,就答应了寄存行李褡套的事儿。为了慎重,让大汉自己把行李褡套搬到库房里角一个轻易不动的货垛上,用席苫好。安置妥当了,大汉的心情像似轻松了好多,脸上有了笑容,叫着孩子往外走。商号最怕的是抢劫,眼下虽不是明火抢劫,可以后会出什么事,还是让人放心不下,可事到如今,只能走一步说一步了。几个人送大汉往外走,老掌柜用哀求的口气说:"今儿个夜里的事儿,我们保管不露风声,行李,我们也不动,只盼快去快回,把行李褡套早日取走,商号家担不起什么事儿。"

大汉走后,老掌柜把三个学买卖的叫在一处,许给好处:升同事,吃股份,并把关系较近的王某人安排为库房柜头。嘱咐王某一定要经心行李褡套,不准任何人动。这一切,可算是安排得滴水不漏了,不过老掌柜仍然是提心吊胆。他认为大汉准是明火,行李是赃物,一时走不脱,才找地方寄存。他担心大汉被捕,供出赃物下落,他就成了窝主,等着他的是倾家败产。行李褥套也销毁不得,万一大汉回来,诡上也够他撕罗的。他留心打听市面上的传闻,日子很快,一个月、俩月、仨月、半年过去了,一年过去了,市面上既没有关于行李褥套的传闻,大汉也没有来,老掌柜心眼儿松宽多了。

这时,南北货运又通了,竹货铺想大宗进货。无奈,这几年人少出多,一时抓不到足够的银款。升同事的几个人,明白老掌柜的心事,私下合计好,一同撺掇老掌柜打开褥套看看,如有金银细软,可先变卖一部分,当本金,等赚了钱,再照样补上。三说两说,老掌柜也活了心。还是他们几个人,当着老掌柜的面,趁夜深人静,打开褥套,尽是金银细软、珍珠玛瑙,就是当包裹的绸缎,也都是市面上少见的货色,让人眼花缭乱,估计值上万两的银子。取出一部分首饰,单独记了账,然后托人卖给了盐商大宅门。柜头王某离不开,另外两个人由一个老买货手跟着去湖广趸货。

几年没来货了,市面存货不多,随到随销,买卖越做越活,运去北方山货,换回竹货,连趸带赊,在北方就成了大发行(háng)家。河北、山西、关外的老客儿都买这竹货铺的货。一年多的工夫,就像吹气冒泡似的发了起来。老掌柜再也不愁买卖难做了。年终结算,光账面就翻了三四番,老掌柜派柜头王某把挪用的贵重细软如数置办好,原地封存。几个年轻生意人又是花红,又是馈送,也都变成了小财主。这年正月初二敬财神时,老掌柜还单为大汉上了一炷神香。

竹货铺的突然发迹,在买卖人中,一者是眼儿热,二者是纳闷儿,时间长了没有不透风的篱笆,实情慢慢传开了,原来是得了一笔外财,本大利厚发了家。

这竹货铺,究竟是哪一家?有的猜想是永盛竹号,有的说不是。因为,永盛的东家姓李,而这家竹货铺的财东传说姓张。

著作编年

1963 年

"明清风俗画展"提纲

1964 年

6 月 "南市地区变迁史展览"计划提纲

1981 年

鱼行祖师——张邋遢（《天津民风》第 2 期）

新形势下历史博物馆的新任务——搞好配合历史教学专室陈列，为培养四化建设人才而奋斗（中国博物馆协会首届学术讨论会论文）

1982 年

顾炎武（《历史教学》1982 年第 3 期）

爱新觉罗·玄烨（《历史教学》1982 年第 4 期）

"近代天津民俗展览"提纲草稿

1983 年

在中国民间文艺研究会天津分会成立大会上的发言（收于《中国民间文艺研究会天津分会成立大会会刊》，1983 年 3 月）

旧社会店铺的幌子（《文物天地》1983 年第 4 期）

1985 年

天津人的吃鱼习俗（《天津史志》1985 年第 2 期）

1986 年

努力加强天津史研究、陈列工作（创刊词）(《天津市历史博物馆馆刊》创刊号)

1987 年

博物馆系统民俗文物工作座谈会发言稿

风物——历史文化的实证（《天津日报》1987 年 7 月 16 日"风物"专版第 1 期）

称谓在悄悄地变化（《天津日报》1987 年 10 月 8 日"风物"专版第 4 期）

1988 年

我爱逛年货市场（《天津日报》1988 年 1 月"风物"专版）

《天津古文化街》（与张仲合著，天津古籍出版社 1988 年 2 月）

乾嘉以来的津门风尚（《民俗调查与研究》，河北人民出版社 1988 年 10 月）

1989 年

民间口语与陆公堤（《天津日报》1989 年 1 月 26 日"风物"专版第 20 期）

天津年俗（《年画艺术》第 9 期，天津人民美术出版社 1989 年 6 月）

华鼎元及《津门征献诗》（《天津日报》1989 年 7 月 30 日"风物"专版第 26 期）

天津人反侵略的心声——爱国文人华长卿诗文（《天津日报》1989 年 8 月 27 日"风物"专版第 27 期）

王又朴的经世致用之学（《天津日报》1989 年 9 月 24 日"风物"专版第 28 期）

樊彬的珍本《畿辅碑目》（《天津日报》1989 年 11 月 19 日"风物"专版第 30 期）

沈兆沄和《篷窗随录》(《天津日报》1989年12月17日"风物"专版第31期)

1990年

梅成栋和《吟斋笔存》(《天津日报》1990年1月4日"风物"专版第32期)

中国风俗辞典(参与撰写;上海辞书出版社1990年1月)

查氏一门著作宏富(《天津日报》1990年2月11日"风物"专版第33期)

记游诗名家金玉冈(《天津日报》1990年4月8日"风物"专版第35期)

诗才如青莲的张霔(《天津日报》1990年5月6日"风物"专版第36期)

天津城区买水和卖水习俗(《天津史志》1990年第2期)

忧患诗人杨光仪(《天津日报》1990年6月4日"风物"专版第37期)

运河采风记(《天津日报》1990年7月1日"风物"专版第38期)

记载八国联军暴行的书(《天津日报》1990年7月29日"风物"专版第39期)

继承家学的梅宝璐(《天津日报》1990年8月26日"风物"专版第40期)

津门征献诗介绍(署名金鸿;《天津史志》1990年第3期)

龚望藏《欲起竹间楼文集》抄本(《天津日报》1990年9月23日"风物"专版第41期)

爱国教育家严修及其遗著(《天津日报》1990年10月21日"风物"专版第42期)

赵元礼晚年著书(《天津日报》1990年11月18日"风物"

专版第 43 期)

王守恂和《政俗沿革记》(《天津日报》1990 年 12 月 16 日"风物"专版第 44 期)

1991 年

方志学家高凌雯(《天津日报》1991 年 1 月 13 日"风物"专版第 45 期)

诗文有新意的作者——张克家(《天津日报》1991 年 3 月 10 日"风物"专版第 47 期)

《潞河督运图》简介(《年画艺术》第 12 期,天津人民美术出版社)

阐发乡土文化几点希望(《天津日报》1991 年 6 月 2 日"风物"专版第 50 期)

华世奎生平和诗集(《天津日报》1991 年 7 月 28 日"风物"专版第 52 期)

《中国宫廷礼俗·概论》(天津人民出版社 1991 年 8 月)

忆述天津中秋旧俗(《天津史志》1991 年第 3 期)

徐士銮和《敬乡笔述》(《天津日报》1991 年 9 月 22 日"风物"专版第 54 期)

辛亥名人刘大同(《天津日报》1991 年 10 月 20 日"风物"专版第 55 期)

天津民俗概说(《天津简志》,天津人民出版社,1991 年 11 月)

乡里文献刻书家——金钺(《天津日报》1991 年 11 月 17 日"风物"专版第 56 期)

杨承烈及其《开方粹》(《天津日报》1991 年 12 月 15 日"风物"专版第 57 期)

1992 年

清季贫民教育家李金海(《天津日报》1992 年 1 月 12 日"风

物"专版第 58 期)

年俗与现代化(《天津日报》1992 年 2 月 9 日"风物"专版第 59 期)

旧天津用水难(《津门史缀》,上海书店,1992 年 3 月)

天津端午旧俗的演化(《天津史志》1992 年第 2 期)

国民性问题和天津居民群体性格(《天津史志》1992 年第 4 期)

1993 年

三十年代前天津灯节旧俗(《天津史志》1993 年第 1 期)

四碟·四扒·八大碗

昔时天津人养猫习俗

旧时天津婚俗仪程(以上收于《沽上艺文》,上海书店 1993 年 7 月)

天津人的养花习俗(《天津史志》1993 年第 3 期)

旧天津的年俗和忙年(《天津史志》1993 年第 4 期)

1994 年

中式建筑艺术装饰谈(《天津卫》1994 年第 1 期)

三十年代前天津"正月节"旧俗(《天津史志》1994 年第 1 期)

三十年代前天津消夏习俗(《天津史志》1994 年第 2 期)

三十年代前天津人的生育观念、生育习俗(《天津史志》1994 年第 3 期)

1995 年

释"卩"(《天津卫》1995 年第 1~2 期)

三十年代前天津人秋日生活记闻(《天津史志》1995 年第 1 期)

历博收藏的三份慰安妇文献(《天津文史》1995 年第 1 期)

《天津百科全书》(参与撰写词条;天津科技翻译出版公司,1995 年 5 月)

我国的求子习俗(《天津卫》1995 年第 3 期)

旧社会天津妇女生活记闻（《天津史志》1995年第4期）

1996年

剃头令与剃头挑子（《天津卫》1996年第1期）

节日文化和汉族年俗的演进（《天津青年报》1996年2月16日）

"造"一个"节"（《今晚报》1996年5月23日）

源于满语的天津方言词汇（《天津史志》1996年第2期）

源于满语的天津方言词汇（二）（《天津史志》1996年第3期）

旧时代天津的民间"忌讳"（《天津史志》1996年第4期）

1997年

古俗"泰山石敢当"信仰的由来（《天津史志》1997年第1期）

三十年代前天津城隍庙庙会（《天津史志》1997年第2期）

三十年代前天津城隍庙庙会（二）（《天津史志》1997年第3期）

卞白眉的气节（《天津日报》1997年11月26日"满庭芳"副刊）

天津卫三百六十行（《天津史志》1997年第6期）

试从传统社会心态剖析天津区域文化（《天津文史》1997年第6期）

1998年

《中国名城汉俗大观·天津篇》（与王昆江、王社合著，云南人民出版社1998年1月）

天津卫三百六十行（续一）（《天津史志》1998年第1期）

海河与大直沽（《天津日报》1998年3月14日"满庭芳"副刊）

天津卫三百六十行（续二）（《天津史志》1998年第2期）

近世天津城市的年俗（《天津老房子·东西南北》，杨柳青画社1998年5月）

天津卫三百六十行（续三）（《天津史志》1998年第3期）

天津卫三百六十行（续四）（《天津史志》1998年第4期）

天津卫三百六十行（续前）（《天津史志》1998年第5期）

对旧方志中风俗篇章的几点议论（《海峡两岸地方史志比较研究文集》，天津社会科学出版社 1998 年 10 月）

天津卫三百六十行（连载）（《天津史志》1998 年第 6 期）

1999 年

天津文庙为何无正门（《天津卫》1999 年 1~2 期）

天津卫三百六十行（连载）（《天津史志》1999 年第 1 期）

天津卫三百六十行（连载）（《天津史志》1999 年第 2 期）

"妈祖狂欢节"刍议（《今晚报》1999 年 5 月 17 日副刊）

天津卫三百六十行（连载）（《天津史志》1999 年第 4 期）

天津卫三百六十行（连载）（《天津史志》1999 年第 5 期）

天津卫三百六十行（连载）（《天津史志》1999 年第 6 期）

2000 年

天津卫三百六十行（连载）（《天津史志》2000 年第 1 期）

对《南开区志·厢卫风俗》的议论（《天津史志》2000 年第 2 期）

2001 年

天津卫三百六十行（连载）（《天津史志》2001 年第 3 期）

后 记

顾道馨先生一生致力于天津民俗学研究，辛勤耕耘，成果丰硕，留下了近五十万字的著述。我们以津门民俗事象、津门名人文化与关于民俗的分析议论为核心，选辑成《绿波集——顾道馨著述选粹》。

"绿波集"取自顾道馨先生1986年为《天津市历史博物馆馆刊》所撰创刊词："我们自知浅陋，不期望它在一碧万顷的学术海洋中掀起波澜，但是，决心让它在三角洲头流作漾漾绿波。"

需要特别说明的是，书中《旧时天津饮食行业》一文原题为《天津卫三百六十行》，自1997年11月至2001年6月在《天津史志》连载，顾先生病逝前未能完成，仅成第一类"饮食行业"，此"饮食行业"是否最后完稿，亦不得而知。目前，此文是我们所见顾先生关于天津饮食行业的全部文字，故收入本书时改题为《旧时天津饮食行业》。

为呈现顾道馨先生著述的全貌，我们特别依发表顺序制作了一个著作编年，附于书后，以便读者检阅。

首都博物馆资深民俗专家，九十高龄的郭子昇先生得知此事，欣然作序。天津文博研究院院长李家璘、天津博物馆资料中心主任王昆江、天津博物馆历史研究部副研究馆员王社及主任岳宏，都是顾先生的学生，追随多年，感情深厚，他们为搜集、整理遗稿做出了不懈的努力，在此表示衷心的感谢。

温　洁
2010年11月15日